↑2013 年 1 月 9 日，参加中国好教育颁奖
↑2008 年 8 月 31 日，著作版权输出韩国

↑ 2013 年 12 月 13 日，参加基础教育改革座谈会
↑ 2014 年 11 月 10 日，参加山东日照新教育国际高峰论坛

↑ 2015 年 12 月 19 日，在中国教育三十人论坛上演讲
↑ 2016 年 12 月 19 日，在湖北武汉调研学前教育

↑ 2018 年 8 月 9 日，参加东莞第十四届读书节、南国书香节东莞分会场启动仪式
↑ 2017 年 4 月 23 日，《中小学生阅读状况白皮书》发布现场

「珍藏版」

朱永新教育作品

九四龄童 南怀瑾 题

成长与超越

——当代中国教育评论

朱永新·著

漓江出版社

·桂林·

图书在版编目（CIP）数据

成长与超越：当代中国教育评论 / 朱永新著 .
桂林：漓江出版社，2024. 8. -- ISBN 978-7-5407
-9876-5

Ⅰ. G52

中国国家版本馆 CIP 数据核字第 2024JV8728 号

CHENGZHANG YU CHAOYUE——DANGDAI ZHONGGUO JIAOYU PINGLUN

成长与超越——当代中国教育评论

朱永新　著

出 版 人　刘迪才
总 策 划　李国富
策划统筹　文龙玉
责任编辑　宗珊珊
书籍设计　石绍康
营销编辑　俞方远
责任监印　黄菲菲

出版发行　漓江出版社有限公司
社址　广西桂林市南环路 22 号
邮编　541002
发行电话　010-85891290　0773-2582200
邮购热线　0773-2582200
网址　www.lijiangbooks.com
微信公众号　lijiangpress

印制　天津嘉恒印务有限公司
开本　710 mm × 1000 mm　1/16
印张　26
字数　448 千字
版次　2024 年 8 月第 1 版
印次　2024 年 8 月第 1 次印刷
书号　ISBN 978-7-5407-9876-5
定价　99.80 元

总　序

　　朱永新教授的作品集出版在即，他要我写一篇序，大概是因为他看到我对教育也很关注，又不时地发表点看法的缘故吧，或者因为他和我都是马叙伦、周建人、叶圣陶、雷洁琼等民进前辈的后来人——我们是中国民主促进会的成员。不管他是怎么想的，我出于对他学术成就的敬佩，也出于对比我年轻些的学者的喜爱和对教育事业的兴趣，便答应了，尽管我不是这个领域的专家。不过这样也好，以一个时时关心业内情况的外行人眼光说说对这套作品集和作者的看法，或许能更冷静些，更客观些。

　　我曾经说过，中国的教育人人可得而道之。因为教育问题太复杂，中国的教育问题尤甚。且不说中国以一个发展中国家不强的实力在办着世界上最大的教育，单是中国处于转型期，城乡、东西部间严重的不平衡和几个时代思想观念的相互摩擦、激荡，就可以说是当今世界绝无仅有的了。随着教育普及率的提高，对教育发表评论的人当然也越来越多，多到几乎家家户户都会时常议论。这样就给有关教育的研究提出了许多也许在别的国家并不突出的问题。我认为其中有两个问题最为要紧：一个是教育的问题牵一发而动全身，既不能就教育论教育，更不能只论教育的某一部分而不顾及其他，要区别于人们日常的谈论；另一个是教育学如何走出狭小的教育理论圈子，让更多的人理解、评论、实践，也在更大范围内检验自己的理论是否能为群众所接受，以免专家和社会难以搭界。朱永新教授的这套作品集，恰好在这两个问题上都给了我很大的欣慰。

　　在这套作品集中，他从国际国内、政治经济、文化社会、古往今来的广阔视野来考察、思索中国的教育问题；他的论述几乎遍及受教育者所经历的整个教育过程；大到教育的理念、原则，小到课程的改革、课外的活动，他都认真思考，系统调查，认真实验，随时提升到理论层面；与教育学密切关联的心理学，在研究中国教育的同时展开的对国外教育的认识和分析，也是他涉及的范围。

朱永新教授并不是一位"纯"学者，虽然教育理论研究永远是他进行多头工作时在脑子里盘旋的核心。他集教师、官员和研究者三种角色于一身，随着自己孩子的出生和成长，他又多了一个家长的身份。这就使他不可能只观察研究教育体系中的某一段或某一方面，而必须做全方位、多角度、分层次的研究。他是中国民主促进会中央委员会副主席，作为同事，我见过他极度疲劳时的状况，心里曾经想过，这是天将降大任于是人的考验，还是他"命"当如此，不得不然？其实，这正是给他提供了他人很难得到的绝好的研究环境和条件：时时转换角色，就需要时时转换思维的角度和方法，宏观与微观自然而然地结合，积以时日，于是造就了他独特的研究方法和风格。

我们对任何事物的研究，如果只有理性的驱动，而没有基于对事物深刻认识所生发出来的极大热情，换言之，没有最博大的挚爱，是难以创造性地把事情做得出色的。朱永新教授对教育进行研究的特点之一就是全身心地投入。身，有那三种角色和一种身份，自然占据了他所有的时间和精力；心，是不可见的，但贯穿在他所有工作、表现在他所有论著中的鲜明爱心，则是最好的证明。

他说"教育是一首诗"。他常用诗一般的语言讴歌教育，表达他的教育思想：

> 教育是一首诗／诗的名字叫热爱／在每个孩子的瞳孔里／有一颗母亲的心

> 教育是一首诗／诗的名字叫未来／在传承文明的长河里／有一条破浪的船

如果是纯理性的，没有充沛的、不可抑制的感情，怎么能迸发出诗的情思？但他不是浪漫派。他本来已经够忙的了，却又率先自费开通了教育在线网站，开通了教育博客和微博，成了四面八方奋斗在教育改革前沿的众多网民的朋友。每天，当他拖着疲乏的脚步回到家后，还要逐篇浏览网站上的帖子和来信，并且要一一回应。有人说，这是自找苦吃。但他认为，这是"诗性伴理想同行"，是"享受与幸福"。他曾经工作生活在被颂为"人间天堂"的苏州，那里早已普及了十二年义务教育，现在正朝着普及大学教育的目标前进，但这位曾经主持全市文教工作的副市长，却心系西部，为如何缩小东西部教育的差距苦苦思索，不断地呼吁……他何以能够长期如此？我想，最大的动力就是那伟大的爱。

情与理的无缝衔接，正是和把从事教育工作及理论研究单纯当作职业的最大区别，而且是他不断获得佳绩、不断前进的要素。

教育是人类社会得以延续发展的根本保障。人之所以为人，区别于其他动物，从某种意义上讲，就是因为通过不同渠道，接受了不同程度和内容的教育。就一个国家而言，教育则是保障发展壮大的基础性工程。这些，都已经成为人们的共识。但是，教育又是极其复杂庞大的体系，需要大批教育理论专家、管理专家。身在其中者固然自得其乐，但是，在局外人看来，教育理论的研究是枯燥的、艰难的，有许多的教育学著作也确实强化了人们的这种感觉；管理工作给人的印象则是繁杂的、细碎的。这种感觉和印象往往是理论工作者、管理工作者和广大的教育参与者（包括家长、学生和旁观者）之间产生隔膜的原因之一。社会需要集理论研究和管理于一身，而且能把自己对教育的挚爱传达出去的学者，与人们一起共享徜徉在教育海洋里的愉快和幸福。但是，现在这样的学者太少了。是我们对像教育理论这样的人文社会科学的所谓"学问"产生了误解，以为只有用特定的行业语言，包括成堆成堆的术语和需要读者反复琢磨才能弄清楚的句子才是学术？还是善于用最明了的语言表达复杂事物的人还不多？抑或是教育理论的确深奥难测，必须用"超越"社会习惯的语言才能说得清楚？而我是坚信真理总是十分朴实、十分简单这样一个道理的。真正的大家应该有能力把深刻的思考、复杂的规律用浅显生动的语言表述出来，历史上不乏其例。

作为一名教育理论家，朱永新教授正在朝这一目标努力着，而且开始形成了自己的风格：论述、抒情、问答并举，逻辑严密的理性语言、老百姓习惯于说和听的大白话、思维跳跃富于激情的诗句兼而有之，依思之所至、情之所在、文之所需而施之。有的文章读时需正襟危坐，有的则令人不禁击节而赏，有的还需反复品味。可贵的是，这些并非他刻意为之，而是本性如此，自然流露。这本性，就是他对教育事业的爱，归根结底是对人民的爱。

在某一种风格已经弥漫于社会，许多人已经习惯甚至渗透到潜意识里的时候，有另外一种风格出现，开始总是要被视为"异类"（我姑且不用"异端"一词）。我不知道朱永新教授是不是也有过这样的经验。我倒是极为希望他能坚持下去，即使被认为"这不是论文"也不为所动，因为学术生命的强弱最后是要由人民来判断，而不是仅仅由小小的学术圈子认定的。我还希望他在这方面不断提高锤炼，让这股教育理论界的清风持续地吹下去。

教育，和一切与人民生活紧密相连的事物一样，都要敏感地紧跟时代的步伐，紧贴人民的需求，依时而变，因地制宜。如今朱永新教授的作品集改版并增补，主要收录了他从踏入教育学领域至2023年的论著。这从一个侧面反映了我国改革开放以来教育领域理论研究与实践的过程。"战斗正未有穷期"，在过去和未来的日子里，有层出不穷的教育问题需要解决，因而需要不停顿地观察、思考、研究。我们的教育学，就在这个过程中发展成长；有中国特色的教育学，也许就将在这一时期内形成。朱永新教授富于创造——"永新"自当永远常新，他一定会抓住这百年难逢的机遇，深化、拓展自己的研究，为中国教育事业、为中国的教育理论多奉献自己的才干和智慧，再写出更多更好的篇章。

我们期待着。

兹忝为序。

许嘉璐

写于 2010 年 12 月 14 日

修改于 2023 年 4 月 29 日

于日读一卷书屋

（作者为第九届、第十届全国人大常委会副委员长，著名语言文字学家）

走出教育的沼泽地（卷首诗）

我希望，教育不再是一个沉重的话题
教育经费不再是杯水车薪
教师工资不再是画饼充饥
每个儿童都在美丽的校园学习、嬉戏

我希望，教育不再是一个沉重的话题
考试不再是主宰命运的魔棒
分数不再是评价一切的衡器
每个校园都有一面迎风招展的个性大旗

我希望，教育不再是一个沉重的话题
"假民办"不再是教育花园中争妍的"奇葩"
学校不再有什么高低贵贱、贫富优劣
教育世界充满着民主、平等的气息

我希望，教育不再是一个沉重的话题
教育论文不再是假话大话空话的堆积
教育写作不再是玩弄概念名词的游戏
让教育科研融入教师的生活、情感和诗意

我希望，教育不再是一个沉重的话题
网吧不再是调情说爱的天地
电脑不再是游戏打字的工具
网络教育将成为提供海量信息的学习化社区

我希望，教育不再是一个沉重的话题
教育不再彷徨犹豫，发出无奈的叹息
教育不再步履艰难，重复昨天的故事
教育将向着光明走出那泥泞的沼泽地

目 录／Contents

上篇（1949—1989）

002 ／ 第一章 中国教育：成就与失误

013 ／ 第二章 "老九"咏叹调

032 ／ 第三章 厌学心态透视

044 ／ 第四章 畸形的结合

056 ／ 第五章 杯水车薪

071 ／ 第六章 艰难的步履

084 ／ 第七章 职称变奏曲

097 ／ 第八章 德育忧思录

115 ／ 第九章 家教"幼稚病"

127 ／ 第十章 希望之光

中篇（1990—2003）

148 ／ 第十一章 中国教育：辉煌与问题

163 ／ 第十二章 义务教育谁买单

184 ／ 第十三章 均衡发展：几家欢乐几家愁

200 ／ 第十四章 "老九"再咏叹

214 ／ 第十五章 读书：想说爱你不容易

229 ／ 第十六章 考试：一千个伤心的理由

244 ／ 第十七章 网络喜忧谈

268 ／ 第十八章 民办教育：敢问路在何方

281 ／ 第十九章 教育科研"姓"什么

295 / 第二十章　任重道远

下篇（2004—2010）

304 / 第二十一章　"起跑线"的忧思
　　　　——学前教育问题

314 / 第二十二章　受伤的天使
　　　　——中小学生的体质问题

321 / 第二十三章　青春期的躁动
　　　　——中小学生性教育问题

331 / 第二十四章　有生命才有教育
　　　　——校园安全问题

340 / 第二十五章　学校大门为谁开
　　　　——择校热与打工子弟入学问题

351 / 第二十六章　昔日"功臣"今安在
　　　　——代课教师问题

358 / 第二十七章　明天在哪里
　　　　——艰难的大学生就业问题

369 / 第二十八章　被污染的殿堂
　　　　——高校学术不良现象

375 / 第二十九章　求解"钱学森之问"
　　　　——大学改革与人才培养问题

386 / 第三十章　中国教育：从规模扩张走向内涵发展

395 / 参考文献

398 / 主题索引

402 / 后记：静悄悄的革命

405 / "朱永新教育作品"后记

上篇

（1949—1989）

第一章 中国教育：成就与失误

40 年来，中国教育取得了可喜的成就。

40 年中，中国教育也出现了一些重大失误。

作为一个教育理论工作者，我深知"不识庐山真面目，只缘身在此山中"的意蕴，但也知晓"不入虎穴，焉得虎子"的道理。我既不愿做报道险情的"乌鸦"，也不想做播送喜讯的"喜鹊"。在本书中，我力图客观地把自己对于中国教育问题的观察与思考奉献给大家，希冀不仅能唤醒人们的教育危机感与忧患意识，而且能形成人们的教育自信心和希望意识。

一、中国教育的巨大成就

40 年来，我国的教育事业发生了天翻地覆的变化，取得了令人瞩目的成就。特别是党的十一届三中全会以来，党中央和国务院为发展我国的教育事业制定了一系列正确的方针、政策，解决了教育发展和实际工作中的若干重大问题，使教育事业有了迅速发展。40 年来，中国教育的巨大成就表现在以下几个方面：

1. 我们建立了一个崭新的社会主义教育制度，使占人口绝大多数的劳动人民及其子女有了受教育的权利。

教育在旧中国是为剥削阶级服务的，根本谈不上教育平等的原则。而这个原则在新中国却真正得到了体现。在党和政府的领导下，我们建成了世界上最大的基础教育体系，相当一部分大中城市普及了义务教育，60% 以上的县普及了初等教育。我国人口文盲率已从新中国成立前的 80% 降低到 1988 年的 20.6%，小学学龄儿童入学率从新中国成立前的 25% 左右上升为 97.2%。

2. 新中国的教育培养了一代又一代社会主义建设的人才。

新中国建立以来，大批受到不同程度教育的毕业生源源不断地补充到工人、农民和干部队伍中去，逐年改变着社会劳动者技术水平落后、文化素质低下的状况，新中国培养的 2200 多万专业人才在社会主义建设事业中已经和正在发挥着巨大的作用。其中，毕业研究生 15.4 万人，普通高等学校专本科毕业生 619.2 万人，成人高校专本科毕业生 401.3 万人，普通中专毕业生 969.8 万人，成人中专毕业生 200 多万人。40 年培养的高等学校毕业生相当于新中国成立前 36 年（1912—1949）毕业生的 49.1 倍。[①]

3. 教师队伍不断壮大，素质逐步提高。

新中国成立时，我国仅有 205 所高校，专任教师 16059 人，其中教授 4786 人，副教授 2168 人，讲师 3742 人，助教 5364 人。目前，我国普通高校已有专任教师 39.32 万人，其中教授 1.48 万人，副教授 7.88 万人，加上非教学人员中有教师职务的人数，则高校教师总数为 43.71 万人，其中教授、副教授 10.53 万人，占教师总数的 24.1%。高校现有教师总数是新中国成立前最高年份 1947 年的 23 倍，教授为 2 倍，副教授为 31 倍。中小学教师队伍也不断发展壮大，1988 年普通中学专任教师达 295.9 万人，比 1949 年的 6.6 万人增加了 43.8 倍；小学专任教师 550.1 万人，比 1949 年的 83.6 万人增加了 5.6 倍。通过对中小学教师队伍的不断补充、调整、培训，教师的思想政治和业务水平不断提高。1953 年小学教师中，具有中师、高中毕业以上学历的只占 13.5%，到 1988 年已提高到 68.1%。1988 年，初中教师中具有大学专科毕业以上学历的教师占 35.6%。高中教师中具有大学本科毕业以上学历的占 41.3%。目前，一支在比较清苦的条件下仍具有高度事业心和责任感的教师队伍（包括教育行政和教育科研队伍）已经建立，并逐步稳定。

4. 教育的布局、结构按照经济和社会发展的需要不断调整，日趋合理。

中等教育的单一化结构有了很大改变。新中国成立初期，全国技工学校只有 3 所，学生 2700 人；中等技术学校 561 所，在校生 7.7 万人。到 1988 年底，技工学校已发展到 3996 所，在校生 116 万人；中等技术学校有 2957 所，在校学生达 136.8 万人。40 年来，特别是党的十一届三中全会以来，重新创建了 9000 所职业中学，在校生已达 280 万人。到 1988 年，全国中等职业技术学校在校生达到 555.3 万人，占高中阶段学生总数的比例由 1978 年的 7.6% 提高到 42.7%，使"文化大革命"中盲目膨胀起来的普通高

---

① 朱育理：《喜看新中国教育 40 年》，《中国教育报》1989 年 9 月 23 日。

中人数得到了有效的压缩。

高等教育的层次、种类、布局等结构也发生了很大变化。研究生、本科、专科在校生的比例由 1949 年的 0.7∶100∶24 改善为 1988 年的 9∶100∶55，除专科比例仍然偏小外，基本趋于合理。自 1988 年起，逐渐增加了政法、财经等科类比例和工科中的建筑、食品，医科中的法医、护理等短缺薄弱学科比重。例如，1988 年普通高校财经类招生比例由 1978 年的 2.99% 增加到 11.4%，政法类由 0.25% 增加到 2.12%。一大批新兴学科和社会急需的新的专业，例如电子、计算机、能源、环境、材料、生物技术和医疗技术等也相继建立并发展壮大。目前，文、理、工、农、医、财、法、师等主要科类的结构趋于齐全和协调，基本上形成了适应我国社会主义经济建设和社会发展需要的高等教育结构体系。

5. 多形式、多规格、多渠道的成人教育迅速发展。

新中国的成人教育事业取得了很大成绩。1989 年，我国共有成人高等学校（包括广播电视大学、职工高等学校、农民高等学校、管理干部学院、教育学院、独立设置的函授学院等）1373 所，同时还有 700 多所普通高等学校发挥优势举办了函授、夜大学、教师本科班和干部专修科；卫星电视教育现设有地面接收站 900 多个，收转台 370 多个，放像点 10000 多个。成人中等学校共有 57287 所，成人初等学校 18 万多所，成人中、初等教育包括各类成人中专学校、普通中专学校举办的职工、干部中专班，成人中学，成人技术培训学校，农民文化技术学校，农业广播电视学校，扫盲学校（班）等。另外，我国独创的高等和中等专业教育自学考试制度实施以来，有 800 多万人应考。开考文、理、工、农、医、财经、政法、教育、体育等科类的 76 个专业的高等教育自学考试机构已在 30 个省、自治区、直辖市建立。

新中国建立以来，成人教育共扫除文盲 1.63 亿人，有半数以上的县基本扫除了文盲。据 1988 年对 27 个省、自治区、直辖市的统计，参加 50 学时以上学习的职工达 2954 万人，占职工总数的 29%，参加学习的职工有 30% 接受的是岗位培训。1980—1988 年，成人高等学历教育共有本科生、专科生 275.77 万人，相当于同期高校全日制毕业生总数的 87.3%，成人中、初等学校的毕业生已超过 1 亿人。成人教育培养的人才充实了干部队伍和专业技术人员队伍，缓解了社会各界对人才的急需，特别是在中小型企业以及不易分到并留住全日制大中专毕业生的地方，发挥了积极的作用，受到了社会的欢迎与好评。

目前，中国教育事业在国家经济和社会发展中的战略地位已被越来越多的人所认识，社会各界对教育的重视程度也有很大提高。按照教育要面向现代化、面向世界、面向未来的要求，我们的教育思想、教育内容、教育方法和教育体制，正在进行广泛而深刻的改革。

总而言之，新中国成立 40 年来，我们的教育事业有了空前的发展，取得了举世瞩目的巨大成就。说"中国 40 年来的教育彻底失败""新中国的教育从理论到实践都不足取"是根本不符合历史事实的。这不仅是对党的领导和社会主义制度的怀疑，也是对千百万教育工作者 40 年辛勤劳动和创造成果的否定。

二、失误：征兆与后果

当然，在充分肯定成绩的同时，对于我国教育工作中存在的缺点和某些严重的失误，也不应回避，不能忽视。我们一方面要对 40 年来教育的巨大成就有足够的估计；另一方面应清醒地认识到存在的问题与教训。只有在对失误有充分认识的基础上，我们才有可能纠正失误，防止重蹈覆辙，并使中国教育事业沿着正确的轨道健康发展。

具体来说，我们的失误表现在以下几个方面。

1. 教育思想左右摇摆，经常导致教育功能的狭隘化。

教育的三种功能经常处于矛盾甚至对立的状况，如有时强调教育的政治功能，就用"以阶级斗争为纲"的指导思想来统率学校教育，重点是培养"红色接班人"；有时强调教育的经济功能，就忽视了教育为政治、为社会主义精神文明建设服务，重点只是培养"劳动者"、建设者和各类人才，近十年来表现尤为明显；有时强调教育的社会功能，认为教育就是要培养具有某种素质的公民。教育思想的左右摇摆，也使教育实践经常出现抓一阵、丢一阵的大起大落状况。

2. 教育经费严重短缺。

我国的教育经费占国民生产总值的比例在 1985—1987 年分别为 2.90%、3.03% 和 2.75%，远远低于世界平均水平，人均教育经费只有 8 美元左右，约为美国的 1%。近些年教育经费虽增长了 2.6 倍，但扣除物价因素后却不断下降。1987 年与 1980 年中小学公用经费分别从 33.1% 和 22.1% 下降为

27.8%和16.7%；许多学校的中学生每年每个学生平均仅5元，小学仅1元。许多乡村小学连粉笔、纸张、扫帚都买不起。一些高校也因经费不足，只得砍掉许多应做的教学实验。

3.文盲激增，流失生现象不可遏制。

1988年国家教委公布的文盲人数为2.2亿，占世界文盲总数的1/4，远远超过整个非洲的文盲总人数。发达国家每4人中有1个大学生，我们却每4人中有1个文盲！更为可怕的是，我们的文盲"后备军"队伍庞大，每年以200万的速度递增。在新的"读书无用论"冲击下，流失生现象愈加严重，据统计，全国先后有3000万左右的中小学生流失，其中不少人成为童工、童农、童商。1987年硕士研究生也有700余人退学。

4.教师待遇低下，队伍后继乏人。

调查表明，我国教师月工资平均水平排列在国民经济12个行业职工工资的倒数第三，远低于全国城镇居民的平均收入水平。在国际水平上比较，我国教师工资收入指数只是同档次发展中国家的1/4，不到印度的1/2。教师不得不在学校摆摊烤山芋、卖商品。我目睹了许多教师在课间向学生兜售油条、蛋糕的场面，令人潸然泪下。由于生活清苦和工作超负荷，教师队伍早衰、早病、早逝现象日趋严重，许多教师瞻念前途，不得不"外流"出去，仅北京市从1979年到1984年就外流了1100余名中小学骨干教师。在上海市一所有影响的重点中学里，近3年分配的10名应届毕业生，已有9人办理了出国手续。近些年报考师范院校的人越来越少，素质越来越差，教师队伍后继乏人的现象，给未来教育埋下了危机。

5.办学条件差，教学设施简陋。

据统计，全国中小学尚有危房4500万平方米，缺校舍7500万平方米，大批学生只能在祠堂、庙宇、破房中求学，塌房伤人的恶性事故屡有发生。全国中小学的课桌椅还缺1300多万套，许多学生在泥凳、石凳上写字，席地而坐听课。必要的教学实验仪器，在90%以上的中小学都没有配备。在全国的许多乡村，富丽堂皇的办公大楼和气势恢宏的乡办厂建筑，与摇摇欲坠的危房校舍形成了鲜明的对照。

20世纪50年代初，马寅初老先生提出了节制生育、控制人口的设想，在"人定胜天""只要有了人，什么人间奇迹都可以创造出来"的片面思想支配下，马老的提议只能被当作马尔萨斯的"反动人口论"大加鞭挞，共和国一下子增添了数以亿计的小公民。如今我们已在品尝着人口问题的苦果：不要说粮食、能源、交通问题了，就是在教育方面，我们也将捉襟见肘。以上海市为例：从 1987 年开始，市区小学在校人数就在跳跃式地骤增，平均每年净增 5 万人。到 1990 年，市区小学在校生将达 56.58 万人，比 1986 年净增 51.6%，到 1993 年，市区小学在校生将达 66.8 万人，净增班级将达 4540 个左右。如果以一个小学 24 个班级的规模计算，至少要增加 189 所学校。由此而来的初中入学高峰，从 1993 年到 1996 年，上海市区将达 33.4 万人，比 1986 年净增一倍以上。届时，将一切可以采取的应急措施全部考虑在内，市区中小学至少要新增 7000—10000 名新师资。[①]这个可怕的"世纪末入学高峰"将给我们的教育增添多么巨大的压力！

人口问题已成为教育的"前车之鉴"。然而，教育问题的后患还不像人口问题那样有较长的滞后性，它的惩罚效应已初见端倪，它的破坏作用正在以空前的速度向社会各层面辐射。我们惊颤地看到：报复在即，惩罚已经开始！

6. 专业人才匮乏，劳动力素质较差。

据 1980 年统计，在我国的 10 亿人口中，具有大专以上文化程度的只占 0.6%，不仅低于许多发达国家的水平，而且也低于一些发展中国家的水平。如巴西是 1%，南斯拉夫是 2.3%，苏联是 4.5%，日本是 6.4%，加拿大是 12%，美国是 14.9%。这八九年来，我们与别国的差距更加拉大了。另据资料统计表明，我国的大中小企业中，具有大专以上文化程度的仅占 5%，80% 以上的职工只有初中以下文化程度。在农村，平均 1 万人中才有 1 名中专生，3 万人中才有 1 名大学生。在全国星罗棋布的乡镇企业中，平均每个企业只有专业人才 0.4 人。[②]

中国的各类高级人才奇缺。据有关人才机构根据国民经济发展的预测，到 20 世纪末至少需要补充高级人才数十万人。按目前的教育现状，再过 50 年也弥补不了这个缺口。联合国教科文组织亚太地区驻曼谷办事处官员朱小奇先生曾统计过亚太地区 80 年代中期每 10 万人口中的大学生数，结果如下：阿富汗 120 人，澳大利亚 2464 人，孟加拉国 462 人，缅甸 489 人，中国 168 人，印度 600 人，日本 2006 人，韩国 3672 人，马来西亚 599 人，蒙古 2297 人，尼泊尔 379 人，新西兰 3225 人，巴基斯坦 488 人，菲律宾

---

① 杨国顺、沈勉荣：《危机在悄悄地行动——来自中小学第一线的报告》，《上海教育》1989 年第 1、2 期。

② 潘益大：《来自神圣学府的呼声》，载《文汇报》1989 年 3 月 4 日。

3621 人，新加坡 1406 人，斯里兰卡 432 人，泰国 1998 人，苏联 1847 人，中国香港 1410 人，土耳其 863 人，伊朗 439 人，斐济 272 人，越南 212 人，巴布亚新几内亚 144 人，老挝 122 人。[1]专业人才的奇缺，给劳动效率的提高造成了极大困难，"一流的设备、二流的技术、三流的管理"成为普遍现象，在一些大型企业，竟然经常出现花几百万美元购置的设备"睡觉""瘫痪"的现象。

有人打了一个这样的比喻：要想结出丰硕的经济建设之果，就必须绽放出绚丽多彩的科技之花；而要想绽放出绚丽多彩的科技之花，就必须具有肥沃的教育土壤。如果不注意培养科技人才，不注意劳动者素质的培养与提高，即使有再先进的设备、再优越的条件，也不可能开出绚丽多彩的科技之花，结出丰硕的经济建设之果。

7. 教育质量下降，在校生问题迭出。

教师队伍的流失使在职教师士气低落、军心不稳。校长们整天想的是到哪里去挣钱。于是校园有限的空间被不断地"切割"，校舍本来就很紧张，却不得不出租，为的是给教师多发几元奖金。上海一所颇有名气的中学，地处闹市，为了百万元的厚利而推倒了近 200 米长的围墙，忍痛牺牲了一个像样的球场，先后开出了 60 间店面，出租给经商单位；某中学的校门口挂起了"经营部""信息部""修理部"多块牌子，琳琅满目，学校的校牌则相形见绌，反显得不协调了。教师们在生活、经济等压力下，也难以全身心地投入教学工作。有人曾对高级知识分子的低值劳动耗时进行了调查，发现"高级知识分子一周内用于家务劳动的平均耗时为 13 小时……处理完全可以由单位内其他人承担的工作平均为 5 小时，其他如办事手续烦琐、重复劳动等所造成的低值劳动平均为 6 小时，低值劳动所耗费的时间约为52%"。对于中小学教师来说，这种非专业性的、低值劳动当然占时更多了！[2]在农村，许多民办教师还要回家种责任田、当保姆，哪有时间来研究和提高教学质量呢？内容的枯燥、方法的陈旧，加之社会分配不公——"知识越多越贫穷"的消极影响，使学生们日益对读书不感兴趣，产生了厌学情绪。

由于德育工作的松懈，社会上"文盲＋法盲"的人数也越来越多，严

---

① 朱小奇：《亚太地区教育的未来》，《教育参考资料》1988 年第 29 期。

② 鲁洁：《值得每个中国人担忧的教育危机》，《教育研究与实验》1988 年第 2 期。

重危及民族基础文明素质的提高。据调查，上海市近年来恶性犯罪案件成倍增长，其中青少年在校学生犯罪案件直线上升。山西省有一个市，仅1987年元月至1988年4月，就查获违法犯罪的在校中小学生227人，占全市违法犯罪人数的10.5%以上。1987年全国青少年犯罪占犯罪案件总数的74.3%，犯罪学生的年龄之小、手段之狡猾、技术之高超，令人瞠目结舌。

8. 社会风气不正，腐败现象抬头。

教育质量的下降使人的素质也随之下降，从而给社会风气造成了负面影响。在工厂，一些工人劳动纪律涣散，干活懒散；在农村，部分农民没有心思也不愿意花大力气种好粮食；在机关，少数干部以权谋私，官僚主义盛行。1989年，苏州大学学生在交流寒假见闻时，反映了大量令人愤恨的事实：有的学生说，春节前中央发了通知不准"公费过年"，但今年的公费过年却胜过以往任何一年。上有政策，下有对策，中央的话没人听。有的学生说，现在群众中流传着一首顺口溜：发票开来开去，商品倒来倒去，礼物送来送去，领导吃来吃去。有些学生反映，赌博社会化、迷信公开化，是当今社会的一大特点。春节期间，上至八十岁的老人，下到十几岁的少年，老老少少齐上阵，赌注少则几十，多至成千上万。有的人家成了赌博专业户，有的厂长室是以洽谈业务为名的赌场，有的派出所就是赌场。迷信活动日益猖獗，一些神汉巫婆公开挂牌骗钱发财。泗阳县的学生反映，现在农村中打群架出现了公开比武，旧社会的帮会如青龙帮、降龙帮又重新恢复活动，帮会成员都在手臂上刺了字。有些学生反映，有的地方农民成群结队偷盗火车上的物资，扒起车来好像当年的铁道游击队。射阳县还出现了海盗。部分学生在各地人才市场上获悉，大学生滞销，研究生不要，人才市场上关系交流已代替了人才交流，"学好数理化，不如有个好爸爸"等思想又在学生中流行起来。

社会不正之风已引起有识之士的忧虑。北京市三十一中原校长孙焕然一针见血地指出："当前民族素质下降的根本点不在于文化素质的下降，也不在于身体素质的下降，主要是道德素质和思想素质下降了，为民族的素质感和为国家的义务感大大降低了。一些海外华人大声疾呼，我们还不如国外一些资本主义国家的民族表现。作为已有近四十年社会主义精神文明建设的中国，这是很值得深思的问题。"[1]是的，在一个文盲充斥的国度是

---

[1] 孙焕然：《教育是立国之本》，《科技导报》1988年第5期。

不能建成社会主义的，在一个国民素质落后的国家也是不可能建成社会主义的。

而且，就在我们教育大滑坡的同时，世界的每一个角落几乎都加快了步伐，对教育倾注了极大的热情和投资，我们在逐渐拉大与其他国家的教育差距，这实际就是在拉大国民素质的差距，拉大经济实力的差距。如果我们再不反省、再不重视，一百多年前的历史悲剧就可能重演。如果说亚当、夏娃被逐出伊甸园还可以把责任推给毒蛇的"诱惑"，那么，若干年后我们被开除"球籍"，能寻出什么托词呢？

三、超越教育困境

几十年前，面对外族入侵，我们唱起了"中华民族到了最危险的时候"的悲壮之歌，奋勇抗争，并最终迎来了共和国的诞生。现在，虽然它已成为国歌的歌词，但这种深重的危机感对我们来说陌生起来了。高枕无忧、夜郎自大的心理几乎麻木了我们的神经，倒是那些发达国家却有着强烈的忧患意识，奏起了危机悲歌。

1983年4月，美国高质量教育委员会经过18个月的调查，发表了题为《国家处在危险之中，教育改革势在必行》的给美国人民的公开信，信中写道："我们的国家处于险境。我国一度在商业、工业、科学和技术上的创造发明无异议地处于领先地位，现在正在被世界各国的竞争者赶上……我们向美国人民报告，当我们完全有理由为我们的大中小学在过去历史上取得的成就和为美国及其人民的福利做出的贡献而感到骄傲的同时，我国社会的教育基础目前却受到日益增长的庸庸碌碌的潮流的腐蚀，它威胁着整个国家和人民的未来。"[①]这封公开信引起了美国朝野的普遍关注，当年年底，里根政府就召开了"全国教育质量讨论会"，与会者达2300多人。接着，联邦教育部和卡内基金会通过长达数年的全国规模的调查，分别于1984年和1986年公布了提高美国高等教育质量的研究报告。

几乎与此同时，苏联最高苏维埃通过了一系列的方针决议：《苏联普通学校和职业学校改革的基本方针》（1984年4月）、《关于进一步完善青年的

---

① 教育部教育发展与政策研究中心编《发达国家教育改革的动向和趋势》，人民教育出版社，1986，第1页。

中等普通教育和改善普通教育学校的工作条件的决议》（1984 年 4 月）、《关于进一步发展职业技术教育体系和提高它在培养熟练工人方面的作用的决议》（1984 年 5 月）、《关于进一步改进公共学前教育和培养儿童做好入学准备的决议》（1984 年 5 月）、《关于提高教师和其他国民教育工作人员工资的决议》（1984 年 5 月）。1988 年 2 月，苏共中央全会又提出了新的教育改革的设想。

日本为了解决"教育荒废"的问题，于 1984 年 3 月成立了首相府的教育咨询机构——日本临时教育审议会，经过 3 年的时间，召开了 90 次全体会议，670 次分组会议，分别于 1985 年 9 月、1986 年 4 月、1987 年 4 月提出了三次教育改革的咨询报告。1987 年 8 月，文部省又成立了"日本教育改革实施总部"，继续推进改革。

其他许多国家，如英国、法国、联邦德国、瑞典等也都在 20 世纪 80 年代初提出了教育改革的报告。1987 年 7 月，在巴西里约热内卢召开了第 6 届世界比较教育大会，会议的主题仍是："教育：危机与变革"。

"危机"这个词，长期以来已成为资本主义的"专利"，用它来形容我们的事物，总有给社会主义抹黑之嫌。其实，只要回顾一下历史就可发现，危机在社会主义国家也不是什么新鲜事。1921 年春，列宁就承认苏维埃政权"遭到严重经济危机和政治危机"，1923 年又有"销售危机"，1928 年还有"粮食危机"。这些危机不仅没有把社会主义淹没，相反，正是这种危机感和忧患意识使社会主义战胜了危机。这正应验了中国的一句古训：常思危困必无危。

如果我们放眼世界，就会发现，危机感和忧患意识不仅是一些先进国家中公民意识的重要构成，也是政府首脑的一致共识。1987 年世界股市动荡，随后日元大幅度升值，这对日本无疑是非常有利的情势，但日本政府却居安思危，对此事大加渲染，迅速动员国民讨论对策，一时间，仿佛日本大难将至。日本的中小学教科书上写着这样的内容："日本国土狭小，没有资源，只有靠技术、靠奋斗，否则就要亡国。"危机感和忧患意识从小就被输入了公民的大脑中，督促着日本民族为争取生存而不断进取。可以说，正是危机和忧患拯救了日本。与此形成对照的是，我们的公民从小就在"历史悠久、地大物博、矿藏丰富"的自豪感中陶醉，甚或麻木……

1979 年，一位美国学者写了一本《日本名列第一》的著作，没料到立刻成为畅销书，在欧洲被竞相翻译出版，在新加坡则被定为政府官员的必读书。美国前总统里根 1988 年 4 月 2 日发表讲话，认为美国若不再加强科学技术的研究，增加科研经费的开支，就很可能在科技上沦为二流国家。美国政府不断告诫美国人民："21 世纪将是亚洲人的天下""日本第一""欧洲正在崛起"等。但是，日本人却格外地清醒，仍然怀有强烈的忧患意识："美国人为什么故意不评论我们的弊病？不，这是美国人想麻痹我们的斗志，这是一个阴谋！"①不妨想一下，如果有朝一日外国人也写一本《中国名列第一》的著作，我们会有什么样的表现呢？

如此看来，要真正地解决教育危机，超越中国教育的困境，当务之急也许莫过于进行危机教育，强化每一个中国人的教育危机感和忧患意识。

教育危机感和忧患意识包括普遍性和深刻性两个方面。②所谓普遍性，是从社会角度而言的，指教育危机感和忧患意识的普及程度，即全社会有多少人意识到教育危机的存在，对教育事业的未来发展忧心忡忡。就这一点看，我国的普遍性程度是很低的。近几年关于教育问题的讨论沸沸扬扬，有识之士痛切直言"不重视教育将成为千古罪人"，报纸刊物不断呼吁增加教育经费、提高教师待遇，可谓"气氛热烈"。然而仔细观察，呼吁关心教育的大多为教育界人士，工、商、农、军人士寥寥无几；要求重视教育的以知识界为众，其他人士凤毛麟角。在全国人大第七次全国代表大会召开期间收到的 2188 份议案、3000 多份建议与意见中，属于政法、财政方面的约占 40%，而"科、教、文、卫"加起来只占总数的 25% 左右。

教育危机感和忧患意识的普遍性差，使得教育界为教育的生存和发展孤军奋战，社会上阻力重重，政策和责任落不到实处。事实上，世界上任何一个国家的教育都是得到了每个公民的理解与支持的，在许多国家的教育改革文件中，都要求"人民能获悉真相"。在美国 1984 年《国家处在危险之中》的报告中，就引用了托马斯·杰斐逊的名言："除了人民自己，我不知道谁是社会最终权力的可靠保管人。如我们认为，人民在管理社会做出审慎的判断时，还嫌他们不够有教养的话，补救的办法不是剥夺他们手中的管理社会之权，而是告诉他们如何去判断。"在日本 1985 年《关于教育改革的第一次审议报告》中，更加明确地指出："我们认为，此次教育改革的成败，首先取决于政府所采取的措施，同时，也取决于每一位教师、

---

① 金世柏：《从"教育危机说"引起的思考》，《天津社联学刊》1988 年第 2 期。

② 杨识愚：《教育危机与危机意识》，《教育研究与实验》1988 年第 4 期。

家长，包括在所有教育机构中工作的人员和学生以及全体国民的教改意志，取决于他们对子孙后代的爱护心和责任心。为使面向 21 世纪的教育改革获得成功，恳请全体国民能够理解和协助我们。"[①]在苏联，1986 年以来，约有 1250 万人参加了教育讨论。

因此，我们一定要通过各种媒介，大力宣传教育的意义，分析教育对于人的发展、民族的生存与发展的意义，强化每一个公民的教育责任感和义务感，强化他们的教育危机感和忧患意识，使他们能够真正地理解和支持教育事业，使教育真正成为人民的事业，而不仅仅是教育界的事业。

所谓深刻性，是从个体而言的，指对于教育危机的感受深度和紧迫程度，即具有教育危机感和忧患意识的人在何种意义上，从怎样的高度来看待教育危机。就这一点看，我国的深刻性也是不够的。我们往往就教育谈教育，大多从教育经费、教师待遇等生存条件考虑，没有从更高的层次来研究教育的意义与功能，没有从教育的运行机制来全盘考虑教育问题。我们往往是呼吁多，实践少；抽象谈得多，具体分析少，使教育问题失之于空泛。没有可行性论证，没有决策智囊团，使决策失去了科学依据，从而使教育活动偏离了轨道。总之，深刻性差表现为忽视了教育系统的内外协调，没有按照教育的规律来办教育。要改变这种状况，就必须加强教育决策者、领导者乃至全国人民的教育学素养，加强教育的国情调查和理论研究，探索出适合中国国情的教育之路。

愿每个中国人都能从陶醉中醒悟，形成普遍而深刻的教育危机感和忧患意识。

第二章 "老九"咏叹调

教师是人类社会中不可缺少的具有悠久历史的职业。教师是人类文化的传递者，它的职责是把人类积累的知识、经验和科学文化一代一代传递

---

① 教育部教育发展与政策研究中心编《发达国家教育改革的动向和趋势》，人民教育出版社，1986，第 157 页。

下去并使之得到丰富和发展；教师又是人类灵魂的工程师，把一定的思想观点和行为规范传授给新一代，塑造人们美好的心灵，从而使人类社会得以延续和发展。

正因为教师在社会中起着举足轻重的作用，古今中外的许多思想家、教育家、政治家都非常重视教师的作用。中国先秦时期的荀子就明确提出，教师的作用关系到国家的兴衰、法制的存废和人心的善恶。他说："国将兴，必贵师而重傅；贵师而重傅，则法度存。国将衰，必贱师而轻傅；贱师而轻傅，则人有快，人有快则法度坏。"[①]17世纪捷克教育家夸美纽斯也说过："我们对于国家的贡献，哪里还有比教导青年和教育青年更好、更伟大的呢？"因此，他把教师的职业称为"太阳底下最光辉的职业"。

然而，今天，教师的职业在人们的心目中占有什么样的地位呢？许多事实令人遗憾地证明：教师职业的崇高性并未为全社会所认识，"光辉"的职业仍然缺乏吸引力。

一、强烈的反差

数字是枯燥乏味的，但它一进入"比较"的领域，就如鱼得水，活灵活现，充满生机。这里，我们不妨也先呈现一串串令人触目惊心的数字。

新中国成立前，我国脑力劳动与体力劳动的报酬差距很大。据1927年9月颁布的大学教师薪俸标准，教授的月薪是400—600（银）元，助教为100—160元，而企业工人的月平均工资则在15元以下，如当时开滦煤矿矿工月平均工资只有12.68元，大学助教是其8.7倍，而大学教授则是其47倍多，当时中学教师的月薪是100元左右，为劳工的6—8倍。以清华大学为例，抗战以前，教授最高月薪是助教的6.3倍、讲师的4.5倍、副教授的3.5倍，而为工人工资的50倍以上。当时的校役最少只拿6个"袁大头"。技工的一般月薪也只有12—30元。[②]

新中国成立后，我们着手解决脑体力劳动报酬过分悬殊的问题，社会分配制度发生了根本性变化。1952年前后，据北京市统计资料，工业部门与科技、教育部门等平均工资均为41元左右，教师与工人的收入大体拉

---

① 《荀子·大略》。

② 管培俊：《教师工资问题的总体考察和建议》，《教育研究》1989年第11期。

平。1956 年，周恩来代表党中央和政府做了知识分子问题的报告，同年 7 月国务院发布了《关于工资改革的决定》，教师的工资水平有了一定提高。如《决定》规定大学教授最高工资 345 元，助教最低 62；中学教师最高工资 149.5 元，最低 42.5 元；同期机械行业工人最高工资 104 元，最低 33 元。1956 年，北京市科、教、卫三个部门平均工资 66.13 元，工业部门平均 60.8 元。这个数据大体上可以说明当时的分配格局。但是，这个格局随着 1957 年"反右"斗争的深入，很快被打破了。据有关资料表明，1957—1976 年，教师的工资水平与工人持平。

1977 年以后，在分配领域开始出现教师与体力劳动者收入倒挂的现象。据上海市 1979 年的一份调查，1958—1965 年大学毕业的教师分别比同龄的中学毕业的工人工资低 15 元，相当于当时收入的 22%—25%。虽然国家先后采取了一系列措施，包括提高中小学教师工资 10% 以及教龄津贴等特殊措施来改善教师待遇，而且从教师自身的纵向比较，其工资水平确有较大幅度提高，但较之整个社会消费基金总量的膨胀和企业工资水平的提高，教师工资水平实际上是负增长。进入 80 年代后，教师与体力劳动者收入倒挂的现象进一步加剧。据北京市统计局 1988 年的调查，在相同工龄的人中，脑、体劳动报酬倒挂尤其突出，如中专以上文化程度的知识分子月收入比初中以下文化程度的体力劳动者低 25 元，大学毕业以上文化水平的职工平均月收入比初中以下文化水平的低 34 元。真可谓"知识越多越贫穷"。

据国家统计局统计分析，1978 年教育文化系统职工的平均工资在国民经济十二大行业中居倒数第一，以后每年都在倒数第一和第三之间徘徊。1986 年全国城镇居民平均可用于生活费的年收入为 828 元，月平均 69 元，其中广州市为 87.22 元，上海市为 84.18 元，北京市为 75.64 元。按城镇职工每 1 名就业者负担 1.74 人口（含就业者本人）计算，教师的全部收入用作生活费支出也只有每月 64.05 元，其中小学教师仅 43.61 元，中学教师 61.89 元，均低于全国平均水平。据京津陕皖等 11 省市调查，1988 年教育系统平均工资与全民所有制职工平均水平的差距大体在 150 元以上。如果考虑到社会上实际存在的工资收入外的其他"隐性收入"，教师的收入则相对更低了。

我们再把教师的工资收入放在国际水平的背景下考察一下，则更能显示出我国教师收入的差距了。何祚庥、欧阳光明曾统计过 1980—1982 年 85

个国家和地区的教师工资收入指数平均值［教师年平均收入与当年人均国民生产总值（GNP）的比值］与人均 GNP 平均值，并以人均 GNP 为横轴，教师工资收入指数为纵轴绘制了下图（图 2-1）[①]：

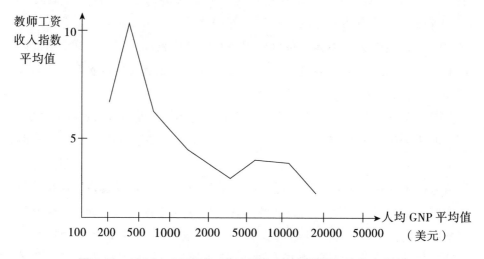

图 2-1　1980—1982 年 85 个国家和地区教师工资收入指数
平均值与人均 GNP 平均值关系图

　　从图 2-1 可以看出，两者总的趋势是呈非线性的反比变化规律，即愈是发达国家，其教师工资收入指数愈低，愈是落后国家却愈高，两者相差可以从 1.5 直到 9.5。其中原因在于，对于发达国家来说，一是由于其人均 GNP 水平很高，二是由于教师及知识分子占人口比重较大（占 50%—60%），因而他们的总工资收入在 GNP 中所占的份额也较大，这就使发达国家难以维持过高的教师工资收入指数，一般只能保持在 2—3。同样的道理，我们就容易理解落后国家教师收入指数相对较高的原因了。因此，在比较教师收入指数时，一般以同档次、同类型的国家为宜，即应把我国的教师收入指数与同档次的发展中国家（地区）进行比较，请看表 2-1、表 2-2：

　　① 何祚庥、欧阳光明:《关于教师工资国际水准的研究》,《求是》1988 年第 5 期。

表 2-1　85 个国家和地区教师工资收入指数平均值与人均 GNP 平均值比较

国家或地区	教师收入指数平均值	人均 GNP 平均值（美元）	国家或地区	教师收入指数平均值	人均 GNP 平均值（美元）
孟加拉国	2.61	137	阿尔及利亚	3.86	2120
埃塞俄比亚	12.52	140	墨西哥	1.75	2203
尼泊尔	3.34	140	葡萄牙	2.81	2447
马里	14.23	187	阿根廷	1.27	2520
马拉维	6.75	205	南斯拉夫	2.21	2737
卢旺达	10.23	225	乌拉圭	1.41	2810
布隆迪	16.13	230	匈牙利	1.29	2850
索马里	5.15	250	委内瑞拉	2.85	3997
海地	1.85	290	中国香港	2.50	4790
阿富汗	3.00	270	以色列	1.54	4917
斯里兰卡	1.30	285	新加坡	2.71	5193
中非	12.53	310	特立尼达和多巴哥	2.83	5605
尼日尔	10.86	330	阿曼	1.85	6090
马达加斯加	4.92	333	爱尔兰	3.66	5087
加纳	1.62	410	新西兰	3.25	7570
也门（阿拉伯）	15.36	430	英国	2.23	8897
塞内加尔	11.24	440	日本	1.77	10016
莱索托	5.19	510	奥地利	1.77	10107
玻利维亚	2.46	580	芬兰	1.68	10423
利比里亚	4.75	530	加拿大	2.62	10950
赞比亚	7.09	603	荷兰	3.62	11397
洪都拉斯	4.76	607	比利时	3.56	11620
埃及	3.75	615	法国	3.10	11867
泰国	2.26	743	联邦德国	2.13	13167
菲律宾	1.57	755	丹麦	2.16	12950
喀麦隆	4.61	780	沙特阿拉伯	2.43	13286
津巴布韦	9.29	783	挪威	2.06	13465
尼加拉瓜	3.53	840	瑞典	2.35	14143
摩洛哥	8.38	877	瑞士	2.42	16960
刚果	5.55	1005	科威特	0.56	19830
牙买加	5.69	1040	阿联酋	0.86	24215
毛里求斯	3.28	1090	美国	2.2	13160
秘鲁	2.28	1137	意大利	2.19	6840
厄瓜多尔	3.92	1270	古巴	1.23	1500
哥伦比亚	1.94	1280	安哥拉	6.66	1650
突尼斯	4.66	1373	保加利亚	1.63	2580
土耳其	2.66	1460	捷克	1.88	2600
叙利亚	2.32	1530	印度	4.50	260
哥斯达黎加	4.36	1580	危地马拉	2.6	1130
约旦	3.59	1576	博茨瓦纳	4.2	—
韩国	4.19	1710	卢森堡	2.85	—
马来西亚	4.10	1773	多哥	10.51	395
巴拿马	3.09	1920			

表 2-2　中国 1978—1986 年教师工资收入指数与人均 GNP 平均值的比较

项目　　年份	1978	1979	1980	1981	1982	1983	1984	1985	1986
教师年平均收入（元）	727.50	809.71	901.20	1003.04	1116.39	1242.54	1382.94	1539.21	1710.00
人均 GNP（元）	367.88	404.05	439.57	463.20	492.93	542.93	622.66	794.59	887.24
教师收入指数	1.98	2.00	2.05	2.17	2.27	2.29	2.22	1.94	1.93

真是"不比不知道，一比吓一跳"。我国近些年教师工资收入指数一直维持在 2 上下，到 1988 年只有 1.41 左右。与同档次发展中国家的平均值 9.58 相比，只占其四分之一，与同我国国情十分相似的印度比，也要低二分之一以上，还不到印度的一半。

教师工资收入低微，使教师只能过着非常清贫的生活，有许多窘状是难以启齿的。陈难先教授到苏州讲学，亲眼看见一位副教授的生活画面：这位副教授的工资收入还没有自己妻子卖馄饨的收入高，为了生计，这位副教授每天下班后帮着妻子包馄饨。全国台联副会长、厦门大学教授朱元顺对此说：厦门大学员工以前爱戴校徽，因为以前社会地位较高，戴着感到自豪、光荣。现在无人爱戴。有一句笑话说：挂上校徽坐公共汽车，小偷都不会偷你。[①]《国殇》的作者霍达曾在采访中去过一位副教授的家，该有的几"大件"都有了，显然比其他人优越，霍达正待启齿询问何以"富之"，副教授的儿子在一旁插了话，他以鄙夷的目光斜睨着老子，对霍达说："您问问那是谁挣的？"一句话说得那位副教授很尴尬，在儿子面前自惭形秽。

中小学教师的状况就更加不如了。北京市统计局对 1985 年工资改革后的 100 名中小学教师的工资收入进行了调查，他们平均年龄 42 周岁，平均教龄 20 年，大专文化程度以上的 42 人，中专 37 人，高中 15 人，初中 6 人，工资改革前人均月收入为 76.49 元，改革后为 111.44 元，虽然增长幅度较大，但人均月收入仍比 1000 户城镇居民生活调查户的职工平均水平低约 5%。天津市和平区教育局统计，这个区市民的人均月收入为 89 元，而这个区 80% 以上的中学教师家庭人均月收入在 80 元以下。在上海市，一名刚从师范学校毕业的青年教师，月工资 65 元，而一名刚进厂的技

---

① 李树喜、武勤英、马海兵、王大龙：《知识分子：老话题与新思路》，《光明日报》1988 年 4 月 7 日。

校毕业生，月工资达 90 元，有的还超过 100 元。[①]有些民办教师月薪只有 30 余元。

教师的清贫生活不仅表现在收入低微，还表现在住房、医疗等方面。在住房方面，"人类灵魂工程师"的生存空间也小得可怜。据北京市统计局对 200 名高、中级知识分子家庭的调查，有一半人住房困难，有 5% 的人尚无住房，有 5% 的人人均居住面积在 4 平方米以下，有 4.5% 的人老少三代同居一室。北京市宣武区教育局的同志在谈到教师的住房困难时愁容满面，心急如焚。该区共有教职工近 10000 名，人均住房面积在 3.5 平方米以下的有 1000 多户，最困难的 60 多户人均住房面积不足 2 平方米，还有 250 多户是婚后无房或等房结婚的。西城区的情况则更糟：该区是北京市的文化密集区，有 170 多所中小学及幼儿园，13600 名教职工，住房困难户达 6700 多家，人均不足 3 平方米的达 2500 户。

教师的工作往往是常年超负荷的。据调查，教师日人均劳动时间为 9.67 小时，比一般职工日平均劳动时间高出 1.67 小时，其中睡眠时间比一般职工平均少 1 小时，娱乐时间少 0.5 小时左右。按教师年教学时间 252 天（42 周 ×6 天）计，教师的年超额劳动为 420.84 小时，相当于 8 小时工作制的 52 天。如果用小时工资率来衡量，1986 年全国职工平均小时工资为 0.55 元，教师则仅为 0.47 元。这说明，即使教师与全国职工年平均货币收入相当，教师实际劳动报酬也只相当于全国职工平均水平的 85.45%。[②]在工作超负荷而待遇跟不上的情况下，许多教师积劳成疾，身体状况每况愈下，令人担忧。

武汉市教育工会于 1987 年对全市中小学教师的健康状况进行了一次全面调查。被调查的 18909 人中，患病率占 68.5%，而职业病（肺病、胃病、咽喉炎）、中老年疾病（心脏病、肝胆病、高血压等）和癌症患者又占病人总数的 61%。青山区和江汉区的患病率最高，分别占本区调查人数的 78.6% 和 78%。红钢城中学的 69 名教师中，无病的只有 5 人。据江岸区人民医院统计，在该院就医的癌症患者中，教师占 58%。齐齐哈尔市文教工委对全市 7 个区、11 个县的 2544 所小学，1911 个教学网点的 15467 名教职工进行了健康状况调查，患病教师为 9260 人，患病率达 59.2%，患病种

① 李昌芳：《外流：为什么有的教师想方设法择高校》，《光明日报》1988 年 8 月 17 日。

② 王丽：《论教师劳动补偿》，《中国社会科学》1988 年第 4 期。

类达 19 种。龙沙区共有 16 所小学，教师患病率最高的学校达 100%。在上海市，崇明县 1978—1987 年共有 901 名教师退休，其中属正常退休的仅占 35.2%，而因病提前退休的却占 60% 以上；静安区自 1983 年至 1986 年，有 53 名在职中小学教师因病去世，平均年龄仅 44 岁。[①]南京市一所中学的情况更让人心寒：1980 年以来，该校先后死亡中青年教师 8 人，其中校长 1 人，52 岁；总务主任 1 人，58 岁，教师 6 人，年龄最大的 53 岁，最小的 32 岁，平均死亡年龄 45.4 岁。

国家体委科研所李力研对我国 11 个省、市 20 余所大专院校和科研机构的 1 万多名中高级知识分子进行了体检调查，对 2 万多名中高级知识分子的近期死因做了统计，发现我国中高级知识分子的寿命低于全国人均寿命约十年。其中死于中年（40—60 岁）的约占 61.42%；他们死亡的另一个特点是：专业职务越低，死亡的平均年龄越小。教授级知识分子的死亡年龄基本上与全国水平一致；副教授的平均死亡年龄是 59.25 岁，低于全国平均水平 8.75 岁；讲师的平均死亡年龄只有 49.29 岁，低于全国平均水平 18.71 岁。真是一个完全颠倒的阶梯！

尤其让人痛心的是，许多教师身染重疾，但由于包干的医疗经费标准过低，不得不借债治病。更有一些教师为了不超支，只好小病不治，结果拖成大病，不可收拾。在一些地区的中小学教师中，流传着这样一首顺口溜："青年教师想上进，中年教师想拼命，老年教师想传经，就是一条怕生病。"据全国教育工会的调查分析，中小学教师超支的医疗费往往无处报销，如辽宁省朝阳市垫付 500 元以上医药费的教师有 158 人，该市北镇县闾阳中心小学有 21 名教师看病垫付了 3600 多元药费，从 1986 年至今仍无处报销。湖北省崇阳县一位优秀教师患肝硬化，住院费要 1571 元，他找亲朋好友，找学校借钱，还卖掉家中的粮食和猪，仍不够支付，后来还是学生捐赠了 197 元，才勉强凑够了住院的费用。仙桃市一位退休教师肺病恶化，为住院向人借贷，月息 5 元，他不敢多借，病没好就出院，被迫中断治疗。由于医疗费超支，许多医院出现了对教师的停诊事件。[②]北京二中赵秀春反映：老师们到医院看病，在医生那里拿到处方后，往往因超出药费限

---

① 孙大卫：《负担过重，年龄老化，医疗费少——部分城市中小学教师健康状况不佳》，《光明日报》1988 年 7 月 20 日。

② 朱文琴、夏欣：《一些地区中小学教师公费医疗难以保障》，《光明日报》1988 年 5 月 12 日。

额被药房支回去"删改"处方；或者同时想看两种病，会被医生请他"选一种病先看"。许多教师因为"不愿承受这种心理上的压力"，往往生病时自己去药店买药，而不去医院。

教师收入的低微，地位的低下，生活的清贫，已严重地动摇了"教心"，使教育事业出现了可怕的滑坡。

1. 教师外流。许多教师"瞻念前途，不寒而栗"，纷纷"改换门庭"，另谋出路。据有关部门统计，从 1984 年 9 月至 1987 年 9 月，全国高等师范院校共培养本科毕业生 12 万人，中学在职教师通过岗位培训获得本科学历的 7 万多人，两项相加，中学本应新增加近 20 万名合格教师，但这 3 年期间仅流失的中学教师加上没有分配到中学任教的本科毕业生就达 13 万人之多，超过了 3 年培养学生的总和。①上海市中小学教师仅 1987 年就外流600 人，其中自费出国留学的有 200 人，交流到别的系统的有 400 人。江西省仅 1986 年外流的中学教师就达 999 人，其中五年以上教龄的教师有 135人；外流的小学教师达 575 人，其中三级以上的有 17 人。天津市和平区教育局在 1000 名教师中做了一次问卷调查，发现有 57% 的教师不安心工作。在回答"如果有重新选择职业的机会，你选什么职业"时，只有 28.5% 的人愿意仍然当教师。②有些学校甚至因教师流失而不能正常教学。

2. 后继乏人。师范学院生源困难，优秀中学毕业生不报考师范学院已成为一个普遍现象，人们"像躲瘟疫一样"竭力躲开教师这个职业。师范学院只得"降格以求"，如北京市属重点学校的北京师范学院，1981 年录取新生达到重点大学分数线的为 50%，1982 年为 42%，1983 年为 31.9%，1984 年为 34.8%，1985 年为 32%。1986 年为 7%，真是每况愈下。有人对杭州某中学 103 名高三学生进行了调查，76% 明确表示不愿意读师范学院，只有 10 人表示愿意，不足 10%。北京市第五中学吴昌顺非常尖锐地说："现在是三流中学毕业生上师范学院，三流师范学院毕业生回中小学，三三得九，第九流。"未来中小学教师的素质是"九流"，那么，他们教出来的学生素质——我们国家的民族素质将是第几流呢？多么可怕的恶性循环！多么令人担忧的未来！

---

① 吴福生：《解决教师队伍不稳的几点建议》，《群言》1988 年第 11 期。

② 李昌芳：《外流：为什么有的教师想方设法择高枝》，《光明日报》1988 年 8 月 17 日。

二、深层的原因

对于教师及知识分子的地位问题，近年来各种报刊呼声日高、报道渐多，在社会上已引起相当广泛的关注。然而，人们对于教师地位低下的原因却思考得不多，"忧"有余而"思"不足。为了从根本上解决教师的问题，使教师职业成为真正令人羡慕的"太阳底下最光辉的职业"，很重要的一项工作就是揭示隐藏在那些司空见惯而又触目惊心的事实背后的原因。

一是传统因素。细加思考，我们不难发现，造成教师及知识分子屡遭厄运的症结，在于中国封建社会的传统中对知识和知识分子的偏颇态度。

知识（Knowledge）是人类在长期的社会实践中积累起来的经验和总结出来的理论，是人们对于客观事物及其规律的认识所做的概括。自从弗朗西斯·培根在《新工具》中提出"知识就是力量"的名言后，知识一直被作为个体和社会的精神财富的象征，成为有远见卓识的个体和社会孜孜以求的东西。法国作家左拉在《真理》一文中曾经这样赞美知识："只有知识——才能构成巨大的财富的源泉，既使土地获得丰收，又使文化繁荣昌盛。愚昧从来没有给人们带来幸福；幸福的根源在于知识；知识会使精神和物质的硗薄的原野变成肥沃的土地，每年它的产品将以十倍的增长率，给我们带来财富。"

然而，在我国封建时代长期的历史进程中，知识却常常被看作一个充满危险的怪物，知识的拥有者往往也被社会视为异己的力量，形成了一种根深蒂固的知识"原罪"意识。知识"原罪"的阴影时常笼罩在中国的大地上。

在中国，知识的发展一开始就沿着畸形的道路进行了。中国文化和西方文化分别从孔孟和亚里士多德开始，走着两条不同的道路：西方重人与自然的关系，注重知识的科学性；中国重人伦关系，注重知识的伦理实用性。所以，中国古代对于知识是有倚重和选择性的，一切知识都要能够容纳在封建等级制度与宗法家族制度交织而成的伦理政治关系的网络中，成为这个偌大网络中的一个网结。知识和知识的拥有者只有成为这个"网结"，才能受到青睐，得到重用。在这样的传统中，即使创造出知识，创造出科学技术，也会在这个"网结"中变形。中国古代的四大发明就是最好的例证。中国人最早发明了火药，但只能发挥着"驱鬼辟邪和热闹喜庆的功能"，西方人却用它"把骑士阶层炸得粉碎"，并用利炮坚船轰开了中国的大门；中国人发明了造纸和活字印刷，但并没有酿成知识"爆炸"，却由西方人反过来向我们输入铅印技术；中国人发明了罗盘，可没有成为海上强国，倒是西方人用它打开了世界市场并建立了殖民地。中国封建社会的伦理政治网络，使它形成了一个保守僵化的体制，任何改革创新都是它极力反对的。封建社会没有对知识和人才的内在需求，既缺乏重视知识和人才的思想传统，又少有具体的政治经济措施保证他们受到尊重和重视。如果知识受到重视，也只是那些与权力相结合的内容，对维持封建的伦理纲常有利的内容。知识分子也是如此，受到重视的只是与权力相结合的那部分知识分子，即御用文人。归根到底，是尊重权势，轻蔑知识。这也是我国在科技文化方面长期落后的根本原因。

在近代历史上，对于知识和科学技术的排斥和恐惧达到了登峰造极的地步。每次西学东渐，总要刺激一部分人的神经，大喊"中学为体，西学为用"，生怕西学动摇了我们的国基。西方的自然科学被斥为"奇技淫巧"，不止一次地被赶出国门。可是，当西方的"船坚炮利"逼迫我们洞开国门时，又不得不"师夷之长技以制夷"。

中国近现代虽然没有民粹主义的组织和活动，但却形成了自觉不自觉的民粹主义意识。甚至若干有识之士，如章太炎、梁漱溟等人也不能摆脱这些意识的纠缠。章太炎把当时社会分为十六个等级，"一曰农人，二曰工人……""农人于道德为最高，其人劳身苦形终岁勤动""而通人（高级知识分子）以上则多不道德者……"他衡量一个人道德水平的高低，值得受尊敬程度的标准，是看其参加体力劳动的多少。这不由得使我想起了"老九"问题，元代统治者曾规定了社会等级的序列为"一官、二吏、三僧、四道、五医、六工、七猎、八民、九儒、十丐"，把那些多半充当塾师、蒙师聊以糊口度日的贫儒列为行九的位置，仅比叫花子高一等。在"四人帮"统治时期，他们又把知识分子排在地、富、反、坏、右、叛徒、特务、走资派之后，诬蔑为"臭老九"。尽管三者的排列标准不同，但教师、知识分子都被视为社会的底层。

1951 年 10 月，毛泽东在全国政协一届三次会议的开幕词中明确提出："思想改造，首先是各种知识分子的思想改造。"从新中国成立初期的政治形势来看，毛泽东的这个思想是正确的，也是很必要的。旧社会过来的知识分子，大多带有种种旧的思想观念，不能很快就自觉地拥护社会主义、拥护中国共产党。然而，在实际中，出现了一些"左"过头的做法。因此，

1954 年 9 月，周恩来在一届人大一次会议所做的《政府工作报告》中肯定了知识分子思想改造的"成效"，委婉地纠正了一些"左"的倾向和过火行为。两年后，他又在中共中央召开的关于知识分子问题的会议上，做了《关于知识分子问题的报告》，他指出：社会主义的建设事业"必须依靠体力劳动和脑力劳动的密切合作，依靠工人、农民、知识分子的兄弟联盟"，知识分子"中间的绝大部分已经成为国家工作人员，已经为社会主义服务，已经是工人阶级的一部分"。知识分子在相对宽松和安宁的环境中勤奋工作，在各个领域都取得了相当大的成绩。

1957 年以后，情况又发生了变化，在众所周知的那场运动中，对知识分子做了不恰当的估计，有许多人被错划"右派"。在这样的背景下，又开始了对于知识和知识分子的讨伐，1958 年 8 月 30 日《人民日报》社论说："资产阶级知识分子的知识有如资本家的资本，当资产阶级学术观点受到批判的时候，其痛苦之深，有如资本家看到自己的资本在贬值或被没收。"[1]知识的贬值、知识的"原罪"，甚至逐渐成为一部分知识分子的"自觉意识"。

但是，党和国家许多领导人在抵制这种不正确的知识分子政策。1962 年 3 月，在国家科委召开的全国科学技术工作会议上，周恩来正式向知识分子道歉，表示过去的批评"错了""多了""过了"。陈毅则更明确地说："知识分子是人民的劳动者，是为无产阶级服务的脑力劳动者。""应该取消资产阶级知识分子的帽子。今天，我给你们行'脱帽礼'。"[2]这次会议在全国知识分子中引起了强烈反响。但是，1964 年 2 月 13 日，毛泽东在春节座谈会上说："历来的状元就少有真正好学问的，唐朝第一流诗人李白、杜甫，既非进士，又非翰林。韩愈、杜牧是进士出身，但只能算是第二等。王实甫、关汉卿、罗贯中都不是进士。曹雪芹、蒲松龄只是拔贡。明朝的皇帝，只有明太祖朱元璋、明成祖朱棣两人搞得较好，一个是文盲，一个识字不多。汉高祖刘邦是个草包，也没有什么文化。书读多了就反而做不好皇帝。"这段话在客观上助长了当时对知识的错误认识，因此也助长了对知识分子的不正确的评价。接踵而至的"文化大革命"，又使知识"原罪"的意识几乎成为全民的"共识"，再教育、进牛棚、挨批斗、被改造，许许多多

---

① 《学术批判是深刻的自我革命》，《人民日报》1958 年 8 月 30 日。

② 中央教育科学研究所编《中华人民共和国教育大事记》（1949—1982），教育科学出版社，1983 年，第 304 页。

知识分子遭受着非人的待遇，"文化大革命"因而也成了"大革文化命""大革知识命"的代名词。

党的十一届三中全会以后，尤其是邓小平《"两个估计"不符合实际》的文章发表以后，社会上逐渐形成了尊重知识、欢迎知识、渴求知识的舆论。但由于长期笼罩在中国土地上的知识"原罪"阴影仍未完全消除，由于社会的分配与调控机制仍不完善，邓小平对知识分子的正确阐述没有得到充分的贯彻，知识和知识分子的待遇仍然没有达到应有的高度。

二是社会因素。教师经济地位的低下，直接导致了教师社会地位的低下，"轻师侮教"一度成为世俗时尚。据调查，不少高中毕业生内心还是非常憧憬教师职业的，但他们强烈的荣誉感和自尊心却驱使他们做出违心的选择，为的是得到社会的"尊重"、亲友的"赞赏"、同伴的"理解"。如浙江省绍兴师范专科学校有一名新生，报考时在三类学校中只填了四个志愿，且每一类的第一志愿都是师范。可是，在他接到录取通知书后，有三件事深深刺激了他：一是他的一位亲戚"前恭后倨"的异常变化；二是给他办粮油户口关系的女同志不屑一顾的冷漠态度；三是村长的挖苦嘲讽。这位同学不得不向当地教委写了一封声泪俱下的信，要求退档，不要录取。①

我国现行人事制度与人事政策的过分限制也是不可忽视的社会因素。现行人事制度虽然鼓励"人才流动"，但在教育领域却是人才封闭，不能流动。一进入教师圈，就"陷而不拔"，难以选择其他工作。这种做法貌似能够稳定教师队伍，其实是釜底抽薪，更加剧了青年学生甚至教师本身对于教师职业的厌倦情绪与逆反心理。

三是职业因素。教师职业的特殊性往往也导致人们对教师职业缺乏理解与兴趣。教师工作表面上看是非常平凡的，教师既不像工人农民那样，把自己的知识和才能用于生产实践，直接创造物质财富；也不像战士，以自己的勇敢和智慧驰骋疆场，创造出英雄业绩；而是通过自己"润物细无声"的言传身教，给学生施加影响。对于许多教师来说，伟大被平凡掩盖了。同时，由于教师劳动成果的集体性（谁也说不出体现在集体劳动成果——学生的成长过程中，有百分之几是自己劳动的结晶）、教师劳动成果的阶段性（从幼儿园、小学、中学直至大学）、价值标准的模糊性（至今仍无一个公认的能客观、全面评价教师劳动质量的标准）以及教师劳动经济效益的

---

① 宣柏均：《"崇高的职业为何缺乏吸引力"探因》，《绍兴师专学报》1989年第2期。

滞后性，使教师劳动成果带有隐形性。再加上教师劳动的艰苦性，教师职业就很难为社会所重视了。

当然，我们也毋庸讳言教师自身的原因。长期以来，由于轻视教育，忽视教师队伍的建设，使教师队伍的数量与质量均有严重不足。据统计，全国现有初中教师 2097000 人，其中大专以上学历的有 495000 人，占 23.6%；大专以下学历的有 1602000 人，占 76.4%。高中教师 459000 人，本科以上学历的有 185000 人，约占 40%；本科以下学历的有 274000 人，约占 60%。初高中教师未达到学历要求的近 190 万人。从实际教学情况看，据北京市调查，骨干教师占 10%，能胜任教学工作的占 40%，不能胜任的占 50%。许多教师心有余而力不足，在教育过程中洋相百出。这对于刚刚从中学教师身边过来的青年学生来说，很容易使他们对教师职业产生轻蔑的看法，从而失去了"形象认同"的力量。正如明末清初的思想家黄宗羲所说："嗟乎！师道之不传也，岂特弟子之过哉？亦为师者有以致之耳……道之未闻，业之未精，有惑而不能解，则非师矣。"教师队伍数量不足、质量不高，在某种程度上也弱化了教师职业的吸引力。

三、让福音在现实的乐池中奏起

1984 年 9 月 2 日，《人民日报》刊登了山东益都二中教师刘沂生的来信《值得忧虑的一个现象》。信中写道："这几年来，最艰巨的任务是动员学生报名考农、林、水、矿及师范院校。说实在的，学生的志愿是衡量广大群众好恶以及哪些行业得到人们尊重的一杆秤，而且是一杆相当灵敏、相当准确的秤……师范院校的招生名额，几乎总是占招生名额的一半，而第一志愿报考的人数却是零。这个现象能不使人感到忧虑吗？它说明，教师在人们心目中的地位并没有真正提高。"

这封信发表的第三天，中央领导做了重要批示。三个月后，新华社发布消息："教育部部长何东昌在接受本社记者访问的时候非常高兴地指出：'党中央和国务院一直在关怀和研究教师的问题，教师工作将逐步成为社会最使人羡慕的职业之一！'"《人民日报》也以显眼的标题刊登：

工资：明年元旦开始给中小学教师以较大增加
住房：地方为主国家补助筹集中小学住房资金

地位：尊重知识尊重人才尊敬教师风尚在形成

可以说，这是中国历史上教师的"最兴奋也最具有实质性的一次福音"。然而，四年多过去了，由于"多种"原因，福音还只是"口惠"，远远没有落到"实"处。有人曾写了一首《关心教师歌》：

工资升在嘴巴上（真的提了其他咋办）
荣誉印在文件上（精神鼓励理所应当）
尊重写在报刊上（重教尊师社会风尚）
地位悬在危房上（艰苦朴素学习模范）
信任押在升学率上（高等院校桃李芬芳）
慰问坐在轿车上（领导百忙玉门春风）
奖励夸在茶话会上（光荣职业谁不颂扬）

这首《关心教师歌》的确非常形象地说明了长期存在的在教师问题上讲得多、做得少的弊端。福音如果只是在空中回荡，对教师只能是画饼充饥。最近，党中央又一次宣布：要使知识分子从"老九"变为"第一"，从根本上提高知识分子的待遇和地位。对于教师来说，这无疑又是一个"福音"。如果这个"福音"来到了现实的乐池中演奏，一定会奏出一曲气势雄壮的中国教育的交响曲，而不是低呻慢吟的"老九"咏叹调！

这里，就提高教师的待遇和地位问题谈一些个人的想法与建议。

首先，必须使全社会正确认识教师的劳动特点和劳动价值，从根本上形成尊师重教的社会风尚。教师的劳动具有创造性，教师面对的每一个学生都是一个特殊的世界，因此不可能像其他劳动，按照固定的工艺流程，用同一个模子来浇铸统一型号的产品。教师既要了解学生的共性，又要掌握形形色色的个性，使每一个学生都得到充分发展。在教育过程中，教育内容和方法必须随着科学技术的发展和学生身心特点而变化，这些因素有些是难以预料的，这就需要教师善于利用教育智慧来处理各种偶发事件，创造性地运用教育原理。难怪乎有人这样说：要把千万个天真、无知、调皮、淘气的学生都培养成"四化"事业所需要的合格人才，教师必须发挥艺术家的才干、设计师的精明、诗人的热情、哲学家的冷静、发明家的机敏，还要具有像工农一样吃苦耐劳与苦干实干的精神。

教师的劳动具有长期性，这是由人才成长的周期长的规律所决定的。一般来说，工农业生产周期是以月、季、年度为单位的。很快就可以用一定的标准检验产品数量与质量，而人才的数量和质量则要经过相当长的时期，才能看出结果。因此，教师的劳动不可能收到立竿见影之效。一个好的教师应对学生的终身教育负责，要为学生设计一生的发展，对学生产生长期的、连续的影响。

教师的劳动还具有社会性，教师所从事的事业与整个社会息息相关，他的工作牵动着千家万户，联系着整个社会。教师的舞台不仅在三尺讲台、一角课堂，而且要争取家庭与社会的配合，争取各个学科、各个年级教师的通力合作，需要教师集体的创造性劳动。

教师劳动的创造性、长期性和社会性的特点，决定了它是一项极其复杂的劳动，这种劳动需要教师用整个身心竭尽全力地投入。教师的劳动强度高、超负荷，但却是最有价值的，因为他们的劳动产品就是一批批人才，虽然教师的劳动凝结、物化在这些学生的能力当中，借助于学生的成果才能表现出来，但这些学生的质量却是未来社会的质量。因此，教师不仅是塑造学生的心灵，也是在塑造未来社会的形象。俄国教育家乌申斯基这样写道："比起医学家来，教育家在数量上不该少些，甚而还应当多一些，如果我们把我们的健康信托给医学家，那么我们就要把我们的子女的道德和心智信托给教育者，把子女们的灵魂，同时也把我们祖国的未来信托给他们。"[1]

在某种意义上说，对于教师的尊重，其意义并不完全在教师自身，因为教师是连接过去和未来之间的一个活的环节，是未来社会的形象塑造者，不尊重教师，也就是不尊重未来。因此，作为国家的领导人，就应该高瞻远瞩，真正把教师问题作为未来的战略问题，而不是当作"包袱"和"累赘"。在这个问题上，列宁是具有远见卓识的。他曾多次要求苏维埃政权和工会等一切领导机关像爱护自己的眼珠那样爱护教师。1923年1月2日，列宁在病床上还口授："我们没有关心或者远没有充分关心把国民教师的地位提到应有的高度；而做不到这一点，就谈不上任何文化，既谈不上无产阶级文化，甚至也谈不上资产阶级文化……应当把我国国民教师的地位提高到在资产阶级社会里从来没有，也不可能有的高度。"[2]

---

[1] 乌申斯基：《人是教育的对象》，郑文樾译，人民教育出版社，1989，第10页。

[2] 《列宁选集》第4卷，人民出版社，1995，第763-764页。

其次，必须大幅度地提高教师的经济地位和社会地位，使教师成为真正的令人羡慕的职业。国外教育家普遍认为，"在影响教师地位的诸要素中"，对教师工作重要性的评价和对教师的尊敬非常重要，但这又"都很大程度上依赖于教师的经济地位"。美国教育家更明确地指出："如果不解决教师工资和社会地位下降的问题，教育改革就只能是空谈。"[①]美国卡内基委员会约请的教育问题特别工作组提出的报告中，很重要的一条建议就是："增加教师的工资，使之高于其他行业，以鼓励有聪明才智的年轻人乐于选择教师工作。"教师的经济地位与社会地位是紧密联系的，离开了一定的经济地位而奢谈教师的社会地位，只能是毫无意义的清谈。

从国外的情况来看，许多国家对教师待遇的规定都趋向于超过其他行业的人员的工资。如日本大学本科毕业生开始当小学教师时，起点工资是11.5 万日元，而同年龄、同资历的公司职员起点工资是 9 万日元。10 年后小学教师的工资可达 17 万日元，而公司职员的平均工资只有 15.8 万日元。为了保证中小学教师队伍能得到优秀人才，日本国会于 1974 年通过了《确保人才法》，以法律形式将中小学教师工资待遇要高于一般国家公务员工资的方针固定下来，并实行"教师增薪三年计划"，使中小学教师的平均工资超出一般公务员 16%。朝鲜师范大学毕业的学生可享受三级教师待遇，月薪 90—100 元朝币，而 6 年制的医科大学毕业生起点工资只有 64 元。联邦德国小学教师每月工资是 2700 马克左右，中学教师是 3500 马克，而工人每月平均工资是 2500 马克。1984 年，苏共中央通过了《关于普通学校和职业学校改革的基本方针》，规定从国家预算中拨出约 120 亿卢布用于教育事业，其中 36 亿卢布用于改善和提高教师的工资。从 1984 年 9 月 1 日起，苏联中小学教师工资提高幅度为 25%—30%，高于全国各行业职工的工资水准。很多国家考虑到教师的基本工资无法计算的那些经常变化的因素，还采取了各种各样的津贴制加以补偿。这些津贴往往是其他职业所没有的。如墨西哥政府规定，在艰苦地区工作的教师可享受本人工资的 10%—100% 的额外工资。日本教师每年都有约 5 个月工资额的奖金，并有花样繁多的津贴：特殊勤务津贴、边远津贴、管理职务津贴、初任职调整津贴、函授教育津贴、企业教育津贴和抚养家庭人员津贴等。苏联则规定，对在农村

---

① 商继宗：《国外对中小学教师的要求、待遇和培训》，《论师、为师、尊师》，天津教育出版社，1986，第 192–204 页。

工作的教师免收房租和取暖、照明的费用。苏联教师也享有超工作量津贴、班主任津贴、管理实验室和实验园地津贴、批改作业津贴等。

教师平均工资略低的国家，如美国，近年来由于师资队伍不稳而影响了教学质量，因此引起了强烈的社会反响。1986年，美国卡内基基金会在《国家为培养21世纪的教师做准备》的报告中指出，要"恢复国家的优势"，就要"使教师的薪金和职业前途具有竞争力"，吸引人们从事教师的职业。美国各州的议会也纷纷制定提高中小学教师工资的议案，如田纳西州议会通过的《教师晋薪计划议案》，把中小学教师分为四个等级，根据其教育质量，3—5年可晋升一级，年薪可增加1000—2000美元不等。教师的起点工资已从以前的年薪1.3万美元上升到2万美元，高于地方官员的工资。据美国教育部统计，1987—1988年，公立学校教师年平均工资已增加到28300美元，比1980年的17144美元增长近65%，剔除通货膨胀的因素，净增长20%。另据美国教育研究服务公司调查，1986年一些学区的教师年平均工资超过3万美元，个人最高工资达52463美元。随着教师待遇的提高，美国教育的状况也开始有所改观。

所以，我们必须克服财政上的困难，较大幅度地提高教师的经济地位，使他们在生活上无后顾之忧。这一点，列宁也给我们做了很好的榜样。在苏联的国民经济恢复时期，国家的经费相当困难，人民的物质生活水平相当低，尽管如此，列宁还主张把其他部门缩减出来的款项，转作教育人民委员会的经费，并建议在"粮食供应还比较不错的年份，不要再舍不得增加教师的面包配给额了"[1]。相比之下，我们的日子比列宁时代不知要好过多少倍了，我们只要把购买进口汽车、修建楼堂馆所以及其他浪费挥霍的费用挤出点零头，就可以解决不少教师的生活问题。

为了提高教师地位，一些国家还非常重视教师的政治待遇，提高教师的政治地位。在苏联，就比较注意选拔优秀教师充实各级领导岗位。列宁在《论教育人民委员会的工作》一文中指出："在我国，头脑清晰、学识渊博和富有实际教育经验的人虽然不多，但是无疑这样的人毕竟还是有的。问题是我们不善于发现他们，不善于把他们安置在适当的领导岗位上，不善于和他们一起研究苏维埃建设的实际经验。"[2]有鉴于此，他建议颁布一项

① 《列宁选集》第4卷，人民出版社，1995，第763页。

② 上海师范大学教育系编：《列宁论教育》，人民教育出版社，1979，第272页。

选拔优秀教师充实领导岗位的"特别指令"，把有才华的、能干的教师提拔到比较负责的和活动范围比较重要的岗位上去，使他们为教师、教育事业多做决策、多做贡献。苏联还经常对有特殊功绩的教师分别授予勋章、奖章、奖状、荣誉胸章、荣誉称号和发奖金，并予以表扬。

在朝鲜，国家正式颁布政令授予优秀教师以"人民教师""功勋教师""劳动英雄"光荣称号，还以"金日成奖"和勋章、纪念章等表彰方法给教师崇高的荣誉。在朝鲜汽车站、火车站，设有教师售票口，在理发店设有教师专座，教师住房、看病、买粮买菜等都得到优先照顾。有的商店设专职营业员为教师送货上门。相形之下，我们国家这方面就做得很不够了，只有教师节这天，才有可能领略一下上述荣誉与方便，而且，仅仅是可能。

最后，必须加强教师自身的修养，通过培训、考核、淘汰等措施，提高教师的素质。如前所述，教师劳动是一项艰巨而复杂的创造性劳动，如果教师自身没有较高的思想水平和业务水平，是很难胜任这一劳动的，当然也很难获得社会的承认与别人的尊重。因此，一方面致力于提高教师的地位，另一方面又必须致力于提高教师的素质，使高地位与高素质形成良性循环，否则就难以吸引最优秀的人才从事教师的职业，自然也难以保证教师成为令人羡慕的职业。

为了保证教师队伍的质量，世界各国都在探讨和研究如何建立一套系统、完整的制度。一是通过学历制度、考试制度、教师试用制度和宣誓制度等把好教师的"进口"关。不少国家都规定，教师必须由师范大学的学生担任，其他大学毕业生必须经过专门训练方可得到教师资格证书。日本的《教师资格许可证法》规定，小学和初中教师一级资格必须是大学毕业且获学士学位，并得到基础学科36学分、教育学科32学分、专业学科16学分。一些国家还实行了教师资格考试制度，接受学历不够的教师参加考试，使教师队伍有充足的后备力量。如日本，现在约有168400人持有教师许可证，但只有37900人当教师，这就能保证学校和教育部门挑选最优秀的人才进入教师队伍。目前，也有一些国家实行1—3年的教师试用制度，如试用合格才能发给教师许可证，然后再委任为正式教师。美国一些州甚至要求教师任职时进行忠诚宣誓，以加强教师的责任感。这些措施在很大程度上保证了教师队伍的质量。

为了提高教师的素质，世界各国非常重视教师的在职进修和培训。不少国家通过教育立法的形式，提供各种优惠条件，鼓励教师进修提高。如苏联规定：中小学教师每五年可轮流进修一次；朝鲜规定：各级学校的教师工作 3—5 年后必须脱产受教育 3—6 个月，可在校内脱产进修，也可送教育机构进修；法国通过了继续教育立法，规定每个教师每年应享有学习进修假 2 个星期，以教师工资总额的 5% 用于教师的进修。为了督促检查和保证教师进修质量，一些国家还建立了培训后的考核制度。如苏联在 1976—1979 年，参加考核的教师达 160 多万人，经过考核，有 140 多万教师被确认合格，有 8614 名教师因不称职而被淘汰。

总之，提高教师的素质与地位是一个问题的两个方面，是提高教育质量和民族素质的关键所在。我们只有正确认识教师的劳动特点和劳动价值，大幅度地提高教师的经济地位与社会地位，采取行之有效的措施提高教师的素质，才能形成中国教育的良性循环机制。

第三章　厌学心态透视

厌学，似一股旋风在席卷。它像病菌一样在我们的校园中恶性地传播、扩散，影响愈来愈广，其危害已超过 1988 年初曾流行于沪杭一带的传染性疾病——甲肝。"风声、雨声，不闻读书声；歌声、乐声，加上叫卖声。"校园里平静的书桌开始晃动了，3000 万名中小学生先后流失，不少人充当了童工、童农、童商；高等学校内埋首书本者也越来越少，"舞场旋转文化""打牌下棋文化""气功养生文化"等在校园文化结构中占据越来越重要的地位。

如果说传染于人体细胞内的病菌，按当代医疗科技水平，已很少有不治之症，那么，侵入人们灵魂之中的病菌，就很难说这么简单了。如果我们不采取行之有效的措施，根治厌学这个时代病症，未来的中华民族怎能以自己的力量屹立在世界民族之林呢？

一、厌学众生相

厌学心态总是通过一系列厌学行为折射出来的。这里，我们将透过一扇扇校园的门窗，对一幅幅厌学众生相做些描述与沉思。

（一）流生问题

流生的数量可以说是最能反映厌学的严重程度的。从在校学生的情况来看，小学、中学、大学、硕士研究生、博士研究生，各个阶段，应有尽有。据统计，1984 年全国约有 400 万中小学生退学，而 1987 年则约有 600 多万中小学生流失。1980—1987 年，全国约有 3000 万中小学生流失。据江西省广丰县教育局调查，全县小学 1988 年上学期就有流失学生 2099 名，初中一个学期共流失学生 2341 名。其中，农村小学生流失率占 2.19%，农村初中学生流失率达 9.12%。大石乡初中 1985 年招收初中一年级 6 个班，到 1988 年初三年级时就减少到 4 个班，学生由 394 人减少到 195 人，3 年流失率占 50.51%。历年来很少流生的县城重点高中和县城初中，1988 年上半年也有近百名学生辍学。[①]上海市所有郊县 1988 学年初初中学生未报到人数为 7845 人，占应报到学生数的 3.6%。天津市从 1986 年 9 月至 1987 年 5 月的 8 个月间，共流失学生达 11413 名，其中农村流失率为 5.9%。1987 年全国硕士研究生退学的达 700 余人。

学生流向何方？有相当一部分成为童工、童农、童商。在许多大城市里，可以看到来自农村的十二三岁的小贩，有些农民建筑队伍中，童工的比例高达四分之一。据江西省某乡的调查，该乡 15 岁以下的"娃娃农民"就有 181 人，帮父母做生意的小商人就有 41 人，这些童农、童商中，女孩子竟达 85%。河北曲阳县 16 个村的工业、副业中，约有童工 420 名，他们从事大理石雕刻、砸石渣、运输等繁重的体力劳动。在温州、深圳等地，童工的现象更令人心忧。如温州金乡几百个家庭作坊中，就雇用了四五百个童工。深圳市经检查的 206 家企业中，竟有 44 家企业雇用童工。其中宝安县龙岗镇宝利电子厂现有职工 238 名，却雇用了 16 岁以下的童工 89 名，占职工总数的将近四成。这些童工的工作和生活条件都很差，有许多是两三个孩子挤在一张床上，每日紧张劳作 9 小时以上，收入只能拿成人的一半。他们在用稚嫩的双手去换取那点微薄的工资。他们中有的人连姓名也不会写，只好在工资卡上按下自己的手印。[②]不仅学校对这些孩子及家长失去了魅力，而且堂堂的义务教育法也成了一纸空文，没有任何约束力。

---

① 王绍雄：《中小学生辍学现象严重应引起重视》，《光明日报》1988 年 6 月 14 日。

② 吴晓民：《深圳的童工》，《光明日报》1988 年 11 月 21 日。

（二）混学现象

新"读书无用论"不仅使相当一部分青春年少的学生放弃学习，流失校外，也使不少校内的学生消极懒惰，成为"混学魔王"，"60分万岁"成为许多学生的信条。某校的一位教师教育学生说："大学那么多，能是单为别人开的？咱能不能努力拼搏，也自豪地走进去？"马上就有学生站起来"反驳"："中国那么多人，都进去能装得下吗？""知道没希望，何必白费力气？"说得老师哑口无言。还有的老师抓住学生的弱点劝学："没有文化知识，将来就是当个体户也不行呀！"学生也立即回敬道："到时候再说吧！通天的大道九千九百九十九。""我爷爷奶奶那辈不懂阿基米德定律、氧化还原反应和勾股定理，不也照样活得自在？"教师有时运用激将法："看人家，原先成绩不如你好，现在反倒超你一大截子。"学生回答也很干脆："超就超吧，无所谓。""无所谓"成了中学生的口头禅，其利用率最大。[①]有人甚至把这一代中学生称为"无所谓"的一代。

大学生的"混学"现象也很严重。某校园曾流传着这样一首校园诗："人生本该 happy（幸福），何必整天 study（学习）；只要考试 pass（通过），拿到文凭 go away（就走）。"北京大学还曾流传过一篇题为《教室铭》的"妙文"："分不在高，及格就行；学不在深，作弊则灵。斯是教室，唯吾闲情。小说传得快，杂志翻得勤。琢磨下围棋，寻思看电影。可以打扑克，写家信。无书声之乱耳，无复习之劳形。虽非跳舞场，堪比游乐厅。心里云：混张文凭。"在大学生中间，这种疲疲沓沓、做一天和尚撞一天钟的混日子心理很有市场。有些学生被称为"九三学社"社员——早上睡到9点，下午睡到3点；有的学生被称为"托派"——一心想考"托福"出国；有的学生被称为"麻派"——麻将牌搓到深夜，在走廊铺上毯子干；还有的学生被称为"舞派"——由原来的每周一舞到每天必舞。同时，丘比特之箭在校园穿行，在大学校园里，白天都可以见到成双成对、勾臂搂腰的男女进进出出，夜晚的树阴下、角落里更是热烈"造爱"，未婚先孕已不再成为特大新闻。据我们在江苏某大学的调查，有42%的学生不同程度地流露出对学习的厌倦，师范类院校则有62%的学生表示不想学习或学习干劲不足，没有学习动力。

---

① 王剑平、刘跟社：《厌学现象透视》，《文汇报》1989年2月15日。

（三）考场作弊

考试作弊也是厌学心态的反映，在中小学尤其是大学的考场上，这个问题日趋突出。在一所大学的厕所"文学墙"上，竟然写上了这样的标语："你作弊，我作弊，他作弊，试看校园谁能敌？"《中国青年报》记者汪发楷曾经对武汉市十多所高校进行了采访，记录了一个个作弊故事。①

故事一：红裙子的妙用

大红的裙子，烈日一照，更是红得耀眼。马上就要进入考场的某女同学，再次检查了红裙掩盖下的"大腿密码"，脸上露出了得意的微笑。原来，小姐大腿上书写的是与高等数学考试有关的核心内容。谁知在考场上，当她第 5 次掀动迷人的红裙子时，监考的男老师喊来了一位女老师……

故事二：风湿止痛膏的特效

要考古典文学了。平时不太用功的某学生，此时一反常态，显得特别用功，挖空心思地琢磨着再次舞弊的"方案"。可是，学校这次组织了 100 多人监考，平均每个教室多达 5 人，如再采取偷带书本、纸条的老办法，肯定会被发现。怎么办？眉头一皱，计上心来。于是，《醉翁亭记》的写作特色，李白、杜甫的诗句……他高度浓缩并巧妙地移植到了风湿止痛膏上。然后紧紧地贴在袖口可以遮住的两只手腕上。止痛膏果然发挥了"特效"！他得了 83 分。

故事三：牌坛新秀的绝招

四位牌坛新秀自然也是考场好手。他们将牌场上高超的作弊技术，引入了英语考试。一般英语试卷都有选择题。那神秘的 A、B、C、D，常常让人难以选择。小伙子们灵机一动，用打牌时常用的摸五官暗号相互关照：摸眼睛是选择 A，摸耳朵是选择 B，摸鼻子是选择 C，摸嘴唇是选择 D。要不是考试后他们自己泄露"天机"，老师和同学绝不会怀疑那灵巧的双手。

故事四：神秘的替身

因为是老乡，A 甘愿做 B 的替身，帮 B 代考计算机。教室里考生太多了，年级辅导员有事没来，这位"高材生"的心很快就踏实了，没有人能识破他。A 挥笔疾书，没到结束时间就交了卷。学校附近的餐馆里，B 已为他准备了丰盛的酒菜。

---

① 汪发楷：《来自大学生考场的忧虑》，《中国青年报》1988 年 6 月 23 日。

……

这些让人瞠目结舌的事实表明，学生在考场作弊的确是范围越来越广，胆子越来越大，手段越来越高。单干式的个别舞弊，已发展到"团结互助"、共同作弊；原始的偷拿夹带，代之以日益"现代化"的手段。通过这些混过关、混文凭的现象，我们看到厌学情绪的日益增长。

（四）经商热潮

随着商品经济观念向社会深层全面渗透，"商先生"也闯进了宁静的校园。"经商热"伴随着厌学风气在迅速蔓延。许多中学生对《在哈佛商学院学不到的经商之道》《赚钱绝招》之类的读物津津乐道，对个体户大把大把地捞钱十分羡慕。一名在经商浪潮中欣然畅游月余的中学生说："考大学这条路太拥挤，我不想去凑热闹。经商，学会赚钱，这才是我的追求。即使失败了，也挺有意思。"一名帮摊的"小商人"这样对同学说："上学没钱花，想干啥也不行，我帮妈妈卖毛线，一天就赚 20 多元。上学有什么用？前几天有同学来找我，问我想不想学校。想啥？我说等你们拿到大学录取通知书，我拿到营业执照。你们拿到文凭，我就成了响当当的万元户，手里拿的是名片。咱们竞赛一下，到时看谁气派。他们羡慕得不得了，当时就问我怎么做生意……"[1]

大学校园里的经商热更是有过之而无不及。"毕业大拍卖"之类的广告堂而皇之地跻身于"某某教授举办某某讲座"的海报之列；食堂、宿舍门前充斥了摆地摊的大学生的吆喝声。在北京的一所大学，学生的书摊有 20 多个。该校机械系一名学生设摊做煎饼买卖，每天收入 30—40 元，令同学们羡慕不已。[2]四川籍的一名工科大学生，卖贺年片尝到了甜头，要求退学经商，学校极力挽留。这名学业优秀的高材生毕业后被分到一家研究所，工作两个月便毅然辞职，又回到母校摆地摊了。一名来自云南"烟乡"玉溪市的大学生，倒卖名烟，目前已有存款几万元，但这不过是北京某工科高校一名学生的零头，那名学生存款已有几十万元之巨，他兼任家乡一家公司的驻京办事员。浙江省一所大学有 3 名硕士生离校外出办公司，一位才读了一年的博士生便中途退学。一向为人们所向往、追求的"黑道"（黑色

---

① 王剑平、刘跟社：《厌学现象透视》，《文汇报》1986 年 2 月 15 日。

② 《校园的经商热应该降温》，《光明日报》1988 年 12 月 4 日。

博士帽，象征做学问），在黄道（黄金，象征赚钱聚财）面前开始黯然失色。

据统计，中学生高考竞争的比例已从 1978 年的 6：1 下降到 1988 年的 1.92：1，在 1988 年全国某些省市通过会考具备高考资格的高中毕业生中，有 2691 名学生自愿放弃高考，占总人数的 7.8%。一些大学的研究生管理部门频繁告急：招生人数大于报考人数，某些专业竟然无人报考！厌学虽然只是在校园内发生的一种文化现象，但它已经给我们的民族埋下了深深的隐患。

二、工具主义的悲剧

自古以来，中国的文人墨客就有"读读读，书中自有黄金屋；读读读，书中自有颜如玉；读读读，书中自有千钟粟"的唯读梦。读书是谋取财富和美女的重要途径。战国时代苏秦苦读的故事非常形象地说明了这个问题。

苏秦为什么具有那"名垂青史"的"锥刺股"的学习精神？其学习动机还不是为了能早日封"六国之相印"？用苏秦自己的内心独白来说，就是："嗟乎，贫穷则父母不子，富贵则亲戚畏惧。人生世上，势位富厚，盖可忽乎哉？"自然，如果苏秦挂不上六国相印，也就谈不上什么"革车百乘，锦绣千纯，白璧百双"的财富，更加谈不上什么"黄金万溢，以随其后"的殊遇了。苏秦这个形象非常典型地概括了整个封建时代的士大夫读书的真正动力与动机。

在现代社会，虽然"万般皆下品，唯有读书高"的观点已经没有多大的市场，但是，读书的"工具主义"还有很大市场。人们总是认为，读书学习本身并不能给人们带来直接的享受，学习本身也无直接的价值和利益，读书学习只是谋求其他目的的手段或工具，人们之所以读书，是由于其诱人的"前景"。而有朝一日，如果读书这个手段或工具不能达到目的，它也就失去了存在的价值。中国人读书的"冷"和"热"往往正是反映了这种读书价值观的变化轨迹。

我们不妨考察一下近十年来人们读书学习观念的两次变迁。经过了"文革"，中国出现了空前的"文化荒"，知识界青黄不接，社会各行各业迫切需要各种各样的人才，文凭很快成了一场"社会大瘟疫"之后的健康证明书，持有者在社会上通行无阻，一批批知识分子走上了各行各业的领导岗位。于是文凭成了人们朝思暮想的奢望之物。社会上一时间出现了空前的读书热、文凭热。这种全民求学的盛况虽然令人欣慰不已，但其中不能说不带有浓厚的"工具主义"色彩。

当文凭持有者的数量越来越多，文凭与水平的差距渐趋增加时，文凭在人们心目中的地位也逐渐降低。正在这个时候，商品经济的浪潮冲击着中国，改革开放使中国人的思想观念与行为方式发生了巨大变化，愈来愈多的"一部分人"先富了起来。有心人算算比比，竟然发现了这样一个规律：有文凭的不如没文凭的，知识多的不如知识少的。温州市柳市中学26岁的教坛新秀林优林，兄弟三人，小学毕业的大哥花十万元造了一幢四层楼；高中毕业的二哥造了一幢三层楼；他自己大专毕业，却只能住父母留下的小平房，别说造房子，连老婆也讨不起，被迫提出辞职。随之而来的，自然是恍惚、彷徨、动摇，自然是读书热情的日益减退和厌学情绪的直线上升。

这说明，"热"也好，"冷"也罢，在某种程度上都是"工具主义"在作祟。我们很少把读书作为消遣享受、陶冶性情的生活构成，很少人把读书学习作为一种愉快的乐事[①]，而只是给人们灌输"十年寒窗苦""板凳要坐十年冷"的意识，家长们给孩子们的"家训"也是"好好读书，现在苦些没啥，将来……"，似乎读书学习就是学习"吃苦"的，就是准备"牺牲"的，"苦尽"才能"甜来"，"工具"是为了"目的"。

三、社会宏观引导机制失衡

自然，我们说"工具主义"在一定程度上导致了厌学心态的滋生与发展，并没有为社会的宏观引导机制开脱责任的意思。事实上，要绝对摆脱"工具主义"的纠缠是不可能的，就像理学家要人们根绝尘念、斩情去欲一样不可能。作为社会人，总要自觉不自觉地接受社会的宏观引导机制，受社会的价值取向的影响。如果说"工具主义"是造成厌学心态的主观原因，那么，社会的宏观引导机制就是产生厌学现象的客观原因。

社会的宏观引导机制主要是通过社会的分配机制实现的。社会的分配

---

① 弗朗西斯·培根说："当你孤独寂寞时，阅读可以消遣。当你高谈阔论时，知识可供装潢。当你处世行事时，正确运用知识意味着力量……读史使人明智，读诗使人聪慧，演算使人精密，哲理使人深刻，伦理学使人有修养，逻辑修辞使人善辩。总之，'知能能塑造人的性格'。"——引自《培根论人生》，何新译，上海人民出版社，1983，第12-14页。

机制把天平的砝码加在体力劳动还是脑力劳动、简单劳动还是复杂劳动上，对人们的职业选择和日常生活行为方式都有重要的影响。如果是以知识价值为中心的社会分配机制，知识分子的劳动收入就比较高，成为社会上"令人羡慕的职业"，知识和人才的价值也就能得到实现，人们不仅会尊重知识、尊重人才，也会千方百计获取知识，成为人才。相反，人们就会贬低知识、漠视人才。从这个角度来看，社会上出现的厌学心态是与社会的分配机制有密切关系的。

目前，我们社会的分配机制不合理，典型地表现在四个"倒挂"上。

第一，按劳分配领域与非按劳分配领域的收入倒挂，即在按劳分配领域内平均主义仍未根本克服，而在非按劳分配领域，一部分人却以相当快的速度富了起来，并以某种循环积累形式迅速地扩大着与其他社会成员的收入差距；

第二，生产部门与流通部门的收入倒挂；

第三，脑力劳动与体力劳动、复杂劳动与简单劳动之间存在着倒挂；

第四，多数人的合法收入与极少数暴发户的非法收入倒挂。

这四个"倒挂"尤以第三个"倒挂"为甚。很多民谚都反映了这个问题。如"富了摆摊的，穷了上班的，肥了当官的，苦了用脑瓜有负担的，别看您是大专（有文凭）的，抵不过一个搬砖（建筑工人）的"，"十年寒窗苦，不如个体户"，"造原子弹的不如卖茶叶蛋的，拿手术刀的不如拿剃头刀的"。有一位社会学家这样评价厌学现象产生的原因："不是读书无用，而是读书无钱！无用是现象，无钱才是本质！"[1]这在某种程度上说明了社会分配机制不合理产生的消极影响。

有这样一个典型的材料：浙江大学有一对夫妇，都是副教授，有 3 个子女。他们一辈子除了书，家中别无所有。老大老二大学毕业了，生活仍是那么清苦。前几年，他们的小女儿高考失利，成了杭州市一家高级宾馆一个部门经理的助手，几年时间，这个家就发生了巨大变化，彩电冰箱进了穷儒之家，现代化的家具为寒门添彩。老教授说："家里值钱的家伙全是小女添置的。"这句话究竟是老教授的骄傲，还是他的悲哀？一辈子献身教育，桃李满园，贡献可谓大矣，岂料待遇竟不如未读大学的小女儿！复杂劳动与简单劳动的"倒剪刀差"，就是这样剪碎了一些人的心。

---

① 叶辉：《"读书无用"论的新冲击》，《光明日报》1988 年 7 月 13 日。

　　社会的宏观引导机制还在于社会的机会均等，尤其是在职业选择上，应该创造一个平等竞争的社会条件，使人员能够合理流动，职业有选择余地，给学有专长的人创造一个显示能力、能够竞争的机会。目前，社会风气不正，大学生分配困难也成了厌学现象抬头的重要原因。教育家刘道玉教授说："我们到处宣传人才是'四化'建设成败的关键，不少地方一直喊叫缺少人才，但与此同时，学校培养出来的一些学生难于分配，分配了也难以用其所长，缺乏一定的工作和生活条件。有一种现象很普遍：不少重要的工作岗位由考不上大学的青年占据着，由于素质低，单位往往要花钱培训，而那些相对比较优秀的青年大学毕业后，却找不到合适的岗位，这不能不说造成了巨大的人才、资源浪费。这也造成了在校生学习积极性不高，不在校的对上学失去了兴趣。"①的确如此，我们的社会长期存在着人才饥渴和人才消化不良综合征，使用人才的根据不是看学识、看能力，而是看关系、看后台。许多品学兼优的大学生都觉得无法把握自己的命运，明天的阴影重重地笼罩在他们身上。

　　毋庸讳言，厌学现象的产生也与教育自身的问题有关。刘道玉在分析大学生厌学的原因时说："除了社会原因，大学的教学内容和方法陈旧、落后，也是引起学生厌学的重要原因。老师讲授的课程，吸收最新的各种科学知识不多，既不能回答学生心中的疑问，又不能提高他们在社会上的竞争力；老师讲课方法，是自己口授，学生静听，这本是造纸术出现之前、学生没有课本时的教学方法。到今天还沿用这种老办法教大学生，让我重新上大学，我也厌学。"这同我们在江苏某高校的调查结论也是一致的，我们的调查表明，在学生产生厌学情绪的原因中，有85%的学生倾向于"专业设置不合理，所学知识对社会用处不大""知识老化，不能适应现代化建设的需要""学校管理缺乏科学性，条条框框太多""教育体制陈旧，阻碍人才培养"等原因；有95%的学生认为学校应设置一些适应现代化建设需要的课程，如现代商品经济发展所必备的公关、口才、外贸、经济等知识；有80%的学生希望老师讲课不要照本宣科，要力图充实一些有生命力的教学内容；75%的学生要求改革现行考试制度；有95%的学生希望教师具有新思想、新观点，讲课生动活泼。可见，教师是否具有生动活泼的教学方法，是否具有新颖独到的教学内容，是教师是否具有教育魅力的标志，也是学

────────────

　　① 周庆、刘道玉：《"读书无用论"抬头原因》，《人民日报》1989 年 2 月 22 日。

生是否喜欢教师、是否喜欢某门功课、是否喜欢学习的重要原因。

中小学教育的情况也很类似。中小学生的书包现在是越背越沉重，但心情比书包还要沉重。除了一门门课程外，还有与之相应的练习册、自测题、训练与辅导、复习资料等额外负担，各种各样的"加码教育"有增无减。在中学生中流传着《新编歇后语》的手抄本，其中一首是用电影名称巧妙地写的："上学——再向虎山行；星期一——走向深渊；星期二——路漫漫；星期三——夜茫茫；星期四——黎明前的黑暗；星期五——归心似箭；星期六——胜利大逃亡。做作业——真是烦死人；考试中——警察与小偷；考试后——莫斯科不相信眼泪。"虽然这和王阳明所说的"视学舍如囹圄而不肯入，视师长如寇仇而不欲见"还不可同日而语，但也相差无几了。当学习成了负担，教师成了"警察"，学生们还有什么快乐可言呢？学生怎能不产生厌学情绪呢？所以，有些中学生直截了当地说："说我厌学，不如说我厌师。"如果学习不再成为学生的负担，教师成为学生的朋友，校园成为家园、乐园、花园，学生就不可能视学习如畏途了。

四、亡羊仍需补牢

战国时庄辛有句名言："见兔而顾犬，未为晚也；亡羊而补牢，未为迟也。"对于厌学问题，我们也应持这种态度。

"补牢"的当务之急是要使尊重知识、尊重人才的观念上升为一种民族的价值意识和社会意识，开创一个有利于人们追求知识、勤奋勉学的社会大环境，倡导"轻知为耻，重知为荣"的社会风尚。钱学森曾经说过：经济的竞争就是知识和智力的竞争，忽视教育就等于慢性自杀。从历史来看，尤其是从世界近代史来看，我们可以发现这样一个规律：重视学问和教育的民族才能在世界上创造灿烂的文化而建立发达的国家，否则就不能摆脱不发达和迟发达的局面。因此，我们必须大造社会舆论，使每个公民都具有这样的忧患意识：不重视知识的国家就要落后，落后就要挨打，就要亡国。为了子孙后代的幸福，为了祖国未来的强盛，必须尊重知识、尊重人才、尊重教育。

其次，必须尽快结束"脑体倒挂"的不正常、不合理现状。精神生产与物质生产一样，也有其价值规律的运行机制。脑力劳动不如体力劳动、复杂劳动不如非复杂劳动、繁重的脑力劳动不如非繁重的脑力劳动的怪现象，就在于我们在精神生产领域内违背了价值规律。因此，必须按照精神生产的价值规律，运用社会的宏观引导机制，尽可能快地使脑力劳动者（尤其是教育、科研单位）的收入有大幅度提高。不能像过去那样，"物价涨一尺，知识分子待遇涨一寸，其他领域长八寸""许多东西都涨价升值，只有废品与知识分子落价贬值"。舒展在《群言》杂志上曾发表过《知识贬值乎？》的文章，结尾的一段话很值得我们深思："全社会劳动智力化的趋势越来越明显，劳动者素质的提高的任务愈来愈迫切，正是在这种对知识的渴求一天比一天强烈的发展态势的条件下，中国当今社会知识的实际价值，反映在它的载体——知识分子身上，却呈现出贬值的种种情状。这难道不是比一场有形的大兴安岭特大火灾前的种种征兆更可怕的民族性灾难的心腹隐患和全社会的不祥之兆吗？一个锐意改革的国家，出现这种事与愿违的知识贬值的深刻、尖锐、复杂和反常的矛盾现象，如长期熟视无睹，不得解决，现代化有希望吗？该富的反而穷，小康的理想有奔头吗？"事实上，尊重知识归根结底表现在尊重它的载体——知识分子身上，体现为尊重人才，使人才的经济地位和社会地位远在社会平均水平之上。

可以说，如果尊重知识、尊重人才的问题不解决，就不可能形成全社会勤奋读书的风气，也就不能消除厌学行为的滋生与发展。浙江一名大学生征婚受辱的悲剧就说明了这个问题。这名大学生是一个品学兼优的青年，他万万没想到刊登征婚广告会招致素不相识的姑娘的辱骂和奚落。姑娘在信中说："读书苦，读书忙，读书有啥用场？像你握着笔杆的，不如讨饭，像你这种全世界顶背时的背时鬼，纯粹给大学生闹笑话。文化当不了饭吃，理想当不了钱花。现在的姑娘都吃人民币，像你这种有笔杆、没有人民币的，只能娶个50岁的老太婆。如果你今后娶上老婆，劝你的儿女不要上大学，读到小学五年级就够了，现在都有计算机，劝他卖甲鱼，那时你就成亿元户了。"[①]这不是典型地说明了知识贬值、价值失范后引起的社会心理反响吗？如果"小知识赚大钱，大知识赚小钱，高知识不赚钱"的现象不改变，学习者就将从根本上失去驱动力，这个"姑娘"的"高论"很可能就要不幸被言中了。现代化的本质是知识价值社会，我们只有尽快地调整社会的宏观引导机制，使知识的价值尽快地回归、更新和不断增值，才能从根本上扭转这种价值失范的局面，从而根治我们的时代病：厌学症。

---

① 叶辉等：《从大学生征婚受辱中引出的思考：读书究竟有没有用？》，《光明日报》1989 年 2 月 20 日。

再次，切实地贯彻义务教育法也是"补牢"的一项重要措施。据联合国教科文组织《1960—1982年世界教育统计概述》统计，全世界199个国家和地区中，宣布实施义务教育的有168个，占84.4%，目前已经超过了这个数字。我国是在1986年4月12日由六届人大四次会议正式通过义务教育法的，但由于配套措施跟不上，使各地政府部门、企业单位、公民个人等有法不依，形同虚设，"流生率"愈来愈高，"童工""童农""童商"现象禁而不绝。1989年3月，在第七届全国人民代表大会第二次会议上，有关部门负责同志也承认有关法规不配套已导致教育上的失误。而在国外，很多国家是用许多具体的措施来保证义务教育法实施的。如最早颁布义务教育法的德国，曾采取各种强迫性手段，如强迫适龄儿童入学和强迫家长履行送子女上学的义务，对使孩子辍学的家长罚款和扣除工资，对在街上游荡的孩子，警察和成年人有权督其回校等。在19世纪后半叶，各经济发达国家就先后确立了普及义务教育的法规和相应措施，用了几十年的时间坚持不懈地努力，这是很值得我们借鉴的。教育立法固然重要，但如果没有严格的执法加以保证，再先进的教育法也将成为一纸空文。

最后，改革传统的教育方法和教育内容，减轻学生的负担，是"补牢"所不可忽略的一个环节。在某种程度上说，中小学的"流生"也是教育部门内部片面追求升学率酿下的苦酒。紧张而单调的学习生活使越来越多的学生产生厌学情绪。部分教师放弃多数学生，只偏爱那些"有希望"的"尖子生"，把主要精力用在给尖子生开小灶，一些成绩落后的学生则由于"分数效应"而失去了对教师、对学校的感情，使很多学生心理负担沉重，干脆一走了之。如江苏省常熟市古里中学186名"流生"中，因成绩差而"流走"的就有167名，有的学校甚至在学生毕业前通过摸底考试过筛子，动员升学无望的学生留级、转学、退学。许多学生一留再留，有的年龄已超过20岁，眼看升学无望，只好退学。

高校的情况也是如此。相当一部分高校课程设置陈旧，教师捧着发黄的讲稿照本宣科，"上课记笔记，考试背笔记，考后全忘记"，枯燥的"宿舍—教室—食堂"三点一线，碾碎了许多学生的心。试想，如果学生感到校园生活索然无味，如果他面对的是冷漠无情的教师和令人心寒的考试，怎能燃起学习热情呢？因此，有些学校在教学改革中实行"大裁军"，减少必修课，增加选修课，并规定学生要在学校规定的时间内到围棋、电子琴、乒乓球等兴趣小组活动，受到了学生的欢迎。事实证明，这样做不但不会影响学生的必修课学习，还能调动学生的学习积极性，是解决学生厌学问题的有效方法。

联合国宣布：1989 年为世界扫盲年。目前世界上 15 岁以上文盲占同龄人口的比例在发达国家是 2%，我国却高达 30.7%。与此同时，我国每年还有 200 万以上的新文盲不断"涌现"。扫盲的一方面是"扫"，但更重要的一方面是"堵"。因此，我们的战略重点应该是采取有效、有力措施堵住新的文盲大军的产生，目前尤应把焦点聚集在解决学生的厌学问题方面。请记住：亡羊补牢，未为晚也。

第四章　畸形的结合

1958 年，毛泽东在一次讲话中说："教育必须为无产阶级政治服务，必须同生产劳动相结合。劳动人民要知识化，知识分子要劳动化。"[1]不久，中宣部部长陆定一在《教育必须与生产劳动相结合》一文中，明确把它作为我国的教育方针。[2]

作为一个国家的教育方针，尤其是社会主义国家的教育方针，这个提法是完全正确的。但在具体的教育实践中，教育决策者与职能部门往往曲解了这个方针，形而上学地强调教育与政治、教育与生产劳动的畸形结合。结果，使整个教育实践出现了异常的倾斜和偏移。

一、亦步亦趋：教育与政治

教育与政治的结合本来是一种历史的必然。

众所周知，教育是一种培养人的活动，它是一个永恒的范畴，与人类社会共始终。而政治则是一定阶级或社会集团建立或维护自己统治的活动，它是一个历史的范畴。当教育已有几百万年的"高龄"时，政治这个"婴儿"才呱呱坠地。然而，这个婴儿生下来就变成了大力士，以它的巨大力量建

---

[1] 《毛主席论教育革命》（内部发行），人民出版社，1967，第 11 页。

[2] 参见陆定一《教育必须与生产劳动相结合》，《红旗》1958 年第 7 期。

立了对教育的统治。这个现象并不神秘，因为当人类进入阶级社会后，"支配着物质生产资料的阶级，同时也支配着精神生产资料，因此，那些没有精神生产资料的人的思想，一般是隶属于这个阶级的。占统治地位的思想不过是占统治地位的物质关系在观念上的表现，不过是以思想的形式表现出来的占统治地位的物质关系"①。

一开始，我国奴隶社会的教育就是以"政教合一"的形式出现的。《礼记·学记》云："古之王者，建国君民，教学为先。""君子如欲化民成俗，其必由学乎？"《尚书》也说："天降下民，作之君，作之师。"在夏代、殷商之际，辟雍、泮宫等既是政权机构，又是大教之宫；卜、史、巫、祝等既是政府官吏，又是学校教师；学习内容如礼、乐、射、御等，也是奴隶主子弟必须掌握的从政本领。古希腊社会斯巴达和雅典的教育也有类似性质。柏拉图在《理想国》一书中就提出，要把教育学建立成为政治体系的一个部分。他的弟子，被恩格斯称为"古代的黑格尔"的亚里士多德也主张，教育要使公民"培养起遵守国家秩序的习惯""具有国家的观念"。很显然，奴隶社会的教育是为奴隶主的政治服务的。

我国封建社会的统治阶级，通过选士或科举制度控制教育，教育的目的在于培养"治人"的劳心者和"治于人"的劳力者。教育内容主要是维护封建的等级制、宗法制的三纲五常之类的伦理范畴。欧洲中世纪的教育，由于僧侣在教育上获得了独霸权，教育本身就带有神学的色彩。教育的目的是为了养成皈依宗教、恪守信条、热心虔诚的教徒。因此，中世纪的教育实际上成了"神学的奴婢"。

资产阶级的教育家往往虚伪地否认教育与政治的联系，声称教育可以"脱离政治"。对此，马克思、恩格斯早在《共产党宣言》中就加以揭露和驳斥："而你们的教育不也是由社会决定的吗？不也是由你们进行教育时所处的那种社会关系决定的吗？不也是由社会通过学校等等进行的直接的或间接的干涉决定的吗？"②

正如卡扎米亚斯所说："不论一个国家的社会道德的或政治、经济的情况如何，政治社会化曾经是今后仍然是一切教育制度的一个主要职能。政

① 中共中央马克思恩格斯列宁斯大林著作编译局编《马克思恩格斯选集》第1卷，人民出版社，1995，98页。

② 同上书，第290页。

治社会化，作为学校的一个明确的职能和合法的社会过程，在 20 世纪又增添了新的动力。这主要是由于两次世界大战和东西方思想体系的冲突的结果，双方为争取青年和对亚洲、非洲独立国家的政治影响而相互竞争着。此外，近来的新国家兴起，要求教育负发展民族意识和政治舆论的责任。"[①]

总之，教育与政治的结合是历史的必然，是教育发展的社会制约规律之一，这是不容置疑的。问题在于，两者采取什么形式的结合？教育如何为政治服务？

按理说，无产阶级的政治同以往社会一切阶级的政治有着本质不同，它的最终目的是为了否定自身。因此，在夺取政权后，无产阶级的政治在形式和内容上有了变化，重心逐渐转向经济方面，即尽可能快地发展生产力，提高人民的物质生活水平和精神生活水平，消灭阶级对立和阶级本身的存在条件，并且使全体社会成员的才能得到全面的发展。对此，列宁曾多次提出：在粉碎国内外敌人的颠覆后，苏维埃政权的主要任务是："从事国家的经济建设，收获更多的粮食，供应更多的煤炭，解决更恰当地利用这些粮食和煤炭的问题，消除饥荒，这就是我们的政治。"[②]在全俄中央执行委员会通过关于电气化的决议之后，列宁又提出："学校教育和教学工作者的性质，以及社会教育的性质都应当改变"，要使教育工作的性质"适应于正在发生的变化，看到现在要进行和平建设，要实行从工业上和经济上改造国家的远大计划"。这说明，无产阶级的政治与无产阶级的经济、无产阶级的教育，它们的目标是一致的，它们都是为了社会主义的物质文明建设和精神文明建设，都是为了人的全面发展。

我国的教育实践总的来说，在这个问题上有一个变化过程，即日益强调教育与政治的结合，尤其是 1957 年以后。1957 年 2 月 27 日，毛泽东发表了《关于正确处理人民内部矛盾的问题》的讲话。讲话指出："无产阶级和资产阶级之间的阶级斗争，各派政治力量之间的阶级斗争，无产阶级和资产阶级之间在意识形态方面的阶级斗争，还是长期的，曲折的，有时甚至是很激烈的。无产阶级要按照自己的世界观改造世界，资产阶级也要按照自己的世界

[①] 卡扎米亚斯、马西亚拉斯：《教育的传统与变革》，福建师范大学教育系等译，文化教育出版社，1981，第 180 页。

[②] 中共中央马克思恩格斯列宁斯大林著作编译局编《列宁选集》第 4 卷，人民出版社，1995，第 308–309 页。

观改造世界。在这一方面，社会主义和资本主义之间谁胜谁负的问题还没有真正解决。"这段话无疑给当时国内主要矛盾的判断定了格调，即国内主要矛盾不再是落后的生产力与人民日益增长的物质和文化生活需要的矛盾，而是阶级斗争。因此，从1957年以后，阶级斗争逐渐成为学生的主课，教育成为政治斗争的附属，教育与政治便出现一种"畸形结合"的形而上学关系。

1958年3月，全国各级各类学校相继掀起以搞臭资产阶级的个人主义，自觉革命，向"红透专深"前进为中心的思想批判运动，开展"向党交心""拔白旗，插红旗"的一系列"兴无灭资"的思想斗争。

1959年9月，中央发出通知：高等和中等学校应立即组织教职员和高中以上的学生，认真学习党的八届八中全会的决议及有关文件，展开一场反对右倾机会主义、保卫总路线的学习和辩论。据此，各级学校开展了保卫"三面红旗"的学习运动，展开了大辩论。

1963年10月，《人民教育》发表《我们必须和资产阶级教育思想划清界限》《从用"童心"爱"童心"说起》《谁说教育战线无战事？》三篇文章，批判斯霞的"母爱教育"，说它涉及教育有没有阶级性，要不要无产阶级方向，要不要对孩子进行阶级教育，要不要在孩子思想上打下阶级烙印的问题。随后，教育界掀起了一场关于"母爱教育"的讨伐运动。

1964年1月，《人民日报》发表了题为《对子女进行阶级教育是父母的革命责任》的文章，把"阶级教育"引入了家庭。

1964年6月，《人民教育》六月号发表《社会主义教育学中的一个重要问题》和《资产阶级教育观点必须批判》等文章，对凯洛夫主编的《教育学》进行发难，此后，教育界对这本书展开了批判。

1964年9月，中共中央、国务院发出通知：组织高等学校文科师生参加社会主义教育运动。通知指出："我高等学校文科脱离实际的倾向十分严重，资产阶级和修正主义的思想影响相当普遍。有些单位的领导权不是掌握在无产阶级手里，少数资产阶级专家正在同我们争夺青年学生……这种状况，必须从根本上加以改变。今后的方向，就是使文科院校附设工厂或者迁到农场办成半工半读或半耕半读的学校。使文科师生通过生产劳动和阶级斗争逐步锻炼成为无产阶级的革命战士。"

1964年11月，高等教育部转发《毛主席与毛远新谈话纪要》，毛泽东在与毛远新谈到教育问题时说："阶级斗争是你们的一门主课。""你们学院应该去农村搞'四清'，去工厂搞'五反'。""阶级斗争都不知道，怎么能算大学毕业？"

1966 年 6 月，中共中央、国务院批转教育部党组《关于 1966—1967 学年度中学政治、语文、历史教材处理意见的请示报告》，要求中小学停开历史课，合开政治与语文课，以毛主席著作为基本教材。

1968 年 8 月，《人民日报》刊载《红旗》第二期发表的姚文元的文章：《工人阶级必须领导一切》。指出新中国成立以后的学校"基本上还是被资产阶级知识分子所垄断"，并提出："凡是知识分子成堆的地方，不论是学校，还是别的单位，都应有工人、解放军开进去，打破知识分子独霸的一统天下。"自此，工、农、兵纷纷进驻学校，实行"无产阶级的政治领导"。

1973 年 7 月，《辽宁日报》以"一份发人深省的答卷"为题，刊登张铁生的一封信。8 月，《人民日报》转载了《辽宁日报》的按语和张铁生的信。随后，各地报刊加以刊载，纷纷以张铁生的信为引子，批判文化考试是"旧高考制度的复辟，是对教育革命的反动"，是"资产阶级向无产阶级反扑"。张铁生这个交白卷的"闹而优则仕"典型一时间成为"反潮流的英雄"。

1973 年 12 月，《人民日报》全文转载《北京日报》发表的《一个小学生的来信和日记摘抄》及编者按语，又另加编者按语赞扬"黄帅敢于向修正主义教育路线的流毒开火"。此后，全国各地迅速掀起了一股"破师道尊严""横扫资产阶级复辟势力"的浪潮，许多学校桌椅被拆毁、门窗被砸坏，陷入混乱之中。

1974 年 1 月，江青一伙炮制出《河南省唐河县马振扶公社中学情况通报》，并以中共中央名义发出。全国各省、市、自治区按文件精神，组织学校师生检查，揭露修正主义路线的"回潮""复辟"，一批忠于职守、热心教育的中小学教师被打成"复辟"典型。

1975 年 11 月，张春桥（时任国务院副总理）找教育部部长周荣鑫面谈教育形势，提出"宁要一个没文化的劳动者，而不要一个有文化的剥削者、精神贵族"。

1976 年 2 月，北京、上海、辽宁等地学校相继开展"教育革命大辩论"，批判教育界的所谓"奇谈怪论"，掀起"反击右倾翻案风"和"批判'三项指示为纲'"的浪潮，迟群等多次公开声称："尽管我们学校有 50 多个专业，实际上就是一个专业，就是造走资派反的专业。"

……

这种局面直到粉碎"四人帮"以后才结束，无怪乎有人说，当代中国教育思想的发展史首先就是一部批判史、一部运动史，这是不无道理的。从上述不厌其烦的历史资料引述中，我们不难发现，教育跟在政治后面的这种"亦步亦趋"是形而上学，它集中表现在如下方面：

第一，把领袖的言论看成是无产阶级的政治，使教育的理论成为领袖言论的"注释"，教育的实践则成为领袖言论的"实验场"。在当代中国，如果统计一下国家领导人有关教育的言论同教育实践的关系，可以描绘出一个相关程度很高的相关图来。其实，领袖的教育言论只能代表他个人对教育问题的看法，不能代替国家的教育决策，不能成为政治的化身。

第二，把无产阶级政治的内容窄化为阶级斗争，使教育为政治服务的内容也日益狭窄，阶级斗争几乎成了当代中国教育的主旋律，尤其是1964年以后，阶级斗争的弦一下子绷得更紧了，在学校内部，阶级斗争成为学生的一门主课，"年年讲，月月讲，天天讲"，百讲不厌。黄帅日记、张铁生"一份发人深省的答卷"、"朝农经验""马振扶事件"，都成为教育战线的阶级斗争佐证。

第三，没有掌握教育为无产阶级政治服务的正确途径。如前所述，教育为政治服务，应该是通过教育科学自身的独立、具体的研究和探索，揭示教育活动的内在规律，并且应用这些规律为社会培养合格人才。但是，当代中国的教育却丧失了其主体性，时时处处紧步政治的后尘，这严重导致了中国教育的教条主义和实用主义盛行：既然苏联是社会主义国家，凯洛夫的教育理论自然是"社会主义"的，完美无缺，全盘肯定；既然苏联"变修"了，凯洛夫的教育理论不言而喻又成为"修正主义的黑货"，一无是处，打入冷宫！既然西方学校实行的百分制是资本主义国家使用的，当然要换上"无产阶级"的五分制；既然人道主义是资产阶级提倡的，"母爱教育"自然必须打入冷宫……我们的教育就是在这种荒唐逻辑的支配下，沿着令人啼笑皆非的"政治"轨道运行的。

二、貌合神离：教育与生产劳动

如果说当代中国教育与政治的关系是"亦步亦趋"的形而上学关系，那么，当代中国教育与生产劳动的关系则是"貌合神离"的结合。

在人类历史上，曾经历了一个教育与生产劳动相脱节、相分离的漫长阶段。那时，能够享受到教育权利的阶层是不属于生产劳动者的，而从事生产劳动的阶层也得不到受教育的机会。到了近代，随着教育事业的发展和社会生产力水平的提高，随着文艺复兴时代对人性的呼唤，教育与生产劳动的关系开始引起了人们的关注。

人们的兴趣是从两条视线聚焦的：一方面，生产劳动进入了教育家的视野；另一方面，教育进入了经济学家的视野。前者主要发现了生产劳动的教育意义，后者则着重阐发了教育的生产价值。[①]前者以法国的启蒙思想家卢梭为代表，如他不把劳动视为下贱卑劣的事，而把它看成是发展儿童智力的手段，是人们借以获得自由发展的源泉。后者则以英国的经济学家亚当·斯密为代表，他考察了工场手工业的分工对工人发展的影响，论述了普及教育的迫切性与重要性。后来，19 世纪的空想社会主义者欧文、傅立叶又进一步对两者的结合从理论和实践方面进行了探索。马克思主义的创始人曾高度评价了欧文的教育与生产劳动相结合的思想："正如我们在罗伯特·欧文那里可以详细看到的那样，从工厂制度中萌发出了未来教育的幼芽，未来教育对所有已满一定年龄的儿童来说，就是生产劳动同智育和体育相结合它不仅是提高社会生产的一种方法，而且是造就全面发展的人的唯一方法。"[②]

在此基础上，马克思主义的创始人比较全面地考察了教育与生产劳动相结合的历史前提、社会意义等问题，逐步把关于教育与生产劳动相结合的探索从空想变为科学。

列宁曾经非常准确地表述过马克思、恩格斯关于教育与生产劳动相结合的思想，他说："没有年轻一代的教育和生产劳动的结合，未来社会的理想是不能想象的：无论是脱离生产劳动的教学和教育，或是没有同时进行教学和教育的生产劳动，都不能达到现代技术水平和科学知识现状所要求的高度。"[③]这里明显包含两个意思：第一，教育与生产劳动相结合有两个相联系着的内容，即一是生产劳动同教育的结合，一是教育同生产劳动的结合。正因为生产劳动需要同教育结合，才推动着学校教育同生产劳动相结合，因此，教育不仅是造就全面发展的人的方法，也是"提高社会生产的一种方法"。第二，教育与生产劳动相结合，必须把现代的科学知识和技术反映到教学与教育中去，使教学和教育与现代的生产过程相联系。否则，教育对于个人的全面发展和现代科学技术的发展，都是毫无益处的。

---

① 陈桂生：《人的全面发展理论与现时代》，上海教育出版社，1988，第 102 页。

② 上海师范大学教育系编《马克思和恩格斯论教育》，人民教育出版社，1979，第 159 页。

③ 上海师范大学教育系编《列宁论教育》，人民教育出版社，1979，第 18 页。

在我国，教育与生产劳动相结合的问题是在 20 世纪 30 年代提出的。1934 年，毛泽东曾根据当时战争和生产的需要，提出了当时的教育总方针"在于以共产主义的精神来教育广大的劳苦民众，在于使文化教育为革命战争与阶级斗争服务，在于使教育与劳动联系起来，在于使广大中国民众都成为享受文明幸福的人"①。这在苏区、老解放区的教育发展过程中起过积极的作用。

新中国成立后，教育与生产劳动相结合问题的正式提出是在 1953 年。当时，中小学毕业生普遍遇到了不能升学的问题，而不少毕业生又不愿意回乡务农或进厂当工人，而希望继续读书、当干部。在这样的背景下，全社会重视劳动光荣的宣传，中共中央、人民政府和各级教育部门相继发布了有关加强对中小学生的劳动教育，妥善安排劳动就业的指示，并把"爱劳动"作为"五爱"教育的一项重要内容。可见，新中国成立后教育与生产劳动相结合问题的提出，其立足点是为了"树立劳动光荣的社会舆论和尊重劳动的社会风气"。

但是，1958 年以后提出的教育与生产劳动相结合问题，其基点就偏离了马克思主义创始人所提倡的教育与生产劳动相结合的初衷和原旨，对马克思主义的学说进行了形而上学的理解，因此导致我国教育在以后岁月中的诸多失误，甚至是重大失误。我们可从以下三个方面来讨论。

首先，这种结合是从小生产的观点出发，以过多地参加笨重的、落后的工农业生产劳动，取代了教育与生产劳动相结合。如 1958 年，为了贯彻教育与生产劳动相结合的方针，全国大中小学出现了大办工厂、农场的群众运动："在党的'破除迷信、解放思想'的号召下，在工农群众冲天干劲的推动下，广大师生发扬了敢想敢说敢做的共产主义风格，各级学校掀起了大办工厂、农场的热潮……往往在几昼夜之间，一个学校内就办起几个几十个大大小小的工厂、车间和作坊。"②据 1958 年 9 月到 10 月中旬 20 个省、市、自治区的不完全统计，有 397 所高等学校共办工厂 7240 个；13000 多所中专、中学共办工厂 144000 多个。有 22100 所各级各类学校建起小炼铁炉、小炼钢炉 86000 多座。走进校园，人们以为误入了厂区；瞧见学生，人们也误认为是工

---

① 引自《中国教育年鉴》编辑部编《中国教育年鉴（1949—1981）》，中国大百科全书出版社，1984，第 446 页。

② 杨秀峰：《我国教育事业的大革命和大发展》，《人民日报》1959 年 10 月 8 日。

厂的工人。教育成了生产劳动的陪衬品，有些省市甚至向学校发出了"以工地为教室，以炉边为课堂，争取早晚时间和劳动空隙时间上课"的指示。

其次，把教育与生产劳动相结合的问题提高到政治原则的高度，作为社会主义教育的根本特征之一。教育与生产劳动相结合本来是现代教育和现代化大生产的内在要求，是人的全面发展和现代科学技术发展的内在要求，但是在我国却成为革命与否、突出政治与否的外在"试金石"。如中共中央宣传部部长陆定一在《教育必须与生产劳动相结合》一文中就明确指出："教育为政治服务，教育与生产劳动结合，教育必须由党来领导，这三者是互相联系的。教育既然脱离生产劳动，就必然在一定程度上忽视政治和忽视党的领导。这样，教育就脱离我国的实际，势必发生右倾的和教条主义的错误。"[①]教育部部长杨秀峰也承认，教育与生产劳动的关系问题，是"无产阶级教育思想与资产阶级教育思想斗争的焦点"。我们且不论这种逻辑推理（教育脱离生产劳动＝脱离我国教育实际＝忽视政治＝忽视党的领导＝右倾主义＝教条主义）的荒唐，把教育与生产劳动相结合问题不适当地与政治问题挂起钩来，自然不容人们对教育与生产劳动相结合的形式、内容、途径等问题进行理论上的不同探索与实践上的不同尝试了。半工（农）半读教育也是如此。半工半读本来是解决我国教育事业不能满足全国人民日益增长的文化学习要求的矛盾的方法，从1958年提出到1964年逐步形成和发展，成为我国教育制度的重要组成部分，也是我国教育与生产劳动相结合的形式之一。但在我国，却逐渐演化为防止资本主义复辟的根本措施。1965年3月31日，刘少奇在全国农村半农半读教育会议期间，听取教育部部长何伟、副部长刘季平汇报时指出："一切国家的无产阶级取得政权以后，都会产生资本主义复辟的问题，包括我们国家在内。问题是如何防止。现在我们所想到的办法有两个：一个是发动群众搞'四清'，一个是改革教育制度和劳动制度。我们办半工半读学校也是为了解决这个问题。"[②]在教育问题变成政治问题以后，教育自身就无能为力了，只能又成为"亦步亦趋"的附庸与奴仆。

再次，往往用劳动改造替代了教育与生产劳动相结合，在"文革"期

---

① 陆定一：《教育必须与生产劳动相结合》。

② 中央教育科学研究所编：《中华人民共和国教育大事记》（1949—1982），教育科学出版社，1983，第337页。

间甚至把劳动作为整人的手段，用原始的、粗笨的体力劳动折磨教师，摧残知识分子。我们且不说那不堪回首的牛棚生活，也不谈关于教师一年不得少于一个半月体力劳动的规定，只要剖析一下当时报刊宣传的对知识分子世界观改造的几个典型就可窥见一斑了：

典型案例一：拜贫下中农为师　一点一滴从头学

去年冬天，这两个学校（指清华大学与北京大学——著者）的广大革命知识分子和当地的贫下中农一起，参加了修固鲤鱼洲圩堤的大会战。北京大学有一位女教授，从来没有挑过担，她看见有的贫下中农比自己的年龄还大，却精神焕发地和青年人一起挑土。她想：老贫农能为革命挑重担，我为什么不能呢？她勇敢地拿起扁担挑土上大堤，立即受到贫下中农的赞扬。她感动地说："我大半辈子没有参加过体力劳动，现在刚从头学起，贫下中农就鼓励我，我一定要把革命的重担挑到底。"

典型案例二：彻底改造世界观　一颗红心为人民

清华大学一位副教授张礼，曾经留学三个国家。过去他错误地认为，到工农兵群众中去改造思想，是"舍我之长，用我之短"。到了鲤鱼洲以后，在工人师傅的帮助下，开始认识到自己过去几十年来所走的道路，实际上是一条资本主义道路。他算了这样一笔账：解放前，我留学一年的费用，相当于四十个贫下中农一年辛苦劳动的果实；解放后，党和人民又两次送我去国外学习，要我学了知识为人民服务，可是，我却把劳动人民给我的知识，当成自己成名成家的资本……他狠批了"知识私有"的反动谬论，坚决表示，一定要把知识还给劳动人民，为劳动人民谋利益，坚决走全心全意为人民服务的道路。从此，张礼下定决心，要在艰苦的劳动中进行脱胎换骨的改造。他有夜盲症，仍旧积极参加夜战；过去他怕脏怕臭，现在专门挑大粪。农历除夕之夜，在风雨泥泞中，他参加了抢修排灌站工地的战斗，他说："这是我四十五年来第一次最有意义的春节！"①

---

① 摘自《知识分子改造的必由之路——记清华大学、北京大学广大革命知识分子坚持走毛主席指引的"五·七"道路》，载《人民日报》1970年5月9日。

在这两个令人啼笑皆非的典型案例中，我们不难领略所谓"教育与生产劳动相结合"的"精义"。"舍我之长，用我之短"的古语应该说点破了这种貌合神离的"教劳结合"之弊端，但它恰恰成为当代中国教育的特质之一，这样，"知识越多越反动，劳动越多越光荣"成了天经地义的准则。劳动不再是创造价值的手段，而首先成为思想改造的武器，成为惩罚知识分子的武器——岂非咄咄奇事。

三、出路选择：建立新型关系

如前所述，教育与政治、教育与生产劳动的结合，本来是教育自身发展的必然趋势。它们之间成熟的、完美的结合，会使教育事业蓬勃发展，会使现代政治与现代科学技术欣欣向荣，而其媒介都是通过培养德、智、体、美诸方面全面发展的人来实现的。它们之间不成熟的、畸形的结合，则会使教育事业萧条冷落，会对现代政治与现代科学技术产生消极影响，而这些也是以对于人的培养，是以人的畸形发展为代价的。当代中国的教育实践已有过血的教训，它昭示我们，只有建立教育与政治、教育与生产劳动之间的新型关系，才会使教育事业顺利发展。

首先，必须建立教育与政治的新型关系。过去教育工作的根本错误，并不在于教育为无产阶级政治服务的提法本身，而在于在这个提法下的偷梁换柱，在于教育偏离了无产阶级政治，在于教育成了跟在政治后面"亦步亦趋"的畸形结合。要建立教育与政治的新型关系，必须从以下几方面着手：

一是全面地理解政治的内涵，应充分认识社会主义初级阶段政治的基本内容是"经济方面的政治"，是为了最大程度上提高人们的物质生活水平和精神生活水平，是为了发展人的个性，促进人的全面发展，真正使教育立足于这样的基点上。

二是充分认识教育的相对独立性。教育是一种培养人的活动，有其自身发展的规律性。教育不仅同社会的政治，也同社会的经济、社会的意识形态有着密切的关系，有它的历史继承性。教育内容中的许多内容，如有关人类社会的某些准则、人类文化的遗产、某些生产经验与科学知识，教育的组织形式，现代化的教学手段和教学仪器设备，儿童的入学年龄和学制，根据儿童身心发展规律的教学方法与教育方法等，与政治并没有直接的关系。过去我们往往忽视了这一点，用长官意志和行政手段粗暴地干涉教育，学制任意改革，学时随意变化，内容不断变动，使教育无法按其自身的规律正常运转，导致了"亦步亦趋"的结果。因此，只有充分认识教育的相对独立性，按教育的客观规律办教育，为教育发展提供宽松的政治环境，才能真正处理好教育与政治的关系，发挥教育的政治功能。

三是正确地把握教育为政治服务的途径。教育为一定社会政治服务的过程，并不是跟在现行政策后面"亦步亦趋"，并不是成为政治活动的策源地和试验场，而是通过其具体的、独立的科学研究，通过其长期的、艰苦的辛勤劳动，培养出具备一定政治意识的合格人才而实现的。所以，我们只有尊重教育，只有正确把握教育为政治服务的途径，才有可能建立起教育与政治的新型关系。

其次，必须建立教育与生产劳动的新型关系。过去教育工作的根本错误，不在于教育与生产劳动相结合的提法本身，而在于使这种结合成了貌合神离的关系；在于用一方"吃掉"了另一方，即用生产劳动取代了教育活动；在于把生产劳动作为惩罚师生的手段；在于完全忽视了教育与生产劳动各自的质的规定性。因此，要建立教育与生产劳动的新型关系，必须注意以下几个方面的问题：

一是准确把握与教育相结合的生产劳动的质的规定性。我们知道，并不是任何生产劳动都能给每一个人提供全面发展和表现自己全部能力的机会，还存在作为"奴役人的手段"的生产劳动。因此，有人指出，马克思恩格斯所说的与教育相结合的生产劳动，就其完成形态或理想形态而言，所指的应是"真正自由的劳动"，"即具有社会性、科学性和一般性（普遍性）的劳动。这种生产劳动给每一个人提供全面发展和表现自己全部的即体力和脑力的能力的机会，是解放人的手段"[1]。在现阶段，当然还不能完全达到上述境界，但至少必须增加生产劳动的知识性和智力操作性，使教育与现代化的生产劳动有机地结合起来，再也不能满足于在落后的生产技术基础上实行教育与生产劳动的结合。

二是要重新认识教育与生产劳动相结合的社会价值。过去，我们曾经错误地把教育与生产劳动相结合的社会价值理解为政治领域的思想改造，

---

[1] 陈桂生：《人的全面发展理论与现时代》，第99页。

认为它是知识分子脱胎换骨的良药妙方，因此，生产劳动愈原始愈好，愈简单愈好，愈艰苦愈好，根本不考虑它能否创造物质财富，根本不考虑它的效率高低，根本不考虑劳动者的主体需要。虽然不少师生口是心非地宣称"晒黑了皮肤炼红了心"，但事实上却不断积累着对于这种生产劳动的诅咒与怨恨。我们认为，教育与生产劳动相结合的社会价值主要体现在两个方面：使教育事业的发展与国民经济的发展相适应，让学生对最新的科学技术从理论到实践均能了解贯通；使学生在生产劳动过程中认识和表现自己的才能，更好地完善与发展自我。在这个过程中，也同时实现了对学生劳动观点的教育和劳动习惯的培养。如果仅仅注意到后者，不仅是本末倒置，而且只会收到相反的效果。

三是要正确选择教育与生产劳动相结合的途径。过去，曾经把教育与生产劳动相结合的途径归结为"三勤"和"三放"。"三勤"是：勤俭办学，勤俭生产，勤工俭学。发扬解放区"大地为睡铺，露天做课堂，背包当板凳，膝盖代书桌"的精神。"三放"是：干部下放劳动，学校开放大门，学校干部下放班系。学校办工厂，学校办农场，以劳动成绩评价教育质量。这样的结合从形式上来看不可谓不"紧密"，但事实上却是典型的"貌合神离"，因为在这样的结合中，教育丧失了其主体性。正确的结合方式有两种：一方面要使教育的结构、课程的设置、教材和教法的选择等适应国民经济的要求，尤其要把现代科学技术的成果充实到教学内容中来；另一方面，要在教育过程中增加各种社会实践活动，结合课程内容有针对性地进行参观、实习，让学生不仅具有一定的生产劳动技能，同时对未来的建设充满信心和兴趣。

畸形的结合窒息了教育，葬送了教育。

新型的关系将会给教育带来生机，带来光明。

第五章　杯水车薪

战国时代的思想家孟轲给人们留下了无数瑰丽的名言警句。然而，恐怕很少有人知道，"杯水车薪"这个成语也出自他的笔下。《孟子·告子》载：

仁之胜不仁也，犹水胜火。今之为仁者，犹以一杯水救一车薪之火也；不熄，则谓之水不胜火，此又与于不仁之甚者也，亦终必亡而已矣。

这段话的大意是说，仁能够战胜不仁，就像水定能战胜火。但现在有一些讲"仁"的人，仅仅用一小杯水就想扑灭一大车柴所烧起的大火，自然无济于事。如果就此断言水不能胜火，这反而助长了不仁者，使他们更加不仁了。而这些人自己原有的一小杯水，也终于就此完了。

这里，我们不想评论这段话的微言大义，只想借用"杯水车薪"这句成语，来说明我国教育经费的窘迫境况。

一、教育经费纵横谈

纵观当今世界各国，有四根支柱支撑着教育事业的大厦。这四根支柱是：社会舆论的支持、完善的教育立法、充裕的教育经费、繁荣的教育科学研究。四者之中的"硬件"是教育经费，教育经费是衡量一个国家是否真正重视教育的试金石，也是衡量政府有关部门决策者是否具有战略眼光的重要标志。

从教育经济学的角度来看，教育不仅是发展经济的最好投资，也是发展人自身的最好投资。教育不仅是家长对子女的投资，是个人对其工作能力的投资，更是国家对于培养人才的投资和对经济繁荣、科学昌明以及具有强劲的国际竞争能力的投资。在教育投资的过程中，实现着社会的良性循环。日本近现代教育的两次腾飞就非常典型地说明了这个问题。

我们知道，从17世纪30年代到19世纪中叶，日本完全处于一个"锁国时代"。至1853年美国佩里舰队强迫日本开放港口之前，日本人还没有见过轮船，日本社会仍处于封建自然经济的状态，甚至连彼得一世时的沙俄都不如。但是，经过明治维新后的日本不到半个世纪，就走完了西方资本主义国家差不多用了200年时间才完成的资产阶级近代化路程。速度之快，令人瞠目。究其原因，唯在于重视教育。

1871年，就在中国政府与列强讨价还价、签订与修改那些丧权辱国的不平等条约时，由日本政府首脑之一岩仓具视带领的数百人的庞大代表团来到了欧美各国。他们名义上是为了修改不平等条约进行游说，实际上是实地考察西方国家的政治、经济、文化、教育的情况与经验，寻求自强之道。代表团的负责人之一木户孝允当时给国内写信力陈教育之意义："吾人今日之开化非真正之开化，为防十年后之弊病，唯在于兴办真正之学校。确定牢不可破的国基者唯在于人，而期望人才千载相继无穷者，唯在于教育而已。"尽管明治政府财源拮据，但在教育投资上却毫不吝啬，文部省经费在政府各省（部）中为最高，1873 年达 143 万余日元。这就使日本国民教育的普及迅速发展，明治末年（1912 年）就学率已超过 95%。国民素质的提高为经济腾飞创造了良好的前提。

1945 年 8 月 15 日，日本宣布投降。在第二次世界大战期间，日本被炮火夷为一片废墟，人民处于饥荒和通货膨胀的混乱之中，加上巨额的战争赔款，可以说是国破家亡，一贫如洗。在这样的情况下，日本政府下决心以教育立国，克服重重困难，拿出巨额资金把普及教育年限从战前的 6 年延长为 9 年，日本人民也以惊人的热忱关心教育。因此日本用了不到 20 年的时间就从废墟上站立起来，并走到了世界前列，成为世界经济发展史上的奇迹。

1962 年，日本文部省发表了题为《日本的成长与教育》的白皮书，断言："明治以来，时至今日，我国的社会和经济迅速发展，特别是战后经济成长非常惊人，为世界所注视。造成此情况的重要原因，可以归结于教育的普及和发展。"可谓意味深长，切中肯綮。

有鉴于此，世界各国纷纷增加教育经费，为教育投资慷慨解囊。1987 年，苏联的教育经费达 400 亿卢布（相当于 600 亿美元）。

1988 年 2 月，利加乔夫在苏共中央全会上指出，苏联要在几年内再把教育经费增加一倍，即达到 1200 亿美元。1987 年，美国的教育经费为 3086 亿美元，这还不包括在职人员的教育培训费用。日本 1987 年的教育经费则为 45737 亿日元，比 1986 年增加了 15 亿日元。

我国的教育经费情况如何呢？应该承认，随着对教育地位、作用的认识逐步提高，教育经费（含教育基建投资）逐年有了较大增加。北京师范大学袁连生曾统计了 1977 年至 1987 年我国教育投资在国民生产总值、国民收入和财政支出中的比例（详见表 5-1）[1]。

---

① 袁连生：《论我国教育经费的匮缺——1977 至 1987 年我国教育投资的数量和比例的分析》，《教育研究》1988 年第 7 期。

表 5-1　教育投资在国民生产总值、国民收入和财政支出中的比例

年份	国民生产总值（亿元）	国民收入（亿元）	财政支出（亿元）	教育投资（亿元）	教育投资占国民生产总值的比例（%）	教育投资占国民收入的比例（%）	教育投资占财政支出的比例（%）
1977	—	2466	843.1	63.62	—	2.58	7.54
1978	—	3010	1111.0	79.39	—	2.64	7.14
1979	—	3350	1273.1	95.92	—	2.86	7.53
1980	—	3688	1212.7	116.6	—	3.16	9.61
1981	—	3940	1115.0	126.6	—	3.21	11.85
1982	—	4261	1153.3	141.8	—	3.33	12.30
1983	—	4673	1292.5	160.8	—	3.44	12.44
1984	—	5630	1546.4	191.1	—	3.39	12.36
1985	8324	7007	1844.8	241.0	2.90	3.44	13.06
1986	9380	7790	2291.1	283.8	3.03	3.64	12.39
1987	10920	9153	2426.2	300.8	2.75	3.29	12.40

从表中可以看出，1977 年以来教育投资的绝对量确实连年递增，增长速度较快。但如果深入考察，把这一时期分为两个阶段（1977—1983，1984—1987），情况就不太一样了。大致可以得出这样的结论：

（1）1977—1983 年，教育投资的增长快于经济增长；（2）1984—1987年教育投资数量虽然在增长，但速度慢于经济的增长。由于下述原因，更显出教育经费的严重短缺。

第一，教育经费原有起点太低，历史欠账太多。新中国成立以后，尤其是从第二个五年计划开始的一个较长时间内，国家用于发展教育事业的经费太少，国家预算内教育事业经费占国家财政总支出的比例，一直徘徊在 4%—7%，从未超过 8%。国家预算内教育基建投资占国家基建投资总额的比例，也一直在 2% 以下，从未达到 1957 年的水平。仅1966 年至 1978 年，教育事业经费的欠账就高达 93 亿元。许多历史问题尚未解决，这几年教育经费增加的"杯水"，自然无力解决新旧问题的"车薪"。

　　第二，增加的教育经费大部分被人员经费占用。我国的教师数量居世界之首，由于教育事业发展的需要，这些年来补充了大量教职工，加上三次调整工资，教职工工资基金急速增加。由教育经费开支的项目也日趋增多，包括：大中小学约100万名离退休人员的工资、独生子女补贴、副食品提价补贴、粮食补贴、班主任津贴、教龄津贴、医疗费亏损补贴等，用于新增开支项目的经费达35亿元之多。据统计，1987年大中小学教育事业经费中人员经费分别占41.85%、72.2%、83.5%。[①]

　　第三，物价上涨使教育经费和基建投资的实际效益大为降低。据北京市和辽宁省的调查，中小学常用物品，1985年比1980年，文具、纸张类平均上涨63.9%，教学实验用品类平均上涨66.3%，图书报刊类平均上涨91.2%，办公用品类平均上涨76%，修缮用材料和劳务费平均上涨55.2%。近两年的上涨势头更猛，幅度更大。所以，实际上使用的教育经费非但没有增加，反而下降了。

　　第四，社会各方面摊派收费应接不暇。政府各部门下达给学校的各种杂费、税收以及名目繁多的摊派、罚款，使学校教育经费大量流失。某高校曾做过统计，从各方面下达给学校的五花八门的费用有20多项，如垃圾清理费、城市绿化费、迁移树木补偿费、防疫检验费、供水系统管道验收费、门前三包费、风景区开发费、房地产普查费、森林开发费、水资源开发费、建筑许可证费等，这些钱往往直接从学校在银行的账上划走，有的学校仅其中一两项开支，每年就超过100万元。

　　有人曾经对世界上部分国家和地区的教育经费情况进行过比较研究（详见表5-2），发现我国的人均教育经费只有8美元，不及美国的1%。我国的人均教育经费不仅无法与发达国家相比，就是在发展中国家也是排名靠后的。如果再扣除上述各个因素的"水分"，我国的人均教育经费很可能就更低了。

---

　　① 焦季才：《寻求建立解决我国教育经费问题的新机制》，《中国教育报》1988年8月18日。

表 5-2 部分国家和地区教育经费一览表①

国家或地区	年份	教育经费（100 万美元）		人均教育经费（美元）
		●占国民生产总值比例	●占政府开支比例	
美国	1983	●●●●●●● 6.8	226500	966
加拿大	1985	23673.2 ●●●●●●● 7.2	●●●●●●●●●●●●● 12.7	947
法国	1982	31694.1 ●●●●● 5.8		584
日本	1983	●●●●● 5.6	66092.5※ ●●● 18.7	555
澳大利亚	1984	8113.1 ●●●●● 6.5	●●●●●●●●●●●●● 13.2	523
联邦德国	1984	28334.4 ●●●●● 4.6	●●●●●●●●● 9.2	478
英国	1984	22515.3 ●●●●● 5.2	●●●●●●●●●●● 11.3	399
意大利	1983	19993.6 ●●●●● 5.7	●●●●●●●●● 9.6	352
新加坡	1982	614.7 ●●●● 4.4	●●●●●●●●● 9.6	249
中国香港	1984	969.6 ●● 2.8	●●● 18.7	194
苏联	1983	51015.5 ●●●●●●● 6.6	●●●●●●●●●● 10.2	188
阿尔及利亚	1985	3627.3 ●●●●● 6.1	15.6 ●●●●●●●●●●●●●●●	165
古巴	1985	1550.8 ●●●●●● 6.2		155
韩国	1985	3980.7 ●●●●● 4.9	●●●●●●●●●●●●●●●●●● 28.2	98
埃及	1985	2666.5 ●●●●● 5.2	●●●●●●●●●●● 11.5	54
罗马尼亚	1983	1183.3 ●●● 2.3	●●●●●●● 7.5	52
墨西哥	1985	2841.3 ●●● 2.6		36
巴西	1984	3269.4 ●●● 2.9	●●● 16.6 ●●●●●●●●●●	25
坦桑尼亚	1985	265.9 ●●●● 4.3	●●●●● 19.0	13
印度	1985	7241.2 ●●● 3.7	●●●●●●●●● 9.4	10
尼日利亚	1985	814.5 ● 1.3	●●●●●●●● 8.7	8
中国	1985	7778.8 ●●● 2.9	●●●●●●●●● 8.1（1983）	8

※ 不包括政府对私立教育的补贴
本表按人均教育经费数额排列
资料来源：联合国教科文组织《1987 年教育年鉴》

① 引自《世界知识》1988 年第 15 期，钟旭辉、寒放绘制。

"巧妇难为无米之炊"。教育经费的匮乏，使整个教育事业失去了动力与活力，导致了教师厌教、学生厌学等一系列问题，成为教育危机的导火线。

二、基础教育不"基础"

我国的教育经费不仅数量太少，而且使用也不尽合理。尤其是教育经费的内部分配方面，基础教育始终没有能够成为教育投资的重点，出现了"基础教育不基础"的怪现象。据统计，以大学生人均经费为 100 元计算，高中生是 5.8 元，初中生是 4.7 元，小学生是 1.8 元。一个大学生占用的教育经费比 50 个小学生的经费还要多。

由于基础教育经费短缺，使中小学办学困难重重。许多中小学，尤其是农村学校，校舍残破，设备简陋，不少学生仍在祠堂、庙宇和危房中上课，塌房死伤事故时有发生，不少中小学生仍在席地而坐学习。一些学校尚未改变"有门无窗、有窗无框、有框无光"和"泥台子、泥凳子、泥孩子"的状况，有的地方甚至学生的课桌凳还是用石头垒成的，还处于"石器时代"。有些地方的小学穷到仅凭"三个一"来教学，即教师一张嘴、一支粉笔、一块黑板。按教学要求配齐实验仪器的中小学不到 10%，图书资料、体育器材更是严重短缺。据抽样调查，部分中学购置图书与体育器材的经费每年生均仅 5 元多人民币，小学每年生均则仅 1 元多人民币。

基础教育经费拮据，直接影响到学校的生存和教育质量。据江苏省政协委员和政协普通教育调查组人员 1988 年 9 月的调查，南京市某中学有 24 个教学班，学生 1100 人，教职工 138 人。1987 年年终决算：年教育公用经费 15491 元（1986 年公用经费 25580 元，1987 年比 1986 年下降了 10089 元），实际支出 22500 元（不包括基建维修费 4100 元、医疗费超支 4000 元），缺口 7009 元；人员工资 263556 元，实际支付人员经费 338048 元，缺口 74492 元。这一年，社会对这所学校的各种摊派费用 4050 元，占公用经费的 26%。另一所小学有 12 个教学班，学生 500 人，教职工 29 人。1987 年政府拨款 36749 元，全部用于人员工资。学校经常性开支靠学费留存解决，而教学仪器设备购置费、教师的奖金、书报费、公费医疗的补贴费用均无着落。校长们纷纷呼吁：政府和社会各界要给中小学校重点"输血"，以解决基础教育面临的危机。[1]

基础教育经费的短缺、条件的落后，使得基础教育的水平停滞、下降，从而导致了人口文化素质的降低。截至 1987 年底，在全国 2200 多个县中，经省级人民政府验收，普及了初等教育的县只有 1240 个，约占总县数的 60%，尚有超过 40% 的县没有普及初等教育。1988 年我国现有文盲、半文盲 2.3 亿多人，差不多每 4 个人中就有 1 个文盲、半文盲，是世界上文盲、半文盲较多的国家。据测算，我国在今后十几年内平均每年应扫除文盲 400 万左右，但与此同时，我国每年有 200 多万新文盲诞生。新文盲的产生主要来自尚未接受完初等教育的青少年，相当一部分人为中途辍学的中小学学生。有人发出警告说：如果再不重视基础教育，中国可能成为世界上文盲最多的国家！

基础教育是整个教育大厦的基石。忽视或削弱基础教育，不仅使高等教育成为空中楼阁，也会使整个教育体系出现混乱局面。综观世界上的经济发达国家，无不以重视基础教育作为一项基本国策，在教育投资上优先加以保证。加强基础教育以及用法律形式保障基础教育，不仅是世界许多国家促进经济起飞的成功经验，也是近代教育发展的世界性必然趋势。"日本的重要经验之一，就是普及了九年制义务教育，提供了素质良好的人力资源，从而促进了生产力的发展，为日本现代化的实现铺平了道路。"[2]

从历史发展的趋向来看，教育经费分配的重点是从初等教育转向中等教育，再从中等教育转向高等教育的，但无论如何，基础教育总是教育投资的主要组成部分。这里，我们不妨分析一下 1885 年至 1960 年间日本教育经费的内部分配情况（见表 5-3）。

---

[1] 苏金声：《基础教育经费短缺困难重重》，《光明日报》1988 年 9 月 7 日。

[2] 张承先：《以极大的努力扎扎实实抓好〈义务教育法〉的落实工作》，载《教育研究》编辑部编《中国普及义务教育调查》，天津教育出版社，1987，第 27 页。

表 5-3　日本教育经费的内部分配一览表 *

年份	初等教育		中等教育		高等教育		师范教育	
	教育经费（％）	学生人数（％）	教育经费（％）	学生人数（％）	教育经费（％）	学生人数（％）	教育经费（％）	学生人数（％）
1885	84.3	98.9	2.8	0.5	8.3	0.4	4.6	0.2
1890	76.9	98.6	3.1	0.6	10.9	0.6	9.1	0.2
1895	77.1	98.3	6.1	1.1	10.2	0.3	6.6	0.3
1900	67.6	97.0	16.5	2.3	7.0	0.3	8.9	0.4
1905	64.6	95.8	18.2	3.1	10.2	0.7	7.0	0.4
1910	68.0	95.6	16.5	3.4	9.6	0.6	5.9	0.4
1915	65.5	94.7	17.3	4.2	12.0	0.7	5.2	0.4
1920	67.6	93.8	17.9	5.1	10.6	0.8	3.9	0.3
1925	61.1	90.2	20.1	8.0	14.6	1.3	4.2	0.5
1930	58.4	89.2	20.1	8.8	17.8	1.5	3.7	0.3
1935	61.9	89.3	18.7	9.0	16.9	1.4	2.5	0.3
1940	55.7	86.7	21.8	11.3	20.1	1.7	2.4	0.3
1950	41.8	59.3	46.2	38.2	12.0	2.1	—	—
1955	46	57.4	42.3	39.7	11.7	2.9	—	—
1960	42.4	56.1	44.5	40.7	13.1	3.2	—	—

*1950 年至 1960 年师范学校包括在高等教育中。

　　从表 5-3 中我们可以发现，在日本近代化的过程中，始终注重对于基础教育的投资，基础教育的经费始终在 80% 以上。基础教育中增加特别显著的是中等教育经费，这一方面是由于中等教育对象的日趋增多，一方面也是社会对人才的质量规格要求日趋提高。

　　有人曾经这样指出："目前我国用于高等教育的经费约占全部教育经费的 20%，用于中等初等教育的经费约占 80%。高等教育中的师范教育是为基础教育服务的，如扣除师范教育的经费，其他高等教育的经费比例则在 15% 以下，低于世界各国 22%—25% 的平均水平，也低于发展中国家 22%—24% 的平均水平。为了保证和提高我国在激烈的国际竞争中的地位，实现四个现代化，必须保证高级专门人才培养的数量和质量，又要考虑中初等教育面临九年义务教育的需要，以及基础教育在整个教育中的地位、作用。应当说目前教育经费在高等教育和中初等教育间的安排比例是基本合适的。"①

我不怀疑上述统计资料的可靠性，但我认为，仅仅用教育经费的绝对值比是不够的，即不但要看高等教育和中初等教育经费的整体比例，还要看高等教育和中初等教育经费的人均比例。如果用人均比例来看我国的教育经费，就不难看出孰轻孰重了。这里我们不妨看一下世界部分国家每个大中小学生的教育经费数（见表5-4）。

表5-4　世界各国大中小学生人均经费数（以小学生为1）

国别 学生	中国	日本	美国	苏联	英国	联邦德国	法国	意大利	泰国	缅甸	澳大利亚	瑞士	挪威	荷兰
小学生	1	1	1	1	1	1	1	1	1	1	1	1	1	1
中学生	2.5	1.5	1.4	1.2	1.2	1.9	3.2	2.6	3.1	13	1.9	0.9	2	2.7
大学生	74.2	5.7	4.6	4.5	1.3	4.8	4.0	4.5	2.5	16.6	4.2	4	8.8	1.7

自然，我并不是说我国的高等教育经费过多了，事实上它也是"杯水车薪"，几乎每个高校都有自己的"经济危机"。我也不否认其他国家的高等教育有别的经费来源，如学生的高额学费，企业、财团的资助等，但谁能否认中国的中小学生（尤其是小学生）享受到的教育经费少得可怜呢？岂止是"杯水车薪"，简直连"滴水车薪"也谈不上！我认为，从长远的观点看，我国现代化建设需要高精尖的技术人才，但从目前我国经济发展的实际需要来看，则更需要懂技术、会实践的中级人才和生产者，需要具有良好精神风貌的合格公民，而这恰恰是基础教育所应该承担的任务。一位欧洲国家的教育官员在考察中国的教育时说：中国可以引进诺贝尔、爱因斯坦，却无法引进为数众多的工人和农民。日本早稻田大学教授依田熹家在对新华社记者谈及中国教育存在的问题时也说："日本自明治维新以来，成功地建设现代化的重要经验之一，就是大抓了普及教育、培养人才这个'百年大计'。法国等西欧国家，有少数杰出的科学家，但是缺乏中层技术

① 焦季才：《寻求建立解决我国教育经费问题的新机制》。

人员。与此相反，日本由于普及了中等教育，因而拥有大量中层科技人才，这是日本在战后引进、吸收、消化国外先进技术的重要条件，也是欧美国家在工业技术上败给日本的原因之一。日本的强大之处，不在于尖子，而在于各级技术力量雄厚。我对日本战后的教育有种种批评，唯独对普及教育这一点是赞成的。如果中国向日本学习，就要学习普及教育，提高民众的文化水平。"

另一位日本学者则更直接、尖锐地说我国不重视基础教育的做法。饭冈邦辅说："目前中国比较重视大学教育，报考人数多，竞争率高，质量也有保证，但对于人数更多的小学和初中等基础教育抓得不够。如果不及时解决这方面存在的问题，加强基础教育的话，将来就会陷入少数人的'英才'教育之中。过多少年以后，在人才培养上就会出现一个无法弥补的'断层'。建议中国政府在发展生产的同时，拿出更大的力量来抓教育，尤其是要着眼于广大小学生和初中学生的教育，着眼于占人口绝大多数的农村的文化教育。""加强基础教育问题，抓得越早越好，要下很大的决心来抓这一问题，否则将来会后悔莫及的。"[1]良言固然逆耳，但毕竟是忠告，重视基础教育刻不容缓！

三、可怕的吞噬

令人遗憾而又令人吃惊的是，即使这少得可怜的"滴水"，仍然不断地被吞噬、浪费。仅据报上披露的不完全材料，全国2000多个县以上教育单位，近年来被挪用的教育经费竟高达4200万元，其中相当一部分是用来购买小轿车、盖办公楼的。仅1986年查出挤占挪用教育经费盖办公楼、买汽车、经商办企业以及其他违反财经纪律的金额就达4亿多元。这里，我们就把镜头对准湖南省扫描一下吧。

1987年2月，湖南省株洲市建设银行派人到市教育局推销有奖债券。教育局计财科长挪用教育经费，买下了5万元债券。1988年2月，债券开奖，教育局得一等奖，奖品是价值4000元的实物，在将奖品出售后，局机关每人分得现金65元，实物若干。

1987年，湖南省安乡县城关镇花费40多万元巨资盖起了一座办公大

---

[1] 转引自《千家驹教育文选》，人民教育出版社，1987，第12页。

楼。可是，1988 年 4 月该镇拟在城北中学扩建一栋教学楼时，竟让镇内 5 所中小学的孩子们每人承担 25—30 元。可怜的孩子无计可施，只得向县长求援。

1988 年 12 月，由湘潭市一中作保，湘潭市教育局下拨 10 万元教育经费为一个承包人经商提供资金，而这笔款项实际竟用于非法贩卖 103 枚金戒指。

……

我不止一次地读到：这个县的教育局局长用教育经费买小汽车、电视机，那个县的教育局局长用教育经费换酒喝、买麻将牌，甚至在赌台上挥霍教育经费。如果让这些人来办教育，再多的教育经费也填不满那肮脏的无底洞啊！

与可怕的吞噬"相映成趣"的是：1981 年至 1986 年，全国进口小汽车折合人民币约 200 亿元；1987 年全国各地无账可查的白吃、白拿、买豪华小汽车挥霍掉的公款达 530 多亿元，社会集团高消费的款项为 665 亿元；近年来全国基建投资 13000 亿元，而 1987 年全国预算内教育经费仅为 274.62 亿元。我们有什么理由寻找借口！

四、寻求新机制

解决教育经费问题出路何在？这是 1988 年教育理论界的"热点"之一，《光明日报》还专门为此开辟了专栏进行讨论。综合各家之见，关键是寻求建立解决教育经费问题的新机制。

首先，要解决认识上的障碍。长期以来，教育投资在我国不被看作"生产投资"，更不懂得它是"发展经济的最好投资"，而把它视为"消费投资""非经营性投资"。我国向世界银行申请的专项贷款中，竟没有一个教育方面的项目！还是外国人含蓄地提醒我们，才加了些无足轻重的项目。

事实上，正如美国斯坦福大学经济学教授劳伦斯·J.刘所说，教育是发展经济的最好投资。"教育对经济增长、生产率产生影响的渠道是什么呢？第一，教育提高了个人执行规范任务和学会完成新任务的能力。第二，教育提高了个人接受和处理新信息的能力。第三，教育提高了个人与他人交流和协调行动的能力。第四，教育提高了个人估计和适应新情况的能力。

第五，教育有助于消除主观上的对事物认识的模糊性和不必要的忧虑，从而提高了它运用新技术和采取新行动的可能性。"[1]大量的研究证实了这个论断。例如，丹尼生发现，美国的实际国民生产总值增长中的10%—15%可以直接归功于教育；杰米森和劳总结了世界上30多个有关农业产量和教育之间的关系的研究成果，他们估计，在农业投入资金不变的情况下，每个农户户主多接受一年教育，农业产量就平均增加近2%；普沙卡罗波勒斯总结了世界上许多有关教育收益率的研究成果，发现教育收益率一般每年都高于10%，有时甚至大大高于这个数字。

因此，必须让每个公民，尤其是政府各部门的领导真正认识教育的经济价值，不可只见近利而忘远义。观念上的变革迫在眉睫。

其次，要以法律形式确立教育经费在国内生产总值（GDP）中的合理比例。我国的公共教育经费占GDP的比值一直在3%左右徘徊，1985年占GDP的2.95%，1987年占GDP的2.52%，这个比值不仅远远落后于发达国家，在发展中国家也属于低水平之列。从表5-5可以看出，凡经济发展较快的国家，教育投资的比值都较高，其教育经费占GDP的比值大多在5%，一些国家甚至大于6%。一些发展中国家也紧追不舍，纷纷提高教育经费占GDP的比值，平均水平达3.9%。

无论是发达国家还是发展中国家，都在重视未来的人才投资，都注意到了教育投资的滞后效应，即今天的教育投资是为了明后天的人才。如果我们仍旧我行我素，不及时增加教育经费、确定合理的投资比例，等到真正出现人才危机时，再增加教育投资，恐怕就为时过晚了。千家驹曾经说过这样一段话：记得在20世纪60年代初，马寅初先生提出了控制我国人口增长的问题，当时大家不重视，甚至还有人对之围攻批判，结果导致今天有十亿多的人口，给我们的经济工作造成了严重的困难。如果早二十年重视马老的意见，早实行计划生育的话，也许我们今天只有八亿人口，我们的日子便好过得多了。中小学教育问题也类乎此，如果今天我们还不重视中小学教育，不大大增加教育经费，不注意教学质量，听其这样下去，则其对我国整个民族文化科技水平的影响，愈到后来就将愈显示出其后果之严重，那时我们就是亡羊补牢也来不及了。

---

① 劳伦斯·J.刘：《教育是发展经济的最好投资》，《光明日报》1988年11月16日。

表5-5　1975—1984年发展中国家或地区（部分）公共教育经费
占GDP和占政府财政总支出的百分比平均值

国家或地区	公共教育经费		国家或地区	公共教育经费	
	占GDP（%）	占政府财政支出（%）		占GDP（%）	占政府财政支出（%）
阿尔及利亚	6.7	23.7	印度	3.4	9.4
埃及	4.5	9.0	印度尼西亚	2.4	10.4
埃塞俄比亚	3.4	11.0	伊朗	—	15.1
加纳	3.2	21.5	伊拉克	4.3	4.6
肯尼亚	6.5	18.0	韩国	3.9	20.8
摩洛哥	6.3	18.5	马来西亚	6.7	16.0
尼日利亚	3.1	12.9	尼泊尔	2.1	11.5
苏丹	5.1	12.0	巴基斯坦	2.0	5.1
乌干达	1.7	13.2	菲律宾	1.7	9.7
坦桑尼亚	5.4	15.6	沙特阿拉伯	6.7	9.9
墨西哥	3.7	11.6	斯里兰卡	3.0	8.6
阿根廷	3.1	12.6	叙利亚	5.3	10.3
巴西	3.6	18.4	泰国	3.7	20.4
智利	4.9	12.0	土耳其	2.9	10.5
哥伦比亚	2.6	19.3	捷克斯洛伐克	5.0	7.0
秘鲁	3.3	15.6	匈牙利	5.0	5.6
委内瑞拉	5.8	19.8	葡萄牙	4.5	11.2
阿富汗	1.7	9.3	罗马尼亚	2.8	6.9
孟加拉国	1.7	10.1	南斯拉夫	4.7	28.5
缅甸	1.7	13.8	各国平均	3.9	13.3

那么，究竟什么样的教育投资才是合理的呢？我基本赞同何祚庥、茆俊强同志的分析，即分三步走：第一步从1989年开始大幅度增加教育经费，使政府教育经费占GNP的比值提高到3.9%以上，同时通过各种途径增加社会集资，使预算外部分占GNP的比值达到1.3%以上，二者相加达5.2%；第二步，在1990年以后的三四年内，使预算内部分达到和超过5%，预算外部分相应达到1.7%，二者相加达6.7%，实现教育投资的超前增长，为未来经济起飞打下基础；第三步，随着经济的不断发展，再进一步使预算内部分增加到6%，预算外部分达到2%，二者总计达8%，才能大致满足我国经

济与文化发展的需要。[①]

或许有人要问，现在国家穷，财政有困难，能拿出那么多的钱来办教育吗？我们的回答是：是不为也，非不能也。其道理正如金世柏所说："真正有见识的家长即使再穷，也要供孩子上学。国家亦然，正是由于穷，才更需要发展教育。"事实上，许多发达国家正是在最困难的情况下增加教育经费的。如前面所说的战后的日本，在1946—1950年5年内，就把教育经费占 GNP 的比值从 1.95% 上升到 4.78%，而 1950 年日本人均 GNP 只有132 美元；十月革命后的苏联经济也困难重重，财力拮据，但列宁认为，首先应当缩减的，不是教育人民委员部的开支，而是其他部门的开支，以便把缩减出来的钱用于教育。所以，我们不能再停留在口头上重视的阶段了，一定要通过立法来保证教育经费落到实处。

再次，要拓宽教育经费的来源渠道，形成稳定的多渠道集资办学的新格局。从世界范围来看，教育经费除由中央政府拨款外，还有地方政府拨款（如法国为 16.5%、联邦德国为 94.3%、日本为 55.4%）、企业提供办学经费（如法国为 4.6%、苏联为 27% 左右）、社会团体和个人捐助（如美国的卡内基基金会、福特基金会每年都提供巨额的教育资助）、收学杂费（法国 1987 年学生家庭提供的经费占教育经费总额的 11.4%）、学校创收、国际援助及向外贷款（如韩国前几年向国外索取教育贷款达 6900 万美元）。事实上，只要想方设法，多渠道筹措资金是完全有可能的，如江苏省武进县，1986—1988 年共筹集教育事业费附加 2384 万元，县乡两级用于教育的经费达 9550 万元，"基础教育不只是国家的事，也是我们自己的事"，这已成为武进县越来越多的人的共识。[②]

有关国际资料表明，征收教育捐税是教育经费的一个重要来源。如在美国，各州政府都制定了教育税收的办法，有按财产征收教育税的，有按个人所得征收教育税的，也有按营业收入征收教育税的。我国虽然在 1984 年 12 月规定在农村开征，1986 年在城市开征，但由于主管部门顾虑多端、制度不健全、执行不得力，所以征收数额少，1987 年仅为 26.4 亿元。因此，有必要进一步完善现有的教育税种，并开征新的教育税种，逐步建立起具有中国特色的教育税制度。

---

① 何祚庥、茆俊强：《关于我国教育投资的合理比例》（未定稿）1988 年第 21 期。

② 丁仁耀：《武进各界重视教育投资》，《解放日报》1989 年 1 月 8 日。

　　最后，要采取切实措施保证基础教育的经费，纠正"基础教育不基础"的现象。教育经济学的研究表明，基础教育的经费具有投资少、收益高、收效快的优势。普沙卡罗波勒斯指出："教育水平层次越低，教育收益率越高，即初等教育收益率最高，其次是中等教育，然后是高等教育。"他还发现，受教育人口越少的国家，教育收益率越高。为了保证基础教育，世界上许多国家如美、英、法、联邦德国、日本和苏联等，均实行免费教育来普及义务教育。日本在 1900 年实行初小阶段（1—4 年级）免交学费，家庭困难的学生还可以部分或全部免交教科书及学习用品费。1954 年公布了《学校午餐法》，供应学生午餐。1952 年制定的《义务教育费国库负担法》规定，由国库负担公立小学、初中实际开支的 1/2。此外，凡属于义务教育性质的私立学校享受同等免费措施。各国基础义务教育的经费所占比重都很大。

　　在我国，目前亟须解决的是基础教育经费的实际数额增加问题。在核定教育经费预算时，除首先确保人员经费的开支外，公用经费要按学生人数，根据实际开支项目，确定合理的经费定额标准。定额标准应随物价变动而相应调整，由政府每年公布教育物价指数，新增的教育事业应根据事业发展的需要另拨专项经费。中小学杂费收费标准也要根据物价变动和家长承受能力进行调整，确保学校教育经费的实际增加，以彻底消除大部分学校普遍存在的"赤字"现象。

　　此外，还要努力堵塞漏洞，杜绝贪污、挪用教育经费的现象，切实把有限的"滴水"管好用好。

　　1987 年，联邦德国教育部部长默勒曼访问中国时曾讲过这样一句话：谁在不该节约的地方节约，谁将输掉未来。这句话值得我们每一个中国人深思。但愿我们不要输掉未来！

第六章　艰难的步履

　　新中国建立后的教育发展史，可以说就是一部教育改革史。教育改革现在仍然是当代中国教育的主旋律。

　　我们在考察 40 年的教育改革历程时发现：改革是艰难的。教育在泥泞的羊肠小道上蹒跚行进，留下了一串曲折的足迹……

一、教育传统的阻力

改革，改去、革除之谓也。教育改革，也就是改去和革除以往教育中不适应现今教育之各个层面的活动。简言之，它是一种变革教育传统以适应现代社会的过程。那么，我国传统教育的特征是什么？它的负面特征是如何阻碍着现代教育的步伐及教育改革的努力的？

要想认识传统教育的本质，首先要把握民族文化的特性，因为传统教育是传统文化大系统中的一个子系统。民族文化的特性来自深厚的民族生活土壤，即这个民族得以繁衍、延续的独特的自然环境和社会环境。根据冯天瑜的分析，中国文化的土壤由三个层次构成：

1. 半封闭的温带大陆型地理环境。从气温带与濒海性来区分，我们属于温带大陆型民族。温带与寒带和热带民族不同，有着较好的生产、生活条件，"自然之富，物产之丰"，所以有可能成为文明的发祥地。与海洋民族①不同，我们的先民自古生活在东亚大陆上，这里一面临海（茫茫太平洋），其他三面陆路交通极不便利（戈壁与高原），而内部的回旋余地却十分开阔，这就造成了一种与外部世界相对隔绝的状态。这样的地理环境使得中国人一直把自己的国度当作世界的主体，民族的自我意识强烈，与外部的文化交流少，而且外来文化也难以融合。

2. 农业型的自然经济。大陆民族又可分为三种类型，即大漠大陆型（中亚，游牧经济）、草原—森林大陆型（东欧，半农半牧经济）和以中国为主体的大河大陆型，湿润、肥沃的土地为我们的先民从事精耕细作的农业生产提供了条件。农业社会的经济是自给自足的自然经济，中国文化的一系列特征都是由此派生的。一是"重实际而黜玄想"的务实精神。中国人推崇诚实可靠，注重自然节奏，着眼于现世和人事，很少显露激情与走极端。二是注重权威的依附心理。中国古代是"由千百个彼此雷同、极端分散而

---

① 梁启超曾论述过海洋民族的开拓、冒险、进取气质："试一观海，忽觉超然万累之表，而行为思想，皆得无限自由。彼航海者，其所求固在利也。然求利之始，却不可不先置利害于度外，以性命财产为孤注，冒万险而一掷之。故久于海上者，能使其精神日以勇猛，日以高尚。此古来濒海之民，所以比于陆居者活气较胜，进取较锐。"——选自《地理与文明之关系》，载《饮冰室合集·饮冰室文集之十》，中华书局，1989

又少有商品交换关系的村落和城镇组成的社会"，在大自然的威力面前，我们的先民就个体而言是无力抗争、极其软弱的，因此，这就形成了寻求保护、注重权威的依附心理，他们"需要产生高高在上、君临一切的集权政体和统治思想，这就是所谓的'东方专制主义'"。三是求安求稳的保守主义。周而复始的自产自销的农业经济必须有安宁和稳定的社会条件，"安居乐业""小富即安"的思想根深蒂固，中国人很少有非分之想，也很少有军事征服、战争掠夺的野心，长城这种防御性军事建筑，正是中国人历来求统一、求和平的民族心理的物质象征。

3. 家国一体的宗法社会。在农耕经济基础上以父为家长的宗法制度，"君君、臣臣、父父、子子"的等级观念和"三纲五常"的伦理规范，是中国古代社会制度和组织的基本原则。由此派生出来的社会心理，首先表现为对血缘关系的高度注重，"非我族类，其心必异"的宗法观念后来逐步衍变为讲人情、拉关系、注重人伦的特点。其次是对传统的极端尊重，政治上迷信"正统"，学术上讲究"心传"，艺术上追求"师法"，在教育上的"师道尊严"等都是典型的表现。①

在这个文化土壤上生长起来的中国封建社会的传统教育具有以下重要特质：

第一，在目标上是重道德而轻功利。从孔子的"君子喻于义，小人喻于利"，到宋明理学的"存天理，灭人欲"，无不强调以伦理道德为中心的价值观，表现在教育上，就是崇尚教育的伦理价值而贬低教育的实用价值，这在很大程度上制约了教育对社会生产力发展的能动性。

第二，在内容上是重政务而轻自然。中国古代具有"政教合一"的传统，教育是为了培养具有封建伦理道德的统治阶级所需要的人才，"学而优则仕"，为学不离从政，从事学术是为了自觉掌握伦理，并以此跻身于仕宦阶层。因此，教育内容主要是阐扬封建伦理道德的四书五经，对于自然科学的内容则认为是雕虫小技，不屑一顾，其结果是使中国传统教育具有了强烈的政治化特征。这个特征对传统学校教育产生两个致命的弊病：一方面，强调了教育具有治国安邦、教化人民的政治功能，虽然在形式上抬高了教育的地位，但实际上却导致了教育功能的"窄化"，达到了排他性的程度。另一方面，科举教育制度则把重政务轻自然的传统用行政强力固定下

---

① 参见冯天瑜、周积明《中国古文化的奥秘》，湖北人民出版社，1986，第56–70页。

来，使教育成了统治者实行"德治"，维持封建社会"稳定"秩序的一种工具，从而在根本上排斥了教育的生产性。

第三，在对象上是重整体而轻个体。在自然观上，中国古代注重天人合一，西方人注重对自然的征服；在社会观上，中国古代也是一种整体的意识，"个人在宗法血缘的纽带上，家与国同构的网络中，都有一个特定的位置。这个特定位置，是个人存在的根据，组合成个体与社会的一体化结构。个人对社会，义务重于权利，整体利益重于个体利益。个人的价值只能在整体社会中得以实现"①。注重整体意识，对于强化民族的凝聚力，讲求为国为民献身有一定积极意义，但在某种程度上也诱发了家长主义、王权主义，乃至专制主义，压抑、约束了人的个性和能动性。因此长期以来，我们的传统教育也是共性至上，没有个性，一味追求所谓"仁义道德"，要求学生"忠君、尊孔、尚公、尚武、尚实"，把学校看成是为封建社会培养"奴才"的工具，结果只能培养出没有个性的人，正如鲁迅先生所批评的："中国人向来有点自大——只可惜没有'个人的自大'，都是'合群爱国的自大'……'个人的自大'就是独异，是对庸众宣战……一切新思想，多从他们出来，政治上宗教上道德上的改革，也从他们发端。所以多有这'个人的自大'的国民，真是多福气！多幸运！"

第四，在方法上是重积累而轻创造。由于中国古代社会的超稳定结构（在这个结构中，任何变革都会遭到厄运），在教育中，也就形成了一种封闭式的师授学承的模式，知识的传递只表现为稳定的延续，"传道、授业、解惑"都是以教师为中心展开的，这也在一定程度上影响了学生创造精神的发展，学生无论在思想观点上还是在人身上，都和其师有一种较强的依附关系。这就造成了中国传统教育培养出来的人才多积累型而少发现型，多继承型而少创造型，以"恪守圣贤之道"为己任，而视革新与发展为"离经叛道"。

从总体特征上来看，中国的传统教育具有浓厚的教育伦理化色彩。在某种意义上可以说，中国教育思想史就是一部中国伦理学史，中国传统教育向受教育者传授知识，不过是副产品而已，传统教育的理想人格设计是道德型人格，而非智力型人格。孔子就说过："弟子入则孝，出则弟，谨而

---

① 张立文：《中国传统文化及其形成和演变》，载张立文、王俊义、许启贤等主编《传统文化与现代化》，中国人民大学出版社，1987，第25页。

信，泛爱众而亲仁。行有余力，则以学文。"①宋代司马光在《资治通鉴》中也把人分为四种类型，即有才有德的圣人、有德无才的贤人、无才无德的愚人和无德有才的小人。他认为，教育宁要培养出有德无才的贤人，也不要去培养无德有才的小人。

伦理化的教育有其积极的一面，如重血缘、重家族、重社会、重民族的教育，使中国人比较重视处理好人际关系，享受了人间的温情，在社会心理情感方面也更多地得到了安慰，也成为人们自觉维护社会正义、忠于民族、忠于国家的精神力量，使道德自律成为主体的内在化要求。伦理化的教育也表现出消极的一面，如在伦理义务的绝对约束下，人的自主性、独立性受到压抑，忽视了知识与科学的价值，甚至于使整个民族形成了过于内向的性格。

分析中国传统教育的基本特点及其赖以生存与发展的土壤，对于我们把握现代中国的教育改革的实质是很有益的，事实表明，如果不重视传统教育的渗透力量和潜在影响，不重视传统教育的惯性机制和再生能力，我们的改革就不能顺利进行。当然，不重视传统教育的积极意义，更是民族虚无主义的表现。

二、教育模式的转换

现在，让我们考察一下教育改革是如何在传统阻力和现实影响的夹缝中挣扎而迈出其艰难步伐的。

在现代教育史上，有两种典型的教育模式，一种是教育的学术模式，其中心内容是倡导学术的学习，以获得知识为目的，因此对非学术的兴趣活动和课外活动比较忽视，学术模式就成了学校中心、知识定向的模式。一种是变革模式，其中心内容是倡导社会的学习，以为变革服务为目的，因此变革模式反对脱离社会生活实践，成了社会中心、行动定向的模式。任何一个国家的教育改革，都是这两种模式的转换、摇摆、交替的过程。有人称这一现象为"钟摆现象"，也有人称之为"二重变奏"②。

以美国为例，20 世纪初美国基本上沿袭欧洲传统的学术模式教育，重

---

① 《论语·学而》。

② 袁振国：《当代中国教育的二重变奏》，《上海教育科研》1989 年第 1 期。

视知识的整体性、逻辑性，强调学校的纪律性和规范性，希望通过这种模式培养社会所需要的理想人才。但20年代后，传统教育显得与社会越来越不适应，以杜威为代表的进步主义教育改革喊出了模式转换的呼声，即反对教师中心、课堂中心、教材中心，而主张以儿童为中心、以社会为课堂、以活动为教学主要形式的变革模式。在《经验与教育》中，杜威虽然没有明确提出这两种模式的概念，但对这两种模式的内涵却做了鲜明的对比分析。他写道："传统教育的主要意图或目标是通过获得教材中有组织的知识和成熟的技能，为年轻一代承担未来的责任和获得生活上的成功做好准备。既然教材和正确的行为规范是从过去传下来的，那么学生的态度，总的来说，必须是温良的、顺受的和服从的。书籍，特别是教科书，是过去的学问和智慧的主要代表，而教师是使学生和教材有效地联系起来的机体，教师是传授知识和技能以及实施行为准则的代理人。"[1]这显然是教育的学术模式。

关于教育的变革模式，杜威称之为新教育的特征，他写道："在新的教育实践中所包含的教育哲学……可以发现某些共同的原则：以表现个性，培养个性，反对从上面的灌输；以自由活动，反对外部纪律；从经验中学习，反对从教科书和向教师学习，以获得为达到直接需要和目的的各种技能和技巧，反对以训练方法获得那种孤立的技能和技巧；以尽量利用现实生活中的各种机会，反对为或多或少遥远的未来做准备；以熟悉变动中的世界，反对固定不变的目标和教材。"[2]变革的模式反对脱离社会，要求加强实用性的观点，在很长一段时间内受到了社会的赏识。

第二次世界大战后，世界科学技术迅猛发展，苏联的卫星上了天，被美国称为"科学技术上的珍珠港事件"。美国朝野为之震动，人们一下子把目光投向教育，纷纷指责这是进步主义教育忽视基础性、系统性、理论性的结果。于是，《国防教育法》颁布了，以培养高级科技人员为目标的教学新体系确立了，同时加强了数学、物理、外语的"新三艺"课程，并把发展能力提到空前的高度，教育的钟摆又荡回到学术模式上来。

但是，到了60年代以后，美国社会矛盾加剧，种族运动、妇女运动、青年运动、反战运动，此起彼伏。人们又开始怪罪学校，认为社会的弊端是由于学校只强调学术标准而忽视了形成学生社会责任感的教育，于是，

---

[1][2] 赵祥麟、王承绪编译《杜威教育论著选》，华东师范大学出版社，1981，第346–347页。

变革模式东山再起，卷土重来。他们呼吁提高学校办学的自主权和自发性，改革脱离社会生活实际的课程结构，试图通过"开放教育"来解决社会危机，于是，年级界限被取消了，传统的学习课程被"独立学习""学生设计课程"等所代替。

20 世纪 70 年代以后，美国学校的教育质量每况愈下，许多课程内容浅薄，学术标准降低，分数贬值，学校纪律松弛。美国教育研究员保罗·赫尔德在对全国学生的成绩进行彻底调查后惊叹地说，在当代科学革命的条件下，"我们正在培养一代科学和技术的文盲"！于是，美国高质量教育委员会提交了《国家处在危险之中：教育改革势在必行》的报告。学术模式又悄悄出台，80 年代后，美国加强了基础教育，教育又在向规范化发展。

从上可以看出，美国的教育改革基本上就是学术模式和变革模式的相互转换、摆动的过程。当社会矛盾加剧，政治危机出现，需要教育来缓和危机、摆脱困境时，钟摆便荡向变革模式；当科技竞争激烈，人的素质降低，需要教育来造就高级人才，发展尖端科学、充实国家实力时，钟摆便又荡回学术模式。"但美国教育发展的历史也表明，这两极之间摆动的幅度越来越小，两种模式之间不断相互吸取对方的优点，有逐渐融合的趋势。"[①]

我们不妨也以这两种模式的转换历程来考察一下当代中国的教育改革。我国 40 年的教育改革史大致可分为五个时期：初创时期（1949—1956）、探索时期（1957—1960）、稳定时期（1961—1963）、动乱时期（1964—1976）和复苏与发展时期（1977—1989）。

在初创时期（1949—1956），教育改革的主要任务是改造旧中国封建、买办、法西斯主义的教育，建立民族的、科学的、大众的新民主主义教育。教育改革的内容有五个方面：（1）接管和改造旧学校；（2）改革旧学制，颁布新学制；（3）所有教育设施向工农劳动人民开放；（4）教师思想的改造；（5）高等学校的院系调整。这个任务在 1952 年基本完成。1949—1956 年的教育基本呈现了变革模式，这个模式使我国教育事业得到了恢复和发展，适应了社会改革、抗美援朝和恢复国民经济的需要。但也表现出对旧的学校教育的简单否定态度、工农教育发展的急躁情绪、教师思想改造的粗暴和简单化倾向。从 1953 年开始，变革模式让位于学术模式，提出了"整顿巩固、重点发展、提高质量、稳步前进"的文教方针，《人民教育》等报刊

---

① 袁振国：《当代中国教育的二重变奏》。

发表了一系列以教学为中心的社论，引进了苏联的教育模式，逐步形成了完整的教学系统和正规的办学道路，教育得到了持续、稳步的发展。

如果说初创时期的模式建立与转换是由社会的客观进程引起的，因而是符合教育的客观规律的话，那么，探索时期（1957—1960）的教育模式转换则是由教育决策者的主观臆断造成的，因而是违背教育的客观规律的。1957年以后，由于认识上的一些失误，我们党的领导人过分严重地估计了国内的政治形势，提出应把阶级斗争作为社会的主要矛盾，并开始了整风与反右的斗争。按理说，1957—1960年的教育模式不应对初创时期的学术模式全盘否定，因为新中国成立后教育的主要任务在这个时候尚未完成，社会主义的建设迫切需要具有高度文化素养的专业人才，学术模式仍然没有完成它的使命，甚至处于鼎盛时期的前夜，前途光明。但是，政治运动促使变革模式仓促地取代了学术模式，阶级斗争立即成为全国学生的一门主课，有关领导同志试图通过"大跃进"的教育改革来显示无产阶级教育的优越性，于是出现了教育发展的大跃进，办学形式的大跃进，思想改造的大跃进。

在教育发展的规模上，也提出了许多不切实际的目标，如某些省提出了"一年变成文化省""年内扫除文盲"等口号。据《光明日报》报道，仅1958年1—8月，全国就扫除了9000万文盲，比新中国成立8年间的扫盲总数多两倍，全国67%的县市扫除了文盲；全国学龄儿童入学率已达93.9%，87%的县市基本普及了小学教育；全国本年新建中学26000所，中学生达924万，比1957年增长47%；新建中专6000余所，在校生比上年增长220%；新建高校800余所，在校生比上年增长2/3，业余学校增长5倍，学生5000余万人。[①]河南省郾城县白坡乡，由1957年的4所小学，一下子发展到29所小学、4所中学，南京7天里办了263所职业中学。

在办学形式上和知识分子思想改造的问题上，也出现了许多冒进、偏颇的倾向，许多学校完全打乱了正常的教学秩序和教学计划，办起了工厂、农场，出现了所谓"三同"（与贫下中农同学习、同劳动、同食宿），充分显扬了变革模式的"威风"。自然，这个模式给教育事业带来了沉重的打击，降低了学生的素质，打击了知识分子的积极性。在这个时候，学术模式的

---

① 中央教育科学研究所编《中华人民共和国教育大事记（1949—1982）》，教育科学出版社，1984，第234页。

出现并取代变革模式已成为时代的呼声。

于是，接踵而来的是以学术模式为主体的稳定时期（1961—1963）。1961 年 1 月 14—18 日，中共八届九中全会在北京举行，制定了对国民经济实行"调整、巩固、充实、提高"的方针，在教育上，也强调压缩学校规模和数量，建立完善的教学秩序，从而提高教学质量。1961 年颁布了《教育部直属高等学校暂行工作条例（草案）》（简称"高教六十条"），1963 年初又分别颁布了《全日制中学暂行工作条例（草案）》和《全日制小学暂行工作条例（草案）》，使学校各项工作基本得到恢复。至 1963 年，全国高校由 1960 年的 1289 所调整合并为 407 所，在校生由 96 万压缩至 75 万；中专由 6225 所裁并为 1355 所，在校生由 221.6 万压缩至 45.2 万，对中小学也进行了必要的调整。然而，1961—1963 年的学术模式又是短命的，它像一个离开母体的婴儿，刚刚学会站立、爬行，便不幸地夭折了。

1964 年，毛泽东对学术模式进行了严厉的批评。2 月 13 日在人民大会堂召开的教育工作座谈会上，他说："旧教学制度摧残人才，摧残青年，我很不赞成。""课程多、压得太重是很摧残人的。学制、课程、教学方法、考试方法都要改。""现在一是课多，一是书多，压得太重……书不一定读得很多。马克思主义的书要读，读了要消化。读多了，又不能消化，也可能走向反面，成为书呆子，成为教条主义者、修正主义者。"3 月 10 日，他在对北京铁路二中校长魏莲一的来信批示时说："现在学校课程太多，对学生压力太大。讲授又不甚得法。考试方法以学生为敌人，举行突然袭击。这三项都是不利于培养青年们在德智体诸方面生动活泼地得到发展的。"7月 5 日，他在与毛远新谈话时说："阶级斗争是你们的一门主课。你们学院应该去农村搞'四清'，去工厂搞'五反'。不搞'四清'就不了解农民，不搞'五反'就不了解工人。阶级斗争都不知道，怎么能算大学毕业？"8月 29 日，在与尼泊尔教育代表团谈话时，毛泽东又说："文科要把整个社会作为自己的工厂。"

可见，在 1964 年已经酝酿成熟了新的变革模式，这个模式一方面全盘否定了学术模式，错误地评价了新中国成立后十多年的教育发展；一方面又旗帜鲜明地提出了学生必须"以阶级斗争为主课"的模式。可以说，"文化大革命"中一系列教育动乱的思想理论基础，在 1964 年已经初步酝酿完成了。"文化大革命"中的许多提法和教育变革的措施，在 1964 年也已初具雏形了。在 1966 年开始的十年"文化大革命"期间，变革模式达到了登峰造极的地步，学生停课"闹革命"，把老教师诬为"反动学术权威"，把优秀的青年教师诬为"修正主义苗子"，采取揪斗、游街、劳改、关押、殴打、抄家、"坐飞机"、挂黑牌子、戴高帽子以及私设公堂、刑讯逼供等非法手段，残酷迫害教师及学校领导。许多学校搞"小将上讲台"、请工农兵上课等做法，"黄帅日记""朝农经验"、张铁生《一份发人深省的答卷》、"马振扶公社中学事件"、批判《园丁之歌》、"反击右倾翻案风"等若干事件，使变革模式高潮迭起，教育事业处于崩溃的边缘。

1977—1989 年是复苏与发展时期，变革模式摆回到学术模式是以恢复高等学校的招生考试制度为标志的。这个时期的学术模式恢复了学校的正常教育秩序，澄清了一些教育理论问题，培养了一批德才兼备的专业人才，对经济建设起了一定的积极作用。但由于教育改革的目标尚欠明确、理论指导尚欠成熟、外部机制尚未建立、内部措施尚不配套等原因，学术模式仍未寻找到一条最佳的生存与发展之路，教育工作者仍然在上下求索，探寻着中国教育改革的模式。

纵观新中国成立以来教育改革的几次模式转换，我们可以发现它是一条权力主义的改革道路，并有几个显著的特点：一是"多变的决策"。一般说来，成功的教育模式的转换是由社会需要的客观进程引起的，而不是由教育决策者的主观臆断引起的。在我国教育改革的过程中，模式的选择不是出于教育界自身的要求，而往往是自上而下推行的，因此没有任何规律可言，决策的多变使模式走马灯似的来回更替，从而使任何一种模式都出现了某种程度的变形。二是"一元的模式"。由于模式的选择与转换是自上而下的，也就决定了模式的一律性、统一性，即使发现了某种模式有严重的不足，也不能灵活地进行转换，更不能从相反模式中吸取合理因素，从而丰富和完善现有模式了。

三、扬起教改的风帆

教育改革是一个非常复杂的系统工程，它包括教育思想、教育内容、教育方法、教育体系、教育制度等多方面的改革。新中国成立 40 年的教育改革探索虽然走了不少弯路，但毕竟积累了正反两个方面的经验和教训，为今后的教育改革准备了条件。我们的使命就是如何在中国这条古老的航道上，参照前辈留下的航海资料，扬起风帆，开辟新的航线，到达光明的彼岸。

（一）教改应该用理论做指导，以实验为依据

教育改革一般要经过三个基本阶段，即科学的决策—小面积的试验—大面积的推广，这样才能使改革稳妥而有效地向前发展。因此，既不能搞"无的放矢"的盲目行为，也不能搞急于求成的立竿见影。新中国成立以来我们的教改往往忽视了这一点。以学制改革为例，新中国成立以来的历次中小学学制改革，虽然也强调要以理论做指导、实验为依据，但实际上却缺乏系统而长期的实践，不论哪一次改学制试验，都没有经历过一个完整的中小学教育周期。[①]如 20 世纪 50 年代初进行小学五年一贯制的试验，从 1950 年下半年起到 1951 年 10 月 1 日政务院公布新学制，仅试了一年多。到 1953 年政务院公布《关于整顿和改进小学教育的指示》，停止推行五年一贯制，小学学制仍沿用四二制，分初、高两级，也只用了 3 年不到的时间。

我们知道，教育的对象是人，而人的成长周期是比较长的，要评估教育的效果，一般也必须经历一个较长的周期。中小学教育的周期在十年以上，像学制改革这种比较关键的改革，都必须经过从小学一年级开始的周密而严格的实验才能检验出是否有成效，是否具有推广的价值。在实验基础上进行的教改，即使发生了学术模式与变革模式的转换，也是在原来的起点上提高了一个层次，是经历了一个否定之否定的历程，而不是简单地回复到初始甚至倒退。因此，教改无论是宏观还是微观的改革，都必须坚持以理论做指导、以实验为依据的原则，国家或教育部门的领导人都不能用自己的个人观点来替代教育决策。

（二）教改不能成为政治运动的附庸

教育改革的目的始终是为了更好更快地培养全面发展的人，是为了提高教育的效益和效率，舍此之外，别无他求。但是，新中国成立后我们的教改常常背离了这个根本点，使教改成了历次政治运动的附庸。可以说有许多次变革模式取代学术模式，都是政治斗争的"魔力"使然。以中小学学制改革为例，20 世纪 50 年代末以后的中小学学制改革更加突出浓厚的政治色彩，如它一会儿是实现"教育大跃进"的重要措施，一会儿是"反修

---

① 唐关雄、王廷泉：《建国以来中小学学制改革的历史回顾》，《教育研究》1987 年第 11 期。

防修""培养无产阶级革命事业接班人"的必要步骤，一会儿又把是否赞成"学制要缩短"作为"革命还是不革命"的首要问题。政治形势的多变不仅促使教育模式仓促转换，也使学制这种本应稳定的教育体制问题长期处于极不稳定的状态。教育内容的改革问题、教育方法的改革问题（如考试）以及教育与生产劳动相结合的问题等，本来都是教育的内在要求，但在政治力量的钳制下，都成了政治斗争的"阶下囚"，把实实在在的教育科学的问题，变成了阶级斗争的"工具"。

（三）教改不能搞成群众运动①

把教改搞成群众运动实际上是把教改作为政治斗争的派生物。在政治斗争的背景下，人们习惯于搞运动，认为只有运动才具有革命的性质，才能从根本上动摇原有的基础，冲破守旧的势力，"打破一个旧世界，建设一个新世界"。而主张稳步发展、谨慎试验，则难免有改良主义、妥协派之嫌。正如曾任过教育部部长的杨秀峰在《我国教育事业的大革命和大发展》一文中所说的：要实现党的教育方针，"不经过轰轰烈烈的群众运动，冲破习惯势力的束缚，破旧立新，是不可能的。有的人却在群众的革命运动面前进行非难，说什么'学校搞得乱哄哄，太没有秩序了'。这不过是资产阶级对于革命的群众运动惯常的歪曲"。在这样的思想指导下，搞群众运动成了走群众路线的代名词，只有搞运动才是相信群众、依靠群众、放手发动群众。这样的结果自然使教改也成了群众运动：一是一哄而起，只要领导人的号令一下，大家就蜂拥而上，争先恐后地搞起"教改"，不考虑自己的校情，不考虑能否有效地执行，以热情取代科学，似乎谁的步子越大、速度越快，谁就越是"革命"。二是一元模式，由于政治成了唯一的标准，多样性、独创性就成了离经叛道，正如美籍华人乔龙庆所评价的："统一的学制，统一的考试制度，统一的教科书，直至统一的发型。中国这么大，如果什么都搞统一，人就没有创造性，年轻人就不敢向权威挑战了。"②

---

① 参见袁振国《建国后三十年教育改革的历史反思》，《上海教育科研》1988 年第 3 期。

② 奇方：《一美籍学者对中国教育的三点意见》，《报刊文摘》1984 年 10 月 9 日。

（四）教改不能急于求成、盲目冒进

教育的变革不像政治、经济那样，可以在较短时期内出现剧烈的变化，也不像科学、技术那样，可以在较短时期内产生明显的飞跃。教育是一种潜移默化的渐进影响过程，具有滞后性和缓慢性的特征。那种企图使教改一蹴而就、一步成功的观点，那种毕其功于一役的想法，只能是不切实际的天方夜谭。正如袁振国所说："纵观三十年的教育改革史，可以说是一次次冒进、一次次反冒进、一次次反反冒进、一次次比以前更冒进的历史。"[①]如新中国成立初改革旧教育取得了一定成绩，但已见冒进端倪；1953 年反盲目冒进；1956 年就反少慢差费，1958 年中共中央、国务院《关于教育工作的指示》也显示了冒进的狂热："全国应在三年到五年的时间内，基本上完成扫除文盲、普及小学教育、农业合作社社社有中学和使学龄前儿童大多数都能入托儿所和幼儿园的任务。""我们将以十五年左右的时间来普及高等教育，然后再以十五年左右的时间来从事提高的工作。"如果谁在今天说出这些话，我们会指责他热昏头脑说胡话，但 30 年前它却是以一个严肃的文件发表的，这不是小农经济狂热情绪的典型表现吗？我们忽略了教育改革渐变与质变的辩证法，企图人为地缩短教改的渐进过程，只能受到辩证法的惩罚。

（五）教改应该强化学校的自主权

长期以来，我们的教改受行政钳制太多，受升学的指挥棒影响太多，学校失去了办学的独立性，失去了教改的自主权。"成者为王，败者为寇"，不允许教师进行小规模的尝试，不允许失败。在这种情况下，一是形成了教育界对改革讲的人多、干的人少，谁也不"敢为天下先"，谁也不愿偏离一般学校所走的教育轨道；二是造成了局部改革多、整体改革少，浅层改革多、深层改革少的现象。新中国成立以来我们虽然出现了斯霞、霍懋征、魏书生、黎世法、卢仲衡、冯恩洪等一批有影响的特级教师或教改专家，但却没有出现像陶行知、苏霍姆林斯基这样的大教育家，这与我们的办学体制僵化，与学校的自主权太少不无关系。

综上所述，教育改革是一项极其复杂的系统工程，教育改革的模式选

---

① 袁振国：《建国后三十年教育改革的历史反思》。

择往往决定着改革的成败。无论是学术模式还是变革模式，都有其特定的适用环境、特定的运行机制，如果不考虑模式与环境的协调性，不顺应模式的内部运行机制，教育改革就必然要走向歧路。同时，学术模式与变革模式也不是非此即彼、截然对立的，教育改革只有在选择一种主导模式的同时，充分吸收另一种模式的优点从而扬弃主导模式可能产生的弊端，才有可能走上健康发展的道路。

第七章　职称变奏曲

职称问题始终是中国知识界的敏感神经。正如《光明日报》的记者们所描述的那样，它开始在校园内轻声细语地传递，慢慢地成了街头巷尾、茶余饭后的议题；原来，它是一支欢快的轻音乐，后来，它成为气势磅礴的变奏曲！

职称改革，给人们带来了希望，增添了活力，产生了欢乐，但也使一些人产生了迷惘、忧伤和惶惑。在教育界，职称问题也成为教育管理的焦点。"成也萧何，败也萧何"，我们应如何评价它的功罪，使它臻于完善呢？

一、难以消失的不和谐音

新中国成立以来，我国为建立职称制度曾做过几次努力。

从新中国成立之初到 1966 年，我国基本上采用的是专业技术职务任命制和职务等级工资制。职务等级工资制在 1956 年后基本处于冻结状态，技术职务的晋升也未能正常实行。在此期间，为了解决一部分达到相应职务水平和能力的专业技术人员的晋升问题，中共中央、国务院于 1955 年和 1962 年先后组织班子起草文件，提出了一种区别于职务，以标志学术、技术水平的学衔、技术称号制度。1960 年 2 月，国务院正式批准下发了《关于高等学校教师职务名称及其确定与提升办法的暂行规定》，这是新中国成立后制定的第一个专业技术职称方面的法规，但遗憾的是，这个规定由于诸种原因未能很好地实行。十年"文化大革命"，职称完全处于停顿状态。

1978 年全国科学大会后重新开始的职称评定工作就是在这样的背景下开始的。从两鬓斑白的老年知识分子，到风华正茂的中青年学者，可谓"四世同堂"逐职称。有人打了个比喻："这就像涓涓细流汇成湍急的瀑布，又像千军万马涌到了独木桥前，能不人头攒动、通道拥挤？"①从 1978 年到 1983 年 9 月，全国经批准的 22 个系列中，有 595 万人通过了职称"独木桥"。

尽管许多侥幸通过的人论实力和水平不一定比未通过的人强，尽管出现了一些滥评的现象，但它毕竟给知识界注入了活力，有助于形成竞争意识与竞争机制。谁料，"红灯"骤然间亮起：1983 年 9 月中央做出了暂停职称评定、进行整顿的决定，职称评定工作只得暂时停止。等到 1985 年"红灯"熄灭、"绿灯"亮起时，职称评定又立即陷入了旋涡，"不和谐音"再度出现。

首先，1983 年职称"冻结"后，不仅大量积压的问题没有得到妥善解决，而且涌现出了一批 80 年代毕业的出类拔萃的优秀人才，他们以雄厚的实力挤进了申请职称者的队伍。挤职称这个"独木桥"的人数更多了。

其次，长期以来职称处于停顿或瘫痪状态，1983 年的"冻结"使许多人感到前途莫测。不仅那些年近花甲的人感到是"末班车"，甚至一些中青年也不自觉地产生了"末班车"意识："中国的事谁也摸不准，天晓得今后还搞不搞？""拿到手才算数，说不定明天就有新政策！"这样就产生了争先恐后、谁也不肯让道的局面。

最后，也是最重要的原因，职称愈来愈紧密地与利益联系在一起了。那些过了"独木桥"的人因此而有了一切：工资、住房、公差待遇、农转非等。

1. 工资。在八类地区，教授的起点工资是 168.5 元，副教授为 128.5 元，讲师为 102 元；在六类地区，教授的起点工资是 160 元，副教授为 122 元，讲师为 97 元。

2. 住房。几乎在所有单位，分配住房都实行打分制，除每位教师的工龄、教龄、人口等折成分数外，职称也折成了相应的分数，而且是最主要的分数之一。如复旦大学的住房分为：教授 25 分，副教授 20 分，讲师为 15 分。

3. 公差待遇。评上了教授，四十几岁的人就可以坐软卧、飞机，未评

---

① 《光明日报》记者:《职称议》,《光明日报》1988 年 2 月 24 日。

上教授，即使是耄耋之年，也只能坐硬卧。同样，对于住宿费用的报销，也有明确的等级差异。

4.农转非。按规定，取得中级职称以上者，就可以照顾一名子女就业，妻子若在农村，还可以调入城市吃商品粮。否则，只好牛郎织女，天各一方。

5.科研经费。职称也决定着人们能否优先得到科研经费。中国科学院植物研究所一位副研究员说："按有关部门规定，有高级技术职务的人才有资格申请科研经费，做课题负责人。"因此，要争到自己的课题，就得争高级职称。

于是，人们为了不同的"目标"走到一起来了，这些不同"目标"的实现都取决于一样东西：职称。职称这匹"小马"拉起了装有大宗货物的"大车"，怎能不步履艰难呢？

当标志着人们的学术水平、业务水平的职称与上述具体的"利益"捆在一起时，就很难避免职称评定的多元标准了。而当用多元标准的参照系来评定职称时，那些操持着"生杀大权"的评委们怎能不瞻前顾后、踌躇再三呢？当他们用不同的"元"来衡量同一个申报者时，又怎能不出现观点不一、分歧尖锐的现象呢？职称评定的"不和谐音"也自然难以消失了。

我们不妨以工资这个"元"为例。我国的知识分子工资水准本身较低，要想调升工资，只有通过晋升职称来解决。评聘技术职务成了提高工资待遇的"独木桥"，实际上成了变相的调资。在这样的前提下，职称评定的方向就难免出现一些偏差。例如，对于中老年知识分子，就不能严格地按照外语水平、基础理论、教学实力、创造能力等标准加以评估，这不仅因为他们失去了科学工作的最佳期，而且因为他们工资水平太低、生活负担太重，几十元薪水拿了一辈子，实在是"太寒碜"了。难怪乎一位评上了副教授的中年教师这样说："我过去是讲师，月薪才百八十元钱，现在评聘为副教授，一下子多拿了几十元。虽说现在的工资增长与物价上涨不同步，大家还有些意见，但是涨了工资总比不涨好嘛。眼下国家有困难，拿不出更多的钱，我们也理解。"许多评委也正是抱着这样的"同情心理"投下了自己的一票。

有这样一个很典型的案例：上级给中国科学院某研究所增加一个高级职称名额，所领导研究再三，给了一个业务水平并不突出的老同志。消息传出后，群情哗然，一些中青年科技骨干质问所领导："不是说评职称的目的是精心选拔人才、合理使用人才吗？为什么不能按实际能力和贡献评一评呢？"所领导哑然，良久才解释说："老同志过去吃'左'的苦头最多，科研成果少，是由于长期受到'运动'的冲击，是历史耽误了他们。这笔账应由历史负责，而不能让他们眼前吃亏。再说，老同志年纪已大，这次不评就没有机会了。他们辛辛苦苦干了几十年，照顾一下，也是应该的嘛！"①

如果说对中老年同志出于同情心理，照顾年资、降低标准的现象还可以原谅，那么，对于青年知识分子的"同情与照顾"能否理解呢？答案也只能是肯定的。在许多大学中，77级、78级的毕业生除少数拔尖人才晋升了高级职称外，大部分都已晋升为讲师。其实，他们的水平差异是很大的，有一部分人根本没有达到讲师的水准。但是，他们大多是已经成家立业的人，靠70多元的薪水能够挑起家庭的重担吗？于是，领导也好，评委也罢，都只能"手下留情"了。这又是一个潜在的不和谐音：5年乃至10年以后，当他们都伸起手要高级职称时，我们的人事部门将有何对策呢？

职称评定的"不和谐音"还发生在不同系列的不平衡现象中。我们知道，1985年夏开始的职称改革，其实质是把职称评定工作改为专业技术职务聘任制，在几年的改革中，有近2000万的专业技术人员参加了这次改革工作。但是，在不同系列的横向比较中，出现了若干不平衡的现象。如全国同一年代大学毕业参加不同工作的各类专业技术人员，在职称改革中得到的结果就大不相同。有些系列限制较严，如高等学校的教师职称系列；有的系列则条件较宽，小学文凭且没有多少成果的可以被评聘为经济师，初中毕业的也可以晋升为高级经济师。在横向比较中，自然会发出许多不平的牢骚。笔者就碰到过这样一件事：一位50年代大学毕业的教师，因成绩优秀而留校任教，几十年辛辛苦苦，教学认真，也有一些科研成果，但由于该系名额太少而未能晋升。但他的大学同学，许多分配在中学任教，却有90%以上的得到了高级职称。僵化的人事制度又不让他"流动"，动不得也升不了，他能不有意见吗？

由此看来，职称改革是整个用人管理制度改革的一部分，如果没有人事制度、工资制度等改革的同步进行，它必然要受到许多不配套政策的制约，必然要在"多元"的标准下蹒跚行进，必然要出现刺耳的"不和谐音"。

---

① 林玉树:《职称·职称》，辽宁人民出版社，1988，第48页。

二、活力与惰性

1985 年夏进行的职称改革，虽然专业技术职务仍然沿袭过去的名称，如在高校仍然为教授、副教授、讲师、助教等，但内涵却有了实质性变化和更新，具体来说有以下六个方面的区别：

第一，过去的职称是称号，而专业技术职务是根据实际工作需要设置的专业技术岗位，是具有一定程度的系统的专门知识的人才能承担的职务，它不同于一次获得的终身拥有的学位、学衔、学术技术称号。

第二，过去的职称不一定要与岗位相谋合，而专业技术职务则是根据工作需要的工作岗位，必须实行岗位责任制，这就把职务与职责紧密结合起来了。因此不仅要看水平、看能力，还要看能否履行职责。

第三，过去的职称不受名额限制，而专业技术职务则是有限额的，这样，职务的设置就必须考虑合理的结构与比例。

第四，过去的职称是终身制，而专业技术职务则有任期，必须在聘任后方能生效。

第五，专业技术职务把评与聘结合起来，只有准备聘任其担任相应职务的人，才能送到专家那里去评审。

第六，实行专业技术职务聘任制，同工资直接挂钩，即只有聘任后才能领取相应职务的工资，否则只拿基本工资。[①]

应该说，专业技术职务聘任制的出发点是好的，事实上，它也给专业技术队伍注入了活力，例如：

1. 激发了知识分子的工作热情和进取精神。

过去的职称往往是"一锤定音，终身享有"，"你有了教授、副教授称号，可以操起钻机，继续掘井，也可以双手统进袖里，靠在南墙上晒太阳；现在的专业技术职务，是评聘结合，评上某种职称资格，还得根据你的资格相应地要求你达到某种工作量。你职称到手时的愉悦，乃至光荣感，须臾之间，就会化为沉甸甸的压力"[②]。以中南工业大学为例，过去每次职称

---

① 陶遵谦：《改变旧的职称评定观念，搞好职称改革》，载石荣主编《高等学校专业技术职务聘任实践与思考》，天津教育出版社，1988，第 50–51 页。

② 胡平：《神州"大拼搏"——专业技术职称评聘印象录》，《人民文学》1988 年第 6 期。

评定后，就出现一次讲台换班，晋升到高级职称的教师纷纷把讲台"让位"给未评上高级职称的教师，教授不教、讲师不讲的现象较为普遍。1983 年上学期，全校开出 254 门本科生课程，正副教授只主讲 48 门，占 19%。实行聘任制后，1987 年上学期，本科生课程的 44% 由正副教授主讲。国家教委所属大部分高校担任本科生主讲课程的教授、副教授，由职务聘任前的 25% 提高到 50% 左右，研究生课程由 40% 提高到 80% 以上。教师工作热情和进取精神大大增强，也大大地提高了教学水平。

2. 一批优秀的中青年知识分子得到了晋升和聘任，推进了专业技术队伍结构的合理化和高级技术人员队伍的年轻化。

许多单位按职务聘任制要求，从学科建设、工作需要出发，制定了让一部分确有水平的优秀中青年骨干脱颖而出的措施。如江苏省许多单位提出 45 岁以下晋升教授、40 岁以下晋升副教授不占下达给单位的限额的方法，提高了各单位提拔中青年骨干的积极性，也使专业技术队伍的年龄结构和职务结构趋于合理。如苏州大学通过职务聘任工作，使教授的平均年龄由 74.4 岁降到 55.5 岁，副教授由 59.6 岁降到 52.1 岁，讲师由 50.7 岁降到 46.8 岁，60 岁以上的正副教授仅占总数的 1.2%。同时，苏州大学的高职教师由占教师总数的 9.7% 上升到 21%，讲师的比例也由原来的 48.7% 下降为 45.3%，教师职务结构调整为：教授∶副教授∶讲师∶助教＝1∶6∶15∶3。在中国科学院，过去 50 岁以下的研究员仅有 11 人，1987 年增至 159 人，45 岁以下的副研究员也由评聘前的 80 人增加到 500 人。

3. 在一定程度上促进了人才流动和离休、退休工作。

一些人才密集的学校或科研机构，由于职务定额所限，同时一些教师为了更好地发挥才能，主动要求调动工作，从而促进了人才流动。同时，实行专业技术人员职务聘任制也推动了离退休制度的实施，使这一工作逐步走上了经常化、正常化轨道。[①]

但是，由于首批聘任制受到多方面因素的制约，聘任制的真正意图在许多单位并未得到真正的贯彻，它所带来的活力也必然受到了限制，并在某种程度上产生了惰性，论资排辈、降格以求、扩大范围、真评假聘、职务贬值的现象仍然存在，以至于不少人产生了"穿新鞋走老路"的想法，甚至有人说人人发聘书是形式主义的"骗人制"。正如江苏省高校师资管理

---

① 参见石之、晓娅《谈高等学校实行教师职务聘任制的几个问题》，《中国高等教育》1987 年第 6 期。

研究会副理事长李文霞同志所评价的："从本质上讲，专业技术人员管理制度上长期存在的两大弊端没有根本性的突破，即教师工作职务和工资分配的论资排辈、平均主义没有根本突破；人才的单位所有制，封闭的依附关系没有根本突破；激励机制、人才双向选择机制没有建立，队伍仍缺乏竞争力与活力。因此，人事管理旧体制的低效、僵化的局面没有根本改变。"①现就职称改革中存在的惰性方面做一些揭示与分析。

1. 职称大锅饭现象。

不论是什么人，只要评上了职称，也就绝对"平等"了。以教授为例，人们一旦被评上教授，工资、住房、福利、待遇都一律同等。教授的素质好坏不分，工作任务多寡不分，学术水平高低不分，工作能力强弱不分，讲课效果优劣不分，大家同样享受教授的待遇。副教授、讲师也是如此。笔者有一位朋友，在美国以优异的成绩取得了博士学位，他响应号召及时回国，一年后被定为讲师职称，他的妻子在一家医院里同时也被聘为主治医师。这位"洋博士"对我苦笑着说："我们都是 97 元工资，但我每天工作的时间是她的两倍以上，怎么才能创造一个能体现水平与效率的职称评定体系呢？"

2. 论资排辈现象。

职称改革虽然使一部分中青年脱颖而出，但能够"破格"的毕竟是其中的极少数。在职称改革后面，资历仍然是一个沉重的砝码，许多单位干脆贴出"安民告示"：这次只解决 ×× 年以前的毕业生。这对青年科技人员产生了消极影响。有些人愤愤不平："是评职称还是评'胡子'！"有些人玩世不恭："养好身体，就是教授！"有一位大学系主任、高级工程师在鼓励青年助教认真学习时，他们竟这样回答道："老师，你别赶我们赶得太急了。再急，不也得熬年头吗？年头到了，你能不给我讲师、副教授的职称吗？""留得青山在，不怕没柴烧！如果现在我们太玩命，把命都玩没了，还等什么职称呢。老师，我劝你工作也悠着点。"在职称评定中适当考虑历史遗留问题自然是可以理解的，但如果过于偏重，就会造成论资排辈的现象。因此，在实施聘任制的时候，领导和评委经常在"实力""负荷"和"补偿"的三难选择中举棋不定：

因为拥有机遇、拥有激情，现在正咄咄逼人的自信，青年人觉得吃了亏，

① 李文霞：《评估、反思、展望——江苏省高校职称改革工作研究》，《江苏高教》1988 年增刊。

他们要求职称体现实力；因为孔席不暖、墨突不黔，眼下有承上启下的负重，中年人觉得吃了亏，他们要求职称体现负荷；因为火里烤过、碱水泡过，经历了九死一生的磨难，老年人觉得吃了亏，他们要求职称体现补偿。①

思考的逻辑轨迹是："实力"是可以继续保持的，"负荷"是可以暂时忍耐的，唯独"补偿"是不能耽误的。但是，谁也没有来一个逆向思维：这实际上已形成了一个没有尽头的"补偿梯队"！"负荷"也好，"实力"也罢，最终都要迈入"补偿"的行列。难怪乎《光明日报》记者大声疾呼：灾难性的周而复始，还不清的旧账新债，可悲的论资排辈！

3. "唯学历"现象。

在各种专业技术职务的条例中几乎都清清楚楚地写道：对在工作中成绩特别突出者，"其任职条件可不受学历、学位、任职年限等规定的限制"。但是，在实际执行过程中，学历往往成了有形的"硬指标"，成绩倒成了无形的"软指标"，学历成了那些无文凭而有水平的人的紧箍咒。甘肃省粮食学校的一位中年教师，教学与科研均很突出，在全校申报高级职称的4位教师中，他水平名列第一，但偏偏是他的材料被上级打了回来，理由是："该教师系高中毕业生，又未参加学历考试，故不具备高级教师任职资格。"在一个民主党派召开的会议上，福建省电影制片厂厂长蒋夷牧也叹了同样的苦经："由于历史的原因，我们厂里有一大批业务骨干没有大学学历，按文件规定，他们不能参加职称评定。结果就出现了这样的情况：厂里会干事的因没有学历不能评职称，而不会干事但有学历的，却必须评职称。"

职称评定中的"唯学历"现象在某种程度上导致了文凭的"通货膨胀"。有人曾对某部机关的干部职工进行过调查，该单位1983年具有大专以上文凭的有17人，占干部总数的6.8%，而1987年具有大专以上文凭的则达到102人，占干部总数的93%。有的单位的调查表明，兜里揣有两门以上函授大专文凭的人占干部总数的42%，其中最多的一人有4张半文凭（有一专业已过关8科，尚未毕业）。②一些学校也以出售文凭作为生财之道，滥发文凭。一些水平较差的人凭着学历优势堂而皇之地得到了职称，而一些水平较高的人，由于没有学历只能望职称而兴叹。如何检查文凭与水平的落

① 胡平：《神州"大拼搏"——专业技术职称评聘印象录》。

② 高戈平、刘世仁：《文凭喜忧录》，《中国青年报》1988年8月14日。

差，应是今后职称评聘中必须考虑的问题之一。

4. 关系至上现象。

在职务评聘的过程中，"关系"依然起着重要作用。裙带关系、人际关系、代际关系、校际关系等在很大程度上左右着评聘工作，甚至还出现了任人唯亲的所谓"职称专业户"。《光明日报》记者林玉树曾披露了这样一件令人啼笑皆非的事：

在西北边疆，有一个小厂。这一天，人事科长正在喝茶，忽然翻到一个文件，通知说，他所在的厂也得评定职称，只不过这回同往日不同，是聘任制。

我们的科长顿时动起了脑筋：看样子，知识分子要吃香了，得想法帮亲友们一把。当然自己是不能漏掉的。自己嘛，虽说没上过大学，可这管理工作也是做多年了。工程师不敢当，可管理经济师，大概是可以评上了吧。

妻子在厂里当出纳，噢，工龄是短点，不过闹个助理会计师，也合情合理。

糟糕，儿子刚到车队报到，这不好！明天就调他去食堂，说什么也得弄个助理工程师……

还有大姨的儿子，姑姑的女婿，能照顾到的，这回可不敢惜力了。不是说，有权不用白不用吗。将来一下台，权力一过期，那不作废了吗？

当然要自己得大利，也得让别人得点小利。科长的"小九九"又打响了。他翻开花名册，调查了一下干部子弟的情况：

厂长的儿子在车间；

主任的女儿在后勤；

总工程师的女婿在夜校……

好！个个都给他们照顾。于是，科长拨起了电话，一一打起招呼。

他这一手还真灵，上面有领导支持，哪能不一路绿灯，一路放行呢！

他提出的评委会成员名单通过了；

他提交的审评材料，也及时批复了；

那些关系户，还加上科长的七大姑八大姨，个个都金榜题名。当然，知识分子队伍里又增加了科长等人的这些生力军。到年终，他准要在光荣榜上坐第一名……①

---

① 林玉树：《职称·职称》，第71-72页。

如果说上述"职称专业户"只是职称改革过程中出现的一个畸形怪物，那么，在职称评聘中人际关系的影响却是比较普遍的。例如，评审委员会的专家由各种专业的人员组成，一般不可能对每个晋升者的业务都很了解，评审起来就难免有偏差。如果某个本行专家与晋升者有人际纠纷或学术分歧，提了反对意见，别的专家就很难办了，这样就往往使一些够条件的人无法晋升。笔者有一位忘年交朋友，在某大学财经学院任系主任，1985年被评为副教授后，出版过7本学术著作并发表了几十篇学术论文，还在国际学术会议上做了报告并在国外学术刊物上发表了三篇英文论文；虽然1985年后作为访问学者去加拿大工作、研究一年，但累计教学工作量已基本达到规定要求。国内经济学界的权威给他以高度评价，该大学的评审委员会也以全票通过他的教授任职申请，但无奈三次送省评委会均未获通过，他的晋升便夭折了。

职称评聘中的关系至上现象，在很大程度上挫伤了广大专业技术人员的积极性，滋长了社会上的不正之风，请客、送礼、开后门屡禁不止，人们不禁要问：是实力的竞争还是关系的竞争？人际关系的影响甚至超越了个体，扩展到校际的竞争。在某省高级职称评委会中就屡屡出现这样的怪现象：如果是两个彼此竞争激烈的学校，彼此送审的对象能否"顺利通过"，竟取决于该小组中哪个学校的评委居多数。

5. 以"官"评职现象。

在职称评聘中，有不少领导人主动谦让，放弃了评聘的机会，显示出不谋私利的高风亮节。但不可否认，也出现了一些以"官"评职、长官意志的不正常现象。浙江省艺术学校教师贺世忠就反映过这样一件事：他是1958年进艺校、教龄最长的教师，越剧界公认他的业务能力，30年来一直在教学第一线挑大梁，还创作了大量曲目，结果却未被评上，被评上的多是带"长"的干部。评委中大多数是领导干部，没有一个是与他的专业戏曲音乐对口的，所以他愤愤地说："'杂牌军'评'正规军'，我不服。"一位小学教师给光明日报社的投诉信也许更能说明问题：

这次教师职称评定的条件上级规定不具体、不明确，模棱两可的东西多，硬性的东西少，这就给一些官长们钻了空子，客观上强化了领导者的特权。

我们小学选评委的时候，老师们都做了无记名投票，可选票被校长装到兜里带走了，根本不予当场宣布。过了几天，县教育局发下批文，说是评委已经产生，大家一看名单，就愕然了。评委们几乎全是校领导，芝麻大的一个官，也能当评委。上级文件中规定，学校的评委中教师应占 2/3，这里偏偏就是不执行。

我校总共有 7 个高职的名额，几乎全是评委们占了。他们是：

校长（评委会负责人）

副校长甲（校评委会材料员）

副校长乙（评委成员）

教导主任（校评委成员）

副教导主任（校评委成员）

会计（校评委成员）

教师一名（副校长甲的妻子，评委成员）

在这些人中，有的根本不讲课，有的也不会讲课，他们评上高职，岂不是对这次职评的讽刺吗？

我在学校已度过近 30 个寒暑，论学历是本科毕业，论教学，从来没有离开过讲台。就因为我不曾当过官，也不会吹牛拍马，两次 40% 调资没有我的份儿，连这次评高职，我也名落孙山。我寻思着：我还有什么干头呢？当官的这么干，我就是死在九泉之下，也不瞑目。[①]

可见，"官本位"的现象不仅出现在政治、经济领域，也渗透进文化、教育领域了。人们对"官倒""官商"深恶痛绝，对"官评"现象不也是怨声载道吗？

三、走出职称误区

专业技术职务的评聘工作既出现了活力也产生了惰性，既取得了成绩又存在着问题。人们众口争议、褒贬不一，可以说，我们已经迈入了职称误区，面临着进退维谷的困境。退，自然是没有出路的，只能留下更多更大的后患。那么，唯一的选择是进，走出职称误区。

---

① 林玉树：《职称·职称》，第 78-79 页。

途径之一：使专业技术职务评聘工作经常化、制度化。过去评聘工作时作时辍、停停搞搞，给人们的心理产生了很大的恐慌感，几乎所有的人都产生了"朝不保夕""捞到手算数"的"末班车"意识。因此，只要出现松动的信号，只要看到"红灯"的信号，大家就迫不及待地向前赶，往里钻，谁也不肯"谦让"。《光明日报》群工部就经常接待这样的"来访者"：问他为了什么事来访？他说，他没有被评上相应的专业技术职务。问他所在单位的评聘工作是否结束？他说，还没有。第一榜没有他，第二榜也没有他，看来第三榜也不会有自己的份儿了。问他为什么不等到下一次再竞争呢？答复很干脆，那要等到猴年马月！①因此，"经常化""制度化"的问题不解决，仍然再停停搞搞，只能造成更加"拥挤"的局面，产生更大的矛盾和压力。

途径之二：进行人事制度的整体改革，为深化职务聘任制创造良好的外部环境。职称评定、聘任的改革是整个人事制度改革的一部分，它不可能包揽和代替整个人事制度的改革。事实表明，如果没有整个人事制度的一系列配套政策，职称改革就会流于形式，无法顺利展开。有人打了个形象的比喻：现在的职称评定是套上了镣铐跳舞，纵使有再超人的舞技，也无法迈出优美的舞步。就目前的情况看，职称改革在一定程度上处于相对超前状态，"其突出表现是，应与职称改革相继出台的一些属于人事制度改革方面的配套政策和措施未能及时出台。如教师专业职务的'双向选择'，即学校根据工作岗位的需要选人用人，决定续聘或者停聘，教师可以应聘、辞聘或拒聘；暂未受聘人员的安置、工作待遇、社会保险、人员流动、兼职等政策"②。在这些配套政策和措施未能出台的情况下，职称改革的确难以深入，难以避免"穿新鞋走老路"的弊端，"聘书"也难免被人们视为一钱不值的"一纸空文"。在这个意义上可以说，人事制度的改革决定着职称改革的命运，没有人才的流动，没有被聘者个人的拒聘权和择职权，职称改革就寸步难行。

途径之三：建立必要的调查与监督机构，保证职称评聘的准确性、全面性和公正性。现行职称评定办法存在的制度性缺陷，一方面使一些弄虚作假、以权谋私等行为有恃无恐，一方面又使一些尖子人才因不被了解、重视甚至压制而无法脱颖而出。中国地质科学院矿床地质研究所助理研究员

---

① 《光明日报》记者：《职称议》。

② 石之、晓娅：《对高校教师职务聘任工作几个问题的认识》，《中国高等教育》1988 年第 4 期。

毛景文未获副研究员职称就是典型一例。他 32 岁，1982 年获硕士，1988 年获博士，先后完成科研报告 3 份、专著 2 本，发表各种论文、译文 26 篇，合计达 70 万字。1986—1987 年分别获地矿部科技成果三等奖 2 项，广西壮族自治区科技进步奖二等奖 1 项，首届全国青年地质工作者学术讨论会优秀论文奖、中国科协青年科技奖各 1 项。在申报高级职称时，他以 676 分的总积分顺利通过了所职称评审委员会评审，但却在院级评审中被刷了下来。问题出在何处？一是评委会成员对被评审人的了解不够，仅凭被评审人单位的评价与介绍；二是缺乏必要的制度规范和监督程序。例如，在评委评审前，有的被评审人就屡次找一些有影响的评委"活动"，甚至有的"头头脑脑"也出面为其四处"打关节"。这种活动，某种程度上被视为正常，无人出面制止、批评。据了解，毛景文没有进行此类"活动"。有的评委甚至对毛景文说："你怎么不找我活动啊？"这种情况，破坏了被评审人在平等基础上的竞争，妨碍评委按自己的意志公正、独立投票。一些年轻人事后消极地总结说："看来人才要出来，不给评委吃点偏饭不行啊。"[1]

因此，我建议设立职称评聘的调查、监督与仲裁机构，由学术造诣深、不徇私情的专家组成，接受群众的检举与投诉，对被压制的人才可在没有基层评委会通过的条件下对其进行评审，对已通过评聘但明显不符合规定的予以撤销与否定。

途径之四：实行职称与职务分开的双轨制，建立既能反映学术水平、又能解决"僧多粥少"矛盾的职称评聘体系。职称主要体现一个人的工作能力和所达到的学术水平，国家可以规定各类专业技术人员的资格及考核评定方法，凡是达到国家规定标准的专业技术人员均可进行资格认可，发给证书。国家和省可以直接接受个人的申请，定期进行评审。不管技术人员是从属于全民、集体或个人，也不管他是企业或事业单位，每个人都可以避免单位领导主观意识的干涉，使自己的技术能力、水平直接得到国家技术资格部门的客观评价。这个资格可以作为用人单位聘任、提升的根据，但是否聘任、提升，完全由用人单位自行决定。这个做法类似于汽车驾驶员考核与任用，一个人领到了驾驶执照，说明他具备了驾驶汽车的资格；但是否有车开，给驾驶员多少薪水，完全由用人单位决定。

实行双轨制后，职称可以不受名额限制，不与工资挂钩，没有任期时

---

① 徐家良：《青年博士毛景文未获副研职称反响强烈》，《光明日报》1988 年 12 月 3 日。

间，职务则必须先取得相应的职称，有名额限制，与工资挂钩，有任期时间。这样最终可以使职称评聘走社会大循环的路子，用人单位可以把目光推向社会市场，从优选择人才；具有职称的个人也可以把目光推向社会市场，从优选择单位，从而真正形成公平竞争的局面。

第八章　德育忧思录

赫尔巴特说过："道德普遍地被认为是人类的最高目的，因此也是教育的最高目的。"[①]其实，这不仅是教育家的主观愿望，也是教育发展的客观规律。违背这个规律，将难以逃脱教育辩证法的惩罚。

如果说十年改革的最大失误是教育，那么教育的最大失误就是德育了。一方面，我们忽视了使学生德、智、体、美等全面发展；一方面，我们又忽视了新时期德育工作的特点。结果是：过去行之有效的"十八般武艺"显得苍白无力了。有人甚至感叹道："我们的教育对象成了纵然花九牛二虎之力也难以感动的'上帝'，成了刀枪不入的'绝缘体'！"[②]

一、令人心忧的现状

十一届三中全会以来，随着改革开放历程的推进和商品经济浪潮的冲击，人们的思想观念和行为方式发生了惊人的嬗变。这种嬗变在青少年学生身上的表现尤为剧烈，在他们的思想品德结构上烙有明显的时代烙印。

就青少年的总体精神风貌而言，仍然表现出锐意进取、渴望成才、求新求美、求乐求知的积极性特征，但同时也存在着理想淡化、怕苦怕累、拜金主义的消极因素。上海市对近年毕业的 3 万名大学生的调查就说明了这个问题：用人单位普遍反映这些大学生身上的很多优点，如思想比较解放，新知识比较多等，都在实际岗位上发挥了作用。但也暴露出一些问题，

---

① 张焕庭主编《西方资产阶级教育论著选》，人民教育出版社，1964，第 250 页。

② 王晋堂：《德育的困境与出路》，《教育研究》1988 年第 12 期。

如劳动观念差，怕艰苦，个人利益考虑太多，不懂得为人处世的道理等。

在校园中，几尺围墙再也堵不住社会上各种"风"的荡涤了：域外风、经商风、不正之风……使许多学生的思想品德天平发生了可怕的倾斜。归纳起来，青少年中间存在的消极倾向主要有以下几个方面：

（一）理想淡漠，看破红尘

在青少年学生中，有相当一部分人没有人生的精神支柱，缺乏远大的理想。浙江省湖州市教育委员会黄逸等曾对 917 名初中学生进行了道德品质状况的抽样调查，结果发现有 50% 左右的学生对于理想问题选择了"没想过，想没意思，不大想"的回答，另外有 10% 以上的学生理想很空洞，没有实际内容。[①]有人调查了阳泉市三矿中学 285 名学生，对于"我们的国家主席和总理是谁？我们的首都在哪里？国家的全称是什么？"竟有 47.7% 的初中生和 30.3% 的高中生回答不出。初三年级一个班 53 名学生中，竟有 76.9% 的学生不知道为什么而学习。武汉大学一名女学生直言不讳地对老师说："你们是苦水里泡大的，我们是被人抱大的，抱得我们快成了疯子。你们再苦，还有个'上帝'，我们没上帝了，什么都不相信了。于是看尼采的、叔本华的，看老庄的，看来看去，看懂了两个字：'虚空。'你说，人生到头来不就是个'馒头庵'？"这种情绪在中学生中也很有市场，如南京市某中学一名初一女学生在自杀前的遗书中写道："永别了。我离开这个世界，这对我是一个解脱；我热爱这个世界，但这个世界不热爱我……"有些中学生公开声称"这个世界到处是反过来压迫自己的异己力量"，因此，"我自己也只能被异化"。理想的破灭，使一些风华正茂的学生远离了青春，年纪轻轻却"看破红尘"，自绝生命。仅南京市这几年中学生自杀或自杀未遂的事件就达 30 余起。[②]在许多校园中，流传着这样对"理想"与"前途"的解释："理想，理想，有'利'就想；前途，前途，有'钱'就图。"教师在课堂里进行理想和人生观教育时，常有一些学生哄笑。

俄国作家契诃夫说得好："信仰是精神的劳动；动物是没有信仰的，野蛮人和原始人有的只是恐怖和疑惑。只有高尚的组织体，才能达到信仰。"为了使我们的未来一代真正成为"高尚的组织体"，德育工作的重要使命之

---

① 黄逸、潘甘平、潘颂九、钱美玲:《初中学生道德品质状况的调查研究》,《教育科学》1988 年第 2 期。

② 姚卫伟:《裂变中的中学生思想道德指向》,《江苏教育研究》1988 年第 10 期。

一就是帮助他们插上理想的翅膀，建立信仰的追求。

（二）娇气严重，厌恶劳动

在青少年学生中，不愿劳动、轻视体力劳动的现象比较普遍。北京市教育学会 1988 年在 27 所中小学对 2552 名学生进行了抽样调查，结果表明，在自我服务方面，大约有 26% 的学生需要家长的帮助；在家务劳动方面，学生普遍缺乏主动性和热情，城镇学生中有一半人在家从不扫地。经常参加家务劳动的只占 37%，且以农村学生为多；在职业选择方面，城镇中小学生愿意当农民的只有 0.2%，农村中小学生竟然更不愿当农民，顺义县一所中心小学 1—5 年级 280 名学生中竟没有一个愿当农民。南宁市某中学组织一次劳动，学生懒懒散散，教师以老校长亲自参加劳动为榜样教育学生，一些学生却说："谁老谁多干点。"

在大学校园，轻视劳动的现象也屡屡出现。在笔者就职的学校里就出现过这样的怪事：在无临时工承包的教室里，学生从不打扫，教室里纸屑遍地都是，灰尘覆盖了桌面厚厚一层；让学生搬桌椅，有的学生图省力，不顾桌椅受损害，从楼上拖到楼下，甚至从三楼的窗户往下扔桌椅，摔坏的桌椅有十多张。一些大学生自己从来不洗涮衣物、被单，用脏了就往包里一扔，换上新的再用，脏的放假时一并带回。

法国教育家卢梭说过："在人的生活中最主要的是劳动训练。没有劳动就不可能有正常的人的生活。"我们固然不主张把教育与繁重的体力劳动结合起来，但作为社会人，如果不形成必要的劳动观念和劳动习惯，是无以在社会立足的，也无以使自己"在体格、智慧和道德上臻于完善"（乌申斯基语）。

（三）金钱至上，唯利是图

随着商品经济的活跃与发展，"商先生"正在走进学校，走进学生的生活，它一方面使学生形成了平等公正、互惠互利的意识，一方面也使不少学生形成了金钱拜物教思想，童心钻钱眼的事件连连呈现。

在上海的一所小学，一个学生把母亲给他的一个苹果，以 5 角钱的价格卖给了因身体不适而食欲欠佳的学生。一个愿买，一个愿卖，一笔买卖便在教室里顺利地成交了。

某小学组织学生看话剧《伟大的魔术师》，一些小朋友买了说明书，每份 1 角钱。回校后老师让每人写一篇观后感，说明书因此身价陡增，有的小朋友便以每份 3 角钱转卖。

还有一所小学的学生，向一个小朋友借了 3 角 5 分钱买橘子水，那个小朋友居然提出：第二天若不还，就要翻倍，第三天不还，再加一倍。最后竟以还 1 元钱才了结这桩"债务"。

另一所小学一个孩子到上海城隍庙买了 10 只小泥娃娃，每只 2 角钱。回到学校后，便以每只 3 角钱的价格转卖给小同伴，净赚 1 元钱。

上海卢湾区一名学生的一小盒活动铅笔笔芯不慎撒到了地上，他懒得弯腰，就大声对小同伴说，谁给我捡起来，就给谁 5 分钱。果然，5 分钱产生了"效应"。

某大学一学生为了到南方推销皮夹克，搁下了所有功课，一去就是一个月，结果"金钱梦"没做成，反赔了 3000 元的本钱。

南宁某中学一名学生上完政治课后对教师说："我宁愿被资本家剥削，不愿被国家剥削，因为给资本家干活得钱还多。"当场附和的学生竟占该班学生的 11%。该市第九中学一名学生对教师说："你干一个月，比不上我做两天生意的钱多，读那么多书又有什么用？"有名学生在班上对同学说："你有文凭算什么？我有钱，将来可以雇佣你。"[1]拜金主义与厌学风气狼狈为奸，给我们的学生的心灵投上了一层层阴影，学生的思想品德天平出现了可怕的倾斜：同学之间的交往染上了铜臭气；急人之困、解人之难的行为也被涂上商品的色彩。有人在调查中学生的人际关系时发现，竟有 42% 的同学认为，同学中间已不存在美好的纯真感情，取而代之的是相互的淡漠、猜疑和嫉妒。上海市部分中学的女生为了使自己不受别人的欺负，还出钱在校内聘请了"保镖"，一些女生甚至每月花 10 多元钱聘用两三个"保镖"。

（四）团伙犯罪，违法乱纪

近几年学生犯罪呈阶段增长趋势，数字令人触目惊心。据统计，全国通过破案查获的作案成员中，1978—1980 年青少年犯罪约占总犯罪人数的 60%；1984 年占 63.3%，1985 年、1986 年分别占 71.4% 和 72%，1987 年占 74.3%。在校中小学生犯罪率，1987 年比 1986 年上升了 4.8%。在校学生案犯占青少年案犯的 10.1%。以南京市为例，据姚卫伟的调查，1986 年

---

① 林小静：《中小学德育的难点与对策》，《青少年研究》1987 年第 4 期。

南京市青少年犯罪占全市刑事犯罪总数的 70.4%，仅 1987 年上半年就抓获中学生犯罪分子 109 名，为几年来同期被抓获人数的最高峰。在校学生犯罪的特点是：①日趋低龄化。平均年龄已由 16.7 岁，提前到 14.5 岁，如南京、无锡、扬州三个城市近年来查获的流氓团伙成员，平均年龄只有 17 岁，最小的 12 岁。②在校差生和流失生多。他们多是几门功课不及格者，其中不少人在学校受过处分。③团伙作案突出。在一些地区发现有"七龙""八凤""天龙帮""飞虎帮""七星帮"等。仅据北京朝阳区 12 所中学的调查，就发现有"七兄弟""八仙会""八彩""九狂""魔鬼九兄弟""十三太保""十五大护法"等七个小团伙，成员共计 69 人，其中男生 61 人，女生 8 人。寻衅滋事、扰乱教学，称王称霸、逞强跋扈，调戏女生、抢劫财物，是他们的基本活动内容。南京市某中学的"色狼队""江南四杰"，竟在学校、家庭中公开侮辱女同学，由此引发的争风吃醋、相互"钓鱼"、流氓斗殴案件大大增加。④作案手段成人化、智能化、技术化。

在大学校园里，越轨现象也不属罕见。无论在什么高校，准能看到无所顾忌、旁若无人的拥抱、接吻场面。有人这样形容成对的大学生："84 年牵着走，86 年兜着走，88 年抱着走。"湖南大学的一对男女学生恋爱一个月就同床数次；苏州某高校一女生竟留宿男友在集体宿舍，吓坏了女同伴；湘潭某高校内小山上经常看到用过的避孕套。在上海、北京的某些高校，赌博已不是什么秘密，不少人没日没夜地玩，每晚输赢在百元以上也不算稀奇。赌博带来的恶果如偷窃、斗殴屡见不鲜。上海某高校两个 87 届学生在玩麻将时出言不逊而争执不休，到了后来便动了真格儿——一名学生用刀子捅进另一名学生的肚皮……

法国资产阶级启蒙思想家孟德斯鸠说过："支配和统治一切的，在君主政府中是法律的力量，在专制政府中是永远高举着的君主的铁拳，但是在一个人民的国家中还要有一种推动的枢纽，这就是美德。"[1]同样，只有每个公民具有良好的"美德"，也才能真正建成"人民的国家"。著名物理学家爱因斯坦在应《纽约时报》教育编辑之约发表的教育声明中指出："用专业知识教育人是不够的。通过专业教育，他可以成为一种有用的机器，但是不能成为一个和谐发展的人。要使学生对价值有所理解并产生热烈的感

---

[1] 孟德斯鸠:《论法的精神》，见北京大学哲学系外国哲学史教研室编译《十八世纪法国哲学》，商务印书馆，1963，第 30 页。

情，那是最基本的。他必须获得对美和道德上的善有鲜明的辨别力。否则，他——连同他的专业知识——就更像一只受过很好训练的狗，而不像一个和谐发展的人。"如果我们不尽快着力解决学生思想品德天平的倾斜问题，不尽快转变德育工作的僵化、软弱无力的局面，我们怎能培养出和谐发展的人，怎能建立起真正的"人民的国家"呢？

二、唯智主义的阴影

新中国成立以来，我们一直强调以马克思主义为指导，强调对青少年学生进行共产主义思想教育，帮助青少年学生解决世界观和人生观问题，使他们又红又专，成为朝气蓬勃的新一代。虽然在教育实践中常有偏颇倾向，甚至出现过不少过"左"的行为，但从来没有放弃过马克思主义指导和思想品德教育。

当中国教育从"文革"中苏醒，当改革开放的帷幕拉开后人们感受到与先进国家的差距时，我们的大脑兴奋中心几乎只有两个字：经济。因此，教育活动几乎也完全围绕着这个中心展开。理论界、决策层形成了一个"共识"：中国现代化成功的关键是科学技术，科学技术的振兴要依靠教育。应该说，较之以往只认识到教育的政治功能，此时能注意到教育的经济功能或许是一个进步。但如果仅限于此，就未免带有很强的"救穷救急"色彩了。在粉碎"四人帮"之初，我国的国民经济正濒临崩溃的边缘，强调教育这种"救穷救急"的功利性质，对于恢复经济、发展生产是完全必要的，也确实取得了一定成效。但是，随着经济的恢复发展和改革的深入，这种强调就逐渐显示出它的片面性。一方面，与经济发展和科技振兴关系密切的高等教育超规模发展（从党的十一届三中全会以前的 500 多所猛增至现在的 1075 所，在校生也翻了两番），而中、初等教育则徘徊不前甚至相对萎缩；一方面，与现代化建设关系密切的高智能受到社会青睐，恢复后的高考制度畸形发展，成了衡量中学教育的唯一标尺，唯智主义和片面追求升学率愈演愈烈，发展到令人惊异的地步。"每年七月上旬的中国升学考试的热潮形成了巨大的漩涡，卷入了上千万的考生，也袭扰着每天滴灌心血的数以万计的园丁的焦灼的心。因为这不仅是对考生七张考卷定终身的时刻，也是界定教师教学质量高低的评审期，当然更是教法优劣的鉴定日。"①

① 段庆祥：《论中国的"升学教育"与"能力教法"的相悖性》，《呼兰师专学报》1989 年第 2 期。

在唯智主义与升学教育的阴影下，学校德育工作受到了严重削弱。许多学校将一切教学安排服从于升学应试的需要，德育、体育、美育以及劳动教育统统为之让路。许多学校只顾拼命赶教学进度，尽可能提前结束课程。最早的提前一年就结束了高中课程，一般都在半年左右。这样，音乐课、体育课、美术课以及品德修养课只好"礼让三先"，更谈不上什么第二堂课了。一些学校为了追求升学率，只重视少数"升学有望"的学习尖子，大多数学生成了"陪读生"。更有甚者，一些学校任意往学习尖子脸上贴金，即使其品德素质较差，也会在老师的庇护下顺利进入高等院校。有人曾参加过为中学教师发合格证而举行的《教育学》考试的评卷工作。问答题中有一道题是"教学的任务是什么"，结果应试的绝大多数教师回答："传授知识，发展智力。"很少有人讲到"还要通过教学进行思想政治教育"，极少有人讲到"要全面贯彻教育方针"。可见唯智主义影响之深。

唯智主义不仅使合格学生的标准被窄化，而且直接影响到青少年学生完善自我、加强修养的积极性与自觉性。许多学校思想品德教育缺乏严格的考核标准（事实上迄今仍无可操作的具体标准），学生的操行评价千篇一律，甚至随成绩好坏而上下浮动，这更使学生和教师对德育失去兴趣。有些教师编了这样的顺口溜："德育工作是说起来重要，干起来次要，忙起来不要。""德育是软指标，智育是硬指标，体育是实指标，美育没指标，劳动教育是附加指标。"

应该承认，仍然有大量教师顶住唯智主义和升学教育的压力，在教育工作中坚持"五育并举"、全面发展的。北京市优秀班主任任小艾就是典型。但也必须承认，由于许多教师不适应新的形势、新的教育对象，在德育工作中常常感到束手无策，无能为力，所谓"老办法不能用，新办法不会用，硬办法不敢用，软办法不顶用"，就是这部分教师的形象写照。也出现了若干违背教育规律的现象。归纳起来，主要有以下几方面的问题。

（一）靶子观念

西方 20 世纪 30 年代曾流行过"靶子理论"，认为宣传者手持"枪弹"（宣传内容）向"靶子"（受传者）射击，只要射中"靶子"，"靶子"就会应声而倒。我们德育工作在许多方面与"靶子理论"颇为类似，即认为德育就是从一定社会政治的需要出发，向青少年学生传输一定的思想、理论或观念。其实，德育工作的对象与传播媒介的对象一样，都不是被动挨打的靶子，而是有主体意识的人。正如美国心理学家雷蒙德·鲍尔所说：受传者是"顽固的"，他们受到宣传弹的射击后并不随之倒下，而是试图排斥、抵抗，或者对传播的信息重新解释。因此，"你说我不一定听，你打我不一定通，你令我不一定行。"在改革开放、人的主体意识增强的今天，尤其如此。正如一位老教师所说：20世纪五六十年代，老师讲什么，学生听什么，信什么，做什么；现在就大不一样了，"我讲《县委书记的榜样——焦裕禄》，学生提出焦裕禄不是80年代的好干部；讲《松树的风格》，学生提出松树四季不变是个大缺点；讲《愚公移山》，学生竟想到搬家比移山容易得多……"。①因此，如果我们仍然把受教育者当成是被动挨打的靶子、消极接受的容器，当作是没有独立思考能力的客体，从而采取封闭式、灌输型、成人化的单向训导，自然就不可能打开他们的心扉。

事实说明，现代学生与20世纪五六十年代的学生已不大相同了。信息量愈来愈大、知识面愈来愈广的学生们主体意识也愈来愈强，"经院式"的说教在他们唇枪舌剑的反击下失去了力量，他们能够以比你更丰富的材料、更有力的证据推翻你的结论。他们不满意"在课堂上和办公室里是用两种声音在说话"的老师，不满意"用那些连自己也不相信的东西来征服我们"的老师，不满意那种盛气凌人，以教育者自居的老师，他们学会了用自己的眼睛去观察，用自己的头脑去思考；他们欢迎没有教育痕迹的交流，欢迎没有心理距离的对话，欢迎促膝谈心的气氛。总之，他们要求教师成为中间人（学校与社会之间）、引导者、商讨者、唤起者，成为自己的朋友；而不希望教师成为间隔者、强令者、教训者、监督者，成为自己的"先生"。

在这方面，上海市特级教师冯恩洪进行了可贵的尝试。早在1985年，他就正式提出了"淡化教育痕迹"的观点。首先要淡化教育者的角色痕迹。他认为，现在的德育，角色分工太明，你是受教育者，我是教育者，因此上课开会，就是我说你听，其实成功的教育应该是忘记角色的教育。其次要淡化教育的成人化痕迹。他认为，我们的教育常常是在最严肃、最郑重的气氛中进行，这种成人化（其实成人也未必喜欢——笔者注）的教育形式，忽视了青少年的生理、心理特点，忽视了他们的个性差异。实践早已证明，有效的教育往往是在不知不觉中完成的，所谓要"寓教于乐"就是这个道理。最后是要研究改善教育的"生态环境"，他任建平中学校长后就

---

① 韩向前：《思想政治教育的几个误区》，《教育评论》1989年第4期。

努力建设这个环境，它由"物质""人际"与"心理"三个环境组成。所谓物质环境，是指校园、家园、乐园、花园融为一园，使学校的一切文娱体育教学设施为学生成才提供最大方便；所谓人际环境，是指师生之间互相尊重、互相理解、互相承认、互相学习、互相谅解，"用爱来交换爱，用信任来交换信任"；所谓心理环境，是指物质、人际环境的进一步内化，在全校形成投之以桃、报之以李的尊师爱生的良性循环。①这种"淡化教育痕迹"的做法，更易收到"润物细无声"之效，较"靶子观念"，自然更受学生欢迎。

（二）标杆过高

在德育工作中，我们往往不考虑学生的年龄特征和接受水平，不考虑社会主义初级阶段的社会特点，给学生灌输许多由于思维能力发展所限而不能理解的政治术语与德育要求，如对于小学生也经常提出"爱国主义""远大理想"等要求，对于大中学生则一概按照无产阶级先进分子的标准来衡量。过高的"标杆"不仅使许多青少年感到高不可攀，也使他们丧失了对于"标杆"的兴趣，甚至使学生养成了言不由衷地说空话、说假话的习惯。对此，苏霍姆林斯基曾告诫我们："在学校里，不许讲空话，不许搞空洞的思想！要珍惜每一句话！当儿童还不能理解某些词句的含义时，就不要让这些词句从他们的嘴里说出来！请不要把那些崇高的、神圣的语言变成不值钱的破铜币！"在德育工作的实践中，苏霍姆林斯基也非常注意从学生实际出发，克服"标杆过高"的弊端。他所在的帕夫雷什中学每年迎接一年级新生入学时，一进大门的正面墙壁上，总是挂着这样一幅大标语："要爱你的妈妈！"当有人问他为什么不写"爱祖国""爱人民"之类的标语时，苏霍姆林斯基回答说：对于7岁的孩子，不能讲这么抽象的概念，而且如果一个孩子连他的妈妈也不爱，他还会爱别人、爱家乡、爱祖国吗？爱自己的妈妈易懂易做，也能为日后进行爱祖国、爱人民的教育打下基础。

德育心理学的研究表明，学生的年龄特征制约着德育内容的广度和深度。从广度言，不同年龄阶段应有不同的德育内容；从深度言，不同年龄阶

---

① 参见陈亦冰《关于德育困惑的思考——与特级教师冯恩洪谈话录》，《中国教育报》1988年12月13日。

段的同一德育内容也应有不同的程度。[①]例如，学龄初期以前的儿童在掌握道德要求时，是靠教师和父母的威信来维持的，因此，对这个阶段儿童的德育主要是教会他们知道"是什么"和"怎样做"，用外部的规则和纪律加以约束，这是"守纪律"教育的最佳时期。

随着自律阶段（七八岁以后）的出现，儿童开始服从自己主观的价值标准，逐步认识到人与人、人与社会的关系，也开始用"公正"的观念分析外部的规则和纪律，对于他们来说，用行政力量和强制手段已不能完全解决问题了，相反，道德的义务感和责任感却能支配着这个时期的少年儿童。对于这个阶段的儿童，就不仅要教会他们知道"是什么"和"怎样做"了，还要让他们懂得"为什么"。要帮助他们正确认识和处理人与人、个人与集体、个人与社会的关系，从而形成共产主义的道德品质。我认为这是"讲道德"教育的最佳时期。

到了青年期（高中开始），由于社会阅历的逐步丰富和逻辑思维的新发展，青年能够对现实的社会进行分析比较，并且从现实世界中解放出来，超越时空，研究历史，憧憬未来。由于思维能力的批判品质增强了，也能够鉴别与批判各种错误思想。在这个阶段，青年开始形成以一定的社会政治立场和世界观为基础的理想和信念。因此，我认为这是"有理想"教育的最佳时期。

只有把握学生的年龄特征与最佳教育时期，有针对性地进行德育，才能避免"标杆过高"的失误。

（三）讲一面理

在第二次世界大战期间，美国心理学家卡尔·霍夫兰做过一项单面信息与双面信息在转变态度中的作用的实验。实验结果表明，双面信息（宣传一种观点的同时也涉及相反的观点）优于单面信息（只宣传一种观点）。

---

① 如日本某小学，为培养小学生尊重别人的道德品质，在整个小学阶段都反复进行这方面的教育，但对各年级的要求是不同的。一年级的主题是"相好"，二至六年级的主题则分别是"和睦""不造谣中伤""体谅""尊重人格""大家幸福"。一年级的目标是"不轻视欺负别人，同学之间团结友爱"，二至六年级的目标则分别是"能考虑到对方的立场，不以自我为中心""不在背后说人家坏话和做令人讨厌的事""知道别人的优缺点，不刺伤别人""理解人的尊严，尊重自己，也要尊重别人""同学之间能互相了解、齐心协力、谋求幸福"。

同时，单面信息只对那些原先赞同宣传观点的人和文化水平低的人较为有效，双面信息则对原先不赞成宣传观点的人和文化水平高的人有效。这个研究成果对于改进我们的德育工作还是很有借鉴意义的。

长期以来，我们在学校教育中习惯于输送单面信息，讲一面理，报喜不报忧。如进行形势教育，总是讲形势"一派大好，越来越好"，只要一谈存在问题，就有"给大好形势抹黑"之嫌；给学生讲社会主义制度的优越性，总是不结合具体国情，而是抽象地谈"社会主义一定能战胜资本主义"，稍有疑惑，就会戴上"怀疑社会主义制度的优越性"的帽子；宣传先进人物与英雄榜样，总是把他们说得尽善尽美，成了没有七情六欲、高不可攀的榜样。这种形而上学的德育方法自然引起了普遍的反感。在学校中，教师讲形势大好，总有学生给你挑明问题与困难；教师讲社会主义制度优越性，总有学生给你几个具体国家的实例让你下不了台；教师讲先进人物，总有学生说这是拔高、虚假。如果我们的教师能多掌握一些辩证唯物主义的原理，摒弃讲一面理的做法，提倡德育工作的两面法，或许能收到意想不到的效果。当然，"两面法"不讳言问题与困难，但不是把任何事情都说得一团糟，把形势说得一团漆黑，搞另一种形式的"讲一面理"。那样做不仅是不符合实际的，也只会动摇学生的信念。

（四）警察模式

德国心理学家端林曾经把教师分为六种类型：

1.偏于宗教意识型：这种类型的教师认为，教师最重要的是其道德，道德高尚的人才能成为儿童的模范并受他们尊重。这些教师具有不屈不挠的精神，能忍耐儿童的弱点，循循善诱。这些教师往往受儿童的尊敬。

2.偏于艺术意识型：这种类型的教师幻想丰富、情感强烈，对于儿童的个性非常容易体会，并且比他人更能深一层地了解学生。他们认为教育的目的是发展儿童的天赋和创造力，喜欢强健、活跃、清洁、秀丽的儿童，喜欢表现自己。这些教师往往受儿童的亲近。

3.偏于理论意识型：这种类型的教师往往对所有的儿童一视同仁，但更愿意帮助天赋薄弱的人。他们赞美"无我"精神，想尽可能发挥每个儿童的才能，主张诲人不倦。学生对这种类型的教师往往表现出惊异与仰崇的态度。

4.偏于社会意识型：这种类型的教师认为，教育的目的是创造民族的文化。所以，他们很重视传授知识，备课认真，并不断充实新材料。这些教师往往受学生的亲爱。

5. 偏于经济意识型：这种类型的教师表现为对效率重视，认为教育的作用是在使儿童以最少的劳力获得最大的效果。他们特别重视教育方法，重视联系社会生活实践。这些教师往往受到学生的重视。

6. 偏于政治意识型：这种类型的教师表现为想贯彻照着自己的人格理想来培养学生的主张，教育时以领导自居，事事教训、干涉，不让儿童去自己自由发展。他们虽然富有事业精神，学生对这些教师却往往感到畏惧。

在我们的德育工作中，很难用上述哪种类型来界定我们的德育工作者，因此，我试图用"警察模式"来概括一部分盛气凌人、冷漠无情的德育工作者（这里丝毫没有贬低人民警察的意思，因为他们从事的是一个完全不同于人民教师的职业）。

我们都见过马路上的交通警察，他们一般是不大注意那些循规蹈矩、遵守交通规则的行人和车辆的，更谈不上去表扬、奖励他们了。但是，一旦发现谁违章闯红灯或超速行驶，对不起，就要警告、罚款、扣人留车。在交通管理中，这自然是无可厚非、毋庸指责的。但是，如果把它照搬进教育领域，就会谬误百出了。

只要稍加留心，我们处处可以见到教育警察的角色。在家庭里，那些望子成龙的家长在孩子入学后往往一反常态，由溺爱变成了训斥，孩子也不知何故一下子就由"聪明""有出息"变成"笨瓜""没出息"了。只要看到孩子稍微玩耍一下，就马上抓住不放，像交通警察瞧见了违章者。在学校中，我们的教师也自觉不自觉地充任了教育警察的角色，他们对学生的优良行为往往视而不见，觉得这是理所当然的事。有些教师甚至说："学生都是轻骨头，一表扬就要飘起来了。"但是，如果学生出现一些小问题，他们却拿着放大镜，非要"以小见大"，严厉批评。有些教师甚至把那些经常讲话、做小动作、"捣蛋"的学生安排在前面坐，置于自己的控制之下。他们非常吝啬地使用微笑、赞语，更谈不上公开的表扬与奖励了。在社会上，我们的德育工作者也很少关心那些平凡却高尚的行为，只有那些"惊天动地"的伟大行为才能引起他们的注目，有人给他们起了个绰号"消防队"，即哪里出现了问题、哪里发现了火情，他们就毫不含糊地前来"扑灭"，他们丰富的角色内涵就是这样被窄化了。

心理学家曾经做过这样一个实验：让学生练习一系列难度相等的加法题

5 天，每天 15 分钟。在第 1 天练习完成后，按成绩将被试分为小组（每组起点成绩相同）。

第一组为受表扬组，对这组学生的学习成绩给予赞扬；第二组为受训斥组，对他们的成绩表示不满，予以批评；第三组为受忽视组，让他们听着对第一、二组的赞扬与批评，而不提及他们；第四组为控制组，将他们与前三组隔离，对其成绩不予以任何评价。而后 4 天的实验结果是饶有意味的（如图 8-1）。

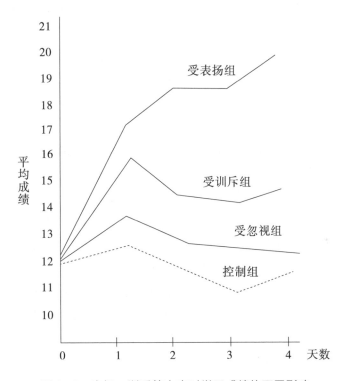

图 8-1　表扬、训斥等态度对学习成绩的不同影响

从图 8-1 可见，表扬和鼓励比训斥、责骂、体罚对激励儿童的学习积极性更奏效。在德育工作中何尝不是如此？表扬和鼓励能够使孩子产生一种成功的喜悦感，会设法以同样的良好行为再得到表扬和鼓励，成为良好行为产生的动力。批评、训斥、嘲讽、体罚、恐吓这些消极的行为在很大程度上伤害了人的自尊心和自信心，使孩子变得心情阴郁、畏首畏尾、毫无生气。正如别林斯基所说："有损人类尊严的各种处罚施之于儿童，会压制儿童精神上可贵的自由、自重，也会使得儿童的心灵为自卑、恐惧、隐

瞒和狡猾的肮脏之感所腐蚀，在这种教养的情况下，教育是徒劳无益的。"①

美国《读者文摘》曾经刊载了安多尔·福尔德斯的一篇寓意深刻的文章，篇幅不长，这里全文照录以飨读者：

1985 年 9 月，当我正在西德萨尔布吕肯给青年钢琴家讲授主课时，我觉得如果对那个学生表示赞许的话，他甚至会演奏得更好。于是，我就在全班学生面前表扬了他的杰出演奏。使他和那群学生感到诧异的是，他的演奏立刻超出了他自己原有的水平。想不到几句赞扬的话竟使他显示出最佳的效果。

记得我受到的第一次赞扬曾使我感到多么幸福和自豪。我当时 7 岁，父亲在花园里要求帮忙。我尽可能努力地干活，并且得到了充分的奖赏。然后他吻了我而且说："谢谢，孩子，你干得很好。"60 年以后，他的话仍在我耳边回响。

我在 16 岁时，因与音乐教师发生争论而陷于个人危机之中。著名的钢琴家李斯特的最后一个在世的学生——埃米尔·冯·索尔来到布达佩斯并邀请我为他演奏。他专心致志地听着巴赫的 C 大调托卡塔曲，而且要求我再弹一些曲子。我把我的全部感情都注进了演奏贝多芬的《悲怆》奏鸣曲中，接着又继续演奏了舒曼的《蝴蝶》钢琴曲。最后，冯·索尔站起来吻了吻我的前额。"我的孩子，"他说，"当我和你一样大时，就成了李斯特的一个学生。我在上完第一次课后，他吻了吻我的前额说道'珍惜这个吻吧——它来自贝多芬'，这是他听了我的演奏后给我的。我已等了多年，为的是传递这份神圣的遗产，而现在我认为你应得到它。"

在我一生中，没有什么东西比索尔的赞扬对我更为珍贵。贝多芬的吻使我奇迹般地摆脱了危机，而且帮助我成为今天的钢琴家。今后，我会依次把它传递给那个最应得到它的人。

赞扬是一种强大的力量，是暗室里的一支蜡烛，它具有魔力。②

我始终珍藏着这张剪报，因为它告诉了我一个重要的教育法则。在某

---

① 别林斯基：《新年的礼物》，见张焕庭主编《西方资产阶级教育论著选》，人民教育出版社，1964，第 396 页。

② 安多尔·福尔德斯：《贝多芬的吻》，朱耀先译，《青年参考》1987 年 3 月 27 日。

种意义上说，孩子们的自信心、进取的锐气、活泼的灵性、开朗的性格，就是由于父母和教师采取了表扬、赞美、宽容的教育方式，我们的教育方式在潜移默化地塑造着新一代人的风貌。

美国教育心理学家盖杰和伯令纳在《教学心理学》一书中指出："对于教师来说，表扬是最易使用和最自然的、有效的形成动机的方法。最重要的是，表扬伴随着某种行为的频率增加。"他们还说："有时，教师忘记了他们对于学生的评论是多么重要。我们看到一些教师从不对学生说一句好话，这种行为是不可原谅的！"①我想，这不是对"教育警察"角色的人的最好忠告吗？

三、催人思索的对策

现代教育家陶行知说过："道德是做人的根本。根本一坏，纵然你有一些学问和本领，也无甚用处。否则，没有道德的人，学问和本领愈大，就能为非作恶愈大，所以我在不久以前，就提出'人格防'来，要我们大家'建筑人格长城'。"②只有这样，才能使学生自觉地"创造真善美之人格"。陶先生的这段话很值得我们认真思考和借鉴。目前，我们的德育工作面临着空间、时间、方向、内容、途径、观念的"全方位"矛盾。这些矛盾，既使我们的学校德育工作寸步难行，但也给它带来了新的生机；既是对于德育工作的挑战，也是促使德育改革的契机。在机会与挑战面前，我们拿出怎样的方案、交出怎样的答卷呢？我们用怎样的对策建筑起雄伟的"人格长城"呢？

对策一：建立起有层次、多规格的德育目标立体结构，使它兼有现实性和理想性的双维视角，既有社会主义初级阶段的阶级性，又有共产主义的方向性。

这个目标立体结构包括三个层次：一是追求的层次，这是以马克思主义世界观为基础，以共产主义理想为目标的德育体系。这是德育的高层次境界和目标，不要求每个学生都能达到；二是弘扬的层次，这是以集体主义、爱国主义、人道主义、见义勇为、尊老爱幼等为基本内容的德育目标，可

---

① 吴增芥、朱永新：《学习动机浅述》，《天津教育》1983 年第 5 期。

② 华中师范学院教育科学研究所主编《陶行知全集》第 3 卷，湖南教育出版社，1985，第 471 页。

以通过适当的方式使学生逐步实现；三是倡导的层次，这是在现阶段允许存在并倡导的基础道德教育目标。它要求学生遵守社会的基本公德，用自己的职业并以高尚的职业道德服务于社会，服务于他人，同时提高自己的物质利益和社会地位。这三个层次是由低到高的递进关系，只有这样，才能改变过去德育目标的"高、大、空"，使德育工作落在实处。也只有这样，我们才能理解学生，理解学生的价值观、利益观、成才观的变化，逐步引导他们向高层次的德育目标进军。

对策二：建立起学校、家庭、社会三位一体的德育合力网络，形成时空交叉影响的德育优势力量。

德育过程是受多方面因素影响的过程，这是它区别于智育工作的特征之一。一般来说，在智育过程中虽然也有来自家庭、社会和学校诸方面的影响，但就智育而言，主要是通过学校教师传授的，而德育过程的社会因素则是与智育过程非常不同，在某种意义上说，智育过程中的社会因素可以"忽略不计"，德育过程则是不可能的。有一个例子非常典型地说明了德育过程的"合力"影响机制，《中国青年报》1982年11月6日曾报道了3名19岁罪犯的犯罪经过，他们的作案手法是《福尔摩斯探案集》和《加里森敢死队》里的手法的结合：

记者问道："福尔摩斯探案中的罪犯最后都被侦破，你们怎么还学那些手法？"

罪犯之一黄依不屑地说："县公安局哪比得上福尔摩斯？"

记者又问："学校难道不组织你们评论一些小说、电视、电影吗？"

罪犯之一韩旭说："学校才不管这些事呢。进了高中，学校只管学习，你有啥思想，没人管。高中毕业时，我有好多问题想不清楚，人生呀、理想呀，可我很少遇到谁在思想上给予我正确的帮助。"

韩旭的父亲是位工程师，写信给上大学的儿子却经常这样说："积我三十年经验，不要轻易对人说真心话。"

这三个青年走上犯罪道路，不正是大众媒介、学校影响、家庭教育的消极因素共同作用的结果吗？因此，德育的合力网络必须从以下方面建构：第一，学校内部的德育工作必须进一步加强。升学教育过渡到素质教育，重要的任务就是把学生培养成德、智、体、美、劳和谐发展的人。因此，要克服过去把学校德育视为政治课教师、班主任、团队干部"三支队伍"的事的旧观念，使各科教师都承担起"教书育人"的责任，充分发挥教学的德育功能，发挥教师集体的教育作用。第二，加强学校与家庭的联系，争取家庭的配合与支持。据某市万户人家抽样调查表明，在1万户家庭中，87.6%的家庭对子女教育缺乏科学性，这无疑给学校德育工作增加了难度。因此，学校一方面要加强与家长的沟通，一方面又要通过举办家长学校等形式帮助家长提高教育水平，形成良好的家庭德育氛围。第三，注意社会信息对学生的影响，引导学生正确地开展书评、影评等活动。事实表明，暴力、淫秽黄色的书刊和影视对青少年学生的心理有严重的不良影响，有一位校长说："教育一个钟头，不如影视上的一个镜头。"因此，学校应注意社会信息传播的内容与方向，抵制和消除不良的信息影响，对各种环境的客观影响做出选择与调节，力求创造良好的社会氛围，以使受教育者朝着社会所期望的方向发展。

对策三：建立一种态度真诚、气氛平等、内涵丰富的德育工程新体系。

首先是态度要真诚，要说真话、说实话，不说空话，不说违心话，不说假话。苏霍姆林斯基说得好："教师必须对学生讲真话。这是有效地教育青年的重要条件之一。不允许把儿童、少年特别是青年放在一种'思想无菌室'里进行教育，使他们闭眼不看周围生活中的缺点。最好的教育就是用真实来教育。学生对于教师的真话和假话是非常敏感的，所以必须使整个教育过程充满真实的气氛。"[1]德育的任务不是粉饰现实，不是为"存在"寻找"合理"的依据，而是让学生面对现实，创造更美好的"存在"。过去，我们正是把学生放在"思想无菌室"中培养的，所以当他们来到现实环境时，就常常发出"受骗了"的怨言怨语，需要重新构建自己的价值体系，重新认识社会，认同现实，这在某种程度上延误了学生的社会化进程。

态度的真诚还要求德育工作者要实事求是地提出德育的目标，不提出自己也做不到的诺言，不承担空洞无物的保证，不要让学生喊出抽象的空话。

其次是气氛要平等。苏联教育家马卡连柯在总结自己的教育成就时说："如果有人问我：我怎样能够以简单的公式概括我的教育经验的本质时，我

---

[1] 瓦·阿·苏霍姆林斯基：《给教师的建议（上）》，杜殿坤译，教育科学出版社，1980，第179页。

就回答说：要尽量多地要求一个人，也要尽可能地尊重一个人。"[1]平等，就意味着尊重教育对象的人格，自尊心是人心灵最敏感的角落，尊重人则是进入人的心灵的桥梁。有这么一个感人的故事：有一次，俄国作家屠格涅夫在街上散步，一个穷人走上来行乞："请给我一点吃的东西吧！"屠格涅夫伸手到口袋去掏，可是没带一点东西，于是他对穷人抱歉地说："兄弟啊，对不起，对不起！我没带吃的东西出来。"突然，那个穷人紧紧地拉住屠格涅夫的手，连声说："谢谢您！谢谢！"屠格涅夫又惭愧又惊奇，问道："你谢我什么？"穷人回答道："你救了我的命。我正想吃点东西后去自杀，没想到世界上还有温暖，你称我兄弟，你给了我活下去的勇气！"这就是平等、尊重的魔力！我们再也不能扮演那种令人生畏的"教育警察"角色了，我们只有与教育对象平等地对话，只有尊重和发展学生主体的个性，才能使德育工作出现转机、获得生机。

气氛的平等还要求德育工作者平等地对待每个学生，尤其是对差生更应倾注热忱与爱护。调查表明，差生在学校中是最容易被忽视、最容易被歧视的，他们也最容易形成自暴自弃的心态，最容易滑入犯罪的泥坑。德育工作的重要任务之一，就是帮助他们扬起希望的风帆、鼓起生活的勇气。我们应当记住苏霍姆林斯基的名言："培养全面发展的个性的技巧和艺术就在于：教师确实善于在每一个学生面前，甚至是最平庸的、在智力发展上最有困难的学生面前，为他打开精神发展的领域，使他能在这个领域里达到顶点，显示自己，宣告大写的'我'的存在，从人的自尊感的泉源中吸取力量，感到自己并不低人一等，而是一个精神丰富的人。"[2]

最后是内涵的丰富。过去，我们德育工作的内涵是相当贫乏的，长期"营养不良、面黄肌瘦"的学生，在改革开放的形势下难免"饥不择食、狼吞虎咽"，因此，德育工作者不得不打起"围、追、堵、截"的疲劳战，试图以此来抵挡各式各样的渗透与诱惑，其结果自然是徒劳一场、愈禁愈烈。事实表明，只有大力培养和发展学生的健康兴趣爱好，引导学生不断地丰富自己的精神生活，才能真正地使他们形成内在的道德要求。我认为，苏霍姆林斯基在这方面的道德实践也是很值得借鉴的。他曾提出了丰富学

---

① 马卡连柯：《普通学校的苏维埃教育问题》，载米·依·加里宁《论共产主义教育》，人民教育出版社，1979，第270页。

② 苏霍姆林斯基：《给教师的建议（下）》，杜殿坤译，教育科学出版社，1981，第228页。

生精神生活的三点措施：一是要启发和吸引每一个学生在完成各门学科的学习任务的同时，一定要有一门自己特别喜欢的学科，让他们在这门学科上超出教学大纲的要求，自己去钻研更多更深的问题。二是要设法使每一个学生都有一样自己最喜爱的劳动项目或科技活动项目，让他们在业余时间去搞自己的发明创造与科学试验。三是使每一个学生都要有自己最喜爱读的书籍，热爱课外阅读。如果我们的学生把自己的整个身心投入这些活动，如果我们的学生都具有丰富的精神生活，我们还有什么理由为他们担心呢？

第九章　家教"幼稚病"

人们常说，家庭是人生的第一所学校，而且是永无毕业的学校；父母是人生的第一任老师，而且是终生而劳的老师。我们每个人都从这个学校步入社会、走向生活，每个人都从父母那里耳濡目染、接受熏陶。在某种意义上说，是家庭造就了我们，我们的人格在幼小时期已初见端倪。

然而，近些年我们的家庭教育出现了一系列危机的迹象：过分的"关心"，过度的"教育"，"夏斐"式悲剧屡屡发生，"小皇帝"的笑话不绝于耳……在1988年召开的全国家庭教育研讨会和中国儿童发展中心工作会议上，一些专家、学者呼吁：家庭教育"幼稚病"蔓延令人忧虑！

一、过度化教育

有人曾经画了这样一幅寓意十分深刻的漫画：画面的中心是一个穿戴讲究、趾高气扬的独生子，在他的周围有爸爸、妈妈、祖父、祖母、外祖父、外祖母等为他张罗，忙得不亦乐乎。这幅漫画的标题也很别致："小太阳"和"卫星"。这幅漫画生动、形象、真实地反映了目前孩子在家庭中的特殊地位，以及家长、长辈对他们的养育态度与方式，心理学家、教育学家称之为"过度化教育"。

顾名思义，所谓"过度化教育"，是指父母对孩子的教养超过了一定的

"度"。具体地说，主要表现在三个方面：生活上过于爱怜，学习上过于关心，方法上过于正规。

（一）生活上过于爱怜

爱子之情、怜子之心，可谓人皆有之。鲁迅先生诗云："无情未必真豪杰，怜子如何不丈夫？知否兴风狂啸者，回眸时看小於菟。"但是，人类的爱怜之心毕竟不同于动物的亲子本能，它具有丰富的社会内容，是有分寸的、有节制的、适度的，而不是无原则、无要求的溺爱和娇惯。马卡连柯曾言简意赅地指出："过分的溺爱虽然是一种伟大的情感，却会使子女遭到毁灭。"

目前，中国的许多家庭在生活上都是以儿童为轴心的，出现了严重的"子女偏重，子女优先"倾向。[①]在经济生活的安排上，子女的抚育费用要远远超出家庭成员的平均消费水平，在许多家庭，甚至出现了子女的消费超出家庭其他成员消费总和的现象。家庭的许多消费活动都是由子女引起、围绕子女的要求进行的。如每天选购食品，总是首先考虑孩子的口味和喜好，逢年过节总是首先准备好孩子的礼物。许多父母省吃俭用，但孩子需要的高档玩具、高级服装却毫不迟疑地为他们购买，一些家庭甚至为孩子购置了钢琴、电子琴等"大件"，不少孩子拥有照相机、游戏机、学习机。与此相比，父母本身的需求就显得微不足道了。一些家庭兴师动众地为孩子庆贺生日，排场之大、花样之多，连许多"老寿星"都自叹不如。

在情感生活上，家庭中也表现出过度依恋子女的倾向。陈科文等曾列举了"孩子、家庭、工作和业余爱好"这四个方面的兴趣，请独生子女的父母回答哪一方面最使其生活具有意义。结果，有40.1%的母亲和27.4%的父亲认为，最使他们生活具有意义的是孩子。许多父母把孩子作为情感的唯一寄托和生活的唯一乐趣，孩子离开自己一日都感到坐卧不宁、索然无味。有一位教师的夏令营日记非常生动地记叙了这样一个"精彩"的镜头：

……夜色沉沉，我在走廊里巡夜，突然听见男生宿舍里有响动。听见我的脚步声，又悄无声息了。我细细看着，不像猫狗，是小偷？我打开手

---

① 参见陈科文《独生子女的家庭关系及其社会后果》，《婚姻与家庭》1986年第6期。

电筒给徐校长打信号，她蹑手蹑脚地赶来，我们同时将手电筒打开照过去，只见一个男人躲在床底下，身上蒙着块被单。

"你是谁？"那人答道："我是苏平的爸爸。"他睡眼惺忪地望着我们，"我和苏平他妈妈，这两天就没睡好过，这孩子从没离开过我们一天，昨天我们梦见他掉下床了，这孩子睡相不好，今天来看看，晚上趁门卫不注意混进来的。"我大惑不解："那你躺在地上干什么呢？""我怕苏平从床上掉下来，掉在我身上也比摔地上强啊！"①

孩子从降生之日起，就被这种"爱怜"的氛围包围着，年轻的父母对孩子"顶在头上怕摔着，含在嘴里怕化了"，有求必应，百依百顺，似乎这样才是尽了自己的职责。殊不知，正是这种过度的"爱怜"使孩子形成了许多不良的品质，如好逸恶劳、高傲自大、撒娇任性、意志薄弱等。终日在父母羽翼庇护下的小鸟，怎能练就一副飞向生活的翅膀呢？

（二）学习上过于关心

父母对子女学习上的关心也是理所当然的，但是如果过分地关心反而会形成巨大的心理压力，使他们背上沉重的心理包袱。目前，这已成为一个引人注目的社会问题。河北省某地区曾用《家长的心愿》为题进行作文考试，结果几千名初中生在作文中诉说了父母在学习上过于关心给他们带来的困扰。这里仅摘抄一部分作文的片段：

"爸爸为我的学习操碎了心。一次考试，我的学习成绩下降了，爸爸听说后，就急得病倒了。夜里我守护在爸爸的身旁，忽然听到爸爸说起了梦话：'啊，我的女儿考中专啦，啊，考上啦，终于考上了，哈哈哈。'一边说，还一边笑。看到这种情景，我哭了。"

"上初中以来，爸爸就规定我每天晚上12点睡觉，早上5点起床学习。我有时实在起不来，他就把我揪起来，推到院子里让我边遛达、边背书；有时我实在太困了，就倚着树睡起来，书掉到地上也不知道。"

"为了能使我考上理想的学校，爸爸对我实行了三光政策——业余活动时间全占光，课外书全收光，看电视时间取消光。"

---

① 涵逸：《中国的"小皇帝"》，《中国作家》1986年第3期。

"一上初一，我放学回到家，除了做大量的老师留下的作业以外，还要完成爸爸布置的任务：每天 50 道数学题，30 道语文题，到了初二又增加了 30 道物理题，初三又增加了 20 道化学题。"

"升入初三以后，我就成了国宝大熊猫，成了家里的重点保护对象，一切家务活都不让我干，一切好吃的都给我。"

"爸爸妈妈不惜钱财，为我买奶粉、麦乳精、橘子汁、蜂王浆、罐头，应有尽有。开始的时候我还很高兴，后来就不敢受用了，甚至都不敢看这些东西，我担心考不上没法向父母交代。"

"一天，我拿着成绩单让妈妈签字，妈妈一看我的成绩下降了，就破口大骂：你吃得这么胖，还不如一头猪，我要养一头猪，一年还能给我长几十斤肉呢，养你有什么用？"[①]

上述这些情况可以说每天都能在许许多多的寻常百姓家见到，父母们的确也可以说是为孩子的学习操碎了心。有些父母甚至不考虑孩子的心理发展水平和学习的基础，不切实际地定出各种"目标"，令人望而生畏。在这种过分的"关心"下，许多孩子产生了沮丧、忧郁的心理，发出了"还我自由，还我欢乐"的呼声，严重的甚至自杀身亡。从 1985 年至今，由于学习问题产生的悲剧已不下数十起：

1985 年秋，北京某中学一名 12 岁的初一女生喝敌敌畏自杀，原因是无法达到父母规定的"考试必须前十名"的目标；1988 年 2 月，南京工学院夜大学生王林杀害了亲生父母，原因是考试作弊后怕二老伤心；同年初，发生了轰动全国的"夏斐"事件，"望子成龙"的母亲杀死了学习不争气的亲生儿子；不久，这个悲剧又在杭州重演，一名年轻的母亲因独生儿子贪玩，竟把自己和儿子一起套上绳索自尽，母亲本人自缢身亡，8 岁的儿子因绳索松裂而幸免于难……这难道还不应该引起我们的深思吗？

（三）方法上过于正规

我们在本章开头就说过，家庭是人生的第一所学校，父母是人生的第一任老师。但这仅是就广义的教育而言，事实上，家庭这所"学校"、父母这位"老师"与正规化的学校教育中的"学校"与"老师"是有本质的区

---

① 引自李凤平、李润龙《孩子们看"父母心"》，《父母必读》1988 年第 1 期。

别的，正如北京师范大学教育科学研究所赵忠心所说："此'学校'不是彼
'学校'，此'教师'不是彼'教师'。"两者有其无法代替的功能和意义。
家庭教育和学校教育的最大区别在于，学校教育是有目的有计划地按一定
形式和程序严格进行的，家庭教育则是在日常生活中和不知不觉中进行的，
父母的言传身教具有潜移默化的影响。

但是，目前我国的家庭教育往往忽视了这个区别，在教育方法上过于
正规，以至出现了"家庭教育学校化"的说法。[①]

在幼儿家庭教育方面，愈来愈多的家长设法弄来小学一年级的课本，
提前给孩子讲授；在教学方式上也按照学校的正规化做法，让孩子正襟危坐
着集中注意倾听。另一些家长则干脆把孩子送进各种各样的"学前班""预
备班"进行"正规化教育"。这种做法有两个负效应：一是使许多孩子视学
习如畏途，未进小学就产生了对学习的厌恶情绪，尤其是那些年龄小、领
悟慢而家长又性子急、脾气暴的儿童，更易埋下"厌学"的隐患；二是使一
些孩子进小学后对课程采取轻忽态度——上课讲话、做小动作、开小差等，
因为他们早就"领教"过这些内容了。

在小学生和中学生的家庭教育中，"正规化""学校化"的倾向也愈来
愈明显。很多家长自觉地当上了老师的"助教"，帮助孩子听写字词、检查
背诵、订正作业；一些家长则主动地充当"二老师"；有的把教师的参考书
买来预先"备课"，孩子回家后令其"回炉再造"；有的嫌学校留的作业少，
家庭中"开小灶""添副食"。这种做法产生了很多负效应，一方面使孩子
形成了依赖"助教"的思想，离开父母这根"拐棍"就步履蹒跚，难以跃进；
同时又使孩子失去了对家庭的向往，认为家庭是"第二学校"。

过度化的教育可以说是"从良好的愿望始，以失败的结果终"：过度的
"爱怜"形成了孩子的一些不良品质，过度的"保护"扼制了孩子的创造
精神，过度的关心使孩子产生了厌学情绪，从而给孩子的智能与个性发展
造成了消极的影响。

---

① 杨良志：《"家庭教育学校化"指偏——访北京师范大学教育科学研究所赵忠心老师》，《父母必读》
1988 年第 6 期。

二、价值熏陶：不平衡表征

教育，在一定意义上也可以称之为价值熏陶的过程，即把教育者的价值观转化为受教育者的价值观。它最典型地体现在教育的目标以及教育内容两个方面。那么，我们的家庭教育在进行着什么样的价值熏陶呢？

从家庭教育的目标上来看，它应该是促使孩子尽快地从"生物人"转变为"社会人"，为以后更好地适应社会生活奠定基础。为了实现这个目标，家庭教育的内容可以归结为五个方面：

第一，传授民族的语言，让孩子掌握交流思想和情感的工具；

第二，帮助孩子获得基本的生活常识和一定的生活能力，学会自立；

第三，指导孩子掌握社会道德习俗和行为准则，了解民族的文化观念；

第四，培养孩子的情感情操，使他们由爱父母逐步扩及爱他人，爱集体，爱国家，爱民族，爱人类；

第五，引导孩子认识人与人之间的关系，懂得人际交往的基本礼仪，学会社会交往。

可见，家庭教育的根本价值熏陶，实际上是培养能够适应社会生活的"社会人"，它着眼于全面关心孩子，注意道德行为规范的养成，适应社会能力的培养，个性的发展和人格的塑造。然而，我们的家庭教育却丢掉了这些最根本的东西，仅仅把目标规定为成名成家、超常发展，这实质上是"兢兢细细于小而疏疏忽忽于大"，从而产生了一系列价值熏陶的不平衡表征。

在目标方面，许多父母希冀孩子能够成名成家，成为超常发展的"神童"。父母们醉心于各种各样的神童报道，在孩子未出世前就准备好了钢琴、电子琴，孩子刚开始牙牙学语，就迫不及待地请画师、学外语、教认字，根本不考虑孩子是否有兴趣，是否具有这方面的潜力，是否智力超常，硬把自己设定的目标强加给孩子。有的父母甚至把年仅几岁的孩子整天关在家里"练琴""习字"，这种不讲科学方法而一味蛮干的做法，只能使孩子产生逆反心理。辽宁一名7岁的男孩因不愿学钢琴而企图用小刀割断手指，一名5岁的女孩也因此惨死在钢琴下。父母们没有意识到，只是他们自己的价值熏陶，把孩子的金色童年变成了痛苦的岁月。

心理学的研究表明，人的智力是呈正态分布的，即智力落后的痴呆儿童和智力超常的天才儿童都只占千分之三左右，而智力中常水平的孩子则占千分之九百九十四，占绝对多数。因此，要想使每个孩子都能成为"神童"，显然是不切实际的。对那些智力水平中常的孩子采取超常的教育方法，只能是揠苗助长，欲速不达，甚至会导致悲剧性结果。

心理学的研究还表明，人们的心理发展水平有着明显的个别差异性。以智力为例，有些人表现为早熟，在年幼时就显露出卓越的才华；有些人则晚成，在成年后才洋溢出惊人的成就。有些人偏优于形象思维，长于文学、艺术、语言、医学、史地、生物等学科；有些人偏优于抽象思维，长于数学、地理、哲学、天文等学科。如果不考虑人的心理差异，不考虑孩子的兴趣特长，把家长自己的理想和愿望强加给孩子，实施盲目的早期定向培养，也往往是南辕北辙，难以收到预期的效果。

在内容方面，许多父母也忽略了家庭教育内容的丰富性，只重视孩子的智力因素的培养和知识的灌输，而不注意情感、意志、性格、思想品德、行为习惯等非智力因素的培养，这种智力中心主义的倾向使家庭教育的内容也出现了价值熏陶的失衡：许多学生在"智力"（有些家长把学习成绩等同于智力）的掩护下形成了厌恶劳动、待人冷漠自私等消极心理品质，甚至走上了犯罪道路。1987 年，上海市精神卫生中心和世界卫生组织合作，调查了 4—6 岁半儿童的心理卫生状况，结果表明：27% 的儿童有精神偏异，而这种偏异的主要因素是由家庭教育环境不良和教育方式不当造成的。1987 年北京市的几位教师曾统计了 2294 名小学生参加家务劳动的时间，结果发现每个学生平均每天的劳动时间只有 0.2 小时，远远低于美国同龄孩子的人均 1.2 小时。一位小学班主任做过调查，他执教的班级有 32 名小学生，竟有 20 名不会穿衣，10 名仍由父母亲帮助洗脸洗脚。据浙江省浦江县一所中学统计，80% 多的家长不要孩子从事家务劳动，只要学习好就行。[①]在全国闻名的景山学校，竟然出现了这样的笑话：

十岁的小学三年级的一个学生，每天晚上都由他母亲半夜起床为他"接尿"；到了十一岁还不会穿衣服，前些日子刚学着自己穿。

有一个四年级的学生每天中午除了别的饭菜以外，还要带一个鸡蛋，都是由父母负责剥净蛋壳、装进饭盒。偶尔有一次，装到饭盒的是没有剥

① 王大龙：《家庭教育"幼稚病"蔓延令人忧虑》，《光明日报》1988 年 8 月 9 日。

掉蛋壳的鸡蛋，吃饭时这个孩子可犯难了，左看右看，鸡蛋没有缝，无从下手，只好不吃，带回家了。母亲问他，他的回答是："没有缝，我怎么吃？"

有一些父母更直接地把鄙视劳动的观念灌输给孩子，对他们进行"价值熏陶"。有这样一个真实的故事：一位教师在学校对三年级的学生说："你们都已经是小学三年级的学生了，应该学会自己的事情自己做，譬如手帕、袜子脏了，就要自己动手洗，少先队员要从小养成爱劳动的习惯。"有一名学生回家后果然把自己的手帕、袜子洗掉了，因为年纪小，又是初次洗，搞得满地都是皂迹，把衣服也弄湿了。谁料他母亲回家后非但没有表扬，还破口大骂："没出息，有书不好好读，谁要你做家务，将来考不上重点中学，读不上大学，看你去擦皮鞋！"

事实上，劳动对于孩子人格的发展有其特殊的意义。苏联教育家苏霍姆林斯基说得好："劳动是最伟大的美，让孩子们认识这个美，是教育的奥秘之一。"他还指出："体力劳动对于小孩子来说，不仅能获得一定的技能和技巧，也不仅是进行道德教育，而且还是一个广阔无垠的、惊人的、丰富的、思想的世界。这个世界激发着儿童的道德的、智力的、审美的情感，如果没有这些情感，那么认识世界（包括学习）就是不可能的。"[1]这说明，劳动的价值不仅在于形成一些劳动观念与劳动技能，更重要的是它能够促使人的全面发展。真正"望子成龙"的家长，一定能从苏霍姆林斯基的这段话中得到启示，努力让孩子认识这个"最伟大的美"的。

由于一些父母把分数作为评价学生的唯一标准和衡量学生价值的唯一参照，往往使孩子不自觉地放松了对自己其他方面的要求，陶醉于"一好百好"的虚假优秀状态中。山西太原市破获的一起中学生盗窃抢劫团伙案件就很能说明问题。这个团伙的8名罪犯均是学习成绩优秀、家长满意、学校放心的高中三年级学生，其中6人是团员，4人是学生干部，有的还是连续11年的三好学生、太原市三好标兵。他们的父母，有的是局级干部，有的是工程师，有的是学校领导和老师，有的是全国工会积极分子。然而就是这批学生，先后作案42起，盗窃抢劫财物价值达一万余元。在分析他

---

① 苏霍姆林斯基：《给教师的建议》（下），杜殿坤编译，教育科学出版社，1981，第42页。

们的犯罪原因时发现，与他们的父母"价值熏陶"有密切关系。父母对他们的所有要求可以归结为两个字：学习。而对他们的全面健康的成长却毫不关心。有一个学生的父母都是工程师，他们急切地盼望儿子在学业上也有一番成就。从初中开始，他们就精心辅导他学习，儿子学什么，父亲也学什么；儿子学一遍，父亲也学一遍；儿子的考试题，父亲都能背下来。他们对儿子的学习确实下了苦心，但对孩子的其他方面很少过问。当他们的宝贝儿子头脑中已装上了"人与人之间存在的是金钱关系，人与社会之间是'唯我主义'"，逐步走上了犯罪道路时，父母还一概不知。在某种程度上说，正是这种不平衡的价值熏陶葬送了孩子的前程。

我们再退一步看，那些具有"智力中心主义"倾向，以知识、成绩为唯一价值的父母，如果仅仅就智力抓智力，忽视非智力因素的培养，也是难以收事半功倍之效的。[①]众所周知，人的心理是一个完整的统一体。这个统一体中的智力因素与非智力因素虽然具有相对独立性，但两者是互相联系、互相影响、互相制约、密不可分的。只有使两者都有一个最佳的运动状态，人的心理才能获得充分的发展。而且，非智力因素对于智力因素的发展往往起着保证和促进作用。有人把非智力因素称为潜在的智力，也有人形象地说，离开了非智力因素，就等于失去了心理发展的发动机和能源，这是很有道理的。心理学的研究还表明，非智力因素对于儿童学习的影响是与年俱增的。法国的教育部长皮埃尔·凯利指出："在高等教育中，对于大学生性格的结构将更加敏感，他的兴趣、厌恶、学习能力、方法、智力的好奇心、思考的严格性和感情因素都会对他的学习产生影响。"因此，在任何一个学习阶段，非智力因素都将是成败的基础，都将有其不可替代的价值。忽视了非智力因素的培养，我们不仅难以造就德智体美劳全面发展的和谐的人，也难以真正地使智力得到发展。

三、金科玉律：追求和谐

重视家庭教育是我们中华民族的优良传统。在中华民族的几千年历史长河中，流传着无数感人的家教佳话和警句箴言，其中许多至今仍不乏其生命力，成为我国家庭教育理论的宝贵遗产。新中国成立后，尤其是近年

---

① 朱永新：《早期教育必须重视非智力因素》，《父母必读》1983 年第 8 期。

来，随着社会经济的发展和独生子女政策的推行，家庭教育逐步受到了重视。目前，全国已有 21 个省、市、自治区成立了省级家庭教育研究机构，不少地、县级妇联也成立了家庭教育组织，各地还建立了固定的科学育儿或家庭教育咨询站 1870 多处，并创办了父母学校、孕妇学校、新婚夫妇学校等。据 14 个省、市、自治区统计，这类学校已达 11400 多所，仅四川省开办的广播父母学校就拥有 12 万学员，第 1 期学员已于 1986 年 5 月结业，有 95000 多名学员领到了结业证书。这说明，家庭教育已成为许多父母的自觉要求。[①]

尽管如此，我们的家庭教育仍存在着不少问题，家庭教育的科学水平还较低；由于缺乏正确的理论指导，许多父母感到"力不从心""事与愿违"，过度化教育、不平衡的价值熏陶等现象愈演愈烈，在某种程度上已酿成了一定的家庭教育危机。

那么，怎样摆脱笼罩在许多家庭教育中的危机和阴影呢？答曰："追求和谐"。

首先是观念的和谐，即家庭教育必须把培养和谐发展的人作为教育的目标。苏霍姆林斯基对此有一段非常精辟的论述："决定教育工作的技巧、完善的条件之一，就是教师要善于以活生生的理想为目标，要善于在一个人的身上看出、珍惜和爱护主要的、有决定性的东西。培养全面发展的、和谐的个性的过程就在于：教育者在关心人的每一个方面、特征的完善的同时，任何时候也不要忽略人的所有各个方面和特征的和谐，都是由某种主导的、首要的东西所决定的。在一个全面发展的、活生生的、有血有肉的人身上，体现出力量、能力、热情和需要的完满与和谐，教育者在这种和谐里看到这样一些方面，诸如道德的、思想的、公民的、智力的、创造的、劳动的、审美的、情绪的、身体的完善等。"[②]

古往今来，许多有远见的教育家都很重视人的和谐发展，主张用和谐的方法教育儿童。明代教育家王守仁在《训蒙大意示教读刘伯颂等》中就批评了当时家庭教育"日惟督以句读课仿，责其检束，而不知导之以礼；求其聪明，而不知养之以善"的做法，主张"诱之歌诗，以发其志意；导之习礼，以肃其威仪；讽之读书，以开其知觉"。日本发现协会会长、才能教

---

① 徐晓峰：《近年来我国家庭教育有较大发展》，《教育情报参考》1987 年第 18 期。

② 苏霍姆林斯基：《给教师的建议》（下），杜殿坤编译，教育科学出版社，1981，第 227 页。

育研究会理事长井深大先生在《怎样教育婴幼儿》一书中也认为，三岁左右以前的幼儿教育必须包括两方面的内容："一个方面是反复灌输语言、音乐、文字和图形等所谓奠定智力的大脑活动基础的模式；另一方面则是在这一时期内向幼儿的大脑灌输人生的基本准则和态度。"苏联当代著名教育家赞科夫也批评一般的教育学书籍和文章只提"智力发展"，主张提"一般发展"，即"不但发展学生的智力，而且发展情感、意志品质、性格和集体主义思想"①。

1921 年，美国斯坦福大学的推孟教授用智力测验的方法，从 25 万个小学生中选出了 1500 多个智商较高的男女同龄学生。经测验，他们在性格方面的得分也较高，而坚持、自信、有恒、精益求精、热情等品性尤为显著。推孟教授对他们进行了追踪研究，在他们成年以后，以事业成败为标准，把他们分为"非常成功""还算成功"和"失败"三类。测验的结果表明，他们的差距不仅表现在智力方面，更表现在兴趣、情感、意志、信心等心理品质方面。推孟的研究说明，人的和谐发展是人们事业成功的重要基石。因此，我们的家长一定要强化"和谐育人"的观点，不要追求急功近利，满足于孩子识几个字，说几句外语，背几首诗词，而应努力培养孩子的和谐人格。

其次是环境的和谐。环境的和谐有两层意思：一是在活动中进行教育。好动是儿童的天性。儿童在活动中发展了他们的视觉、听觉和其他知觉能力，形成了操作能力和技巧，并在活动交往的环境中发展了语言。儿童的兴趣以及对世界的认识也是在活动中发展和提高的。儿童的主要活动是游戏，游戏对于儿童形成活泼开朗的性格、强健优美的体格、自我控制的意志等具有重要意义。心理学家皮亚杰曾高度评价游戏的价值："游戏是对有机体身体的发展有益的一种准备练习……当儿童游戏的时候，他也是在发展他的知觉、他的智力，他要从事于试验的冲动，他的社会本能，等等。这就是游戏之所以是幼童学习过程中如此强有力的一个杠杆。"②与在活动中教育相悖的是单调、沉闷、枯燥的，不与外界接触的教育，那自然是不利于儿童身心发展的。

和谐的环境还表现为在自然中进行教育。大自然是最能体现和谐本质

---

① 列·符·赞科夫：《和教师的谈话》，杜殿坤译，教育科学出版社，1980，第 148 页。

② 皮亚杰：《教育科学与儿童心理学》，傅统先译，文化教育出版社，1981，第 158 页。

的空间，是儿童最好的课堂。俄国教育家乌申斯基说过："意志、自由、自然，美丽的城郊，馥郁的山谷、凹凸起伏的原野、蔷薇色的春天和金黄色的秋天，难道不是我们的教师吗？"是的，桃红柳绿、映日荷花、十月金菊，斗霜蜡梅的四时花卉；蝶舞蜂飞、小鸟啼啭，牛羊成群的动物世界；广袤的田野，日落月出的天空，无不唤起儿童的无限情趣和丰富遐想。父母如果能经常有意图地带领儿童去感受大自然的呼吸，就自然而然地使他们掌握了植物、动物、天文、地理等多方面的知识，同时陶冶了孩子的性情。这是关在"温室"里的封闭式的教育无论如何也办不到的。

在自然中进行教育的另一层含义是在自然的气氛中教育。家庭要尽可能创造和谐、自然的气氛，父母应尽可能以平等的方式与孩子交往，耐心倾听他们的诉说，鼓励他们的微小进步，使孩子在轻松愉快的气氛中获得知识、发展智能。现在不少家长望子成龙心切，单调的认字、机械的演算、乏味的背书，都会使孩子失去学习的兴趣，甚至厌倦、害怕学习。日本心理学家依田明曾经记载了这样一个故事：某保健院进行三岁儿童例行检查时，遇到一个语言发展较晚的孩子。与母亲交谈时，她表示完全不能接受这个事实："我为了提高孩子的语言水平，教他许多大人经常说的语言。孩子从出生起就在床边摆上电视机，每日接触语言。语言发展不够又何从说起呢？"依田明教授一针见血地指出，如果没有和谐、自然的家庭教育气氛，再先进、再现代化的手段也无济于事。"作为母亲，或许也想育儿合理化、现代化，遗憾的是电视机的声音属于单向传送，完全置听者的意志、反应和情感于不顾，与人们语言交际不尽相同。孩子无法将电视伴音当作语言接受，相反，只会当成杂音、噪音之一。"[1]在家庭教育中，正确的方法是为孩子创造生动活泼、融洽亲切的环境，让孩子在潜移默化中接受教育。

最后是方法的和谐。鲁迅先生曾经对许多家庭的教育方法提出过尖锐的批评，他说："中国中流的家庭，教孩子大抵只有两种法。其一，是任其跋扈，一点也不管，骂人固可，打人亦无不可，在门内或门前是暴主，是霸王，但到外面，便如失了网的蜘蛛一般，立刻毫无能力。其二，是终日给以冷遇或呵斥，甚而至于打扑，使他畏葸退缩，仿佛一个奴才，一个傀儡，然而父母却美其名曰'听话'，自以为是教育的成功，待到放他到外面

---

[1]　依田明：《家庭关系心理学》，蒋乐群、朱永新译，天津人民出版社，1987，第65-66页。

来，则如暂出樊笼的小禽，他决不会飞鸣，也不会跳跃。"①这就非常形象地勾勒出两种极不和谐的家庭教育方法——放任与专制。放任的教育方法往往是无原则地满足孩子的不合理需要，明知不对也将就待之，久而久之易形成孩子任性、蛮横等不良个性。有人曾调查了37名犯有盗窃行为的初中生，结果发现其中22名是家庭放任的结果，他们大多表现为任性、专横等不良行为——不良习惯——不良品德向违法犯罪过渡的模式。②专制的家庭往往表现为滥施惩罚，父母唯恐孩子变坏，稍有不如意处，便棍棒交加，训斥责骂。

这样做的结果一般也没有什么效果，孩子要么谨小慎微，毫无灵气；要么冷漠粗暴，富有攻击性，把从家长处习得的暴力模式在生活中加倍地施加于别人。因此，只有开明而又严格的方法才能打开孩子的心扉，取得良好的教育效果。父母应注意启发诱导，既尊重孩子的意愿与人格，又给他们提出明确而又严格的要求，让他们学会自己教育自己。

家庭教育看起来只是一家一户的琐碎"小事"。但是，它却是关系到国家前途和命运的"大略"。古人所谓"修身、齐家、治国、平天下"的人生理想中，就把家庭放在十分重要的位置上。现在的儿童们，在20年后都将奔赴各种岗位，奔赴国家经济建设的主战场，用自己的双手继续谱写中华民族历史的新篇章。在这个意义上说，家庭教育不正是"缔造历史"的事业吗？我们能无愧于这个事业吗？

第十章　希望之光

虽然中国教育陷入了某种困境，但绝没有到"四面楚歌"的地步。

然而，我们还是需要有危机感，需要有忧患意识。只有对未来怀有忧患意识的民族，才会奋力拼搏，才会战胜危机，才会摆脱与超越困境。

在这样的时刻，我们也需要自信心，需要希望意识。只有对未来怀有

---

① 鲁迅：《上海的儿童》，见《鲁迅全集》第4卷，人民文学出版社，1981，第565页。

② 欧阳健：《盲目性母爱对子女的心理危害》，《父母必读》1988年第12期。

希望意识的民族，才会消除恐惧，才会抛却悲观，才会乐观昂奋地拥抱未来。

一切都已成为历史。历史是无法逆转的，但是可以在现实中寻觅其踪迹。然而，抱怨历史和责难前人是无济于事的，它只能说明我们这一代的无能。我们既有沉重的历史包袱与传统阻力，又有丰富的历史经验与传统遗产。我们应该相信中华民族蕴藏着无限的潜能，我们应该相信只有中国人才能救中国。

我们应该认真反思一下中国教育所走过的道路，应该积极探讨一下中国教育的未来和发展战略，应该有坚定的信心与强大的对手逐鹿问鼎。

党中央一再宣布：我们将在教育方面有大的动作，我们将把教师的地位从"老九"提高到"老大"，我们甚至以抑制经济发展速度的代价来保证教育事业的发展！全国人大、政协也把教育提上了重要议事日程。如果我们能吸取以往"发动群众"的合理内核，形成全民的教育危机感和忧患意识，形成全社会理解教育、关心教育、支持教育的舆论与风气，我们一定能克服教育危机，摆脱塑造人的困境。

一、人的呼唤：一块基石

教育是塑造人的事业。马克思曾经说过："既然人的性格是由环境造成的，那就必须使环境成为合乎人性的环境。"[①]我们完全可以这样理解：既然人是由教育所"造"成的，那就必须使教育成为合乎人性的教育。因此，所谓塑造人的困境，就意味着教育没有真正地成为合乎人性的教育，人没有真正成为教育的出发点和归宿。

这就是传统教育的失误所在。长期以来，我们的教育可以归结于一点：无人、忽视人甚至摧残人。传统教育不是把教育视为塑造人的事业，而是当作维护封建统治的工具。在今天，我们应该强调教育为无产阶级政治服务，强调教育为经济建设服务，但要实现这两个"服务"，关键在于学校能否培养合格的人才，这又涉及发展学生的兴趣爱好、独立性和创造性。

无产阶级政治是为了什么？现代化是为了什么？经济建设是为了什么？正确的答案只有一个：为了人民。人民就是目的。当人的生命活动不再

---

① 《马克思恩格斯全集》第 2 卷，人民出版社，1957，第 167 页。

是为了人自身，而成了自己所造成的各种异己力量实现的手段时，当这些异己力量成为主宰人、成为人的生命的目的时，人就成了失去主体的躯壳。私有制社会正是如此，"人在奴隶制下活着，他的生的目的就是为了主人；人在教权统治下活着，他的生的目的就是为了教义和教会；人生在皇权王国，他生的目的只能是为了王国和皇帝；人生为资本主义社会的工人，他的目的似乎是工资，但实际上只是因为他能使资本增值才取得了生的理由"[1]。只有在社会主义制度下，人才能复归于自己，才能站立起来，人本身也才能成为自己一切社会活动的目的。但遗憾的是，由于中国封建主义的遗风和我们决策与宣传的失误，我们仍未走出怪圈。直至今天，在教育上我们依然是"见物不见人""重权不重人"。我们把抓经济看作是硬任务，把抓教育当作是软任务，忽视了经济建设与教育事业的共同追求：使人生活得更美好。我们在教育上没有相当的自主权，行政权力时常成为凌驾于教育之上的"太上皇"，这在一定程度上也影响和阻碍了人的主体性、能动性和创造性的发挥。

在教育内部，我们也缺乏"人"的气氛。教师没有真正把学生看作是活生生的人，而是视为消极的接收器，当作随意捏塑的泥巴，当作需要施肥、除草、剪枝的植物；教师也没有真正把自己看作活生生的人，而是当成"负责传输某种文化指令的中心台"，当成辛勤的园丁。师生的交往只能变成没有"人气"的交往，这自然是不利于形成对于人的信任、理解和尊重的个性品质，不利于形成和谐亲密的人际关系的。在教育内容上，也是很少考虑儿童个性表现出来的特殊爱好和才能萌芽的发展，强调施行大一统的课程设置和大纲、教材，规定统一的教学进度，用统一的观念形态、统一的行为模式、统一的思想规范去要求学生，"听话"成了好学生的基本标志。在这种缺乏个性化的教育气氛中，我们怎能培养出全面而自由发展的和谐的个体呢？

事实上，在世界范围内这种没有人性、缺乏"人气"的教育已经受到了挑战。20世纪70年代以来人本主义心理学已促成一种强调人的本性、尊严、理想和兴趣的教育思潮，人本主义教育家反对把人降低成为"一只较大的白鼠或一架较慢的计算机"的水平，他们主张教育必须以人为中心，充分发挥人的潜在能力，使学生能够心情愉快地、创造性地学习和工作。80年

---

① 李鹏程：《四个现代化与人》，《人是马克思主义的出发点》，人民出版社，1981，第36页。

代，在苏联形成了以雷先科娃、沙塔洛夫和阿莫纳什维利为代表的"合作教育学派"，他们大多是知名的教育革新家和教育实验家，在教育领域取得了令人瞩目的成就。他们以马克思"任何一种解放都是把人的世界和人的关系还给人自己"的名言作为宗旨，提出了"解放儿童""解放教师"的口号。他们声称，教育的解放，就是要改变教育"目中无人"的现状，把"人的世界和人的关系"还给学生和教师，用人道主义的原则和个性原则来改造教育过程，在教育中树立"大写的人"。

在教育中树立"大写的人"而不是"小写的人"，无疑应该成为我国教育改革的突破口，应该成为中国新教育的一块基石，我们再也不能不重视人的呻吟、人的呼唤了！我认为，要真正地使人成为中国教育基石，就必须从培养具有鲜明个性、主体意识、生活乐趣和创造精神的人开始做起。

（一）要培养具有鲜明个性的人

学校缺乏特色、学生缺乏特长，已成为中国教育的两大弊端。事实上，我们的教育不是生产"标准件"的工厂，它的使命是制造出千姿百态、个性鲜明的一个个独特的个体。在这个"工厂"中，绝对不允许有"复制品"，而应根据学生的个性、兴趣来因材施教。教育的任务是"扬长"，即使每一个学生的潜能得到最大的发挥、每一个学生的特长得到最大的发展。那种以"补短"为主旨，要求每一个学生都考85分以上的做法是不可取的。苏联教育改革家说得好："在科学上没有可供全班学生并排前进的平坦大道。集体教育的思想与每一个个性独特的思想没有丝毫的矛盾。我们应使每一个学生的独特性不致为广大学生的普遍性所淹没。个性是无与伦比的，个性——这是多样化的世界中的一种独特现象——没有独特性就没有个性。"[①]我很欣赏上海建平中学校长冯恩洪的教育思想：合格加特色。只有这样才能充分尊重学生的人格，充分显示学生的特长。多元化的社会需要多元化的人才，这是当今社会的大趋势。

（二）要培养具有主体意识的人

长期以来，我们培养出来的人往往缺乏强烈的主体意识，其主要表现是：没有自己的独立要求，唯唯诺诺，甚至填写高考志愿、选择职业也完全

① 《个性的民主化》，引自《外国教育资料》，1988 第 1 期。

是"父母之命，教师之言"所决定的；没有强烈的责任感，缺乏"国家兴亡，匹夫有责"的使命感，满足于个体的安逸舒适；个性的萎缩与无力，认为个体无法与社会抗争，无力改变社会的政治、经济决策，因而不愿意介入社会政治生活。由缺乏主体意识的一个个个体所组成的社会，必然是强权、专制色彩较浓的社会，小农经济的社会就是如此。因此，为了建设高度民主、高度文明的现代化社会，我们就必须通过教育强化学生的主体意识，让他们学会用自己的眼睛去观察，用自己的耳朵去倾听，用自己的头脑去思考，自己去寻求生活的答案，自己去作出生活的选择；让他们学会相信自己的力量，相信共和国正是一个个个体所组成的联合体，也只有一个个个体才能保护她、建设她、完善她。唤醒学生心中沉睡的"自我"是我们每个教师的天职。

（三）要培养具有生活乐趣的人

在我执教的大学校园的板报上，曾经刊载了一篇题为《校园流行"没意思"》的短文，"没意思"成为许多大、中学生的口头禅。这在另一个侧面反映了我们教育的失败。当新一代人失去了生活的乐趣，没有信念、没有理想、没有追求的时候，这个社会也就孕育着危机。这实际上是我们的教育"功利性"太强，以升学目标来组织教学内容，只顾"塞入"知识，不顾"育智"（发展智力）、"育德"（发展道德品质）、"育性"（发展个性）的结果，学生对于学习生活的"没意思"迁移到了社会生活上去了。在这方面，苏联教育家苏霍姆林斯基的做法或许能给我们以某种启示。他认为，教育不仅要使学生获得知识，不仅是为了参加现代化的生产劳动，而且是为了丰富学生的精神世界，使他们成为具有生活乐趣的人。他的学生 18 岁的维拉颇得老师思想的精义：

不管是家长还是老师，他们常对我们说："要好好学习，知识是拖累不了人的，首先知识对你们将来参加工作有用，等等。"不论在什么地方，只要一说起学校就能听到这样一类的话：要准备参加劳动，要把学到的知识用到生活中去。当然，我知道，与其做一个不称职的教员，不如当一个好的集体农庄的小组长，与其当一个蹩脚的演员，不如做一个好的车工。但是，如果真是这样的话，那我干什么还要去学习代复数几何解析、诗歌理论、法语和斟酌字句的修辞学呢？可能老师和家长们以为，只有确信所学到的一切知识都能运用到劳动中去，我们才会更好地学习。但是我们明白，并不是所有的知识都能用于劳动，人也并不是单纯为劳动而生存的。也许，我之所以想懂点浪漫主义和感伤主义，就是因为我是人。也许，劳动越是简单就越是需要掌握更多的知识，并具有更高的文化水平，这样就可使生活变得更有乐趣，更加朗。我决心做一名挤奶员。这种工作可以做得饶有兴趣、富于创造性。但如果全部生活仅限于劳动，那么我会感到世界是枯燥的、没有欢乐的。我相信，在我的生活中除了劳动以外，还一定会有一种丰富的精神生活。这个信念一直在鼓舞着我。所以，我决心掌握法语，以便将来能读雨果的原著。我想做到这一点，首先是要证明：我是一个真正的人。①

维拉的这段话可以说是作为一个学生的"人的宣言"。如果我们培养的学生也能像维拉这样，具有生活的乐趣，喊出作为一个学生的"人的宣言"，那该多好！

（四）培养具有创造精神的人

一个没有鲜明个性、缺乏主体意识、失去生活乐趣的人，自然也谈不上有什么创造精神。事实上，我们的教育是不太注重创造精神的培养的。美国著名教育家布卢姆在我国一所声誉不错的小学旁听过一堂课，他这样评价说：整堂课我看不到学生自己的思维过程，一切都是老师在摆布，学生像是木偶。在这样死气沉沉的课堂气氛中怎么可能培养出学生的创新意识与创造精神？一个没有创造精神的教师怎能培养出有创造精神的学生？而没有创造精神的学生又怎能成为信息社会的弄潮儿，成为有虎虎生气的建设者？

总之，教育学首先是"人学"，是研究"造人"的科学。我们只有在理论和实践的结合点上真正确立人的基石，才有可能在此基础上垒成教育的大厦，形成真正的教育科学，从而真正地摆脱与超越困境。

①　苏霍姆林斯基：《学生的精神世界》，吴春荫、林程译，教育科学出版社，1981，第2~3页。

二、环境宽松：四根支柱

如果说确立人的主体地位和人的价值是建设教育大厦的基石，那么，环境的宽松则是这座大厦的有力支柱。环境的宽松即为教育发展创造一种和谐的外部生态环境，主要表现在舆论、经费、立法和科研四个方面，这就是教育的四大支柱。

（一）舆论

在第一章中我已经论述了普遍的忧患意识对于摆脱教育危机的意义，这里仍有进一步强化的必要。长期以来，我们习惯于把改革的希望寄托在决策者身上，把个人的命运拴系在国家领导人身上。国内一些教育专家也呼吁"提高领导认识是发展教育的关键""教改是个'老大难'，但'老大'（党政一把手）一抓就不难"。这其实是本末倒置。我个人认为，要真正地改变中国的教育现状，要真正地超越中国教育的困境，最关键的莫过于形成一个全民族的尊教重教的风气。一个没有广大民众支持与理解的改革只能是短命的改革、形式的变革、变形的改革。而亿万群众喊出共同的改革要求时，改革就会势如破竹，一泻千里。我们不要低估了舆论的作用，我们不要低估了群众的水平。想当年，老区的人民勒紧裤带支援前线，国统区的人民齐心协力抵制日货，不是迸发出巨大的爱国热情吗？想当年，在日本被夷为一片废墟时，日本政府硬是给中小学儿童提供一顿免费午餐，饥寒交迫的日本人不是照样毫无怨言吗？

我们需要教育理论家，我们也需要教育启蒙家，当抽象的理论变为具体的现实为群众所掌握时，当群众真正把教育视为最有价值的投资、视为与自己的生活紧密相关的活动时，他们就会以惊人的热忱来关注、理解、支持教育。在这个时候，即使有人想松懈、泄气，想阻碍教改，也会遭到群众的唾弃。在这个背景下，我们就很容易理解为什么布什等国外政府首脑纷纷亮出"教育总统""教育总理"的旗号了。

（二）经费

在第五章中，我也分析过我国教育经费的"杯水车薪"现状并提出了寻找新机制的设想，这里不想再重复了，我只想分析一下在某些人头脑中比较顽固的先经济后教育的观点。在寻求解决教育经费的途径时，许多掌权者总是寻找托词：没钱。只有先发展生产，才能办教育。因此，在专家与领导之间就形成了对立的路线，就像是先有鸡后有蛋，还是先有蛋后有鸡的争论一样难于解决。怎么看这个问题？世界比较教育联合会执委会副主席、中国学者顾明远教授提出的公式也许可以揭开这个谜底。他认为，教育与经济的关系可以用这样的公式表示："在以手工业小生产为特点的经济条件下，只有先发展经济才能发展教育；但在以科学技术为基础的集约化劳动的经济条件下，就要先发展教育才能促进经济的发展。"①

这是因为在前一种条件下，手工业小生产经济没有为教育提供足够的物质条件，生产本身也没有向教育提出什么要求。但在后一种条件下，依靠技术为基础的经济对劳动力的素质有较高要求，从而对教育有较高要求。他指出，上述公式不仅指的是具体经济条件，更重要的是指生产发展的时代特点。我国的经济发展水平虽然还较低，但我们所处的时代是集约化的时代，我们只有把科学技术和教育作为经济建设的火车头，才有可能缩短与发达国家的差距，并用最短的时间赶上世界水平。因此，我们也许应该"不惜一切代价，甚至忍痛暂时压缩生产规模，用更多的钱来发展教育"②。否则只能是恶性循环，被动挨打在所难免。

（三）立法

纵观世界各国，在推进教育改革中卓有成效者，大多有比较完善的法律保障。如法国为普及教育而制定的《基佐法》，已实行了 150 余年。该法令规定从地方税中抽 3% 作公共教育经费，不够再从省税中抽 2%，再不够则由中央政府补助。日本 1947 年制定了《学校教育法》，美国仅职业技术教育和人才培训就先后颁布了十余种法律：《地区发展法》（1961）、《人力开发与培训法》（1962）、《职业教育法》（1963）、《就业机会法》（1964）、《全国职业技术学校学生贷款保险法》（1965）、《成人教育法》（1966）、《职业教育法修正案》（1968）、《全面就业和培训法》（1973）、《青年就业与示范教育计划法》（1977）和《就业培训合作法》（1983）等。苏联也于 1973 年发布了《苏联和各加盟共和国国民教育立法纲要》。

通过立法，各国为教育经费、教师待遇、教育质量、培养目标等制定

---

①② 顾明远：《世界教育发展给我们什么启示》，《光明日报》1988 年 12 月 14 日。

出数量化的规定，从而得以保障。相对而言，我国的教育立法是很不完善的，目前只正式颁布了《中华人民共和国义务教育法》（1986），就是仅有的义务教育法也由于没有保障措施、没有必要的监督机构与检查标准，也往往流于形式，使庄严的法律成为一纸空文，没有任何严肃性和约束力，这对今后的教育立法无疑又添了一道难题。因此，我们必须大力破除"人治"的传统，尽快建立完整的教育法体系，为教育的发展创造良好的法治环境。

（四）科研

如果说教育经费与教育立法是教育发展的"硬件"的话，那么社会舆论和教育科研可以说是教育发展的"软件"。"硬件"与"软件"的珠联璧合，就能使教育具有活力。平心而论，我们的教育科研在经费、人员、机构、刊物等方面均有了一定数量的增加，按理说它应该对国家的教育决策和整个教育事业的发展有重大的影响和指导作用，能够从决策、解释、批判、辐射四种功能上体现教育科学研究的有效性，但实际却收获不大。究其原因，一是科研观念陈旧（将在下一节论述），二是科研体制紊乱。这又表现在以下几个方面[①]：

1. 教育科研机构大多是各级教育行政部门的附属部门，不是独立的科研实体。以县、市、省的教研室、教育科研所为例，它们的经费开支、人员组成、工作重点等一般都必须由领导部门决定，在某种程度上可以说是领导人主观意志的产物。科研部门自然无力顾及或不能将主要精力放在自己感兴趣的教育科学问题上。这种"官"字号的科研机构往往把对政策的宣传和解释作为中心任务，丧失了学术研究的"独立人格"，当然不可能起到对现行教育政策的批评、补充、监督、修正、完善的重要作用。

2. 教育科研机构的人员构成不尽理想。目前，在各项各类教育科研机构中，有相当一部分科研人员是从教育行政部门退居二线的干部，在一定意义上成了"养老院"。这些同志虽然有较为丰富的教育经验，但毕竟年事已高、精力不足、锐气不够，对现代化的教育科研方法也比较陌生。另一部分是毕业于各高校各专业的学生，他们虽然精力旺盛、有一专之长，但一般教育理论的素养比较欠缺，不了解国内外教育发展的现状与历史，所以需要较长周期的理论补课和实际锻炼才能出成果。同时，为数最多的实

---

① 参见程方平《谈谈我国现行教育科研体制的弊端》，《光明日报》1988 年 12 月 22 日。

际教育工作者，虽然他们每天生活在学生之中，接触着最现实的材料，但由于科研意识薄弱，许多闪光的、有价值的思想稍纵即逝，许多生动的材料也只能埋在脑海深处，无法上升为理论，指导自己和别人的教育实践。

3. 教育科研规划没有足够的科学论证。我国的教育科研长期处于自发状态，完全凭科研人员的个人兴趣选择和确定课题，主观随意性很强。同时，由于评估机制失调，对于科研成果的评价和科研人员职称的评定，主要是根据论文和专著的数量，对于长期从事改革实验、有献身精神的同志则缺少公正的评价和应有的奖励，从而造成了选题与规划的急功近利，大多选择科研周期短、出成果快的项目，那些周期长、出成果慢甚至有失败可能的科学研究，往往很少有人问津，例如宏观的综合性实验、学制与课程改革的试验、乡土化教育模式的探索、教育技术的研究等，只占较小的比例。从宏观上看，国家的教育科研规划部门也没有进行必要的指导与引导，缺少信息的交流与沟通，出现了不少重复劳动与无效劳动现象。《人民教育》早在 1951 年就批评的"对象不明确，地方性不够，缺乏批评和自我批评的风气，重复转载现象严重"等现象，今天仍然是各种教育报刊普遍存在的"通病"，如全国的各省教育杂志就很少有办出自己特色与个性的。

4. 教育科研缺少合理与必要的外部联系。一是与决策部门的联系不够，使教育科研对教育实践的超前性指导功能与批判修正功能逐步萎缩；二是与实际部门的联系不够，使教育科研无法从教育实践中汲取养料，也无法检验和修正（更谈不上应用）自己的教育观点；三是与其他学科的联系不够，教育学很少从其他学科中得到灵感与启示，倒是不少"外行"写出了不少高质量的教育书文，这与教育科研人员缺乏与社会学、哲学、心理学、美学、伦理学、史学、政治学、经济学等学科的横向联系，有着密切关系。

三、主体自觉：六个观念

要实现教育的现代化，仅仅有宽松的外部环境是不够的，还必须建立起主体的自觉，实现教育观念的现代化。[①]

唯物辩证法的规律告诉我们，人们观念的转变和环境的改变是辩证统一的。观念是客观环境的主观反映，变革了的观念推动着人们去改造现有

---

① 本节内容参见笔者与袁振国合作撰写的论文《浅论教育观念的现代化》，《教育研究》1986 年第 1 期。

的环境，改造了的环境又强化了人们的观念，并推动观念的新发展。在历史的长河中，它们互为因果，统一在人们的实践活动之中。然而，从历史的横截面看，没有社会新观念的萌动，没有普遍的心理氛围，没有变革现实的要求和新的指导思想，就不可能有真正的新的历史实践活动。美国学者英格尔斯对此有精辟的论述。他指出，许多致力于实现现代化的发展中国家，正是经历了长久的现代化阵痛和难产后，才逐渐意识到国民的心理和精神仍被牢固地锁在传统意识之中，构成了对于经济与社会发展的严重障碍。"那些完善的现代制度以及伴随而来的指导大纲、管理守则，本身是一些空的躯壳。如果一个国家的人民缺乏一种能赋予这些制度以真实生命力的广泛的现代心理基础，如果执行和运用着这些现代制度的人，自身还没有从心理、思想、态度和行为方式上都经历一个向现代化的转变，失败和畸形发展的悲剧结局是不可避免的。再完美的现代制度和管理方式，再先进的技术工艺，也会在一群传统人的手中变成废纸一堆。"[1]全局如此，教育也是一样。

我们在第六章已经指出，悠久的历史传统既是中国教育的宝贵遗产，也是中国教育的沉重包袱；既可以成为改革的动力，也可能成为改革的阻力。在一个变革的时代，历史传统中的某些弊端及消极因素往往表现得更为突出。陈腐过时的教育结构和措施往往暗暗地凭借某些陈腐的传统观念，禁锢着人们的手脚，顽固地延续下去。所以，只有实现观念的现代化，教育的现代化才有保证。当然，教育观念是一个具有不同层次的繁复系统，很难事无巨细地条分缕析，我们只能就影响教育全局和对现实具有针对性的六个现代化观念提出自己的看法：

（一）不断发展、变革的教育观念

人类进入工业化以后，社会生活就以古代无可比拟的速度不断地发展和变革。以前简单重复的小生产，决定了它的保守性，决定了社会的稳定性，决定了教育只能以缓慢的速度向前发展。而工业革命后，大生产本身的革命性，很快冲击了原有的社会生活节奏，冲击了原有的教育传统，形成了一整套新的教育要求、教育体系。教育的变革也从此风起云涌。

---

[1] 阿历克斯·英格尔斯：《人的现代化——心理、思想、态度、行为》，殷陆君编译，四川人民出版社，1985，第3–5页。

自从新技术革命的浪潮向人们袭来以后，社会变革的范围之广泛、内容之深刻、速度之迅速，更是前所未有。几乎全世界都在谈论生活方式、行为方式、思维方式、价值观念的变革，到处都在谈论政治体制、经济体制、教育体制的变革。"改革""变动""调节""适应"的观念已经渗透到各个领域。时空观念也在变化之中，昨日之是今日之非，今日之是明日之非，世界在变小，中国在变大。托夫勒在《第三次浪潮》中指出，人类由渔猎时代进入农业时代的第一次文明浪潮中，生活了几千年；由农业时代向工业时代的过渡只花了几百年；而当前向信息时代转化的第三次浪潮，几十年就足够了。所以，如果说农业时代的农民是以古为镜，注重传统与过去，与此相适应的教育制度也是"绝对重视昨天"；工业时代的企业家是以时代为镜，注重现实的话，那么，信息时代的人主要是注重将来。

教育自然也不能例外。第三次浪潮已经对教育产生了强有力的冲击波。首先是学校和社会在更高层次上联为一体，教育的社会化和普及化几成现实。学校和社会相隔绝、学校可以成为稳固的独立系统的情况已成过去。其次，学校在传授科学文化知识方面的优势也在逐步淡化，书籍、广播、电影、电视以及新的传播手段使许多科学知识以更凝练、更生动、更直观的形式呈现在学习者面前，甚至实验操作也可以拍成系列片，通过放慢、特写等手段更科学、更细致、更有效地呈现出来。由此，本来作为学校最显著特征的集中学习，也可以由家庭学习取而代之。这样，根据不同需要、不同能力、不同知识结构、不同学习特点而进行个性化教育的理想便可成为事实。因此，美国有人提出了"学校消亡论"的观点。虽然这种论点未免过于悲观，忽视了人的因素终究是机器所无法取代的事实，忽视了学校并不单纯是一个机械的实体，也是一个积极的能动的富有人情味的实体，忽视了集体学习的特殊意义，但过去一整套的教育模式和教育观念将发生很大的变化，是确定无疑的。

我们现在虽然尚未进入信息时代，但我们毕竟是处在一个特定的时代环境里，我们已经感受到信息社会的震荡。抱残守缺、以不变应万变的小农经济观念不变革，对一切新的教育思想、教育结构、教育内容、教育形式、教育手段，等等，如果不是积极地去研究它、应用它、改造它，而是怀疑它、抵制它、封闭它，现代化的教育就无从谈起。在一个发展变革的时代里，社会所需要的必然是反应敏捷、适应力强的人才，这也成为教育的神圣使命。

（二）新的教育价值观念

所谓教育的价值观念，简单地说，就是对教育重要性的估价，就是教育在人们心中的地位。原始社会，教育与社会生活是同一过程，人们对教育的认识是非自觉的，教育没有它的特殊地位。但自从社会出现了体脑分工以后，人们（主要是统治者）对教育开始另眼相看了。他们意识到教育是灌输统治阶级意识、培养统治人才、维持社会现状的主要手段。"君子如欲化民成俗，其必由学乎！""建国君民，教学为先"，便是教育政治价值观的体现。教育在此时也纯粹被视为一种消费性事业。

社会进入工业化以后，人们对教育的认识发生了一次质的变化。人们认识到，要想实现并扩大现代化大生产，要想在政治、经济、军事、商业、文化各方面取得长足的发展，教育绝不是可有可无的。教育在经济生活中扮演着越来越重要的角色。

1956 年美国的白领工人人数第一次超过蓝领工人后，标志着社会进入了信息时代。从此，整个社会结构，诸如产业结构、劳动结构、生活结构、消费结构、文化结构逐渐发生着越来越大的变化。如果教育的结构不做相应的调整，如果没有教育的同步共振甚至是超前发展，这样的社会就无法支撑。因为信息社会的到来本来就是与教育水平的不断提高相伴随的。

我们知道，社会发展进入信息时代的主要标志是知识密集型的生产占社会生产的主导地位。据估计，劳动密集型的生产，工人和技术员的比例是 250—100∶1；资本密集型的生产，工人和技术员的比例是 100—10∶1；知识密集型的生产，工人和技术员的比例是 1∶7—10。所以，如果说从劳动密集型生产发展到资本密集型生产，劳力、资本、教育的作用是鼎足三分的话，那么，由资本密集型生产向知识密集型生产发展时，教育则是关键。现在在判别现代化实现的程度时，教育水平已成了一个重要指标。人们不把依靠出卖资源而迅速致富的国家看成是现代化国家，道理也就在这里。

在现代社会的许多发达国家，教育已不再被看成是消费性的事业，而看成是生产性的部门（只不过它的生产性是间接的、潜在的罢了），教育的投资不再被看成是消费投资，而是生产投资。由于教育的经济作用越来越重要、越来越明显，一门专门研究教育与经济发展的学科——教育经济学也应运而生，并异常迅速地发展起来。

在我国，由于社会生产力发展的水平还比较低，由于传统的教育价值观念仍然根深蒂固，要使这种新的教育价值观念在每个社会成员首先是在领导心里扎根，还不是轻而易举的。然而，不确立这一新的教育价值观，要自觉地重视教育，有力地加强教育是不可能的。

（三）多元化的教育观念

多元化是历史发展的本来面貌，也是人类认识深化的必然要求。在自然科学领域，人们先总是试图用一种模式来规定事物，后来事实往往使这种努力归于失败。比如关于光的性质，争论了几百年，人们希望确定它的唯一属性。后来人们才明白，光子既具有粒子性，又具有波动性。微观世界在本质上就具有统计特征，对它们的描述需要用二元甚至多元的互补原则。从人的认识能力看，它总是有局限性的，不可能一下子穷极真理。对一种事物的认识可以从不同的角度得出不同的结论。正是不同的结论，导致了人类认识的不断深化与不断完善。因此，多元化总是优于单一化、统一化。多元化总是包含了即使是最好的单一化的优点，避免了它的缺点：退化和僵化。

社会生活、教育现象比自然世界更丰富、更复杂、更多样，更加呈现出五彩缤纷的色调。因此，如果我们试图以一种模式，哪怕是最好的模式，去规定和限制它，结果也只能是阻碍它的发展。而传统的教育观念正是封闭的、单一化的观念，它的最大特点就是热衷于千篇一律：统一的培养目标，统一的教学大纲，统一的课程，统一的时间，统一的教学进度，统一的答案，统一的评定标准。这就不可避免地要使丰富多样的教育实践、丰富多样的人的个性失去了活力。欧洲中世纪大学的单一化，导致了几百年的停滞和沉闷；50年代我国生搬硬套苏联统一的教育模式，导致了教育某种程度上的机械和僵化，都是单一化带来的恶果。所以，现在世界各国的教育改革都向多元化方向迈进，不是没有道理的。

多元化的教育观念有着十分广泛的内涵。然而，最重要的还是树立培养目标多元化的观念。这实际上也是指多元化的人才观。当然，我们这里所说的多元化是在社会主义建设人才总规格要求下的具体培养目标的多元化。有了这种多元化，一方面，它可以适应社会不同层次、不同职业、不同部门的需要；另一方面，可以在现有条件下，较大限度地满足个人的自由发展，能够根据学生各自的兴趣爱好，能力特征，尽量做到发展个性、施展才能。确定了培养目标多元化的观念，便会牵一发而动全身，我们就不会再去追求统一的模式，不会恪守千古不变的教条，强求一律；在改革的进程中，也不会一窝蜂、一边倒、一刀切，真正做到既遵循教育的规律，又发挥教育的艺术。一旦培养目标多元化的观念确立之后，我们就能更自觉地因材施教，把这一原则贯穿到教育的一切过程中去。

然而，单一化、统一化的观念并不会轻易地退出历史舞台，它还会不时地在我们头脑中作祟，会使我们自觉不自觉地视不同的见解、不同的风格、不同的行为为旁门左道，视许多变革的措施（很可能是不成功的）为哗众取宠。会驱使我们自觉不自觉地去寻求一劳永逸的千古妙方。因此，在变革的形势下，以多元化的教育观念取代单一化、统一化的教育观念，既是当务之急，又是大好良机。

（四）民主化的教育观念

教育的民主化是当今世界性的潮流之一。教育民主化的内容主要是三方面：教育机会均等，行政、教师、学生三位一体地参与管理体制，民主的师生关系。要实现这些民主化的目标，首先都会碰到一个观念问题。教育机会均等和民主管理在我国并非完全解决，这里我就师生关系的民主化提出管见。

民主和法制是我国精神文明建设的主要指标。我们强调民主的师生关系，不仅因为它是使教育过程生动活泼、学生创造精神和创造能力得以充分发挥的保证，而且首先是因为只有在民主的气氛中才能培养出具有民主精神的建设者。不可想象，在一种专制的教育观念和作风教育出来的学生，能成为具有强烈的社会主义民主意识和民主精神的下一代。

新中国成立以后，教育界就师生关系曾经进行过几次讨论，大家对这个问题的认识有所深化。但由于历史的原因，这一问题并未真正解决，人们对师生关系的民主化问题往往退避三舍、敬而远之。然而，回避是无助于解决问题的，而且，事实上人们总要受一种师生观念的支配。在中国古代，师严乃道尊，课堂气氛稍微活跃一点，学生的行为稍微有些"放纵"，就是不成体统了。一个个"学规"像一道道绳索把学生捆得动弹不得。在古代中国，天地君亲师并列，据说这是对教师的尊重。其实认真想一想，并不是那么一回事。在古代，教师从来没有受到特别的尊重，仅仅是在师生关系上具有无可争辩的权威。天地君亲师，是一个完整的统治体系，它们与人、地、臣、子、生是统治与被统治的关系，支配和被支配的地位是不可颠倒的。这是一种具有法律性质的"礼",封建社会就是依靠它来调节人与人的社会关系。在这样的基础上形成的师生观是无民主可言的。教师始终是真理的拥有者,有不可冒犯的尊严。

五四运动的启蒙思想家们提出了民主和科学两个响亮的口号,从政治思想、伦理道德、科学、文学、艺术、教育等各个方面,对孔家店进行了猛烈地轰击,它起的震古烁今、振聋发聩的思想解放作用是不可低估的。但是,令人遗憾的是"五四"时期没有明确"平等"的口号,忽视了人权问题,这就难免使"德先生"和"赛先生"并未真正地迈入中国,因为民主气氛和科学精神的前提是人与人的平等,是对于人格的尊重,是对于人的命运的理解与关注。专制主义正是建立在不平等的基础上的。

新中国成立后经过几十年的努力,民主的气氛逐步在强化,专制的观念逐步在淡化,但传统的意识还无形地钳制着我们的思想。有时候我们理智上认识到它的危害,情感上却舍不得丢弃。如果要举例,那是随处可见、唾手可得的。我们在第八章所说的那种教育模式,就是典型的写照。现在我们已经普遍认识到培养学生创造能力的重要性,不少人也在致力于创造性思维方法的研究,这无疑是有意义的。但我们感到,创造能力的真正获得,首先在于创造精神、创造性格、创造习惯的养成,在于学习主体的创造精神得到尊重和爱护,而这种精神、性格、习惯最核心的东西,大概正是怀疑、"越轨"和逆向思维。这些,与传统的师生观念显然是格格不入的。在一种鼓励听话、鼓励无批判地接受的气氛中,创造的精神、性格和习惯是很难得到发挥和强化的。

需要说明的是,民主的师生关系与维护必要的纪律和教师的威信,与发挥教师的主导作用并不矛盾。执行纪律的目的本来就是为了维护集体利益,是民主的另一种表现形式。至于威信,我们需要的不是以"威"取"信",而是以"信"取"威",在和谐的民主气氛中,教师的主导作用才会发挥得更加充分、更加理想。

（五）终身教育的观念

按照传统的教育观念,人的生活被分为三个阶段:学校和学习阶段,有活动能力的生活阶段,老年阶段。在学校的学习终身有用。此外,一个人的全部未来生活取决于他在学校的成绩。与此同时,学校教育受到严格管理和精心保护,不受一切外部干涉,教育和社会相脱离。

然而，由于社会的高速发展，出现了知识急剧更新且更新周期逐渐缩短的趋势。据国外的统计资料表明，从 1770 年到 1900 年的 130 年间，人类知识的总量只增加一倍，而从 1950 年到 1960 年的 10 年中却也增加了一倍多。同时，知识的老化率急剧上升，1945 年为 41%，1955 年为 53%，1965 年则为 68%。这就大大加快了专业知识的陈旧过程。据调查，18 世纪时知识陈旧周期 80—90 年，19 世纪到 20 世纪初缩短为 30 年，近 50 年内又缩短到 15 年，如今已为 5—10 年。这也就意味着，过去在学校里学到的知识可以终身享用，而现在已不可能，必须不断地补充新知识才能适应社会生活。现代社会的劳动就业结构也随着科学技术的迅猛发展而不断变化。据估计，1980 年联邦德国的巴伐利亚地区大约有 240 万就业人员（占总就业人员 50% 以上）改变职业，而整个联邦德国则有 1140 万人（占总就业人员 44%）改变职业。这同时也意味着，劳动力必须具有很大的适应性和机动性，才能经常地和灵活地适应迅速变化的形势的需要。

如此看来，过去的教育观念已不能适应新形势的需要了。从学校毕业了的学生如果想就此一劳永逸，就无法顺应急速发展的社会，无法胜任经常更新的工作和生活，而且阻碍着教育的改革。所以，60 年代以后，终身教育的概念问世了，"学一阵子，用一辈子"的历史一去不返了。1965 年，联合国教科文组织促进成人教育国际委员会主席保罗·朗格朗强调，教育应贯穿于个人从童年到暮年的整个生活。1972 年，联合国教科文组织国际教育发展委员会主席埃德加·富尔更明确地指出："每一个人必须终身继续不断地学习。终身教育是学习社会的基石。"他还建议"把终身教育作为发达国家和发展中国家在今后若干年内制定教育政策的主导思想"[1]。从此，终身教育的思想广泛传播，许多国家已经把终身教育作为全国性的义务，以法律的形式确定下来。如 1976 年美国就颁布了《终身教育法》。

终身教育的观念改变了传统教育的观念，扩大了教育的含义，它告诉人们，一个人应该活到老学到老，一个人应该结合一切受教育的机会，广泛了解和理解社会各方面的信息。

终身教育不仅针对成人，而且影响到学校教育，促使已往学校主要是传授——接受知识的观念发生变化。它告诉人们，学校的任务首先是培养

---

[1] 联合国教科文组织国际教育发展委员会编著：《学会生存——教育世界的今天和明天》，华东师范大学比较教育研究所译，上海译文出版社，1979，第 240–241 页。

终身学习的观念。培养学习的浓厚兴趣和自我学习的习惯，广泛开拓社会视野，积极地摄取社会各方面的信息；学校更应注重学习方法的培养，使学生走向社会后终身受益。正如教科文组织外联总干事纳伊曼所说：教学内容的 80%—90% 应该放在科学方法论、推理方法、搜集资料的方法、从事实中得出结论以及分析、综合事实的能力上，方法比事实更重要。确实，未来的文盲不是不识字的人，而是没有掌握学习方法的人。

这样，对教师的要求也就更高、对教师的评价标准也就发生了变化。我们看一位教师的真正成就，不仅是看其学生的知识多少、现在的成绩如何，更要看他几年甚至更长时间后的成绩如何，评价一所学校也应有同样的标准。我们应该让学生在离开学校时，带走的不仅是高分，而且有对于未来的追求和良好的求知习惯。当然，这绝不是说可以轻视知识的传授，相反，教给学生扎实的基础知识，使他们形成稳固的知识结构，也是终身教育的要求之一。

（六）现代化的教育科研观念

教育的发展与教育科学研究的深入是相互促进的。随着人类认识能力的深入，理论的研究不仅要跟上实践，而且要走在实践的前面。遗憾的是，我们的教育科研与实践要求还是有很大的差距。这固然与教育本身的复杂性有关，但教育科研观念的陈旧也不能不说是一个重要原因。从我国的实际情况来看，亟须建立如下三种教育科研观念。

一是建立系统的科研观念。"新三论"在 20 世纪 50 年代后成为具有普遍意义的方法论，整体的观念、层次的观念、反馈的观念、功能结构与优化的观念是相互交织的。近年来，教育科研中已逐步渗透了这些观念，但并不能说已经成为普遍的思想方法。事实上，教育研究中存在着明显的宏观不宽、微观不细、中观不强的情况。所谓宏观不宽，系指教育研究的视野还不够开阔。教育本来就受到社会各方面的影响，现代社会尤其如此。但是，以往我们研究有形的影响多，而研究无形的影响少，如文化对教育的影响。实际上，教育不仅受到特定的哲学、史学、伦理、宗教、文学艺术等意识形态的影响，还明显地受制于一个时代的社会心理、受制于特定民族的心理结构，如思维模式、价值取向、人际关系的特征。这是一片尚未开发的茂密森林，从此能寻求一个国家的教育之"根"。在讨论传统教育和现代教育的关系时，不把教育这个子系统放到整个文化的背景中去考察，是看不清楚的。前两年人文科学各学科都卷入了"文化热"的争论中，而教育科学始终袖手旁观，未能主动深入地寻教育之"根"，把自己的视野局限于教育内部，就教育而论教育，不仅不利于自己的发展，也不利于扩大教育的张力。

所谓微观不细，系指教育研究的定量分析还不够深入，对微观研究的重视不够。如果说理论研究如同科研大厦之框架的话，那么每个具体的实验和实证则是大厦的一砖一瓦。然而，现在存在着搞实验的人对理论不屑一顾、搞理论的人对实验漠不关心的情况。这自然不利于教育科研的深入。科学史的研究已经表明，在实验与理论之间存在着一个"循环加速机制"，只要使理论与实验相结合，才能使实验从盲目走向自觉、严格，使理论从含混趋于清晰、严密。①

所谓中观不强，系指教育科研的中介学科和综合研究没有受到应有的重视，而这些研究在发达国家恰恰是备受青睐的。比如教学法研究是比较微观的，但各科教学法之上缺少把各科联系起来并予以抽象提高的中层理论。这样，各科间的成果得不到交流，各科的具体研究又缺少理论的指导。比如教学论的研究，除了哲学、教育学、心理学对其具有指导作用外，还要协同社会学、工艺学、传播学、统计学等学科的共同力量，才能把教学过程中的各种性质充分揭示出来。这固然要求研究人员提高自身的素质，但首先确立这一观念，是同样重要的。

二是注重实效的观念。理论研究的最终目的是为了指导实践活动、推动实践的发展。理论和实践相脱离就成了无源之水、无本之木。可是，脱离实际的学究风气在教育科研领域恐怕并非不存在。教育实践的具体情况到底如何，在一些研究人员的头脑中恐怕是相当模糊的。甚至有些研究机构和教育实践部门老死不相往来。难怪有些直接从事教育实践的同志，对教育科研文章不感兴趣。当然，这并不是说基础理论研究可以放松。应用研究和基础研究本来是相辅相成的。只是在现代化的进程中，我们应特别强调应用研究的重要性，要像经济领域重视经济效益一样，注重教育研究的效益。

三是自由争鸣的观念。百花齐放、百家争鸣是我们的学术方针，是科学发展的保证，这几成常识。但自由争鸣的气氛在教育科研领域还不很浓

---

① 朱永新、袁振国：《坚持心理科学的理论思维》，《心理学探新》1985 年第 4 期。

烈。人们还是习惯于追求对某一问题在短期内求得统一答案，而不习惯于在争鸣的气氛中各持己见；人们还会人为地设置许多自我限制和禁区，求全、求平、求稳，不愿标新立异，宁愿剪除锋芒。在教育领域，历史上朱熹、陆九渊的"鹅湖之会"和五四运动后的大辩论就是不同流派的激烈交锋，可惜太少了。其实，一门学科的不断进步，正是在不同风格、不同流派、不同观点的争鸣、讨论中实现的。各种观点、各个流派尽管可能都有偏颇、各有谬误，但平行四边形的合力对角线，正是人类认识前进的轨迹，正是真理前进的方向。所以我们应该树立自由争鸣的观念，鼓励不同流派的积极形成。

当代著名未来学家拜因豪尔等在《展望公元 2000 年的世界》中指出，今天的世纪最恰当的定义是"教育世纪"。全世界公认的具有头等意义的十大问题中，教育位居第一。如果瞩目全球，我们会注意到这样一个事实：各国正在紧张地进行着世纪末的教育竞争！或者竞相增加教育经费，或者大力进行教育改革，或者致力提高教师地位，都把目光投到了未来。令人欣慰的是，我国教育改革的呼声也越来越高，社会各界对教育的认识也日益深化，只要我们真正摆稳了一块基石、树立了四根支柱、形成了六个观点，我们是可以建立起一座雄伟的教育大厦的，教育所缔造的一代新人将以新的风貌迎接新世纪的到来！

中篇

（1990—2003）

第十一章 中国教育：辉煌与问题

1990—2003 年，是中国教育事业蓬勃发展的时期。

十余年来，中国教育取得了举世瞩目的辉煌成就。

十余年里，中国教育也存在着重重困难和问题。

十余年中，中国教育承受了并还将继续承受着来自方方面面的各种挑战。

一、成就辉煌不寻常

进入 20 世纪 90 年代以来，特别是 1992 年邓小平南方谈话之后，解放思想、深化改革的春风使教育领域焕发了新的活力，教育事业产生了深刻的历史性变化，取得了举世瞩目的辉煌成就，经历了并正在经历着我国历史上最快的发展时期。十余年来，中国教育的巨大成就表现在以下几个方面。

（一）国民素质整体提升

20 世纪 90 年代，是中国教育事业蓬勃发展的 10 年。据 2000 年第五次全国人口普查主要数据，全国（大陆）31 个省、自治区、直辖市和现役军人的人口，从 1990 年第四次人口普查统计的 11.3 亿人增至 12.7 亿人。1990—2000 年，每 10 万人中拥有各种受教育程度的人数发生了显著变化，其中，具有大专以上程度者有由 1422 人上升为 3611 人；具有高中（含中专）程度的由 8039 人上升为 11146 人；具有初中程度的由 23344 人上升为 33961 人；具有小学程度的由 37057 人下降为 35701 人。而同期 15 岁及以上人口的文盲率由 15.88% 下降到 6.72%。初步估计全国 15 岁及以上人口的受教育程度，已从 1990 年的 6 年左右提高到 2000 年的 8 年左右，我国

公民的文化素质有了很大提高。^①

（二）"两基"目标如期实现

在国家对"两基"工作的"积极进取、实事求是、分片规划、分类指导、分步实施"方针指导下，经过方方面面的努力，取得了很大成绩。截至 2000 年年底，全国通过现阶段"两基"（基本普及九年义务教育和基本扫除青壮年文盲）验收标准的县（市、区）和其他县级行政区划单位总数已达 2541 个，普及九年义务教育地区人口覆盖率达 85%，青壮年文盲率下降到 5% 以下，全面实现了"两基"规划目标。2001 年 1 月 1 日，中华人民共和国主席江泽民向全世界庄严宣布：中国如期完成了向世界的庄严承诺，实现了基本普及九年义务教育和基本扫除青壮年文盲的战略目标。但我国政府普及九年义务教育的努力并没有停止。截止到 2001 年底，全国实现"两基"县数已达 2573 个。北京、天津、上海、江苏、广东、浙江、辽宁、吉林、福建、山东、河北等 11 个省市所辖县（市、区）全部实现"两基"，初中阶段入学率达到 88.6%，全国小学在校生 12543.47 万人，小学适龄儿童入学率达到 99.05%，比 1990 年高出 2.75 个百分点。初中在校生 6514.38 万人，初中阶段毛入学率 88.7%，比 1990 年高出 22 个百分点。全国青壮年文盲（15—50 岁）由 1990 年的 6167 万下降到 2000 万人左右，青壮年文盲率下降到 4.8%。成人文盲由 1990 年的 1.82 亿下降到 2000 年的 0.85亿，10 年减少近 1 亿人。

（三）教育投入大幅增加

教育经费投入的不足，一直制约着我国教育事业的快速健康发展。1992 年，党的"十四大"提出"发展教育是实现我国现代化的根本大计"。教育首次成了领先于经济发展的"根本大计"。1998 年，国务院决定教育经费每年增长"1 个百分点"，即自 1998 年至 2002 年的 5 年中，提高中央本级财政支出中教育经费所占的比例，每年提高 1 个百分点；各省、自治区、直辖市人民政府也要根据本地实际，增加本级财政中教育经费的支出。同

---

① 资料来源：(1)《中国教育统计年鉴》(1900—1999)，北京，人民教育出版社，1991—2000。(2)国家教育发展研究中心编著：《中国教育绿皮书》，北京，教育科学出版社，2000—2001。本章的有关数据均于此，不再另行说明。

时，"财、税、费、产、社、基"等多渠道筹措教育经费的格局进一步得到巩固，非义务教育收费制度基本形成。10 年来，特别是"九五"期间，我国教育经费投入连续保持了较快的增长速度："九五"期间，全国教育总经费 5 年累计为 14941.25 亿元，是"八五"期间的 2.48 倍；2001 年全国教育总经费达 4637.66 亿元，比 2000 年增长 20.5%，是 1996 年以来增长最快的一年；2001 年全国财政性教育经费占 GDP 的比例为 3.19%，是自 1989 年对此指标进行监测以来的最高水平。我国教育发展也进入了历史上最快的一个时期。

（四）高教改革成绩显著

这表现在：（1）高校资源得到优化组合，按照"共建、调整、合作、合并"等多种方式，打破"条块分割"、学校与专业重复设置、资源浪费的局面，进行了新中国成立以来的第三次高校院系大调整。有关统计资料，1995 年，即全国高校大规模合并前，我国共有 1054 所高等院校，其中本科院校 616 所，专科院校 438 所。合并后，虽然有一批中专学校升格为高等专科学校，高校总数有所减少，但总量变化不是很大。到 2000 年 2 月截止，全国仍然有本科院校 1022 所，高等专科学校和职业技术学院 432 所。变化很大的是，高等教育资源的重组和优化，国家不再提倡办学过度专门化和过度行业化，不支持各部委搞行业办学、部门办学，而主张综合性、多元化、立体化（如新组建的吉林大学合并了分别隶属于教育部、卫生部、国土资源部、信息产业部的五所大学）。（2）高校扩招顺利实施，高校扩招是为了满足人民群众的教育需求而采取的一项重大举措。经过三年扩招，我国高等学校在校生总规模从 1998 年的 643 万人，增加到 2001 年的 1214 万人，净增 571 万人，四年间几乎翻了一番（参见表 11-1），创造了世界高等教育发展史上的奇迹。从高校人才培养的层次结构来看，2001 年与 1998 年相比，在校本科生规模增幅最大，专科（高职）生增加人数最多。具体而言，研究生总规模四年净增 19.4 万人，增长 97.4%；本科生规模净增 227.8 万人，增长 107.8%；专科（高职）生规模净增 274.2 万人，增长 75%。[①]

---

① 资料来源：1998—2000 年数据摘自相应年份《中国教育事业统计年鉴》；2001 年数据来自教育部计划发展司《2001 年中国教育事业统计分析》。

表 11-1　1998—2001 年高等学校在校生规模情况（单位：万人）

	1998 年	1999 年	2000 年	2001 年
在校生人数	643.0	742.2	939.9	1214.4
研究生人数	19.9	23.4	30.1	39.3
本科生人数	257.6	320.8	411.8	535.4
专科生人数	365.5	398.0	498.0	639.7

连续三年扩招，中国高等教育毛入学率由 1990 年的 3.4%、1998 年的 9.1% 提高到 2001 年的 13.3%。据统计，2002 年我国在读大学生已经占到同龄人口（18—22 周岁）的 14%，到 2002 年秋，我国高等学校在校生总规模将突破 1400 万人，已接近 1998 年美国 1420 多万人的高等教育规模。我国高等教育快步走向了大众化阶段，成为世界上又一个迅速崛起的高等教育大国。英国、法国、德国、日本和韩国等发达或新兴工业化国家，在 20 世纪 60 年代到 80 年代之间，用了至少十年以上的时间，才实现了高等教育从精英到大众化的转变。

尽管存在随之而来的诸如学生宿舍紧张、食堂拥挤、教学条件跟不上、高校扩招政策的顺利实施遇到困难等问题，但是，从 1999 年开始，高校大力推进后勤社会化改革，并取得显著成果，保证了高校扩招的顺利进行，使高等教育发展"瓶颈"得以突破。据统计，从 2000 年到 2002 年三年间，全国新建和改建高校学生公寓 4300 万平方米，新建和改造高校学生食堂 530 万平方米，分别超过和接近新中国成立 50 年累计建设面积的总和。全国各地一个个大学城正在崛起。国家近几年大规模的教育投入，为更多的大学生创造了良好的学习环境。高校扩招圆了数百万人的大学梦，谱写了世界高教史上辉煌的一页。

（五）贫困地区投入加大

大力发展贫困地区、民族地区的教育，增加对这些地方的教育投入，同样是我国政府实施科教兴国战略的一个重要举措。据统计，到 2002 年年底，中央资金支持的 25 个省、自治区、直辖市以及新疆生产建设兵团危房改造资金总量达到 120 亿元，改造 D 类危房（最危险的）面积 3000 万平方米；已完成新建项目小学 1102 所、项目初中 486 所；改扩建小学 2357 所、初中 1330 所；新建小学校舍 68 万平方米、初中校舍 67 万平方米；改扩建小学校舍 129 万平方米、初中校舍 191 万平方米。贫困地区、民族地区的教育发展，为这些地区的经济腾飞打下了坚实的基础。并且，在中央财政和地方配套资金共计 125 亿元实施了第一期"国家贫困地区义务教育工程"基础上，党中央、国务院决定在"十五"期间中央财政再安排 50 亿元专项资金，加上地方配套资金，实施第二期"国家贫困地区义务教育工程"。

（六）教师素质整体提升

表现在：（1）教师学历层次进一步提高。高校教师的学历层次有较大幅度提高，具有研究生毕业学历的教师约占教师总数的 31.35%，其中具有博士学位的教师有 3.49 万人，约占教师总数的 6.55%。2000 年，中小学教师中，高中、初中教师的学历合格率分别为 68.4%、87.1%（2001 年已达70.7%、88.8%），其中，初中教师中具有本科以上学历的比例达 14.2%；小学教师中具有大专以上学历的比例为 20.0%，至 2001 年这个比例已达27.4%。（2）教师队伍结构得到改善。到 2001 年年底，全国普通高校专任教师为 53.19 万人，其中教授为 5.07 万人，副教授 16.13 万人，分别占教师总数的 9.5%和 30%。中小学教师中，具有高级职称的教师不断增加，2001年高中、初中、小学教师中具有高级职称的教师比例分别达 16.8%、3.6%、0.18%。（3）骨干教师队伍不断发展。目前，全国高校中共有中国科学院院士 280 人，占中科院院士总数的 39.3%；中国工程院院士 234 人，占中国工程院院士总数的近 37.7%。还有一大批优秀中青年教师已成为高校教学、科研工作的骨干。2001 年，北京师范大学等 9 所师范院校，完成了对首批3038 名基础教育新课程骨干教师的国家级培训。另外，北师大等 38 所学校还承担了 10000 名中小学骨干教师的国家级集中培训。（4）教师队伍进一步年轻化。到 2001 年年底，高校教师中，35 岁以下的教师约占教师总数的46%，35 岁到 45 岁之间的教师约占教师总数的 33%，中青年教师已成为高校教师队伍的主要力量。中小学教师中，45 岁以下的高中、初中教师约占中学教师总数的 86%；具有高级职称的教师中，45 岁以下的高中、初中、小学教师所占比例分别达到 42.9%、29.6%、33.4%。

（七）素质教育稳步推进

20 世纪 90 年代中期以来，以素质教育为核心的新的教育观念逐步深入人心。1993 年，党中央和国务院发布的《中国教育改革和发展纲要》指出：

"中小学要由'应试教育'转向以全面提高国民素质教育的轨道上来。"1999年，中共中央颁布的《关于深化教育改革全面推进素质教育的决定》全面阐述了素质教育的思想，作出了推进素质教育的一系列重大决策。近几年在推进素质教育上取得了显著成绩，主要表现在:（1）加快了课程教材改革，迅速更新教学内容。基础教育新课程体系于2001年秋季开始试行，新一轮义务教育课程标准（实验稿）已经印发。删减重复、陈旧和过深的课程内容，补充现代科技发展的最新知识，改变教材脱离实际、远离生活的状况，整合原有的课程门类，在小学阶段增设外语、信息技术课等，重视实践教育，在农村推行"绿色证书"教育等，开始成为新教材的重要内容。（2）改革了招生考试评价制度。高考制度改革包括高考科目设置和推行"3+X"科目设置方案；阅卷和录取方式改革，其重点是实施计算机网上阅卷和网上录取，使高考更公平更公正更合理；改革了高考内容，更加注重对考生能力和素质的考查；改革了高考形式，积极探索一年两次高考的改革。探索科学的评价方法，切实减轻中小学生过重的课业负担，保证中小学生身心健康发展。（3）改进了教学方法和模式。注重培养学生的创新精神和实践能力，倡导学生主动参与，乐于探究，勤于动手。尽管还存在着某些认识误区、疑难问题和执行中的偏差，但素质教育正在一步步地深入推进。

（八）民办教育迅速发展

近十年，民办教育发展迅速，截止到2001年底，经各级教育行政部门审批的全国各级各类民办学校和教育机构已达56274所，在校生923余万人，教师42万。全国民办幼儿园共44526所，占全国幼儿园总数的39.9%；民办小学4846所，占全国小学总数的1%；民办中学4571所，占全国中学总数的5.7%；民办高等教育机构1202所，其中，经教育部批准或教育部授权省（区、市）批准的具有颁发学历文凭资格的学校89所，学历文凭考试试点学校436所。民办学校的办学类型呈现多样化态势，民办学校已涵盖了从幼儿园到大学本科等各个层次，其中既有独立设置学校，又有混合设置学校。开办者成分复杂，既有民主党派、社会团体、企事业单位，也有公民个人和海外人士，既有独办，也有合办。初步形成了一个多层次、多规格、门类齐全、灵活多样的办学体系。并且，80年代的那种退休老人办学和数间民房凑成一所大学的现象已成为历史，在世纪转换之际，新一代的民办教育办学者具备高素质、高学历和观念新等优势。这些人办学起点高，投资大，目光远，不满足于眼前的利益，他们是民办教育的精英，也是中国民办教育的希望。随着《民办教育促进法》的颁布，民办教育发展将会迈出更大的步伐。

（九）教育立法日益完善

教育已发展成为一项社会规模最大的社会性事业，对社会的发展起着举足轻重的作用，国家必须扩大直接干预和调整文化教育的职能，而凭借法律制度来实现国家对教育的计划、指挥、协调和控制是各国教育走上现代化的一个标志。1982 年第五届全国人民代表大会第五次会议通过了（新修改的）宪法，规定："国家培养青年、少年、儿童在品德、智力、体质等方面全面发展。"宪法的有关规定，为教育法的制定，为依法治教提供了最高的制度依据。1986 年全国人民代表大会通过了《中华人民共和国义务教育法》。90 年代，我国相继制定、通过了一系列教育法律和行政法规与条例，如 1991 年通过的《中华人民共和国未成年人保护法》、1993 年通过的《中华人民共和国教师法》、1995 年通过的《中华人民共和国教育法》、1996 年通过的《中华人民共和国职业教育法》、1998 年通过的《中华人民共和国高等教育法》，1999 年的《中华人民共和国预防未成年人犯罪法》；在教育行政法规上，90 年代颁布了《教师资格条例》《教学成果奖励条例》《社会力量办学条例》《幼儿园管理条例》《学校体育工作条例》《学校卫生工作条例》等。2003 年又颁布了《民办教育促进法》和《中外合作办学条例》。此外，各地还颁布了一系列地方性教育法规，大大丰富了教育法的内容。在我国，一个以法治教的局面正在形成。

（十）教育信息化进程不断加快

十年来，我国教育信息化的发展状况，大多数学校都经历了"三步走"的历程。一是买几台电脑，用于办公和备课；二是建立电脑教室，用于学生学习电脑，进而发展为多媒体电脑教室，用于进行各科教学；三是在多媒体电脑教室的基础上，建立校园网，进而与 Internet 相连接，享用网上资源。近五年来，我国教育信息化的发展呈现明显加快的态势：从高等教育的远程教育和网络学院的蓬勃发展，到对各类高校明确提出 15%—30% 的课程要用多媒体教学；从在全国中小学大力普及信息技术教育，到开设信息技术教育课和"校校通工程"的推进，新课程标准的实施及学科教学与信息技术整合，都反映着我国教育技术正在疾步追赶发达国家教育信息化的浪潮。中国作为一个发展中国家，正以缩小"数字化鸿沟"的努力，向世人展示实现教育跨越式发展的进程。仅就基础教育的统计，1999 年我国有近 6000 所中小学校开设计算机课，到 2002 年底，全国中小学拥有计算机 530 万台，建立校园网的中小学数达到 25000 余所；另外，还有 450 所高校实现了与中国教科网及 Internet 联网。中国教育和科研计算机网的网络已经通达全国 160 多个城市，联网的教育机构和科研单位达 900 多个，联网主机 120 万台，网络用户 800 多万，成为国内仅次于中国电信的第二大互联网络。

以苏州为例，早在 1996 年，苏州市政府就下发了《苏州市教育基本现代化实施纲要》，教育信息化工程建设得到全面推进，全市已经建成了市、县（市）、区教育信息网络，重点中学和实验小学都建成了校园网。苏州市区和农村中心小学以上的学校都连上了互联网，实现了"校校通"，初步建起了苏州教育信息化网络体系。全市 50 岁以下的教师和小学五年级以上学生都已学会上网和计算机的基本技能操作。以多媒体为代表的现代信息技术教育手段已经广泛渗透到学科课堂教学之中，教师传统的教学观念、教学方法、教学手段以及教学形式等正在发生革命性的变化。社区教育全面推进，终身教育体系正在构建。至 2002 年底，全市共建成了 286 所现代化示范学校、示范幼儿园以及一批现代化教育实验区；120 多个乡镇中 99% 的达到了省、市教育基本现代化工程示范（先进）建设标准。苏州所属五县市全部通过了江苏省创建教育现代化先进县市的评估验收，在江苏省率先实现了（县）市区域教育基本现代化。作为区域整体推进并实现教育基本现代化的城市，苏州市正在争取用 2—3 年时间（到 2005 年前后），使所有城区达到省级教育基本实现现代化建设标准，全面实现苏州全市范围的教育基本现代化，使苏州教育发展水平达到世界中等发达国家 21 世纪初的发展水平。

二、不容忽视的问题

十年教育大发展，成绩显著，这是国人以及世界有目共睹的。但在我们的事业欣欣向荣、如日中天的背后，还存在着或潜藏着一些问题和隐患，这也是不可回避的。突出的问题主要表现在以下几个方面：

（一）义务教育阶段辍学率居高不下，"两基"巩固提高任务繁重，农村教育以及弱势群体子女的义务教育问题突出

我们还应该看到，目前"普九"的成果是低标准的，并且相当脆弱。一方面，所谓"基本普及"，是指85%的人口覆盖地区实现这一要求，还有15%的人口覆盖地区——主要在西部贫困地区——这一目标远未实现；到2000年，我国还有520多个县没有达到"普九"目标，其中没有"普六"的县有100个；全国尚有8500万成人文盲，其中青壮年文盲还有2000多万。即便在"普九"已经验收的地区，普及义务教育的成果和质量也是很不巩固和很脆弱的，不少地区的辍学率出现了明显的反弹。近年来，农村学生的辍学、流失率偏高，初中生辍学率上升。如1998年全国初中在校生辍学率3.23%，达167万人，而农村辍学率为4.2%，高于全国平均水平0.97个百分点。再加上初中学龄人口高峰的到来，使教育需求与供给的矛盾更加尖锐。有的地方农村辍学率高达10%以上。[1]应当指出，就许多地方的实际观察，农村学生的流失辍学率，比统计数字要高得多。1999年，广西边境及经济欠发达地区的50个山区县小学、初中的辍学率分别达到2.44%和6.41%，"读书无用论"重新抬头。[2]由于义务教育经费严重不足，全国目前现有危房约1300万平方米，集中在中西部农村。虽然危房占全国中小学总校舍的比例不足1%，但在中西部经济欠发达地区的农村，这一比例较高。宁夏中学危房面积达5.32%，小学达4.6%；新疆中学危房达4.05%，小学占3%；青海中学危房占3.16%，小学占4.33%。有的贫困县危房面积高达10%以上，如甘肃积石山保安族东乡族撒拉族自治县小学危房率高达28.3%。由于七八十年代解决校舍问题时经费不足、建筑质量差，80年代末兴建的校舍中有"豆腐渣"工程，使一些地区劣质房的比例较高，不足10年的校舍成为危房，新危房出现率每年为2%—3%。[3]在义务教育阶段，拖欠教师工资的问题仍然没有根本解决。据全国教育工会1999年上半年调查，全国有2/3省、自治区、直辖市拖欠教师工资，累计已拖欠100多亿元。即便在经济比较发达的广东省，从1996年至今也已拖欠教师工资

---

① 见《中国青年报》1999年12月25日。

②③ 引自《光明日报》2000年7月24日。

6.4 亿。①

同时，农村义务教育长期以来实际上主要是县乡和农民的责任，相当一部分贫困地区由于财力薄弱，难以承担当地义务教育发展的责任。义务教育经费严重短缺，农村学校公用经费严重不足，中小学危房面积大且呈上升势头，不少已"普九"地区学校办学条件滑坡严重。扫盲教育课程和教学还不能满足农民的学习要求，不能有效调动广大学员的学习积极性。许多贫困地区出现的中小学生辍学率反弹，难以承受高昂的学费仍然是主要的原因。尽管号称是免费的义务教育，然而，免除的只是几元钱的学费，小学每学期 100 多元、初中 200 元以上的杂费、课本费对于广西边境及经济欠发达地区的山区的贫苦家庭依然难以承受。②

农村教育乱收费问题仍然十分突出。据教育部纪检和监察部门透露，1999 年共清理出中小学违规收费 2.38 亿元，已清退 1.48 亿元。③ 与此同时，为了减轻农民负担，国家规定取消向农民征收教育费附加，各地也不准进行教育集资，从而使前些年事实上支撑农村基础教育的重要经济来源中断，在这一形势下，农村基础教育如何发展、义务教育如何巩固的问题就更为尖锐突出。

2000 年 6 月，国务院发布《关于基础教育改革与发展的决定》，提出实施"以县为主"的农村义务教育管理的新体制，强化县级政府的管理责任，同时加大中央和省级政府对困难地区财政转移的支付力度，使上述问题有所解决。但"两基"仍旧是今后相当长一段时期教育工作的"重中之重"，必须常抓不懈。

（二）毕业生就业问题日趋严峻

2002 年全国共有各类高校毕业生 145 万，到 2002 年 10 月初，约有 100 万人落实到工作岗位。2003 年全国共有高校毕业生 212 万，比前一年增加 67 万。截止到 2003 年 6 月 20 日，全国普通高等学校毕业生的签约率达到 50%。还有大约 100 万大学生去向未定。从山东东营市石油大学（华东）计算机系毕业的硕士生张华清说，到北京去了至少七次，第一次是2002 年 11 月的北京研究生专场招聘会，人太多了，和招聘的人连句话都说

---

① 《中国青年报》2000 年 4 月 5 日。

② 《南方日报》2000 年 11 月 15 日。

③ 《北京晨报》2000 年 4 月 14 日。

不上。有些摊位只能把简历从人头上扔进去。后来听说有招聘者走的时候，把简历都丢在那里没带走。那种感觉真叫人无所适从。后来就是"非典"了，就业形势越来越严峻。现在整理东西时，发现去北京参加各种招聘会的门票，花花绿绿一大堆，看到这些，心里还是有一种酸酸的感觉。2004年共有高校毕业生252万人，比2003年又增加40万人，可见高校毕业生的就业形势还将相当严峻。

就业形势的严峻，也可从高校毕业生的求职遭遇中窥见一斑。其中，大花本钱，刻意包装，像豪华简历、手机等都成了必备品。更有甚者，在一些就业市场还闹出一个班有五个班长、七个学生会主席的笑话。为了能在求职的过程中增添更重的砝码，造假竟成了"必需手段"。而来自上海媒体的报道，该市很多大学生难以承受找工作屡战屡败的压力，自信心很受打击；也有的一边考研，一边找工作，过于劳累紧张，心理承受不住了，便走进心理中心咨询。一位学生已经悉数参加了学校组织的所有招聘会，投出了上百份简历，参加过许多公司的面试，均以失败告终。现在她已经心灰意懒，表示不打算继续找工作了。"毕业生多而工作机会少"，这是应届大学生对就业形势的直观感受。政府应创造宽松的就业环境，如社会保障制度、户籍制度、就业制度，实行就业信息的透明化，以促进毕业生就业的工作，但从根本上来讲，要想办法促进经济发展，只有经济发展了，蛋糕做大了，就业岗位才会增加。

（三）教育腐败问题严重

教育系统的腐败现象越来越多地被揭露出来。其中之一是教育自身的腐败，比较突出的是教育行为的商业化、牟取单位或个人的私利，如乱收费。有人对国内行业进行了一次品评，并从中推出了"中国十大暴利行业"，具体名单如下：房地产业、书刊流通业、医药零售业、高速公路业、传媒业、手机业、汽车业、留学中介业、民航业、中学教育。南京一家调查公司披露，江苏省的"十大暴利行业"，包括房地产、汽车、电信等行业，中小学教育也名列其间。中小学教育列入"十大暴利行业"，除了使人惊诧，也使人深思。中小学教育的暴利从何而来？当然是以各种名义索要高额赞助费、择校费而来。更大的问题还集中在高校，一些地方高校扩招后，收费大幅上升，"吃学生"已是公开的秘密。而乱发文凭之类的情况已经发展到研究生教育阶段。据《中国教育报》的文章，一些高校采取各种方法扩大招生，某校两个硕士点一年招收的在职申请学位的研究生竟超过3000人，而学生大多是缴公款拿学位。在一些机关，很少去上课、付公款而拿博士学位的中高级官员也不在少数。这种行为致使博士、硕士学位在人们的心目中贬值，是完全有违教育宗旨的。还有各地高考舞弊案被频频曝光，考试舞弊已经呈现出"集团化、规模化"。

另一类是形形色色的学术腐败。杨玉圣指出，学术腐败花样繁多，越来越盛，主要表现在以下六个方面：一是低水平重复，其中以高校教材、教参最为显著。二是粗制滥造，这以形形色色的辞书最具代表性。内容上粗制滥造，种类上五花八门，无奇不有，但大都是将现成资料颠来倒去、加减乘除。三是泡沫学术，有的中青年人动不动就号称出了三四十种书，发了二三百篇甚至三四百篇论文。四是假冒伪劣，许多院校科研部门，为了评高级职称，托人情，拉关系，甚至花钱雇人写文章……某大学有一个想评博导的人，拿别人发表的文章，换上自己的大名，复印多份，差一点弄假成真。五是抄袭剽窃。六是评奖立项上的腐败。

（四）漫漫扩招路上，大学生培养质量让人担忧

自1999年起，我国普通高校连年大幅扩招，1999年扩招51.3万人，2000年扩招60.9万人，2000年全国共有本专科在校生909.7万人，是1990年的2.4倍；2001年扩招29.4万人，全国普通高校招生数已占普通高中毕业生总数的78.8%，招生人数和在校人数分别比三年前的1998年又翻了一番多。到2002年秋，我国高等学校在校生总规模1400万人，已接近1998年美国1420多万人的高等教育规模。随着普通高校大幅度扩招，出现了高校教育质量滑坡现象，而且日益加剧，高校扩招后，如何把好"出口关"，已成为我们面临的一个十分紧迫的问题。

北京市教委高教处和北京航空航天大学高教所联合发布的《扩招生北京地区高等学校教育教学质量状况调查研究报告》显示，对于扩招后学校面临的困难，67.3%的学校认为硬件设施存在较大的困难，36.7%的学校认为在管理方面存在较大问题。86%的学校面临着硬件设施不足和经费短缺问题，理工科学校所面临的这方面的困难更加突出。另有10%左右的学校存在其他方面的困难，如思想观念跟不上、学生质量明显下降、教师不适应、教学存在困难、校园面积不足等。学生宿舍是大多数学校硬件方面首先面临的问题，占被调查学校的63.3%，其他还包括教室、图书馆、实验

室和体育设施等。中央部委属院校的硬件设施不足问题更为严峻。扩招后大部分学校在教师方面都面临着一定的困难，只有15%左右的学校尚有较大扩招潜力；其他65.3%的学校，教师的情况已经不允许进一步扩大招生。62.5%的学校认为在基础教学方面存在着教师短缺现象；有31.2%的学校认为在专业课教学方面存在着教师短缺问题；北京市属院校专业教师短缺现象更严重，计算机、外语、法律、信息等热门专业或新增专业教师短缺现象严重。调查还显示，扩招所增加的经费收入在很多学校都没有用于教学条件的改善，却用在解决学校多年的遗留问题上，如教师住房改善、教师工资待遇提高等。

同时，由于大幅扩招，入学门槛骤然降低，生源素质明显低于以往。一些低线录取新生的高校，在一年级讲授基础文化课时相当一部分新生跟不上，有的学校不得不降低课程学习的要求。全国政协委员金开诚认为，对于"宽进"的学生，如果培养措施不得力，毕业标准不严格，就会形成"宽进宽出"、质量下降的局面。亟须在扩大教育规模的基础上建立高标准、严要求的机制，以利于培养高素质的创新型人才。学校要改革考试制度，推行课堂学分制，学生在严格按照课程质量要求修满学分后，方可毕业。建议高校实行教考分离，建立试题库，保证试卷难度，严肃考场纪律，对考试作弊的学生一律淘汰，基础课、专业基础课实行联校会考。目前，大部分学校都采取了一定的措施。比如以增加教师工作量来缓解教师短缺问题；以上大课、多设班级、全天排课等方式来安排扩大招生后的教学；以增开自习室、加强课后辅导等作为保证教学效果的辅助手段；以增设扩音和投影设备、增设多媒体教室和语言实验室等手段提高教学质量。但这些都是针对扩招带来的直接问题的即时性应对措施，某些实践性较强的学科专业未来的毕业设计、实习等环节还会面临较大困难。

（五）师生关系问题"浮出水面"

在推行素质教育的过程中，曾经被掩盖的师生关系问题突显，逐渐引起社会各界的关注。在我国的各级各类教育中，以教师为中心、师道尊严等陈旧传统仍然是主流，而且很少遭到质疑和批判。以考试为中心、分数挂帅的应试教育，将教师与学生拴在书本里、系在分数上。1998年以来，全国许多媒体披露了多起教师凌辱学生人格，导致学生自杀，以及学生攻击老师、残害父母的恶性案件，并围绕这些案例展开了讨论。2000年3月江泽民还专门发表了《关于教育问题的谈话》。

据北京教育科学研究院2000年8月公布的一份调查，绝大多数中小学教师把知识传授作为主要目标，重视教而忽视学；重视现成结论的记忆而忽视学习的过程和学生的主动参与；重视认知能力的培训而忽视做人、做事、创造能力的培养；重视考试的选拔功能而忽视对学生做出全面综合评价。调查显示，中小学生认为在课堂上老师"凶、厉害"的占八成；抱怨老师有时"不公平、偏心眼、嘲笑、讽刺、挖苦"，反映老师批评学生时对学生"体罚和变相体罚"的接近六成；反映学生从不"打断"老师的讲课，提出自己的问题、困惑的高达93%，学生从不对老师讲解的观点提出不同意见的达91%，学生充分思考和相互质疑的时间很少。对于当众公布学习成绩，60.7的小学生和43.5%的中学生感到紧张；9.9%的小学生和10.9%的中学生感到害怕；6%的小学生和13.8%的中学生感到厌恶。

据上海教育学院郭继东调查，目前中学生中16.2%的人认为无法与教师进行正常的情感交流，只有28.6%的学生与老师感情较为融洽，而与老师相处时感到十分愉快的只有17.8%。而据无锡十一中学的冯振德等老师的调查，现在教师中认为学生"一代不如一代的"达70%，认为学生"一代与一代相仿"的占22%，而认为学生"一代胜过一代"的只占8%。当心中有了秘密时，只有3%的学生会告诉老师，老师排在"知心朋友""兄弟姐妹""父母"之后的最后一位。2003年"非典"过后，北京市一些中小学生不愿意返校，认为在家听"空中课堂"很好，可以避免在学校里与老师相处的紧张与烦恼。在各地的学校，一些小学生中流行着自己改编填词的变形的"儿歌"，也反映了孩子们对待学校、老师和家长的一种变态情绪。如"在我心中只有老师最凶，天天把我留到七八点钟。回到家里就是爸爸最凶，天天把我打得鼻青脸肿……"

杨东平认为，批判、改造教师本位、教师中心等传统教育的价值观念，是教育现代化的重要方面。20世纪初的进步主义教育运动已经颠覆了这一传统价值，以"儿童中心"取而代之。但在我国的文化传统和教育现实中，认识和保护儿童的权利、尊重儿童的人格等仍然是需要启蒙的基本知识。这一问题被揭示出来，不仅是因为独生子女的一代具有更强的自我意识，首先是因为这一问题在现实生活中已经到了非常严重的程度，必须正视和加以克服解决。师生关系的提出，真正触到了教育非常本质的问题，在这个意义上，意味着教育改革正在逐渐深入。

（六）教育的非均衡发展倾向明显

由于各地经济社会文化的长期不平衡发展，加上教育办学和管理体制的地方化，教育尤其是基础教育领域的非均衡发展已经是一个公认的事实。主要表现为沿海经济发达地区与中西部地区之间，城市与农村及边远山区之间，同一区域内重点学校与非重点学校之间，不同社会群体之间受教育机会的差别上。其差异具体体现在资金投入、师资力量、办学形式、教学条件、设备设施以及教育观念、教育方法等方面。教育发展的非均衡状况，一方面与社会主义社会的本质相违；另一方面，作为一个教育整体结构系统，区域或群体的低水平教育发展状况将会牵制教育整体的发展水平。保障教育过程和教育质量的平等，促进教育均衡发展，绝不仅仅是一种理想，更是一种责任，是针对当前教育现实的必然选择，也是现代社会发展的必然要求。这是一项长期的艰巨任务，也是一项系统工程。从国家的角度，应当从区域、学校和群体三个层面，同时推进教育的均衡发展。但首先应当花大力气做的，是通过财政转移支付，尽可能地缩小教育的差距，同时借鉴国外的一些具体措施。如在泰国，采取向贫困学生出借教科书、为他们提供午餐、向交通不便的学生出借自行车、为贫困家庭的儿童免除费用等措施。在苏联，由于地广人稀，地域辽阔，为保证每个儿童受教育不出村，每个村庄根据规模一般都建有一所8年制学校，村庄较大的还建有10年制完全中学。学生午餐基本免费供应。不仅在当时，一直延续到今天，农村教师的工资待遇一直实行比城市教师高25%的政策。俄罗斯目前的农村人口只占1/4，但农村学校数却占全国学校总数的69.8%。

（七）教育结构有待继续调整

教育结构，是指教育系统内各个组成部分的构成状态和相互关系。教育结构的依据和归宿，一是社会对知识和人才的需求；二是教育自身的本质和规律。考虑教育结构问题、检验教育结构是否合理，这两条是最重要的标准。但社会对知识和人才的需求，是多元的、动态的，这在我国实行社会主义市场经济体制后显示得越来越充分。因此，教育结构也绝不应该是单一的、一成不变的。20世纪90年代以来，我国经济迅速发展，社会处于一种全面的过渡转型时期，而教育结构相对稳定，目前已出现一些与社会发展需求不相适应的地方。如在学制的纵向结构上，1998年高校扩招后，普通高中的办学规模已成为整个教育结构中相对狭小的一部分，形成了"两头大、中间小"的畸形格局，成为制约教育发展的瓶颈。由此而导致的问题，一是高校生源狭窄。如2001年贵州省普通高考录取率达到74.6%，居全国之首（专家们表示，合理的高考录取比例应在50%左右）；全省初中毕业生为37万多人，而普通高中招生数量仅为11万。二是职业高中、中等专业学校、技工学校的办学则极其艰难。教育结构调整必将促使中职与高职以及职业教育与普通教育的贯通。三是义务教育阶段素质教育难以实施。四是滋生中等教育段上的教育腐败。调整教育结构体系，就像盖一栋房子，首先要把间架结构确定下来，其他问题才好着手，才能保证质量。对于整个教育事业来说，教育结构体系明确了，各级各类教育机构的"定位"就会水到渠成，各司其职，共同完成全民教育的任务，充分发挥教育的社会发展职能。

回首过去，教育事业的成就十分显著，教育中的问题亦相当突出。这样的情形既昭示着教育事业灿烂的未来，也使我们面临机遇和压力。任重道远，唯有不懈地努力，才能到达理想的彼岸。

第十二章　义务教育谁买单

2002年3月，一条新闻引起了全国人大代表和全国政协委员的忧思：尽管经过艰苦努力，我国文盲绝对数仍然高达8507万，其中2000万左右为15—50岁的青壮年文盲，这同时也意味着，全世界每十个文盲，其中就有一个是中国人。这些文盲中，有一半在西部，70%是女性。更重要的是，新增加的文盲还在继续产生。我们不禁要问：义务教育怎么了？

一、义务教育再认识

中国义务教育的发轫，从完整意义上来说始于清末。1840年鸦片战争使中国国门洞开，中国社会也由此进入一个社会转型期——步履艰难地迈向近代化的历程。由于欧风美雨的涤荡和西学西潮的冲击，中国的社会制度、传统观念等均发生着急剧而深刻的变化。1904年晚清政府《奏定学堂章程》的颁行，则揭开了中国近代义务教育的帷幕。但其后由于外敌入侵、内乱频繁等原因，中国近代义务教育的推行时断时续、时涨时落，始终在风雨飘摇中"惨淡经营"。新中国成立后，特别是1986年《中华人民共和国义务教育法》颁布以来，在党和政府的高度重视与积极实施下，我国义务教育取得了举世瞩目的成就，写下了"穷国办大教育"的辉煌篇章。

"义务教育"概念初始译介进来时，颇多称谓，有"强迫教育""普及教育""普及义务教育""免费教育"等，林林总总。如《第一次中国教育年鉴》丙编《教育概况》中载："'义务教育'一语，系由日人就英语Compulsory Education译出，我国沿用之。英语Compulsory原含强迫之义，亦有称为强迫教育者。"其名称虽有不同，但内核均有：国家以法律政策的形式规定对一定年龄儿童免费实施一定程度的学校教育。1986年4月第六届全国人大第四次会议通过的《中华人民共和国义务教育法》和1995年3月第八届全国人大第三次会议通过的《中华人民共和国教育法》则明确规定："义务教育，是国家用法律形式予以规定，强制性地要求适龄儿童、青少年必须接受、社会与家庭必须予以保证的国民基础教育。"

将"义务"冠之于教育之前，有其特定的含义。依照《中华人民共和国义务教育法》对"义务教育"之"义务"的阐述，其义有——

第5条："凡年满六周岁的儿童，不分性别、民族、种族，应当入学接受规定年限的义务教育。"

第11条："父母或者其他监护人必须使适龄的子女或者被监护人按时入学，接受规定年限的义务教育。"

第12条："实施义务教育所需事业费和基本建设投资，由国务院和地方各级人民政府负责筹措，予以保证。"

在这部法律中，阐述得最为详尽的是中央和地方各级人民政府应当承担的教育义务，包括设置学校的义务（第9条）；筹措教育经费、补助困难地区和困难学生的义务（第12条）；培训师资的义务（第13条）；以及监督适龄儿童和少年入学的义务（第15条），等等。

不难看出，义务教育作为一项社会公共事业，必须由政府来设立、维持和加以发展，这是一个无可争辩的国家的政府行为。因而，这也就凸显了义务教育比之于其他教育所独有的一个本质特征：国家负担义务教育阶段受教育者的全部或大部分费用，也即意味着义务教育是基本免费的。同时，作为一种由国家强制力予以保证实施的学校教育，义务教育的特征更为鲜明地体现在：（1）强制性。义务教育以国家颁布的《中华人民共和国义务教育法》为其实施保证，任何妨碍或者破坏义务教育实施的行为都是违法的，都将被依法追究法律责任，受到法律的制裁。（2）普及性。义务教育法规定所有适龄儿童、少年，除依照法律、法规的规定办理缓学或免学手续以外，都必须入学完成规定年限的义务教育。（3）义务性。国家、社会、学校、家庭都是实施义务教育的主体，都应该依法履行各自的义务，其义务可以相应地集中概括为政府依法保教、社会依法支教、学校依法施教、家庭依法送教。（4）公共性或国民性。主要表现为义务教育与宗教相分离，是世俗的公共事业，而且是国家设立或批准的学校来实施，国家对义务教育的实施进行监督。当然，对义务教育本质特征的认识，我们还可以从教育所具有的最一般、最普遍、最稳定的共同属性、规定和影响义务教育其他非本质属性存在与发展的根本属性等多方面进行。

需要指出的是，对义务教育概念及其特质的再认识，并不仅仅是为了对概念的澄清或其本质特征的简单重复揭示。或许，正是缘于我们对"义务教育"的实质内涵尚未取得明确的认识，对教育义务之"义务"有所误解、混淆和忽视，从而导致了现实中对"义务"的推诿、转嫁乃至践踏等现象。而只有在清晰认识、已成共识的基点上，我们才有可能以一种更为冷静、理性的目光，审视十多年来我国义务教育所走过的历程，总结已有的经验，正视现存的不足。

二、义务教育：成就与问题

"教育是我们共同未来的必经之路。"《义务教育法》颁布以来，我国政府先后在世界全民教育大会、马德里宣言、达喀尔行动框架和北京宣言上作出了庄严的承诺——要满足每一个人的基本学习需要。经过十多年的努力，我国各地的义务教育无论是东部还是中西部，均得到了较大的发展，义务教育取得了全方位、多层面的突出历史成就。在此，我们认为值得更进一步强调的是：

（一）成就

1. 我们用最短的时间实现了发达国家几百年才完成的目标。

从《义务教育法》颁布实施至今，我国只用 15 年左右的时间就完成了发达国家几百年才完成的目标：2000 年，全国九年制义务教育的普及率为85%，如期实现基本普及九年义务教育、基本扫除青壮年文盲的宏伟目标；2001 年，"普九"人口覆盖率达到90%以上，青壮年文盲率下降到5%以下，与 1990 年相比，青壮年文盲人口减少了 4100 万……

应当看到，这些成绩的获得，对于一个拥有十多亿人口且农村人口占较大比重的发展中国家来说，是很不容易的，因为发达国家毕竟已有上百年的义务教育历史——法国提出与实施普及义务教育已近 200 年；德国早在腓特烈二世时就提出了普及初等教育，直到 1888 年才实现小学免费义务教育，前后达一个世纪之久；美国从第一个州颁布义务教育法案到第四十八个州实施义务教育法案，总共为 68 年；日本从 1872 年（明治五年）颁布第一个《学制》到 1906 年免费普及六年制义务教育，花费了 63 年；英国从1870 年颁布《初等教育法》到 1918 年实现全国范围内的免费初等义务教育，前后为 48 年。就拿与我们国情相近的邻邦印度来看，从 1949 年印度政府批准其中央协商会议提出的在 10 年过程中对全国 6—11 岁儿童实施普及义务教育的决议，到 1984 年第六个五年计划结束时（10—12 岁）儿童受教育人数达到89.6%，也花费了 35 年的时间。

所以，中国能在短短十余年中普及初等义务教育，应视为世界教育史上罕见的奇迹，更是中国人民的伟大创举，这对于提高我国国民的整体素质、增强国家的综合国力、实现民族的伟大复兴，具有着重大的现实意义和深远的历史意义。

2. 我们以最小的代价赢得了最显著的成效。

"穷国办大教育"是我国的现实国情，但事实是，我们仅用世界上 1%多一点的教育经费支撑着占世界 20%的教育人口。而在我国有限的教育经费总额中，投于义务教育的经费更是占了较小的份额（详见表 12-1 和表12-2）。

表 12-1　学前、初等和中等教育日常教育经费占公共教育日常经费
总额的比例（1996 年）

国家	美国	日本	法国	俄罗斯	韩国	中国	印度
学前、初等和中等教育日常教育经费占公共教育日常经费总额的比例（%）	74.8	81.2	80.9	80.6	81.9	69.6	66

表 12-2　生均日常教育经费占人均国民生产总值的比例（1996 年）

国家		美国	日本	法国	俄罗斯	韩国	中国	印度
生均日常教育经费占人均国民生产总值的比例（%）	学前与初等教育	17	17	16	9	17	6	11
	中等教育	24	19	27	22	13	12	18
	高等教育	25	14	28	23	6	67	100

（均见联合国教科文组织 2000 年《世界教育报告》）

　　然而，就在这样的情况下，我国义务教育仍然取得了举世瞩目的显著成就，全国"普九"教育实现了两次历史性突破：一是 1986 年至 1990 年，有 91% 的人口覆盖地区初步普及了初等教育，全国小学适龄儿童率达到 97.83%。二是在 90 年代，1992 年正式确定了"两基"目标，并相继写进党的"十四大"报告、《义务教育法实施细则》，后来又写进《中国教育改革和发展纲要》之中；2000 年如期并超额完成了预定的"双八五"目标。

　　如果我们把义务教育的发展水平从学生入学率、学生升学率、师资学历结构、教育经费投入等方面予以衡量的话，那么有关具体统计资料更能表明"最小的代价与最显著的成效"：（1）1996 年（《义务教育法》颁布十周年时），全国已有 91% 的人口地区普及了初等义务教育，全国中小学基本做到了"一无两有"（无危房、有教室、有课桌椅），中小学危房率从 80 年代的 16% 下降到了 2% 以下。[1]（2）1996 年，我国小学净入学率为 98.8%，小学毕业生升学率为 92.6%，初中毛入学率为 82.4%。[2]（3）我国各地义务教育阶段的师资队伍的学历结构得到了较大的改善，1996 年全国小学、初中教师合格率分别为 97.6% 和 74.9%，其中学历达标分别为 88.9% 和 69.1%；2000 年，全国小学专任教师学历合格率达 96.9%，其中小学专任教师中大专以上学历的比例为 20.04%；初中专任教师学历合格率为 87%，本科及以上学历比例为 14.18%。[3]

　　3. 义务教育对我国社会的发展起到了有力的奠基作用。

　　教育是国家发展的先决条件，而"把时间、精力和资金用于基础教育，可能是对人民对国家的未来所能做的最有意义的投资"[4]。

　　改革开放二十多年来，我国教育事业获得了蓬勃发展，国民经济和社

---

①② 郭扶庚：《我国普教事业步入新阶段》，《光明日报》1996 年 4 月 15 日。

③ 《1995 年与 2000 年初中专任教师学历比较》，《教育发展研究》2001 年第 12 期。

④ 赵中建编《教育的使命》，教育科学出版社，1996，第 41 页。

会发展实现了快速增长与持续进步。1990—2000 年，我国每 10 万人口中拥有各种受教育程度的人数比以往发生了显著变化，其中，具有大学（指专科以上）程度的由 1422 人上升为 3611 人；具有高中（含中专）程度的由 8039 人上升为 11146 人；具有初中程度的由 23344 人上升为 33961 人；具有小学程度的由 37057 人下降为 35701 人；而同期 15 岁及以上人口的文盲率由 15.88% 下降到 6.72%。[①]"九五"期间，我国国民经济始终保持了 8.3% 的年平均增长率。

虽然决定经济增长的因素是多元的，但经济的发展离不开教育的智力支持却是显而易见的。从全国范围看，1982—1995 年是我国经济从复苏到走上正轨、稳步发展时期，教育对我国 GDP 增长的贡献百分比为 18.13%，其中 1982—1990 年为 21.41%。[②]这表明在经济快速增长初期，教育起到了明显的作用。其次，从省级范围看（以安徽省为例），结合表 12-3 可以看出，1994 年安徽省各地市人均国民生产总值（GNP）与平均受教育年龄具有较强的正相关关系，在不考虑其他因素的条件下，受教育年限每提高一年，人均 GNP 将提高 2136.92 元。

表 12-3　1994 年安徽省各地市人口平均受教育年限与人均 GNP

地区	人均 GNP（元）	平均受教育年限	地区	人均 GNP（元）	平均受教育年限
淮南市	3576.23	6.12	宿县地区	1697.19	5.20
马鞍山市	7172.12	6.11	宣城地区	3233.97	5.15
淮北市	3296.32	6.01	巢湖地区	2355.01	4.96
铜陵市	5131.43	5.99	安庆市	2363.35	4.98
合肥市	3270.93	5.69	滁州市	3012.50	4.91
芜湖市	3592.73	5.60	六安地区	1661.63	4.78
黄山市	2538.02	5.44	池州地区	2235.87	4.70
蚌埠市	2869.43	5.20	阜阳市	1673.30	4.58

（资料来源：安徽省统计局编《1995 年安徽统计年鉴》，中国统计出版社，1995，第 12 页；安徽省统计局编《1996 年安徽统计年鉴》，中国统计出版社，1996，第 403 页）

再者，从地市范围看（以苏州市为例），1992 年至今苏州市政府投于义务教育的经费共约 100 亿元，年增长在 15% 以上；早在 1992 年苏州全市实

---

① 国家教育发展研究中心编著：《2001 年中国教育绿皮书——中国教育政策年度分析报告》，教育科学出版社，2002，第 4-5 页。

② 刘亚荣、张兴：《北京市教育对经济增长贡献的计量研究》，《教育与研究》1998 年第 1 期。

现"普九"，初中毕业生升学率从49.7%提高到2000年的95%，其中市区达到99%以上，15周岁人口中的初等教育完成率达100%；科技教育为经济的服务能力明显增强，科技进步在工业、农业经济增长中的贡献份额由1989年的32%和37%提高到1998年的45%和52%，居当年江苏省首位。

美国经济学家、布朗大学经济学博士丹尼森在其《美国经济增长的因素和我们面临的选择》一书中指出，教育年限的增加和劳动者知识的积累对经济增长的贡献越来越大。他认为，由增加教育量而引起的劳动者的教育程度的提高，不但促进过去的经济的增长，而且有可能通过教育途径来改变未来的经济增长。正是在此意义上，我们认为义务教育作为基础教育的初级阶段，为社会生产力持续、稳定的发展提供了最根本的条件，对社会的发展起到了强有力的奠基作用。

（二）问题

不可否认，中国的义务教育历经十余年发展，至今已取得了令人瞩目的成就，在中国教育史乃至世界教育史上写下了光辉的篇章。但另一方面，当我们站在新世纪的入口，置身于世界教育改革与发展的浪潮，回顾、展望中国的义务教育时，却不难发现，由于受我国农业基础薄弱、国家财力不足、人口众多、人均资源相对不足以及地区经济和文化发展水平存在差异等多种因素的制约，我国的义务教育在共时维度上，特别是与发达国家的义务教育水平相比，仍然处在较为初级的阶段，"普九"教育达标后质量的巩固与提高依然是任重道远。

当前，我国义务教育发展中的问题主要是：

1. 具体战略实施过程中的可能性失误。

中国是世界上自然地理条件、生态人文环境、经济社会发展差异最大的国家之一，地区发展极不平衡，仅就人均GNP而言，县与县之间的差异都可能在数十倍以上。因此，全国不同地区教育发展的总体水平也就存在着明显的差异和梯度。虽然我国政府制定了"分区规划，分类指导，分步实施"指导方略与"积极进取，实事求是"的工作方针，但仅用统一的、同一的政策来指导，难以适应区域教育发展不平衡的特征及要求，并导致了事实上存在的"全线作战，遍地开花，顾此失彼"等一系列问题。

仅以义务教育的投资重心为例，20世纪90年代以前，义务教育公共投资的责任几乎完全在于市县级及其以下基层地方政府，义务教育公共经费在事实上也几乎全部来自基层地方财政。这对于广大农村地区特别是中西部农村地区以及边远、少数民族等处境不利的贫困地区来说，因自然资源贫乏、生产生活条件恶劣、经济社会发展缓慢、政府财政困难、吸收民间资金能力弱等原因，其义务教育更是处于财力、物力、人力全面匮乏的困境，严重地威胁贫困地区的教育进步，并在总体上严重困扰着中国义务教育的进一步提高。虽然教育部于 2002 年推出了"以县为主"的基础教育管理新体制，但现行的义务教育公共投资体制仍属于低重心的分权型体制，全国还有相当一部分以农业为主的县财政不能自给，地处边远、偏僻、自然地理环境恶劣区域的贫困县财政拮据，如无义务教育投资重心的适当上移、投资主体的责任与其财政能力的对称，那么缺少政府足够财力保障的许多地区尤其是国家级与省级贫困县的义务教育仍将处于举步维艰的境况。

需要指出的是，义务教育政府公共投资主体的重心过低问题绝非我国独有。欧美许多国家在实施义务教育的早期，其公共投资体制也多采用分散模式，如美、法、德等国在推行义务教育之初，都曾将义务教育公共投资的责任全部交给基层地方政府，但这种低重心的投资体制都给当时基层财政带来了沉重压力，义务教育的推进显得困难重重。对此，各国政府纷纷采取了适时调整和改革公共投资体制内部机制的对策，加大了中央和高层地方政府的投资责任，使政府投资主体的重心上移。[①]同时，对处境不利地区和群体的义务教育，各国政府均从经费上给予特别援助。针对地区差异，一些国家的免费义务教育遵循"社会贫弱阶层优先、初等教育优先"的原则，首先从经济落后、处境不利地区开始。如韩国，先从最穷、最偏僻的地区开始，经济较发达、发达地区则依次逐步实施，首尔直到 20 世纪 90 年代才普及初等义务教育，这些均可成为我国教育决策中可资借鉴的做法。

再者，我国的"普九"教育在实际的时间运筹、进程安排上也显得较为仓促。在我国政府财力不足、地区发展差异极大等情况下，欲在短短十余年时间内一步"普九"而未能真正做到切合地区与民族差异的"分步推进"（如特别困难的地区可试行"普三"或"普六"）、梯度推进，既容易使"普九"教育失去应有的激励、指导作用，也会使我国的义务教育留下诸多"盲点"，从而难以获得高的质量水准。

---

① 高如峰:《义务教育投资的国际比较与政策建议》,《教育研究》2001 年第 5 期。

2. 义务教育的非均衡发展较为突出。

教育的均衡发展是人们对于目前现实存在的教育需求与供给不平衡而提出的教育发展的美好理想与要求，但由于历史的、现实的原因，我国义务教育的发展同样存在着严重的不均衡现象：

（1）东西部差异。从全国范围看，义务教育的非均衡发展集中表现为东部与中西部地区之间教育发展水平的差异。如在国家义务教育经费的区域流向上，2000 年东部地区为 926.31 亿元（其中国家财政预算内拨款 529.26 亿元）；中部地区为 483.48 亿元（其中国家财政预算内拨款 272.41 亿元），占该年全国义务教育总投入的 26.37%；西部地区为 423.9 亿元（其中国家财政预算内拨款 283.63 亿元），占该年全国义务教育总投入的 23.12%。[1]就投入总量对比而言，东部地区超过了中部和西部两地区的总和。在师资力量配置上，1999 年西部 12 省区小学专任教师高中毕业以上学历者占 92.86%，其中滇、贵、藏低于 90%，而东部省市均为 97.28%；初中专任教师大专以上学历者占 82.70%，其中陕西仅为 78%，而东部为 88.22%。在入学机会上，1999 年东部小学学龄儿童在校学习的比例为 97.82%，西部仅 82.22%；东部小学生升学率为 97.24%，西部是 89.96%。

义务教育非均衡状况呈进一步拉大的趋势，并兼有不同程度的南北地区差异；从省级范围看，情况也相类似，一些省份如江苏等甚至兼具东西、南北地区的较明显差异。

（2）城乡差别。即城市与农村的学生在获得教育设施、教育质量和教育机会上的不均衡。受我国传统"二元社会结构"的影响，城乡义务教育无论是在国家财政预算内教育经费投入中义务教育所占比例、财政预算内义务教育经费投入水平及构成（见表 12-4、表 12-5），还是在城乡教师待遇、师生比等方面均存在着极大差异。在近年的国家财政预算内义务教育经费投入水平及其所占比例方面，每年财政预算内义务教育投入仅占总投入的 50%左右，而广大农村地区只占 30%左右。这就意味着在原有的分级管理体制下，义务教育这项最重要的国民素质教育实际上最没有财力保障。另据《定边教育行》（2002 年 7 月 31 日）反映：定边"普九"经费缺口达 4000 万元，全县最好的小学定边镇南园子苏州新区希望小学也只有图书 30 多册，全县公办教师 2568 人，县财政发放的教师年均工资每人 1320 余元；

---

[1] 彭泽平：《世纪初我国普及义务教育的区域比较及其思考》，《教育科学》2002 年第 8 期。

另有民办教师 1151 人，人均月收入仅 150 元。

也许问题还远不止于此，因为随着农村费税改革的实施，农村原有的、在事实上成为仅次于国家教育预算内拨款的第二大教育经费来源——教育附加费和教育集资已被取消，如无中央财政的大幅度转移支付，农村义务教育将不可避免地面临更加严重的困境。

表 12-4　财政预算内义务教育经费投入水平及构成情况

类别 年份	全国义务教育经费总支出（千元）	政府财政预算内义务教育支出		其中农村义务教育支出（千元）	
		数量（千元）	构成（%）	数量（千元）	构成（%）
1998	129955650	77054982	59.3	46517787	35.8
1999	144562559	84566076	58.5	5113045	35.4
2000	156325076	96455365	61.7	57479151	36.8

（资料来源：转引自中央教育科学研究所编：《2001 年中国基础教育发展研究报告》，121 页，北京，教育科学出版社，2002）

表 12-5　国家财政预算内教育经费投入中义务教育所占比例

类别 年份	预算内教育经费总支出（千元）	预算内义务教育经费总支出		预算内农村义务教育经费总支出	
		数量（千元）	构成（%）	数量（千元）	构成（%）
1995	107392509	55438498	51.62	32995822	30.72
1996	126886659	66424860	52.35	39142141	30.85
1997	143398161	74383639	52.57	43565828	30.38
1998	152830336	77054982	50.45	46517787	30.44
1999	170989240	84566076	49.46	51130045	29.90
2000	195138668	96455365	49.43	57479151	29.46

（出处同上）

（3）弱势群体（如贫困人口、流动人口、残疾人、语言和文化上有特殊需要的人群、女童和妇女、低收入人群和文盲人口等）面临不利的教育机会。因家庭经济困难而导致孩子不能上学或辍学的问题比较突出。2000年，全国小学毕业生升学率为 94.89%，最高的北京（98.99%）与最低的贵州（78.72%）相差 20.27%；[①]全国小学辍学率为 0.55%，东部仅海南超过全国平均水平，为 1.35%，上海为全国最低，仅为 0.04%；而同年西部十二个省、自治区、直辖市中只有内蒙古、宁夏、陕西、新疆低于全国平均辍学率，其余八省区均高于全国平均辍学率，西藏、青海和贵州分别高

---

① 陈敬朴：《基础教育的矛盾与对策》，江苏教育出版社，1996，第 89 页。

达 2.13%、1.39%和 1.10%。[①]

不可否认，我国义务教育的非均衡发展是一个客观存在的事实。导致这一状况的最根本原因在于区域经济文化发展水平上的差异，以及由此带来的教育的有效供给不足，但我们不能以此回避乃至否认产生这一状况的政策性因素，即教育政策的导向或偏差人为地加大了地区之间、城乡之间、学校之间教育资源配置等方面的不公和失衡。各级政府也未能充分发挥其最大职能以努力实现教育的公平，如热衷于对"重点校"的"锦上添花"而忽视了对"薄弱校"进行"雪中送炭"。如此，地区与地区、学校与学校之间原有的"剪刀差"已在"普九"教育过程中被不同程度地拉大，其差距达数倍乃至数十倍，这种状况不能不令人担忧。

3. 义务教育的经费投入严重不足。

宏观衡量一个国家的教育投资状况，我们主要是从教育投资总规模、教育投资在各级教育中的分配来加以确证，而反映政府教育投资总规模的指标通常有两个：一是政府财政性教育经费占 GNP 的比重，二是预算内教育支出占国家财政支出的比例。就教育投资总规模而言，我国财政性教育经费从绝对数上看虽是逐年上升，但相对于国民生产总值的比重却显不足。

表 12-6 所示，1990 年我国财政性教育经费占 GNP 的比例达到 3.03%，此后两年却逐步下降，随后一般徘徊在 2.5%左右。而根据联合国教科文组织的统计，1991 年世界平均公共教育经费占 GNP 的比重为 5.1%，其中发达国家为 5.3%，发展中国家为 4.1%，最不发达国家为 3.3%，而我国到 1997 年不仅没有达到 1991 年的世界平均水平，并且也低于 3.3%这一最不发达国家的指标。可见，我国财政性教育经费占国民生产总值的比重与世界平均水平相比有着很大的差距。

表 12-6　国家财政性教育经费占 GNP、GDP 的比例

年度	1990	1991	1992	1993	1994	1995	1996	1997
财政性教育经费（亿元）	563.99	617.83	728.76	867.76	1174.74	1141.52	1671.70	1862.55
财政性教育经费占 GNP 的比例（%）	3.03	2.85	2.73	2.51	2.52	2.46	2.50	2.54
财政性教育经费占 GDP 的比例（%）	3.04	2.86	2.74	2.51	2.51	2.41	2.46	2.49

（资料来源：《中国教育经费统计摘要（1990—1997）》，载《教育发展研究》1999 年第 4 期）

---

① 《1995 年与 2000 年小学生辍学情况比较》，《教育发展研究》2001 年第 12 期。

由表 12-7、表 12-8 可以看出，20 世纪 90 年代以来，我国财政收入与预算内教育拨款绝对值都持续增长，除 1993 年外，1991 年、1992 年、1994 年，预算内教育拨款的增长率均高于财政总收入增长率，但自 1995 年以后，预算内教育拨款的增长却低于财政收入的增长幅度。同时，20 世纪 90 年代以来，我国财政预算内教育拨款在教育总经费中的比重也基本呈持续下降趋势。

表 12-7　国家财政预算内教育拨款与财政收入

年份	财政收入		预算内教育拨款	
	金额（亿元）	增长速度（%）	金额（亿元）	增长速度（%）
1990	2937.10	10.21	426.14	7.15
1991	3149.48	7.23	459.73	7.88
1992	3483.37	10.60	538.74	17.19
1993	4348.95	24.85	644.39	19.61
1994	5218.10	19.99	883.98	37.18
1995	6242.20	19.63	1028.39	16.34
1996	7407.99	18.68	1211.91	17.85
1997	8651.14	16.78	1357.73	12.03
1991—1995	22442.10	16.27	3555.23	19.27
1996—1997	16059.13	17.72	2569.64	14.90

（资料来源：《中国教育经费统计摘要（1990—1997）》，载《教育发展研究》1999 年第 4 期）

表 12-8　财政预算内教育拨款与国家教育经费总支出

年份	教育经费总支出（亿元）	财政预算内教育拨款（亿元）	财政教育拨款占教育经费总支出的比重
1990	659.38	426.14	64.63
1991	731.51	459.73	62.85
1992	867.06	538.74	62.13
1993	1059.94	644.39	60.79
1994	1488.78	883.98	59.38
1995	1877.95	1028.39	54.76
1996	2262.34	1211.91	53.57
1997	2531.73	1357.73	53.63

（资料来源：《中国教育经费统计摘要（1990—1997）》，载《教育发展研究》1999 年第 3 期）

因此，我们认为教育投入不足、教育经费紧张始终是作为事实而存在的、困扰和严重制约中国教育事业发展的瓶颈。尽管 15 年来各级政府努力增加义务教育经费，但距离法律的要求和实际需要还有相当大的差距，公共教育经费一直处于严重短缺之中。20世纪90年代，中国公共教育经费占GNP的比例仍然没有突破3%，离4%的目标更是有很大距离；虽然中央、国务院为改变教育投入不足的状况也相继出台了一系列政策法规，对增加教育投入问题有过专门的规定，但由于义务教育投入尚缺乏稳定的保障机制、教育系统健全预算机制的能力还不完备等诸多原因，这些规定还没有完全落实。如《教育法》提出的教育经费"三个增长"的要求，在某些年份并未达到，少数省、自治区甚至连续几年都未达到。

从全国范围看，1995年和1996年分别有16个和21个省（含直辖市、自治区）没有达到这一要求；1999年有13个省、自治区、直辖市预算内教育经费占财政支出比例比上年有不同程度的下降。即便是在经济、教育发达的省市，教育统计资料也表明其教育投入的增长仍然落后于当地经济和社会的发展。以财政性教育经费支出占国内生产总值为例，教育发达地区如北京、天津、上海、广东等近年来一直低于2.8%，有的甚至低于全国平均水平，更低于高收入国家（5.664%）、中等收入国家（4.483%）的平均水平，这说明这些地区的政府对教育经费的投入同样不足。所以，从教育投入角度讲，我国的九年义务教育实际上一直处于低水平的发展状态。

而由教育投入的不足，带来的是一个极易被人忽视的隐性问题，即大量教育债务的无力偿还。在实施"两基"的过程中，多数地方依据"分级办学、分级管理"的体制，采取"先上马，后备鞍"的办法，经县级政府批准开展教育集资以改善办学条件，欲以后用每年征收的农村教育费附加来逐步地偿还。据不完全统计，全国范围内的教育负债已达200亿元，其中个别县甚至高达5000万元。[1]举债"普九"带来的负面效应已逐步显现，如甘肃省泾川县于2000年被确定为税费改革试点县后，停止了征收农村教育费附加和教育集资，因无力偿还债务，至今欠实现"两基"工程款689.58万元。古浪县是国家扶贫开发重点县，2000年通过"两基"验收。由于国家"二期义教工程"不安排已通过验收的县，"中小学危房改造工程"也只安排现有危房，使该县至今欠"普九"工程款2247.6万元。一些工程队上门讨债、封学校、锁教室，甚至把县政府领导和学校校长告上法庭的事件屡屡发生，由此产生的负面效应影响了改造现有中小学危房的积

---

① 胡孝玉：《探索建立与农村税费改革相适应的教育投入新机制》，《教育发展研究》，2002年第6期。

极性。①所有这些，都将影响到义务教育特别是农村义务教育的进一步巩固和发展。

4. 义务教育的整体质量有待提高。

首先，从义务教育的整体发展水平看，国家预定的"普九"教育目标虽已实现，但从某种意义上说，还只是初步的，是低水平的、不平衡的、不巩固的，甚至其中或多或少地存在着一些"水分"。一是"普九"验收的标准不够均衡或有的地区降低标准片面地追赶进度。就学制而言，目前有"六三"学制和"五四"学制，也有"五三"学制（八年学制），并不完全是九年制义务教育。据测算，1999 年全国实行小学五年、初中三年的学校数、在校生数和毕业生数分别占全国总数的 31%、25.2%和 34.1%。再如，按规定初中毛入学率应连续三年达 95%方可验收，但在某些功利性因素诱导下的突击性行为、弄虚作假现象却时有发生，有的地区只要当年达到 95%、前两年有所增长就可以验收。②而且，"普九"验收只注重考查普及率，不重视考查教育教学质量，把"普九"当成了年限教育。二是一些已经通过验收的地区，地方政府产生了思想松懈的倾向：认为目标已经实现，继续推进的观念渐渐趋于淡薄；认为"普九"是阶段性工作目标，以后的重心可以上移到普通高中教育或高等教育……由于认识的不到位，出现了放松持续投入致使指标下滑等问题，影响着义务教育达标后质量的巩固与提高。

其次，从"普九"普及率、适龄儿童辍学率、失学人数等情况看，义务教育尚未能完全尽其"义务"。截至 2000 年，全国尚有 15%的人口地区尚未"普九"，其中 6%左右的人口地区未验收普及初等教育，约 2%的人口地区尚不能普及 5—6 年小学教育甚至 3—4 年的初小教育。而三片的西部 9 省区实现"两基"的人口覆盖率只有 42.26%，初中毛入学率平均仅为 42.3%，二片 13 个省实现"两基"的县市人口覆盖率也只是 81.87%，即使一片 9 省区也还有 6 个县尚未"两基"验收。同时，由于全国"五三"学制占三分之一、适龄流动儿童少年达数百万、每年辍学学生近百万等因素的影响，义务教育实际普及率与统计数字相比有偏差，如初中的实际按时

---

① 中央教育科学研究所编《2001 年中国基础教育发展研究报告》，教育科学出版社，2002，第 8 页。

② 国家教育发展研究中心编著：《2001 年中国教育绿皮书——中国教育政策年度分析报告》，教育科学出版社，2002，第 46 页。

毕业率就要低于统计数字。此外，表 12-9 和表 12-10 也分别说明：1994—1999 年，在小学阶段辍学率逐步下降的同时，初中辍学率却有所回升；1985—1990 年，虽然未入学儿童的比例在逐年降低，人数也在逐年减少，但到 1990 年仍有 211.4 万适龄儿童不能上学。从其地域分布情况可知，这些失学儿童主要是集中在农村的贫困地区。

表 12-9 1994—1999 年全国义务教育阶段辍学率情况（%）

	1994 年	1995 年	1996 年	1997 年	1998 年	1999 年
小学阶段辍学率	1.85	1.49	1.1	1.01	0.93	0.9
初中阶段辍学率	5.11	3.98	3.0	3.14	3.23	3.28

（资料来源：教育部发展规划司：《中国教育事业发展统计简况》[1994—1999]）

表 12-10 1985—1990 年全国适龄儿童失学情况统计

	1985 年	1986 年	1987 年	1988 年	1989 年	1990 年
适龄儿童数（万人）	10362.3	10067.3	9750.9	9723.9	9699.1	9740.7
未入学率（%）	4.05	3.24	2.81	2.81	2.56	2.17
未入学儿童数（万人）	419.50	326.43	273.70	273.00	248.40	211.40

（资料来源：根据 1985—1990 年中国教育统计汇集）

再次，从义务教育阶段的教育教学质量看，由于受到首位因素即旧的教育教学观念的束缚，教育实践中应试教育的倾向仍然大量存在，应试与升学在很大程度上依旧成为学校追求的"唯一目标"和"终极目的"。虽然以人为本、以学生发展为目的的教育理念已得到传播，但相当一部分学校管理者与教师受其自身思维定势和长期习惯的教育管理模式、教育教学行为模式的制约，素质教育的观念并未能真正转化为具体的教育管理、教育教学行为，无论是学生的主体地位还是符合素质教育要求的教学方式、学习方式、教育教学评价制度等均未能真正确立，学校还远未成为所有学生学习、生活的乐园。相反，片面追求升学率的重心不断下移，却使得学生的人格缺失、厌学心理乃至犯罪现象等问题不断增多、趋重；变相的"减负"带来的却是"家教"反弹、家庭"加负"等不和谐现象，学生尤其是初中、农村初中的学生的学习负担并未有多少实质性的减轻。苏联教育家马卡连柯指出：教育工作中"百分之一的废品，就会使国家遭受严重的损失"。因此，如何发挥政府的杠杆作用并借助于科学的、具有过程性与发展性的学校教育教学评价观念和制度等手段，使素质教育的实施符合真正的素质教育，是政府应尽的一项责任。

5. 义务教育的督导评估制度相对滞后。

教育评估是对教育活动满足社会与个体需要的程度作出判断的活动，是对教育活动现实的或潜在的价值作出判断，以期达到教育增值的过程。在我们肯定教育督导评估对义务教育的发展所曾发挥的作用时，还必须看到对义务教育的督导评估尚有许多不尽如人意之处。

由于原有的督导评估体系在实质上是以选拔为主要目的，所以导致这样一些主要问题:(1)评估标准上，由于国家对义务教育中的教育教学质量、学校基本设施、师资配备等没有制订必要的教育基准，没有统一、科学、具体的评估指标体系作参照，使得评价过程中主观性因素很大，最终导致义务教育实际质量的参差不齐。(2)评估内容上，重视外在形式，轻视实质内容。在评估一个地区、一所学校是否达标时，更多的是注重其数量或外在形式，如普及率、升学率、教师合格率以及基础教育设施的数量、优劣等，而不是重视其内在的质量，即学生全面发展的质量、教师教育教学的发展水平。也就是说，还没有建立起符合素质教育要求的质量评估机制。(3)在评估方式方法上，重视结果而忽视过程。这对于保证教育投入和基本设施的达标虽有一定的效果，但在如何提高指标的有效达成度、长期保持其水准方面却显不足，为验收中的造假、"掺水"提供可能。(4)在评估对象上，重学校轻政府。把义务教育纯粹当成学校行为，忽视了在义务教育方面对政府应尽行为的督导和评估。

如果说教育督导评估的权威性是建立在一个良好的运行机制、一支高素质的督导队伍的基点上，那么运行机制的不足进一步导致了学校教育教学评价观念和评价制度的滞后。调查资料表明，目前相当一部分学校在教育教学评价方式上仍偏重于考试，考试的数量和类别也存在着许多超负荷现象;在评价功能和目的上，较多注重达标性内容与终极性评价，忽略了考试的诊断、反馈、激励等功能;在评价内容和考试内容上，过于偏重对学生学业成绩尤其是知识量的评价，考试内容较为陈旧，忽视了对学生创新精神和实践能力的培养。所有这些，都不利于学生素质的培养、提高以及义务教育宗旨的贯彻落实。

三、义务教育：一路平安

21 世纪，要求义务教育必须有一个飞跃性的发展和深刻的变革，才能适应国家发展、民族振兴和国际竞争的需要。在总结中国义务教育得失的基础上，我们应当本着"规划长远，顾及当前"的原则，促进义务教育与其他教育的协调发展，确立振奋人心而又可能实现的新发展目标，以达标后的巩固提高为主要任务，从思想观念、体制机制、政策法规等方面继续全面推进我国义务教育的进程。因此，我们认为必须着力做好以下几方面的工作：

（一）尽快建立国家义务教育基准，尤其是农村学校的建设基准和中小学教师的工资。实施基准是法律规定的政府行为，不应是学校行为

国家义务教育基准，是指国家对义务教育各项指标最起码的、最基本的要求和规范。如一个学校应有多少人、应具备什么条件、应有哪些机构及设施，等等，国家均应有起码的标准，并借助于立法的形式加以确立和保障。目前，我国义务教育基准在总体上还不完善，多是高标准的示范性基准，而缺乏低标准的基准。通过义务教育基准的设定，既可避免政策导向的人为偏差，又可为各地提供科学的参照标准，使之根据自身经济发展状况、人口状况等，确立起本地区教育基准，从而逐步缩小地区教育发展的差距。

在农村义务教育问题上，政府需在认真调查研究的基础上进行科学的分类指导，使农村不同地区在教育的目标、进度、步骤乃至办学模式等方面，更适合当地的实际情况。为确保农村税费改革后教师工资和日常管理的基本费用，政府应致力于健全普及义务教育经费和教师待遇的县级统筹制度，实行财政统一发放教师工资的制度，将保障教师工资的责任上移或适当集中，由中央和高层次地方政府分担主要责任。同时针对各地学校所存在的问题，要求各级地方政府严格执行国家义务教育基准，把实施基准视为法定的政府行为。

（二）尽快建立国家教育数据库，将全国的义务教育实施情况上网，接受全社会的监督

教育政策的制定必须依靠科学的决策，而科学的决策又是建立在真实

可靠的数据上的。虽然我们不能说建立数据库、运用数据库作为管理决策就是绝对科学、绝对可靠的，但借助科学可靠的数据库、科学的数理统计方法和决策程序，提高教育管理决策的客观性和准确性却是毋庸置疑的。当前，我们一方面必须加快全国教育数据库建设，以此建立义务教育"信息源"、国家义务教育信息网，并根据不同时期、不同地区的具体情况，适时、适地的聘请全国各地教师作为兼职教育信息员，加强对义务教育的检查与反馈，并将全国的义务教育实施情况上网以接受全社会的监督。另一方面，还必须尽快地构建起符合我国国情的义务教育监测指标体系。以控制初中辍学率为重点，将九年义务教育按时毕业率和16周岁人口初中毛入学率作为重要指标，把"普九"复查和素质教育评估相结合，把对贫困地区义务教育发展目标的宏观监测和具体调控措施相结合。

在鼓励建立和发展教育质量评价和监督的社会中介组织，建立教育内、外部对教育质量的双重评估和监控，形成评价主体多元、教育方式多样的教育评价制度的基础上，把义务教育的督导评估与各级地方政府的干部考核任用相结合，对实施不力者在客观分析其原因后可随时予以行政处分乃至罢免。

（三）尽快建设国家教师培训网站与基地，确保义务教育的师资队伍与基本经费

实施素质教育，课程与教学内容改革固然是确保高质量义务教育的关键，但在义务教育逐步从"量"的发展转向"质"的发展与提高的过程中，教师的质量无疑是关键的关键。因为"没有教师的主动发展，就很难有学生的主动发展；没有教师的生命质量的提升，就很难有高的教育质量；没有教师精神的解放，就很难有学生精神的发展；没有教师的教育创造，就很难有学生的创造精神"[1]。

针对目前中小学教师队伍建设中确实存在的一些困难和矛盾，如教师队伍整体素质与实施素质教育以及教育现代化的要求不适应、专业化水平不高、教师结构性矛盾突出等，并考虑到初中入学高峰还将持续一段时期、八年义务教育向九年义务教育过渡等因素，建议政府：（1）尽快运用教育现代化手段，建立国家教育信息平台，将优秀教育理论家讲演、优秀教师

① 叶澜等：《教师角色与教师发展新探》，教育科学出版社，2001，第3页。

课堂实录刻成光盘或输入网络，由国家购买并免费提供，以实现优质教育资源最大程度的共享。（2）"十五"期间，应把全部解决"民办教师"、数十万"代课教师"问题确定为工作重点，保证教师尤其是农村教师合格率。（3）制定优惠政策鼓励高校毕业生到边远贫困地区定期任教、志愿者定期支教扶贫，通过多种形式解决边远贫困地区教师短缺问题。（4）在基本保持目前教师总数的前提下，通过调整、流动、进出、上下等途径逐步优化教师队伍，提高教师质量、扩大教育服务。（5）把教师培训作为 21 世纪学校制度建设的重点，并在义务教育二期工程资金中设立专项资金用于国家贫困地区的教师培训，要求各校能根据本地的实际情况，为全体教师提供培训进修的学习机会。

（四）继续加大对于义务教育的经费投入，扩大为义务教育筹措经费的
　　　渠道，解决义务教育的负债问题

众所周知，在知识经济挑战面前，发展中国家在经济和科技实力方面与发达国家并非处于同一起跑线上。"在全球化的市场上，在争夺销售市场的竞争中，劳动力的技能水平和素质正越来越成为竞争者之间拉开差距的因素"[①]，这即意味着发展中国家和发达国家之间的差距实际上是"知识差距"。如何尽快、尽可能地缩短这一差距？深化教育体制改革、加快教育制度创新、继续加大对义务教育的投入，无疑是极为重要的举措。虽然理论界对于义务教育是"有多少钱就办多少事"还是"因为要办多少事必须给多少钱"曾有过争论，但正如世界银行的专家们在《21 世纪中国教育战略目标》的报告述评中所建议的："中国不能等待一套强有力的税收体系完全建立并且税收充足的条件具备了，再来解决投资平衡问题。""用明天的钱投资于今天的教育"，应成为政府和各级地方政府的共识。只有这样，政策和制度才能在真正意义上成为推进义务教育持续发展的最大资本，义务教育、义务教育后的质量与规模的提高和扩展，才会真正成为现实。

当然，从另一方面看，就我国现有国力而言，要求教育投入在短时期内有大幅度的上升，既不现实也不可能。明智的做法是：在最大限度地增加经费投入的同时，克服原有投入中资源浪费惊人的现象，提高义务教育公共投资的内、外部效益；继续拓宽义务教育投资渠道，尽快形成和完善以财

---

① 联合国教科文组织国际教育发展委员会编著：《学会生存》，教育科学出版社，1996，第74–75 页。

政拨款为主、多渠道筹措资金的体制，加大对高校、"名校"的转制力度，把挪出来的经费投入义务教育。针对"普九"教育中大量教育债务的无力偿还，政府应通过充分利用有关法律法规、及时制定消赤减债措施等途径，尽快消除举债"普九"所带来的负面效应，从而为我国义务教育特别是农村义务教育巩固和持续稳定发展创造必要的条件。

（五）改革义务教育低重心的分权型投资体制，加大国家的统筹力度，加大对于弱势群体的教育支持力度

很显然，我国原有的低重心投资体制曾给各地基层财政带来了沉重压力，而现今农村税费改革更是给农村义务教育的推进带来了整体性困难。

为此，建议政府采取适时调整和改革公共投资体制内部机制的对策，明确各级政府的投资责任，合理分摊公共经费，建立由中央和地方各级财政分担的机制，改变现行义务教育公共投资分担主体的重心过低现象；对农村贫困地区应规定义务教育的最低财政标准，低于标准者则由中央、省级财政自上而下地通过建立规范化的转移支付或专项补助制度给予财政支持；对只能"普三""普四"或"普五""普六"的全国最贫困县，由中央和省两级财政按比例共同分担其全部义务教育事业费，县级财政只负担其基本建设费。此外，为最大限度地实现教育平等和公正，政府应在坚持贯彻促进受教育者利益最大化、矫正平等与补偿平等原则的前提下，大胆尝试、推行"教育特区"的教育发展战略。

（六）在西部地区和贫困地区实行义务教育的免费制度，通过国家专项补贴，解决贫困学生的课本、学习用品、交通和午餐等问题

许多国家的义务教育都是从边缘地区和贫困地区开始的，从对贫苦阶层进行重点帮助开始的。如日本制定了对处境不利地区（如海岛及边远地区）进行特别教育扶助的法律；韩国在1967年制定了《岛屿、偏地教育振兴法》，规定国家优先保证岛屿、农渔村、山区、矿区等艰苦地区实施义务教育的经费。

世界上大部分国家的义务教育采取了许多免费的办法（参见表12-11）。

表 12-11   世界上部分国家实施义务教育的年限及内容

	国家	义务教育年限	减免学费等措施及范围
1	以色列	13	免学费
2	文莱	12	免学费，免费教科书
3	比利时	12	免学费
4	英国	12	免学费
5	荷兰	12	免学费
6	美国	12	免学费，低收入家庭学生免费午餐，有的州轮流使用免费教科书
7	新西兰	12	免学费，免费教科书
8	朝鲜	11	免学费，轮流使用免费教科书，免校服、伙食费用
9	马来西亚	11	免学费
10	新加坡	11	免学费
11	加拿大	11	免学费
12	澳大利亚	11	免学费
13	法国	10	免学费，贫困学生免费教科书，补贴交通和午餐
14	俄罗斯	10	免学费，贫困学生全部或者部分免费教科书，补贴交通或者住宿
15	亚美尼亚	10	免学费
16	挪威	10	免学费
17	葡萄牙	9	免学费，贫困学生免费教科书，补贴交通或者住宿
18	日本	9	免学费，免费教科书，免部分午餐费
19	韩国	9	免学费，免费教科书（小学生全部免，初中除六大城市外免费）
20	泰国	9	免学费，贫困农村免午餐费，自行车出借学生
21	奥地利	9	免学费
22	德国	9	免学费
23	波兰	9	免学费
24	瑞典	9	免学费，免费教科书、交通和午餐
25	瑞士	9	免学费
26	芬兰	9	免学费，免费教科书，午餐、医疗保险免费，困难学生交通补贴
27	埃及	9	免学费，免费教科书，边远农村全部免费
28	古巴	9	免学费，免费教科书
29	马达加斯加	9	免学费
30	突尼斯	9	免学费
31	罗马尼亚	8	免学费、免费教科书、免费医疗和心理诊疗
32	科威特	8	免学费、免费教科书
33	印度	8	免学费
34	意大利	8	免学费
35	保加利亚	8	免学费
36	巴西	8	免学费
37	蒙古	8	免学费，贫困学生轮流使用免费教科书
38	津巴布韦	7	城市收取一定费用，农村免费
39	叙利亚	6	免学费
40	菲律宾	6	免学费
41	毛里求斯	6	免学费
42	越南	5	免学费，贫困学生轮流使用免费教科书
43	孟加拉国	5	免学费
44	赤道几内亚	5	免学费

（资料来源：国家教育发展研究中心）

以上可以看出，凡是实行义务教育的国家，几乎都选择了免学费的政策，对于农村和边远地区，也都有特殊的政策。在我国地区发展非常不平衡的今天，在西部许多教师工资还有困难，学生无法顺利进入学校的今天，为这些地区和特定人群采取特殊的政策，是一件迫在眉睫的事情。

"在当今世界上，没有任何一个国家受过良好教育的人民是贫穷的，也没有任何一个国家愚昧无知的人民是不贫穷的。"如果说凡是为孩子们着想、使孩子们健康成长的事业，都是净化人的心灵、提升人的精神、规范人的行为、激发人去创造的事业，那么义务教育就应当成为这样的事业，这才是对中国义务教育应有的思考。

第十三章　均衡发展：几家欢乐几家愁

当一座座投资超过亿元的现代化示范性高中在沿海城市拔地而起的时候，云南等边远地区的一些小学生还正在室外的大石头上写字——这是华东师范大学霍益萍教授在《基础教育再把脉》一书中给我们描述的场景。一个个触目惊心的事实告诉我们：教育的差距在扩大，教育的非均衡发展日趋严重！东部与西部、城市与农村、重点学校与普通学校，教育的投入、教师的收入竟然相差几倍甚至十多倍！教育的非均衡发展，使教育的"马太效应"更加突出，人才、资金、资源等不断涌向强势地区和强势学校，而薄弱地区和薄弱学校只能眼巴巴地看着"孔雀东南飞"，人才城镇流。真是"几家欢乐几家愁"！

一、非均衡：差距在扩大

教育的均衡发展是一个历史范畴。随着时代的进步，其内涵也在相应地发生着变化。在世界上大多数国家为实现义务目标而努力的时候，教育均衡发展的主要含义是为更多的人提供更多的教育机会；在世界上大多数国家基本普及义务教育后，教育均衡发展的价值取向是为所有的人提供基本的教育；在社会的经济、政治、文化进步达到一定的水平后，教育均衡发展的具体目标是为尽可能多的人提供尽可能好的基本教育。

世纪转换之际，我国教育的均衡发展之所以成为人们关注的课题，根本原因是在相当长的历史时期内，我国教育发展沿着非均衡发展格局演进，并产生相当多的问题。在20世纪90年代，国家为了均衡地发展教育，采取了若干重大措施。1995年，《中华人民共和国教育法》颁布。法律规定，国家根据少数民族地区和经济发展相对落后地区的特点与需要，帮助各少数民族地区发展教育事业，扶持边远贫困地区发展教育事业。在法律酝酿过程中和颁布之后，中央政府启动了"贫困地区义务教育工程"，面向中国内地少数民族地区和边远贫穷地区提供帮助，发展这些地区的教育事业，为青少年儿童提供更多的教育机会，期望减小教育的差异。在20世纪90年代，政府"贫困地区义务教育工程"影响涉及全国22个省份和自治区，义务教育扶贫资金的总计投入约为人民币100亿元，兴建了56921所学校。[①]就中国本来并不发达的经济状况而言，上述追求均衡地发展教育事业的努力应该说是显著的和令人鼓舞的。然而，现实告诉人们，教育的非均衡发展依然突出。

（一）教育资源配置呈现非均衡形态

在过去的10年中，教育经费的绝对数保持稳定的上升趋势。教育经费从433.9亿元上升到1357.73亿元，上升幅度达到213个百分点。但是，巨大的教育经费数额并不是各级学校、各地学校和各类学校平等享有的。以基础教育经费分配为例，不同阶段学校学生、不同区域学校学生所享有的生均教育经费存在显著差异。1999年，按全国平均计算，普通高中生均经费是2695.90元，城市初中和农村初中生均经费分别是1101.84元和861.64元，城市小学和农村小学生均经费分别是625.36元和519.56元。[②]教育经费的分配呈现普通高中高于初中和小学，城市学校高于农村学校的形态，其间悬殊相当明显。这一现象典型地说明了教育资源配置的非均衡性质。这种差异说明，受教育者由于接受不同阶段的基础教育，或者在不同区域

① 《国家贫困地区义务教育工程工作概况》（2000），见中华人民共和国教育部网站 http：//www.moe.edu.cn/gc/yiwu edu/index.htm。

② 参见杨周复主编《中国教育经费统计年鉴》（1999），根据第363-383页整理，中国统计出版社，2000。

接受基础教育，将会因而实际上享有着不同数额的教育经费。

　　基础教育生均经费分配非均衡现象更为突出地表现于发达地区与边远落后地区。北京和上海普通高中生均经费分别是 5704.85 元和 7935.50 元，江苏和广东分别是 3506.45 元和 4194.72 元，贵州和宁夏分别是 1253.65 元和 1290.81 元；北京和上海城市初级中学生均经费分别是 3009.84 元和 3523.46 元，江苏和广东分别是 1580.61 元和 1619.71 元，贵州和宁夏分别是 520.78 元和 866.14 元；北京和上海农村初级中学生均经费分别是 1948.50 元和 3137.51 元，江苏和广东分别是 1102.97 元和 1309.26 元，贵州和宁夏分别是 390.08 元和 779.25 元；北京和上海城市小学生均经费分别是 1808.49 元和 2621.16 元，江苏和广东分别是 830.66 元和 1095.73 元，贵州和宁夏分别是 296.44 元和 648.50 元；北京和上海农村小学生均经费分别是 1328.21 元和 2142.16 元；江苏和广东分别是 655.71 元和 893.65 元，贵州和宁夏分别是 260.10 元和 612.11 元。[①]以上不同地区分别代表我国发达城市、发达地区和边远落后地区。在基础教育阶段，不同地区之间的生均经费差异幅度超出一倍以上。这样的情形昭示，我国教育的非均衡发展大面积地存在于不同地区之间。

　　（二）教育资源分配差异呈现扩大趋势

　　在 1994 年至 1999 年期间，全国基础教育阶段生均教育经费明显增长。但是，增长并不是平均地表现于基础教育阶段的各级学校的。在此期间，普通高中生均经费增长 1162.17 元，增幅 75.77%，城镇初中生均经费增长 353.21 元，增幅 47.17%，农村初中生均经费增长 246.16 元，增幅 39.99%；城镇小学生均经费增长 236.87 元，增幅 60.97%，农村小学生均经费增长 189.96 元，增幅 57.63%。[②]这些数据表明，截至 1999 年，高中生均经费增长高于初中和小学，城市初中生均经费增长高于农村，城市小学生均经费增长高于农村，基础教育不同教育阶段生均教育经费增长差异扩大。统计数据表明，在过去的几年中，不同区域基础教育学校生均经费的增长幅度差距特别明显。在 1994 年至 1999 年间，上海普通高中生均教育经费增长 1786.98 元，增幅 55.09%，高出全国平均水平 9.01 个百分点，城

　　①② 参见杨周复主编《中国教育经费统计年鉴》(1999)，根据第 363–383 页整理，中国统计出版社，2000。

镇初级中学生教育均经费增长 966.84 元，增幅 55.22%，高出全国平均水平 16.59 个百分点，农村初级中学生均教育经费增长 978.91 元，增幅 81.26%，高出全国平均水平 41.04 个百分点，城镇小学生均教育经费增长 747.98 元，增幅 61.01%，高出全国平均水平 20.05 个百分点，农村小学生均教育经费增长 670.1 元，增幅 66.21%，[1]高出全国平均水平 24.78 个百分点。如果考虑到上海和全国各级各类学校生均经费原有基数的差异，那么会发现，与全国平均水平相比，上海基础教育阶段学校生均教育经费增长额度实际上更高。

与上海形成对比，作为全国比较落后的地区，贵州各级各类学校生均经费增长数额和幅度都低于全国平均水平，更低于上海的水平。在此期间，贵州普通高中生均教育经费增长 349.31 元，增幅 38.63%，低于全国平均水平 37.14 个百分点，低于上海 106.00 个百分点；城镇初中生均教育经费增长 137.82 元，增幅 35.99%，低于全国平均水平 11.18 个百分点，低于上海 65.26 个百分点；农村初中生均教育经费增长 88.55 元，增幅 29.36%，低于全国平均水平 10.63 个百分点，低于上海 131.08 个百分点；城镇小学生均教育经费增长 106.58 元，增幅 56.14%，低于全国平均水平 4.83 个百分点，低于上海 57.93 个百分点；农村小学生均教育经费增长 92.92 元，增幅 55.02%，[2]低于全国平均水平 2.61 个百分点，低于上海 56.65 个百分点。这些数据告诉人们，不同区域基础教育阶段学校学生享有不同的教育资源，其间差距极大，而且随着时间的推移，差距日益扩大。

（三）教育资源分配呈现校际差异

一项区域性研究发现，某地重点中学与非重点中学学生生均经费方面存在差异。重点中学财政拨款生均经费人民币 700 元，非重点中学生均经费 610 元；在 90 年代，重点中学逐年享有附加经费，1991 年人民币 2 万元，1992 年 8 万元，1993 年 28 万元，1994 年 73 万元，1995 年 220 万元，1996 年 500 万元，而非重点中学没有附加经费。

---

①② 参见杨周复主编《中国教育经费统计年鉴》(1999)，根据第 363—383 页整理，中国统计出版社，2000。

二、非均衡发展：负面效应显现

教育的非均衡发展滋生了极为明显的消极后果，这些消极后果对我国社会公平和社会进步均有着极大的负面效应。

（一）非均衡发展导致不同地区人口教育程度产生差异

毫无疑问，不同地区人口教育程度差异与其经济、文化和社会发展差异高度相关，但是，这一现象与基础教育管理体制同样高度相关。

20 世纪 80 年代后，我国实行基础教育分级管理体制。在这样的体制下，地方政府承担所辖区域内的基础教育管理职责，一些边远落后区域由于自身经济相对落后，因而没有足够的财力支撑和促进基础教育的发展。这种状况直接导致基础教育的非均衡区域发展。1998 年，在全国 6 岁以上人口中，大专教育程度者所占比例 2.78%，高中教育程度人口所占比例 11.15%，初中教育程度者所占比例 33.04%，小学教育程度者所占比例 39.79%，文盲所占比例 13.70%；北京和上海两地大专教育程度者所占比例分别高出全国平均水平 13 个百分点和 7.12 个百分点，高中教育程度者所占比例分别高出全国平均水平 14.09 个百分点和 13.56 个百分点，初中教育程度者所占比例分别高出全国平均水平 0.5 个百分点和 1.92 个百分点，小学教育程度者分别低于全国平均水平 17.02 个百分点和 18.5 个百分点，文盲所占比例分别低于全国平均水平 7.83 个百分点和 4.56 个百分点；而贵州和云南两地大专教育程度者所占比例分别低于全国平均水平 0.98 个百分点和 1.65 个百分点，高中教育程度者所占比例分别低于全国平均水平 5.12 个百分点和 5.56 个百分点，初中教育程度者所占比例分别低于全国平均水平 10.25 个百分点和 10.75 个百分点，小学教育程度者所占比例分别高出全国平均水平 4.25 个百分点和 9.11 个百分点，文盲所占比例分别高出全国平均水平 11.43 个百分点和 8.41 个百分点。这些数据表明，虽然在 90 年代晚期，地区之间 6 岁以上人口教育程度差异略有缓和，但初中以上阶段，不同地区人口的教育程度差距仍然显著。而这样的差距显然与不同地区的基础教育发展差异高度相关。[①]

① 参见中华人民共和国国家统计局编《中国统计年鉴》（1999），根据第 120-121 页计算整理，中国统计出版社，2000。

（二）教育的非均衡发展导致不同民族人口教育程度产生差异

以汉族人口集中的江苏和西藏、广西两个少数民族人口相对集中的地区为例，能够清楚地看到这一点。1998 年，在 6 岁以上人口中，西藏和广西两地大专以上教育程度者分别所占比例 0.13% 和 0.99%，分别低于江苏 3.04 个百分点和 2.18 个百分点；高中教育程度人口分别所占比例 1.13% 和 7.21%，分别低于江苏 11.63 个百分点和 5.55 个百分点；初中教育程度人口分别所占比例 26.98% 和 31.99%，分别低于江苏 25.76 个百分点和 0.75 个百分点；小学教育程度人口分别所占比例 42.62% 和 48.48%，分别高出江苏 8.02 个百分点和 13.87 个百分点；文盲人口所占比例 49.10% 和 11.63%，其中西藏文盲人口所占比例高出江苏 32.54 个百分点，广西文盲人口所占比例低于江苏 5.23 个百分点。在初中以上阶段，两个少数民族地区人口教育程度所占比例均低于江苏，其中西藏尤其突出，该地区不仅初中以上教育程度人口所占比例低于江苏，更为严重的是文盲人口远远高出江苏。这种情形表明，基础教育管理体制没有能够为少数民族改变自身落后的基础教育状况提供更多的帮助，缩小少数民族地区与其他地区之间的差距，因而使少数民族地区人口教育程度在 20 世纪 90 年代处于相对不利或落后的境地。

（三）教育非均衡发展导致社会中的一些群体面临不利的教育机会

教育的非均衡发展不仅表现于不同地区，同时还表现于同一区域和同一教育阶段的不同学校之间，并形成重点中学和一般中学的分别。前者受到政府的重点支持，享有较高的声望，具有较高的教育质量，而后者无论是在教育质量上，还是在办学声誉上，抑或在办学设施和经费数额方面，均无法与重点中学相比。以普通中学为例，重点普通中学在师资素质、教育设施和升学率各个方面都远远优于一般中学。在重点中学的师资中，52.1% 教师具有本科学历，40.2% 教师具有专科学历；在一般中学，两项数据分别是 21.0% 和 58.2%。重点中学校均实验室 26 间，非重点中学校均实验室 7 间；重点中学人均图书 25 本，一般中学人均图书 11 本。重点高级中学升入高等学校的比例几乎达到 100%，其中绝大多数毕业生升入本科高等学校。一般中学的毕业生升入高校的比例大致徘徊于 50% 左右，而且能够升入高等学校的毕业生中的大多数人进入高等专科学校。重点中学与一般中学的分别一方面引发了普遍的从幼儿园、小学到中学的择校浪潮，另一方面，使一些出身于无力通过金钱、权力和社会关系择校家庭的受教育者面临相当不利的处境，形成了阶层教育差异。这种差异是基础教育非均衡发展最为深刻的负面效应。从这一角度可以看出，基础教育非均衡发展并不是一种单纯的教育问题，而是在一定意义上成为一种社会问题。一项调查（样本：13511 人）告诉人们，在我国本科院校中，出身于不同职业家庭的学生分布明显不平衡。相对于不同职业的从业人口数，农民和工人家庭出身的学生在本科高等学校学生总数中所占比例与农民和工人的从业人口数量极不相称。以父亲职业为标准分类，国家党政机关干部和企事业单位负责人在从业人口中所占比例只有 2.02%，但是，他们的子女在本科高等学校学生总数中的比例却高达 15%。如果加上调查所列的管理人员的子女，这一职业阶层子女在本科高等学校学生总数中所占比例达到 23% 以上。相形之下，农民及其相关职业从业人口在整个从业人口中的比例高达 69.36%，但他们的子女在高校学生中的比例只有 29.4%。专业技术人员家庭的子女在教育过程中同样处于优势。这一职业的从业人口在整个从业人口的比例是 5.43%，他们的子女在高等学校学生总数中所占的比例是 13%。[①]这一现象说明，基础教育的非均衡发展实际上成为阶层教育差异的重要致因。换言之，家庭职业地位较低的学生，在基础教育非均衡发展过程中，总体上处于相对不利的地位。

统计数据还显示，在农林牧渔职业和生产工人、运输工人职业从业人员中，教育程度较低者占有很大的比例。在农林牧渔职业者中，初中教育者所占比例为 33.05%，小学教育程度者所占比例为 45.62%，文盲和半文盲所占比例为 19.19%；而高中教育程度所占比例只有 4.12%，大专以上教育程度者所占比例几乎没有统计意义；在生产工人、运输工人中，教育程度较低者同样占大多数，其中初中教育程度者所占比例为 53.25%，小学教育程度者所占比例为 23.17%。这些数据表明，中国内地农林牧渔职业和生产工人、运输工人职业从业人员整体教育程度极低，与各类专业技术职业、国家机关、党群组织和企事业单位负责人职业的从业者相比，教育程度相

---

① 参见陆根书《高等教育成本回收：对我国大陆大学生付费能力与意愿的研究》（哲学博士论文建议书），56 页，香港中文大学教育学院，1999 年 6 月 12 日；全国人口抽样调查办公室：《全国 1% 人口抽样调查资料》（1997），根据第 185–227 页整理，中国统计出版社，1998。

去甚远。因此，倘若现行的基础教育非均衡发展的模式维持不变，其结果是，农林牧渔职业和生产工人、运输工人等职业从业人员的教育程度、文化素质将持续低劣。如果这种状态得不到改善，将会导致地位较低的职业阶层无法改变其职业地位，持续面临不利处境。

（四）教育非均衡发展助长了性别教育差异

如前所述，教育非均衡发展的一种重要表现是同一区域的同一层次学校被分为重点学校与一般学校。这种差别不仅导致阶层教育差异，而且助长了性别教育差异。

教育非均衡发展对性别教育差异发生作用的机制是，其一，在重点学校与一般学校的格局下，受到传统的重男轻女观念的影响，一些没有能力为子女择校的家庭更多地让女性儿童接受一般学校的教育，而由于重点学校的教育质量无可争辩地高于一般学校，因而，更多的女性儿童实际上面临不利的教育境遇，并在接受一定程度的教育后放弃接受教育。这种情形在广大农村地区是人们公认的事实。其二，由于女性儿童在教育中面临不利的处境，因而，她们在进一步接受教育的过程中实际上持续性地处于不利境地，在整体上无法与男性受教育者竞争。

因此，基础教育的非均衡发展导致处境不利的人群面临日益不利的境遇。在本质上，这是一种扩大差异的教育发展策略。

在 20 世纪 90 年代，我国女性在教育过程中始终处于不利境地。在 1990 年，我国高等教育阶段明显存在性别差异。当年在普通高等教育阶段，女生在学生总数中所占比例为 33.7%，明显低于男生，只有约男生比例 66.3% 的一半多；在中等技术学校和普通中学中，女生在同类学校学生总数中所占比例分别是 42.4% 和 41.9%，两种比例均显著低于男生。

1998 年的数据大致保持 1990 年的势态。在教育的各个阶段，随着教育层次的上升，女生面临越来越为不利的境况。在小学和幼儿园阶段，男女学生比例差距并不太大，这一差距与人口总数中的性别比例大致相符。但是，进入普通高等学校后，女生比例明显低于男生。男生占高等学校学生总数的 61.69%，女生占高等学校学生总数的 38.31%，两者相差 23.38 个百分点。应该承认，性别教育差异的成因极为复杂，我们不应该将之完全归于基础教育非均衡发展。然而，可以肯定的是，基础教育的非均衡发展体制中没有包容对女生更为有利的目标和取向。

在现实中，我国社会总人口中各级教育程度人口性别比例相当不平衡。全国人口抽样调查数据说明，在 6 岁以上人口中，在文盲和半文盲层次上，女性人口所占比例为 70.01%，男性人口所占比例为 29.99%，两者相差近40 个百分点；在小学层次上，男女人口各占 50%，没有明显的差异；在初中教育程度人口中，男性人口所占比例为 57.25%，女性人口所占比例为42.75%，两者相差 14.5 个百分点；在高中教育程度人口中，男性人口所占比例为 57.26%，女性人口所占比例为 42.74%，两者相差 14.52 个百分点；在高等教育程度的人口中，男性人口所占比例是 63.29%，女性人口所占比例是 36.71%，两者相差 26.58 个百分点。

除小学阶段外，在其他所有教育阶段，女性人口都处于明显的劣势。

我国社会从业人口中性别不平衡现象同样存在。在 1998 年，在全部从业人员中，大专教育程度男性人口所占比例是 4.1%，女性所占比例是2.7%；高中教育程度男性所占比例是 13.4%，女性所占比例是 10.2%；初中教育程度男性所占比例是 43.3%，女性所占比例是 33.8%；可以看出，在初中以上教育程度的从业人口中，女性所占比例均明显低于男性。但是，在小学教育程度和文盲层次上，女性所占比例分别是 36.7%和 16.5%，两个指标都高于男性。这种状况说明，在从业人口中，男女性别比例明显不平衡，女性处于明显不利的地位（见表 13-1）。

综观我国社会中受教育程度人口性别分布和从业人口中性别分布的不平衡现象，如果听任目前学校教育中存在的性别差异自然发展，那么，在未来，我国社会总人口中性别教育程度差异和从业人口中性别教育程度差异将会更为严重，并成为影响我国教育事业发展、教育质量提高和整个社会进步的障碍。

表 13-1   1998 年分性别从业人员受教育程度（单位：%）

	不识字	小学	初中	高中	大专以上
平均	11.5	7.2	16.5	34.2	31.9
男	36.7	38.9	43.3	33.8	11.9
女	13.4	10.2	3.5	4.1	2.7

［资料来源：国家统计局《中国统计年鉴》（1999），173 页，北京，中国统计出版社，2000］

将性别教育差异与基础教育非均衡发展联系起来，呈现在人们视野中的是中国社会中男尊女卑的文化传统，而基础教育非均衡发展强化着这一传统。在总体上通过教育养成着女性与其阶层和职业地位相称的品质与生活行为习惯，这一特点告诉人们，基础教育发展没有因为时代的进步，而给予女性更多的机会，相反，却弱化了女性接受教育尤其是接受高等程度教育的可能性。

在实践中，教育非均衡发展还有着其他负面表现。其一，由于上述问题的存在，我国政府在"义务教育扶贫工程"中的努力成效受到抑制。我国政府一方面竭力缩小不同地区、民族教育发展的差距，扩大教育机会，而另一方面却未能淡化地区、民族、阶层、性别和资源等方面的差异。更为突出的是，非均衡发展实际上潜在地包容了整体向优倾斜的价值取向。质量、层次较高的学校和经济发达地区的学校往往能享有更多的资源，就读于其中的学生能够接受更好的教育。质量、层次较低学校和经济发展水平相对较低的学校获得的资源相应地较少，就读于这样的学校的学生所能享有的资源和教育质量明显是次等的。这种向优倾斜政策直接淡化了社会的公正价值。

其二，教育的非均衡发展还铸成学校等级意识和学生等级意识，并将这样的意识发散至整个社会。在竞争重点学校的压力下，相当多的学生在教育过程中受到不平等待遇。产生这种现象的主要原因是，在竞争之下，学校和教师被迫将注意力投放于有望进入高质量学校的学生身上，而忽视学业成绩一般和较差学生的需要。部分学业成绩一般的学生不仅没有愉快地接受教育的体验，有时还会遭受歧视，甚至要中途放弃学业。

其三，教育的非均衡发展状态直接否定了补偿平等价值。补偿平等的基本含义是对处境恶劣的受教育者实行补偿，缩小其与处境优良的学生之间的差异。但是，无论是从教育机会或资源分配来看，我国基础教育的非均衡都是对补偿平等的直接否定。

三、教育均衡发展：理想与保障

在实践中，教育非均衡发展忽略了地区、民族、阶层、性别和平等多元价值。我们认为，在我国现阶段，非均衡发展政策应该逐步淡出，取而代之的应该是均衡地发展教育。

第一，贯彻教育平等原则。这一原则包括入学机会平等和资源分配平等。

在入学机会上，不仅要保证每一名适龄儿童和青少年能有学校入读，而且还应切实地进一步消解基础教育阶段学校之间的差异。为此，应在基础教育阶段实行无差别的个人入学机会平等原则和学校之间教育资源分配的平等原则。只有这样才能真正体现《中华人民共和国教育法》的平等精神。法律规定的平等教育机会应该是指人生教育起点入学机会的平等，更应该包括人生基础教育阶段的教育资源平等和所享有的教育质量平等。保证基础教育阶段中的学校之间的教育资源平等和教育质量平等，其实是保障受教育者教育过程平等和教育成功概率平等的基本条件。缺乏这样的条件，就没有教育机会的真正平等，其他一切平等设想和措施也都会落空。这种情况显然不能体现《中华人民共和国教育法》的平等精神。因此，消解基础教育阶段学校之间的差异，以及贯彻基础教育阶段学校入学机会平等原则和学校之间教育资源分配平等原则，是真正克服基础教育非均衡发展的基本途径。

第二，贯彻促进受教育者利益最大化原则。

这一原则是美国学者莱伊·道格拉斯（Rae Douglas）提出的处理平等问题的最为重要的原则。在莱伊看来，人们可以从多种角度理解平等。其一，区分平等对象。从这一角度来看，平等的对象包括简单的无差别个人平等、组内平等和组际平等；个人平等是指每个具体的个人无差别地享有平等的机会。无记名投票选举中的每一票的价值都是等同的，因而是个人平等的典型例证。组内平等是指将不同的平等对象分为不同的组别，追求每组内部成员的平等，而忽略组与组之间的平等。组际平等是指将平等对象分为不同的组别，追求组际平等，而忽略组内平等。男女平等的主张便是这样的平等。因为无论是何种女性主义，其间的一个共同特征就是追求男女之间的平等，而没有顾及女性内部的平等。其二，明确资源平等类型。在这里，平等的内涵包括边际平等和整体平等。前者是指将可以平等化的资源平等地分配于平等的对象，而不考虑每一对象原有的基础和这种基础所造成的分配结果的不平等。后者是指当可供平等化的资源少于平等化的要求资源时，不平等地分配可以平等化的资源，以求缩小或扩大分配结果上的差异。其三，阐明平等原则。多种平等取向加以组合，可以获得多种平等选择。因此，平等引起的争论实际上与人们在不同选择意义上讨论平等有一定的关系。面对多种选择，莱伊提出了选择平等的原则，包括平等考虑、差别对待和利益最大化原则。平等考虑原则是指人人皆应获得平等的待遇；差别对待原则的内涵是指，如果人们存在差别，应该对之实行差别对待，而差别对待的前提是"平等考虑"，即在平等的基础上和观念上以不同的方式对待不同的对象；利益最大化原则是处理平等考虑和差别对待的准则，这一准则要求平等或差别待遇切合平等化对象，符合平等化对象的利益。

莱伊的思想给人们的启发是，就我国现实的经济、文化和社会整体的发展水平而言，实现基础教育的绝对的均衡发展任重道远。在现阶段，我们能够做的是吸取莱伊的思想，设计适合我国国情的基础教育发展政策。这样的政策应该包含，其一，在教育资源方面实践整体平等原则，促使教育资源倾斜流向条件较差的学校、村镇学校、落后地区和少数民族地区，缩小同一层次、类型学校之间的差异和不同地区之间的差异，尽量淡化受教育者由于进入不同学校或处于不同地区而形成的教育资源分配不平等。其二，在价值取向上选择利益最大化原则。无论为受教育者提供何种教育机会，采用什么原则分配教育资源，都应该平等对待、差别对待和最大化原则并重，其中尤其重要的是应该最大化地促进受教育者的利益。利益最大化原则应该是逐步缓解教育差异，迈向均衡地发展基础教育的可行的和现实的思路。

第三，贯彻矫正平等和补偿平等原则。

这是美国学者科尔曼（Coleman James）提出的消解教育差异的原则。[1]矫正平等的内容是采取经济措施补偿那些能力优秀但没有优越背景的人；补偿平等的核心问题是对那些生来基因不良，或者处于恶劣环境中的人进行补偿。科尔曼开拓出新的探讨教育平等的思路，对人们认识和评价教育平等具有重要的启发意义。事实上，我国政府已经循着以上途径作出努力。其突出标志是《中华人民共和国教育法》专门规定，扶持和帮助少数民族地区和落后地区发展教育事业。政府特别设立专门的扶持贫困地区和少数民族地区的教育基金，促进这些地区的教育发展。提出这些法律规定的前提正是认可矫正平等和补偿平等的设想，并据此促进不同区域之间受教育者的教育平等和整个社会中受教育者的教育平等。此外，基础教育阶段各级学校的助学金制度也在试图缩小教育差异，这一制度尝试减轻一些出身于低职业阶层家庭的受教育者的经济负担，帮助他们面对不利的境况。

---

[1] 科尔曼：《教育公平和成就》（*Equality and Achievement in Education*），西部视点出版社，1990，第 1 章。

不过，所有前述法律规定和相应的制度安排应该更为广泛地贯彻于整个基础教育领域，不仅使来自欠发达地区、少数民族地区、较低职业阶层的受教育者和女生优先获得教育机会与资源，而且还克服基础教育非均衡发展产生的各种教育问题，使这些法律规定和制度安排能发挥出更为突出与重要的作用。

以上建议应该有助于舒缓甚至改变我国教育尤其是基础教育阶段非均衡发展滋生的问题。但是，实施基础教育均衡发展，最为根本的前提是人们需要改变基础教育的发展观念，从法律精神上正确理解基础教育均衡发展的内涵和价值。

在我国教育法规中，支配教育事业发展的一项重要原则是教育的公共性准则。这一准则贯穿于我国多种层次的教育法规之中，理应成为指导教育发展的法规精神。我国《宪法》第三十六条规定，公民"有宗教信仰自由"；"国家保护正常的宗教活动。任何人不得利用宗教进行破坏社会秩序、损害公民身体健康、妨碍国家教育制度的活动"。这一规定表明，我国保护公民宗教信仰自由和参加宗教活动的自由，但与此同时，实行教育与宗教分离。《中华人民共和国教育法》第八条对此进行了进一步的明确规定："教育活动必须符合国家和社会公共利益。国家实行教育与宗教分离。任何组织和个人不得利用宗教进行妨碍国家教育制度的活动。"贯穿于《宪法》和《中华人民共和国教育法》的这些规定说明，坚持教育的公共性，是贯穿在教育活动中的一项基本法规原则。

教育法规公共性原则之所以构成基础教育均衡发展的法律基础，是因为：其一，这一原则坚持教育面向全体社会成员提供服务，围绕整个社会的公共利益和国家利益运行。根据教育的公共性原则的这一含义，教育的服务对象是全体社会成员，而非社会的一部分人群、特定的阶层或特定的利益团体。同时，学校教育应该与整个社会的公共利益和国家利益保持一致，促进社会公共利益和国家利益，任何损坏社会公共利益和国家利益的教育现象都应该被禁止。基础教育的非均衡发展无疑与教育的公共性原则相悖。

其二，教育的公共性原则要求，学校应该与一切特定阶层或利益集团分离，拒绝服务于任何特定阶层或利益团体的利益。如果教育受制于社会的特定阶层或利益团体，那么将无法真正服务于全体社会成员，无法与整个社会的公共利益和国家利益保持一致，并促进社会利益和国家利益。正因为如此，教育法规的公共性原则要求一切公立学校教育都应当拒绝主要面向特定的社会阶层或利益团体提供服务。非均衡地发展基础教育的格局，本质上将可导致教育偏向社会的某一阶层或团体的利益。显然，这是法律精神所禁止的。

其三，教育的公共性原则规定，国家保障各级各类教育的主要经费。这是保障整个国家教育制度的公共性的基本前提。在实践中，国家保障各级各类教育的主要经费意味着"国家建立以财政拨款为主，其他多种渠道筹措教育经费为辅的体制，逐步增加教育的投入，保证国家举办的学校教育经费的稳定来源"。同时，"国务院及县级以上人民政府应当设立教育专项基金，重点扶持边远贫困地区、少数民族地区实施义务教育"。国家保障教育经费，形象地体现了"谁掏钱，谁点唱"的市场利益法则。只有国家保障教育经费，才能真正保证教育的公共性原则。在市场经济条件下，如果教育是由一个特定的利益团体或宗教组织兴办的，而且经费来源受到特定的利益团体或宗教组织控制，那么，这样的教育必然听命于特定利益团体或宗教组织，为特定的利益团体或宗教组织服务，而无法面向全体社会成员提供服务。在这里，教育的公共性原则实际上从最为基本的资源方面保障教育面向全体社会成员提供服务，相应地，教育资源的配置应该坚持公共性原则。

其四，国家实行相对稳定、统一和完整的学校教育制度，为教育真正面向全体社会成员、社会公共利益和国家利益提供基础。国家通过规定相对稳定和统一的教育制度，使教育真正成了社会和国家的事业。在这样的制度框架下，各级各类学校都成为整个社会和国家教育系统的一个组成部分，其培养目标、发展方向、教育性质、课程内容都受到国家和社会的规范，各级各类学校乃至整个教育系统得以与社会和国家的需要保持一致，符合社会和国家的利益，并促进社会发展和国家进步。《中华人民共和国教育法》第二章规定：国家实行学前教育、初等教育、中等教育、高等教育的学校制度。国家建立科学的学制系统。学制系统内的学校和其他教育机构的设置、教育形式、修业年限、招生对象、培养目标等，由国务院或者由国务院授权的教育行政部门规定。《中华人民共和国教育法》的这些规定充分说明，整个学校教育制度由国家统一规定，学校教育制度中的各级各类教育均须符合国家统一的规定，而国家通过规定学制所希望实现的基本宗旨正是教育的社会价值。《中华人民共和国教育法》的同一章规定了教育基本制度的具体内容，包括国家建立九年制义务教育制度、职业教育制度、成人教育制度、教育考试制度、学业证书制度和学位证书制度。这些具体的制度内容，尤其是其中的义务教育制度，为实现教育法规的公共性原则奠定了基础，并进一步明确了教育的公共性，即教育面向社会和国家提供服务的性质，而做到这一点，必然需要基础教育的均衡发展。

其五，国家规定任何组织和个人不得以营利为目的举办学校及其他教育机构。教育法规公共性原则的这一含义在举办学校的操作层面上规定了学校教育的服务方向，即学校和其他教育机构的举办应当服从社会和国家的利益，而不得以营利为目的。倘若学校以营利为目的，其出发点和归宿就不可能是社会和国家利益，同样，也无法面向全体社会成员提供服务。正因为如此，《中华人民共和国教育法》第二十六条规定：国家制定教育发展规划，并举办学校及其他教育机构。国家鼓励企业事业单位组织、社会团体、其他社会组织及公民个人依法举办学校及其他教育机构。任何组织和个人不得以营利为目的举办学校及其他教育机构。这样的规定从否定的角度界定了基础教育均衡发展思路。遵循这一思路，实行基础的均衡发展，将会导致基础教育中的重点学校减少或消失，从而阻塞基础教育服务个人利益或集团利益的通道。

其六，教育的公共性原则明确规定，教育应当与宗教分离，禁止任何宗教团体干涉学校教育活动。这是教育法规公共原则的重要内容。实行教育与宗教分离，是世界各国教育法规公共性原则的当然内涵和重要准则之一。《美国联邦宪法》的第一条修正案禁止国家或任何官方"钦定"宗教，要求国家与教会之间保持分离。这一规定同样适用于教育，并且意味着教育应当与宗教分离。在加拿大，政府只允许宗教组织或教会举办的学校宣传教义，组织宗教仪式，而禁止任何公立学校举办宗教仪式和宣传教义。教育法规公共性原则将实行教育与宗教分离列为重要内容的主要原因是，宗教只是社会的一部分成员的活动和事业，而不是整个社会的事业和国家的事业；宗教与教育追求的目标相异，前者追求彼岸的幸福，而后者追求全体社会成员现世的福利；宗教与教育的权威标准相异，前者以某一特定的上帝的旨意作为评价一切的最终标准，而后者服从代表全体社会成员共同意志的意识形态，前者的蔓延和强盛，必然冲击和弱化后者，进而影响社会的稳定，禁止任何个人和组织利用宗教干涉教育活动，实际上在最为深刻和广泛的范围内消解了宗教利用任何权威性和系统性机构，有意识地扩展影响和势力的基础，这一规定与全体社会成员的根本利益是一致的；两者的作用效果相异，前者成为信仰深深内化于人的内心世界，后者引导人们掌握科学文化知识，形成人们的一般的和专门的能力；两者的作用途径不同，前者通过人的内心体验影响人的行为，后者通过帮助人们掌握知识，形成观念，增强人们认识和改造自己的主观世界和客观世界的能力。总之，教育和宗教之间存在着巨大的鸿沟和分明的界限。正是如此，世界上绝大多数国家构建教育法规公共性原则时，都将教育与宗教分离列为重要内容。这一原则没有涉及基础教育的发展，然而，却给出了教育面向全体社会成员和利益的暗示。循着这样的暗示，基础教育理所当然地应当走均衡发展之路，唯有这样的道路才能确保教育的公共性质。

教育的公共性原则不应是停留在法律文本中的抽象内容，而应成为指导教育发展的基本原则。在基础教育阶段，尤其是基础教育阶段的义务教育过程中，法律规定的教育的公共性原则应该得到更为充分的体现。因为义务教育是国家、社会、学校、家庭保障的，全体适龄儿童接受的国民教育。义务教育的意义在于其肩负实现我国社会主义现代化，提高全民族素质和整体社会生产力水平的历史使命。因此，如果说公共性原则是支配整体，是支配整个教育事业的基本法规原则，那么，基础教育应该是整个教育系统中责无旁贷地遵守这一原则的起始阶段。缺少基础教育的公共性，其他教育阶段和环节的公共性就会成为空中楼阁。

其七，教育的公共性原则，要求教育的工作母机——教师培养的过程与配置体现公共性。一方面，教师是整个教育的工作母机，教师的质量直接影响着教育的质量，目前教师队伍总体素质不高，而且优秀教师"孔雀东南飞"的现象非常严重，农村优秀教师往县城、城市方向流动也在逐步加剧，因此建议恢复师范大学招生的免费制度，鼓励优秀的贫困学生报考师范大学，毕业以后建立服务期制度，让他们在西部地区和边远农村服务一定期限，优秀者期满后可以免试攻读硕士学位或优先出国进修，也可以另行选择就业岗位，这样确保优秀的教师能在最基层工作。

另一方面，西部发展的关键是教育，是人口资源向人力资本转变。没有一支高素质的教师队伍，就没有西部教育的发展，也不可能有西部的真正发展。免费培养教师制度，可以为西部的教育质量提供基本的保证。

袁振国教授说过："教育的均衡化是一种理想，终极目标永远不可能达到。因为不可能达到，才值得我们去追求，去为之奋斗。"推进教育的均衡发展，尤其是基础教育的均衡发展，首先是各级政府的重要职责，同时也是我们教育理论工作者应该为之努力和呼吁的。

第十四章　"老九"再咏叹

上篇的《"老九"咏叹调》就 20 世纪 80 年代末教师的政治、经济地位以及身心健康状况等问题进行了讨论，同时，呼吁在致力提高教师素质的同时，也应切实提高教师的地位，从而使高地位与高素质形成良性循环，让教师成为令人羡慕的职业。十余年过去了。如今，知识经济的浪潮汹涌而至，世界教育改革的步伐日新月异，科教兴国战略已成全民的共识。值此，作为教育改革的关键性因素——教师，是否已经成为现实中令人向往的职业？

的确，党和政府为改善和提高教师队伍的待遇与积极性，已采取了一系列的措施，"尊师重教"口号的一再被提出，有力地说明国家对教师在教育改革乃至民族振兴中的地位与作用所给予的充分肯定。1993 年以来，国家相继颁布了《中华人民共和国教师法》《教师资格条例》《〈教师资格条例〉实施办法》《中小学教师继续教育规定》等法律法规和规章，各地有关教师的地方性立法的进程加快，《教师法》的地方性配套法规陆续出台。这些法律法规的出台，为维护教师合法权益，提高教师地位和教师队伍的整体素质提供了基本的法律保障，为教师队伍建设与管理走上法制化、规范化轨道奠定了坚实的基础。事实上，已经有相当一部分教师正从过去较为窘迫的生活状态中逐渐地走出。

随着社会转型的不断加快、经济结构的日益重组，特别是下岗人员剧增的情况下，人们的目光已被市场之手拂拭得日趋现实，教师职业也如"沉舟侧畔千帆过"的一舟，在人们心目中的"行情"日益见涨。然而，所有这些，是否足以表明今天的教师已经有了实实在在的物质保障，社会地位得到了真正的确认？他们心中是否依然有着不为人知的愁苦与辛酸？

一、诗意地栖居与现实的困窘

"人，诗意地栖居在大地上。"德国诗人荷尔德林的这句话，总是给人以无限的遐思，作为深受中国传统文化浸染的知识分子群体，多少有些向往魏晋士人那种和谐的精神、淡泊的风骨以及他们对生活中的自由、趣意和美的体验。然而，现实生活中的教师还远不是"诗意的栖居者"，因为——

（一）教师的物质待遇尚缺乏有力的保障

不可否认，教师的物质待遇在总体上与以往相比，确实有了一定的提高；但也无可置疑，教师职业依然没有物质上的相对优裕。据有关资料表明，在我国国民经济 16 个部门中，教师的收入曾处于倒数几位，而香港地区教师的待遇在各行各业中居中高水平。对此，李瑞环同志也曾指出："基础教育教师的待遇仍然偏低，目前许多地方中小学教师特别是农村中小学教师的收入与许多行业相比，存在很大的差距。"难怪有人说，教师职业作为太阳底下最光辉的职业，其实带来的并不是实际的待遇，在很大程度上教师也许只是一群精神贵族。而经济地位的实质性偏低与收入的不稳定，已成为当前教师流动乃至跳槽的一个无须回避的现实性因素。

众所周知，任何一个从事社会职业的公民都有权利按时领取社会报酬。《教师法》第八章第三十八条就明确规定："地方人民政府对违反本法规定，拖欠教师工资或侵犯教师其他合法权益的，应当责令其限期改正……并对直接责任人员给予行政处分；情节严重，构成犯罪的，要依法追究刑事责任。"可现实状况并没有想象中的那么乐观。

以教师工资的发放为例，拖欠教师工资仍是较为普遍的现象：1993 年，拖欠教师工资现象遍及二十几个省区，总额达十亿元以上；有的地方拖欠公办教师工资额达 2580 元 / 人，民办教师 3700 元 / 人。截至 2000 年 4 月，除北京、上海、天津、浙江、西藏 5 个地区外，有 26 个省、自治区、直辖市都存在着拖欠教师工资现象，累计拖欠额达 135.65 亿元。2001 年，国家教育督导团办公室提供的《全国部分省区基础教育督导情况分析》资料也表明：部分地区拖欠教师工资问题依然比较严重。在其检查的 8 个省中，只有浙江、江苏两省能按中央统一规定的工资项目及标准发放教师工资，河

南省尚有 15 个县拖欠教师工资，甘肃省拖欠 13.8 亿元，四川省拖欠 4.68
亿元，海南省拖欠 2.34 亿元，吉林省拖欠 10.17 亿元，福建省拖欠 5962.7
万元（主要是 2001 年 6 月以前的积欠工资）……

"忧道不忧贫"固然是教师应有的一种价值取向，但若连最基本的生活
保障这一正常要求都无法满足，我们又有什么样的理由去要求教师安于清
贫？教师的工资确实是有了较大幅度的增加，但若只是止于工资卡上数字
的增加或领到的只是白条，那又与画饼充饥何异？特别是在带有些许"笑
贫不笑娼"的畸形社会氛围中，教师职业的社会地位又从何显现？必须以
物质待遇为标尺吗？也许，应该是的，因为一种职业社会地位的高低说到
底是要由社会利益分配的格局来体现，而不是靠报纸吹出来或是靠表彰一
两个典型人物托起来的；待遇的高低与收入的多少虽不能绝对影响教师的职
业声望，却是衡量一个人或一种职业社会地位的重要标准。教师在意的仅
仅只是经济地位吗？当然不是！否则我们将无从理解：为什么在政府采取增
加工资、解决住房等措施后，教师职业依然未能足以成为吸引优秀人才的
职业？为什么人才流动政策一执行，竟会有那么多人甚至包括一批能干的
人要离开教师职业？

（二）教师的健康状况依然令人担忧

我们先看这样一些报道——

《现代教育报》的一篇《透支：让教师生命质量打折》的报道中写道："北
京市二十二中的孙维刚老师在人们的痛惜声中离去仅一年光景，中央财经
大学的肖梅花老师在上完当天的六节课后，也倒在了教学楼旁的自行车棚
前……39 岁的肖梅花老师的死亡证明书清楚地昭示了她的死因：休克原因
待查，多器官功能衰竭，重症胰腺炎。抢救肖梅花的医生说，她是死于心
力交瘁、透支过度……"

中山大学、广东外语外贸大学等高校以问卷方式，抽样调查了广东省
19 所高校的 8662 人。问卷根据健康程度不同分为健康、亚健康、前临床状
态和疾病状态四种。问卷调查结果显示，广东高校教师不同程度健康比例
分别是健康占 10.40%、亚健康占 69.18%、疾病状态占 20.42%，广东高校
教师平均寿命比全国人均寿命低 10 岁。调查结果还表明，教师的亚健康状
态随着年龄、性别、学历、职称的不同而不同：亚健康状态以 30—40 岁的
教师发病率最高，总体来说健康状况男教工不如女教工，学历为本科人群

的健康率较低，健康者和亚健康者的比例随职称的提高而明显降低但患病率却明显提高。[①]

20世纪90年代前期，"上海市小学教师心理健康问题研究课题组"公布的题为《小学教师心理健康心理问题不容忽视》报告显示：上海市小学教师心理健康问题的检出率达48%，其中12%有明显的心理症状，2%程度较为严重。

据对辽宁省14个地市、168所城乡中小学的2292名教师的抽样检测表明：有51.23%的教师存在心理问题，其中32.18%的教师属于"轻度心理障碍"，16.56%的教师属于"中度心理障碍"，2.49%的教师已构成"心理疾病"。

据《北京市卫生统计资料汇编》显示，2001年北京市人口平均寿命75.85岁，但知识分子平均寿数要低于该数字。其中，教师的寿命偏低。

据国家中小学生心理健康教育课题组报告，广州天河区2002年对部分教师采取心理健康测试表（SCL-90）进行测试，结果表明，有69%的教师感到压力大，嫉妒情绪、焦虑情绪的出现率比较高。

…………

"春蚕到死丝方尽，蜡炬成灰泪始干。"千百年来，人们已经习惯了用"春蚕""蜡烛"来歌颂、要求教师，并进而形成了一种思维定势：教师就是应该讲奉献——倘若教师不具备呕心沥血、固守清贫的形象，无疑将被视为有损"人类灵魂工程师"的"光辉"；是否吐尽了最后一缕丝、燃干了最后一滴"泪"，则是衡量一个教师好与坏的尺度。而当人们把教师是什么的说明演变为教师应该是什么的价值判断时，教师作为普通人的一面已被社会无意或理所当然地忽视了，教师"也是凡夫俗子，在生活的真实中渴望生活的真爱"之类的呼声已被众声喧哗所淹没。难道教师的价值仅仅在于奉献？抑或这是教师的必然本分？

（三）教师的权益难以依法得到保护

《中华人民共和国劳动法》第三十六条规定：国家实行劳动者每日工作时间不超过八小时、平均每周工作时间不超过四十四小时的工作制度。第四十条规定：用人单位在下列节日期间应当依法安排劳动者休假——元旦、春节、国际劳动节、国庆节，以及法律、法规规定的其他休假节日。

[①] 参见吴春燕《警惕教师亚健康》，《光明日报》2003年7月24日。

但在调查中我发现，目前我国中小学教师的工作时间严重超出国家规定，劳动强度之大令人难以置信。有些学校教师一天的工作时间长达 15 个小时：早晨 5 时 50 分至上午 11 时 25 分，中午 12 时至下午 5 时 15 分，晚上 5 时 40 分至 9 时 10 分。在许多学校，双休日对教师来说已是一种奢侈，甚至连寒暑假也被用来为学生补课。据统计，我国中小学教师人均日劳动时间为 9.67 小时，比其他岗位的一般职工日平均劳动时间高出 1.67 小时，其中睡眠时间比一般职工平均少 1 小时，娱乐时间少 0.5 小时左右，积累起来，年超额劳动时间为 420 小时。虽然《教育法》第三十四条中规定："国家保障教师的合法权益，改善教师的工作条件和生活条件，提高教师的社会地位。教师的工资报酬、福利待遇，依照法律、法规的规定办理。"但是依据《教师法》却又无法保护教师作为劳动者的权益，因为《教师法》第三十九条规定："教师对学校或其他教育机构侵犯其合法权益的，或者对学校或者其他教育机构作出的处理不服的，可以向教育行政部门提出申诉，教育行政部门应当在接到申诉的三十日内，作出处理。"而校长一般是由教育行政部门任命的，受理教师申诉意见的，很可能是校长本人或者上级教育行政部门，这就加大了教师的申诉难度。如果教育行政部门对申诉不予理睬或者消极对待，申诉制度就成了一种摆设。

举个例子。某学校制度规定：损害学校荣誉或越级上访滋事的，扣款 200 元 / 次；被举报或查实以教谋私或从事有偿家教的，扣款 100 元 / 次；为人虚伪，不守诺言，或在公开场合顶撞领导的，扣款 50 元 / 次；"日记课"有学生做其他事情的，教师扣款 30 元 / 次。这些规定明显是侵犯教师权益的，可是教师由于没有申诉渠道，也只得被迫接受。虽然学校作出规定的出发点也许是善意的，但合理不等于合法，校方的权威又怎能凌驾于法律之上？

（四）师生关系的令人尴尬

时下，教师们纷纷感叹师生关系的难处：现在的独生子女越来越难教，既没以前的孩子"听话"，也没以前的孩子那么肯吃苦；学习好的学生十有八九认为是自己智商高、自身努力的结果，教师并没什么功劳可言，如此不免让教师产生一种不被接受的失落感；成绩差的学生其家长总是倾向于埋怨教师没有尽到责任，常常用较为隐喻的说法提及"自己的孩子以前学习是如何的好"，言下之意似乎是"怎么一到你这（班级或学校）就不行了"。

这又总让教师产生一种不被理解的委屈感。师生间固然需要讲求自由、平等，但对那些尚缺乏教育经验的年轻教师来说，与学生交往有时实在难以把握好"度"，过于讲民主吧，学生可能会爬到你头上，不讲民主吧，又会说你专制；对违反校纪校规且屡教不改的"顽固分子"进行以理服人、以情动人的谈话吧，他（这类学生）大多是过耳就忘，如若你一时耐不住火，敲了他一下，他立马会说你体罚或是违反了《中华人民共和国未成年人保护法》，甚至一些不问青红皂白的家长还会在包里装着法院诉状，上门向你讨个说法或扬言法庭见，总之你得有下岗的思想准备……而原有的师生间的那种和睦与融洽，那种让教师虽然身处物质的相对贫乏但精神总感满足，因为有"桃李满天下"的骄傲和欣慰，如今似乎已成为一种温馨的回忆。

当前的师生关系也确实让人觉得尴尬甚至有时有点叫人寒心——一项对百名教师与学生的随机调查是："你热爱学生吗？"90%以上的教师回答是："是。"然而在向这百名教师所教的学生询问："你体会到老师对你的爱了吗？"结果却有90%的学生回答是："没有体会到！"

某重点中学里的学生，毕业时留在黑板上的几个大字不是"感谢您，老师"，而是"解放了！自由了"；某国家级重点中学的学生在高考前甚至相约在走过"黑色七月"后，首先要把某任课老师痛打一顿，因为平常被他"练、考"得够呛，以至感到不可忍却一时不得不忍。

有一则骇人听闻的恶性事件是："2001年4月25日，南京一位中学女教师被一名初中二年级男生打成重伤……"

而《三湘都市报》则报道：2003年7月9日下午6时30分左右，郴州市一名教师在该市苏仙菜市场买菜时，被人一刀捅死，时年38岁。据了解，被害人肖才明系郴州市第二中学高中物理教师，是一位敬业精神强、为人好的优秀教师。犯罪嫌疑人肖明曾是该校学生（现已毕业离校两年），在校时与同学关系极差，多次与同学发生过冲突（曾用铁棍将一名同学打成重伤），为此遭到了班主任肖才明老师的严厉批评，但肖明不仅不服教育，反而一直耿耿于怀……[①]

原因的归结，在多数教师看来更多是在于学生以及家长素质的低下、人心的变异，所以一些老师对年轻教师的"告诫"或自我宽慰是：这年头，别和学生谈感情！

---

① 湖南郴州2003年7月13日讯，记者王文隆，通讯员古月、周涵帅。

对此，人们不禁要问：现在的师生关系到底怎么了？新型的师生关系究竟应该如何定位？

二、揭开教师的"斯芬克司之谜"

"斯芬克司之谜"是一个古希腊神话故事，谜底是"人"。而我们知道教育的对象也是"人"，在崇尚人的自由与尊严、高扬人文旗帜的今日，我们一直在努力倡导教师应当把学生当成一个真正的人来对待，即便他还是一个成长中的人，也不能成为我们可以无视乃至剥夺其为人之权利的理由和借口。然而，在我们对教师提出这一要求的同时，我们是否一直也在实际上忽视了教师为"人"的一面？可曾真正地走进过教师们的真实世界去倾听他们的感受？当批评教师似乎已经成为一种时尚时，谁又曾真正明了他们内心的痛苦与无奈？不被人理解而又无处、无法言说，谁又能说这不是一种悲哀？特别是当他的学生说"老师，我钦佩您，但我不想成为您"时，那何尝不是一种心酸？

教师的咏叹也许只能是教师这样一个群体的自艾自怜，但人们在称誉教师为"太阳底下最光辉的职业"时，却为何不能理解教师缘何而叹？教师职业是崇高而艰辛的，以拖欠教师工资问题为例，表面上看是经济问题，其实却反映了教师的实际政治地位和社会地位的矛盾与冲突；造成这一问题的原因虽然也是多样的，但问题的实质却在于"领导重视不够，这是问题的根本"。所以，从根本上来说，造成教师数十年的一叹，我认为关键是在于整个社会对教师职业价值认识上的偏差！

职业声望，是人们对一种职业的总体评价。它不仅与一种职业所固有的特征有关，更与人们对这种职业所具有的特征的认识有关。那么，教师职业的声望又如何呢？据1995年北京青年联合会委托零点市场调查与分析公司调查发现，家长最不希望自己的孩子从事的职业是：集体企业职工（0%），个体户（0.3%），中小学教师（2.8%）。不难看出，教师职业在当时的声望还是比较低的。

即便从现今教师职业在人们择业时的权重已有所增加这一现象出发，也未必就能得出人们对教师的职业价值已经有了完整性的认识。因为在更为严格的意义上或者说从更为抽象的角度看，无论是中国古代、近代还是现代，社会对教师职业价值的认识在总体上主要是强调其对于社会的工具价值："尊师重教""师道尊严"的传统古已有之，但古代社会强调的是"师"对"道"的工具价值。近代社会对教师职业价值的认识虽然有所变化，即由古代的传道变为近代的传播科学、文化与知识，由服务于培养官僚、臣民发展为培养推动社会发展进步、能参与民主政治的新民，但依然是停留在外在的工具技术层面，并未真正地涉及教师职业的内在价值。新中国成立至 20 世纪 90 年代以前，与历史相似，社会看重的还是教师劳动的外在社会价值，还是把教师劳动的性质看作传递性而非创造性的工作；人们用"春蚕""红烛""园丁"等来赞美教师，主要是缘于教师"无私奉献"的品格，却"并未涉及教师职业劳动对教师本人现实生命质量的意义，并未涉及教师能否在日常的职业工作中感受到对自己的智慧与人格的挑战、对自己生命发展和生命力展现的价值，感受到因从事这一职业带来的内在尊严与欢乐的满足"。

虽然自 20 世纪 90 年代以来，随着中国社会转型的加快、教育在社会发展中的重要作用日益清晰地被党和国家所认识，但原有的社会观念、社会认识作为一种历史的传统与深厚的文化积淀，依然以其巨大的惯性根深蒂固地影响着人们的行动和思维。暂且不提"教育先行"等国策在各级地方政府那里真正落实得如何、给教师带来了多少实质性的收益，仅就教师自身而言，也还没有能够形成职业自我意识的广泛觉醒，未能对教师职业的内在价值、劳动本质予以思考和发现。而当教师自己的职业意识和形象始终止于"牺牲""奉献"时，那么这同样不能不说是教师自身的一种不幸，因为"假如把牺牲性的行为看成是只对别人有意义而对自己毫无意义的行为，这恰恰意味着自己只不过是一件工具而不是一个显示着人的价值的人，如果一个人自身是无价值的，那么他所做的牺牲也就成为无道德价值的贡献"。

客观地说，对教师职业价值认识的偏差，是由社会、时代所造成的一种历史局限，但由此带来的消极影响却是显而易见的——

（1）事实判断与价值判断的错位。如前所言，古往今来，人们对教师职业给予了诸多赞美。这些褒奖之词，固然是对教师劳动及其在文化传递、转变、创造等价值方面的肯定，但由此认为教师理应是十全十美的，却把教师一步一步地推上了令人难以达到的理想化境界，教师自身则自觉或不自觉地扮演着"完人"和精神贵族的角色。

造成这一价值判断的原因是多样的，若从传统文化角度看，一是中国文化的群体本位价值取向。与西方文化不同，中国文化强调个体价值必须依附于群体价值，个体应当自觉地压制自我价值，以防止个人主义的恶性膨胀，从而维持群体的团结和稳定。这种传统的集体取向，虽然在一定程度上保证了主流文化的正常延续，但同时也是以牺牲个体发展、弱化自我意识为代价的。二是中国文化的道德中心化倾向。以儒家教育为代表的中国传统文化，致力于推崇伦理道德在文化结构中的中心地位，并使之成为普遍的文化规范，倾向于强调人的道德本质，要求人们以道德来约束、压抑自己的欲望，从而否定了人的自由本性，甚至把人降为道德的奴隶，等等。而在绝大部分教师也只能扮演着社会所寄予的这种完美教育者的角色要求时，或许已经忘记了马克思在论及职业选择时的一句话，那就是"能给人以尊严的只有这样的职业——在从事这种职业时，我们不是作为奴隶般的工具，而是在自己的领域内独立地进行创造"。

（2）教师的社会地位得不到真正的确认。正是由于社会、人们对教师的职业价值尚缺乏真正的认识，所以教师的社会地位一时也未能得到真正的确认。还是以教师的经济地位为例，在西部地区尤其是经济较为落后的广大农村地区，教师工资拖欠问题为何始终难以得到有效的解决？难道仅仅是因为国家教育投入的不足或地方政府的财力有限吗？

是的，所有的问题的症结最终都可以归结于制度问题，国家教育投入（特别是义务教育阶段）的力度确实需要进一步加大，教育投入机制也确实需要加以改革。新华社《新华视点》（2003 年 4 月 6 日）的一则消息透露，湖北省蕲春县在农村税费改革后，由于教育经费日见紧张，全县教师流失达 800 多名，有些村小学只剩下一个"留守"老师。该县蕲州镇王崾村的农民说："过去我们整天为交不起税费发愁，现在负担轻了，可老师走了，伢儿的学业荒了，我们比过去更愁，荒一年可就荒了伢儿一辈子啊！"为此，农民自发地组织起来，每户出 100 元，凑了 5000 元交上去，想用这笔钱请老师回来，可是村里、学校都不敢要，因为上面有规定，谁乱收费就处分谁。

但是，制度是由人定立且必须是通过人去加以实施的，如果贫困地区的教师们还在领着白条而当地的"公仆们"却在心安理得地享用着高级轿车，我想再多、再大的理由也只能是借口，是苍白无力的。曾有人这样说，整个社会都处在浮躁之中，只让教师保持心理的平衡是不公平的；整个社会都处在道德失范状态，只让教师独善其身是不可能的；整个社会都狂热地追求着财富时，只让教师安于清贫是不道德的。虽然我未必完全赞同这句话，但我认为这话却很切中时弊。教师作为知识分子中的一个特殊群体，深深地受到儒家思想的影响，"君子喻于义，小人喻于利"这样一种传统文化价值取向更是以历史积淀物的方式烙印在他们的深层意识中，若是据此而无视教师的经济、政治等待遇，我觉得这不只是教育的不幸，更是民族的不幸，因为孩子是明天的希望，而教师则是孩子美梦成真的前提。

所以，我认为，对教育的重视应当体现在对教师的重视上；对教师的重视，则应体现在对教师社会地位的真正确认上。"再穷不能穷教育，再苦不能苦教师"，我觉得还应该再加上一句：再难不能难教师！

"我们无论怎样强调教学质量亦即教师质量的重要性都不会过分""没有教不会的学生，只有不会教的老师"……这样的一些提法都不错，但是当教育评价尚不科学且在实际上上级教育部门更多地依然是以升学率作为评价学校教学质量、学校又相应以学科成绩作为考核教师的标准时，教师将承受着巨大的压力。人们常常同情现在的学生学习的苦，可是他们是否知道教师尤其是班主任老师总是比他们的孩子更早、更晚、更累？当人们痛诉学生是应试教育的受害者，并习惯于把批评的目光指向学校、转向教师时，他们是否想过教师也是应试教育的受害者之一？

不完善的考核制度、不健全的管理体制、不合理的分配方式等固然是造成教师压力的主要原因，但中国人对孩子的教育历来带有很强的实用性与功利性，却也是一个不可否认的现实性因素，所谓的"望子成龙、望女成凤"在实质上或多或少地蕴含着家长们的一厢情愿、虚荣心和功利心。家庭是孩子的第一所学校，孩子的成长不能仅仅依靠学校、教师给予其教育，这是一个常识。但实际上社会、家庭很少能够真正认识到或愿意正视这一点。

造成教师健康问题的原因虽然与教师的生活习惯等相关，但严重的心理问题更是导致问题的关键所在，而当教师背负着过多的、本不应该有的重荷时，他们的心灵又能有多少自由舞蹈的空间呢？一位哲学家曾将健康比作数字1，事业、家庭、地位、钱财是1后面的0；有了1，后面的0越多则越富有，反之，没有1，则一切皆无。这个道理，大多数教师并不是不懂，因为没有人愿意透支自己的生命，然而知其不可为而为之，此中些许无奈的背后谁又能解？

三、放真心于平凡之手

大家都知道，教育是连接社会的过去和未来之纽带，我们今天为教育所做的一切，将从根本上影响到未来社会发展的图景。在此意义上，给教育发展以切实的优先地位，便显得极为重要。然而，在现今教育成为人们期望甚高却又责备甚切的领域之际，在"为教师规定的在学生情感领域中需要实现的目标涵盖审美感、道德价值、责任感、首创精神和合作精神，而为达到这些目标所必需的手段和资源却未真正受到关注"之时，对传统教育弊端的深刻批判虽是必然，但由此把教师及其素质更多地被视为问题的症结却未必可取。杜威曾经这样说：教师中的天才像其他职业者一样，不可多得，教育目前是并且将来也是托付于平凡人的手上。那么，我们能否以一种发自内心的真诚，走进教师真实的情感世界，乐其所乐、苦其所苦？福音能否在现实的乐池中真正奏响，取决于我们对教师是否真正有所作为。

目前，致力于改善、提高教师的待遇和地位，已成为世界上许多国家教育改革的一个重点。在教师问题上，我认为，除了要在提高待遇、给教师减负等方面采取积极而又切实的措施外，还必须重点做好以下工作：

（一）确立完整、科学的教师价值观

当今中国，正处在社会的整体转型时期。这一转型包括结构转换、机制转轨、利益调整和观念转变等诸多方面，由此带来的变化特征必将深深地渗入到社会生活的各个方面，表现在每个具体的个人身上，影响、改变着人们的"观念态度和作用世界的方式"。

教师是社会特定的人群，社会与文化的转型同样会在教师的价值观念上留下痕迹。如果说社会价值和个体价值应是辩证的、有机的统一，那么在重视个体发展的价值观念日渐弘扬的今日，我们已不能单纯地考虑教师的社会价值，而应恰当的、适时的关注和满足其自我价值。教师职业有其崇高特性，我们应当倡导教师具有奉献精神和责任感，但在强调教师职业道德感的同时，我们却不能把教师抽象化为某种道德上完美的象征而忽略他们作为普通人的一面。因为教师不仅要在学校中尽教师的职责，还得在家庭里、社会上尽父母、子女的责任；他们同样生活在一定的社会现实中，也有着自己作为正常社会人的欲望和需要。在当前价值多元的状态下，在理想与现实的落差之中，教师正感受着剧烈的冲突，这些冲突无疑将对他们的工作和生活产生一定的显性或隐性的影响。"教师们在被认为应达成的目标方面经受着使之生畏的压力"（托尔斯顿·胡森），已是一个现实，而教师们现已普遍存在的心理不适、健康状况堪忧等现象，更是一个不争的事实。

有人说，教师是一个辛勤的园丁，培育美丽的花朵；也有人说，教师是春蚕，劳作到死，吐丝方尽；还有人说教师是人类灵魂的工程师，塑造着学生的精神世界；更有人说，教师是蜡烛，燃烧自己，照亮别人。这些曾经写在我们教育学教科书上的东西，现在看来，是有不少问题的。

我认为，教师不仅仅是园丁，他自己本身应该是一朵美丽的花。花是无法去影响园丁的，它只能给园丁带来感官的愉悦，带来工作的成就感。而在现实生活中，学生对于教师的影响是巨大的。教育过程是教师与学生互相作用的过程。同时，园丁自己是如何发展的呢？我们过去的教育理论强调教师的价值必须通过学生的价值体现出来，忽视了教师自己价值的直接呈现方式。

教师也不是春蚕，教师的生命在每一个季节。春蚕吐丝是没有目的甚至是没有对象的，它的使命是为自己筑一个永远的巢，最多是为人类提供几根纺织用的丝。这显然不应该是现代教师的形象。

教师还不是人类灵魂的工程师。人类的灵魂不可能是一个机器，让工程师任意修理，用一个固定的工艺流程去塑造或者改变。而且，教师自己的灵魂由谁去塑造呢？

教师更不是蜡烛。那种把教师看成是点燃自己照亮别人的说法，其实是很荒唐的。有人还嫌不够，要教师两头燃烧，加快成为灰的步伐。把学生发展的前提建立在牺牲教师的基础之上，显然是不妥当的。

有人说，教师是绚丽的晚霞，在照亮天空的同时，也呈现出自己的美丽。这个比喻虽然比上面的要精彩，但是，当晚霞退却的时候，那星星和月亮构成的夜色天空难道不美丽吗？

那么，教师究竟是什么？其实，教师就是教师。教师与学生是一对互相依赖的生命，是一对共同成长的伙伴。教师每一天在神圣与平凡间行走，为未来和现在工作。教师首先是一个人，他有自己的喜怒哀乐，有自己的油盐酱醋。他必须做好一个人，做一个大写的人，一个能够影响学生健康发展的人，一个永远让学生记住并学习的人。

教师是一个冒险甚至危险的职业。伟人和罪人都可能在他的手中形成。因此，教师必须如履薄冰，尽最大努力让自己和自己的学生走向崇高。

教师的幸福也不仅仅是学生的成功，同时应该是自己的充实与成功。教师可以利用的时间与空间决定了教师是一个幸福的人。他完全可以进行自我的设计与武装，让自己多才多艺，让自己的精神世界更加丰富，让自己脱离庸俗。

所以，确立完整、科学的教师价值观的提出，不能简单地被理解为是从理想向功利的退步，而应看作个体权利意识的逐渐明朗。"整个目标必须使教师从实际上感受到社会所赋予他们工作的价值，这反映在对其日常工作给予帮助和支持的实质性措施以及改善其地位的各种措施。只有这样，我们才能期望从教师那里得到更多的工作努力和专业业绩。"

（二）切实地维护教师的权益

首先是进一步加大执法的力度。

教师权益的许多问题是有法律保障的依据的，除了《教师法》以外，还有许多专门的法律法规。如教师继续教育问题，为了保障中小学教师继续教育得以顺利实施，国家就曾经专门制定了《中小学教师继续教育规定》。其中的第13条对中小学教师继续教育经费来源做了如下规定："中小学教师继续教育经费以政府财政拨款为主，多渠道筹措，在地方教育事业费中专项列支。地方教育费附加应有一定比例用于义务教育阶段的教师培训。省、自治区、直辖市人民政府教育行政部门要制定中小学教师继续教育人均基本费用标准。中小学教师继续教育经费由县级及以上教育行政部门统一管理，不得截留或挪用。"很显然，中小学继续教育经费以政府财政拨款为主，由县级及以上教育行政部门统一管理。但是我们教育部门有时反而把教师继续教育当成了一种营利的手段，继续教育的收费，授课教师拿掉一些，剩下大多都被各级教育部门瓜分了。

因此，强化各级政府和教育领导以及广大教师的法制意识，真正做到有法必依、执法必严，应该是摆上议事日程的重要问题。

其次，要把教育申诉纳入执法轨道，改变目前教育申诉的途径与方法。

鉴于现行教师申诉制度的不足，在建议有关立法机关考虑进一步修改相关法律从而把教育申诉纳入执法轨道的同时，各级地方政府也可以出台一些保障教师权益的法规。这样，教师不仅可以向教育部门，也可以向地方政府提出申诉。

再次，要进一步完善学校的民主管理程序。

教师权益的大部分问题实际上发生在学校内部。教师每天生活的空间与时间都是以学校为主要载体的，教师是否幸福，是否快乐，是否能够把自己的创造性充分地发挥，在很大程度上取决于学校内部的管理氛围。

但实事求是地说，我们学校中的民主管理在很大程度上仍然停留在形式主义的阶段。因为多年来，在教育人事管理上，我们习惯于采取"任命制"来配备学校的领导班子。应当承认，在教育人事管理中，"任命制"也自有它的优点和特殊功效，它保持了中小学管理长期处于稳定的态势。但是，我们不能因此就否认它的严重不足。客观上讲，"任命制"更多地体现的是"长官"的意志，是上级组织的选才标准。长期实行"任命制"的最大后果就是扼杀了学校民主管理的先导性机制。因此，学校民主管理的关键不是学校的校务如何公开、教代会如何开得轰轰烈烈，而是教师应该通过选择来管理校长，校长通过学校规章赋予的权力管理学校。任命与选举的区别在于，前者是对上面的领导负责，后者是对下面的群众负责。

因此，尽快在中小学推进民主选举校长的进程，可能是今后学校体制改革的关键所在。

（三）为教师专业化发展创设良好的环境条件

一位老人讲过这样一个让我回味无穷的哲理：人好比一只空杯，里面的水满了，你得施一半给人家。待杯子里又满了，你又得施一半给人家。只有不断进、不断出，你这个杯子才会有价值，你这里的水才会是活水。如果只进不出，你那只杯子就再也装不进了。当你得到一杯水的时候，你别忘记，其中的一半是奉献。假如你不愿意奉献，你就再也得不到了。

"半杯水"给我们的启示之一在于，当水是"活"的时候，水才有价值。流水不腐，活水长鲜，要保持生命的活力，必须不断地推陈出新、吐故纳新。作为一名教师，要善于不断地学习新知，追随时代的节拍，才能成为一个具有生命活力的人。

教育教学质量的高低，关键取决于教师队伍的整体素质。在教师专业化逐渐成为世界性潮流、成为教师教育改革与发展的实践走向这一宏观背景下，加快教师专业化进程是一个国家乃至一所学校的必然抉择。但在我们强调教师应当确立自我发展意识的同时，也应该看到关于教师的继续教育权利，在现实中正日益被剥夺或者被扭曲。

《现代教育报》的记者朱寅年曾专门报道过我国教师继续教育的问题，其中比较突出的是"收费名目繁多，教师不堪忍受"，他这样写道：教师培训是一块很大的蛋糕，很多部门都想来切割，并且都有着冠冕堂皇的借口：提高教师素质。一位老师反映他们那里的电大也专门办起教师的继续教育来，其实也就是在教师的继续教育证书上盖个章，一个章老师要花上 40 元到一二百元不等，当然只要把钱交了也就行了。教师几乎每个人都要交，因为这些所谓"继续教育"是和教师的下岗、晋升等联系在一起的。他说他上学期就交了 40 元，领了一本叫《创新教育》的书，学期末学校将继续教育证书收去盖了一个章也就算结束了。

由此我认为，关于如何推进教师专业化发展进程的途径、措施可以说已经较为周详，但现在更为迫切的是怎样为这一工程的实现去创设所需要的环境而非停留在空洞的呐喊上。国外的许多做法很值得我们借鉴，例如在教师的培养与进修方面，美国进一步严格教师资格证书制度，英国正在引进按教师能力付酬的制度，俄罗斯则致力于充实教师进修机构，实施 5 年进修 1 次的制度，等等。

无言的感动总是萌发于人与人心灵距离最短的时刻。对于教师，我深深地被他们对教育事业的执着所感动，并愿意为他们继续奔走呼吁；身为教师中的一员，我想说的同样还有许多。

第十五章　读书：想说爱你不容易

很多年前，在读苏霍姆林斯基的著作时，有这样一段话让我刻骨铭心："无限相信书籍的力量，是我的教育信仰的真谛之一。"许多年过去了，我对这句话的理解深度与日俱增。是的，如果说人类的物质文明可以通过建筑、工具等物化的形态加以保存和延续，那么人类的精神文明何以保存和延续？一个刚刚诞生的新生儿的精神世界充其量只相当于人类的童年，那么在他成长的过程中其精神世界又如何与身体的发育、成熟一起生长以至完满？我认为，读书是实现以上目的的必由之径。

纵观世界各国，凡是崇尚读书的民族，大多是生命力顽强的民族。全世界读书最多的民族是犹太族，平均每人每年读书 64 本。作为犹太人聚居地的以色列，它的人文发展指数（将出生时的预期寿命、成人识字率和实际人均国内生产总值等衡量人生三大要素的指标合成一个复合指数）居全世界第 21 位，是中东地区最高的国家。酷爱读书，不能不说是犹太人在亡国两千年之后，又能重新复国的重要原因；酷爱读书，不能不说是犹太人在复国之后，能迅速建成一个现代化国家的重要原因；酷爱读书，不能不说是犹太人在流离失所中诞生了马克思、爱因斯坦和门德尔松等无数杰出的思想家、科学家和艺术家的重要原因；酷爱读书，不能不说是犹太人不仅在全世界的富豪中名列前茅，而且在历届诺贝尔奖得主中也有惊人比例的重要原因。此外，俄罗斯每 20 人拥有一套《普希金全集》，韩国以书柜代替酒柜……都让我们对读书的价值有了更深层次的认识。

中华民族自古以来就是一个崇尚、热爱读书的民族。只是随着科举制度的出现，读书人的阅读视野渐渐地窄化了。现在的应试教育，也在很大程度上压缩了教师、学生读书的空间，无暇读书、无心读书、无书可读等现象随处可见。如果说一个人的精神发育史，就是一个人的阅读史；一个民族的精神发育水平，在很大程度上是取决于这个民族的阅读状况，那么如何实现真正意义上文明的传承、文化的延续，使教育成为真的教育、学校成为真的育人之所，我认为唯有读书才能当此重任，并使每一个人拥有充实而富有意义的人生。这也正是"读书改变人生"的现实意义之所在。

一、并非多余的忧思

莎士比亚说："书籍是全世界的营养品，生活里没有书籍，就好像没有阳光。"托尔斯泰说："理想的书籍，是智慧的钥匙。"卡莱尔说："好书是人类灵魂最纯洁的精华。"

许多名人对于书籍在人的精神世界的生成中所具有的意义曾做过无数阐释，也没有人会怀疑书籍对于个人乃至整个人类文明的发展、传承所起到的巨大作用。然而，在知识经济已呈拍岸之势，考察未来的公民——学生以及文明、教育的播撒者——教师等读书的状况，我们却忧心忡忡地发现情况并非如想象中的那么乐观。

　　素质教育之舟虽扬帆已久，但实际承载的还是应试教育的重负。在依然是以考试、升学为实际取向的学校教育之今日，学生读的更多的是堆积在课桌上或变相"转移"到多功能课桌下的教科书，课外书籍如名著等对爱好者而言似乎是不可企及的梦；在网络文化、大众传媒的笼罩中，难得课余休闲的学生更多的是流连于网吧聊天、电子游戏，或者沉迷于歌星、影星的崇拜，满足于小报、卡通等廉价的精神快餐；即使是自觉或不自觉地涉及一些书籍，也因缺乏必要的阅读方法、技能或兴趣的指导和培养，未能真正汲取书的营养从而丰富自己的心灵，甚至有的干脆是应付老师、家长的要求而囫囵吞枣、填鸭式地走过场。当然，也有许多真正爱好阅读的学生渴望读书、读好书，但由于学校种种不成文的"规定""条例"，加上图书馆藏书在量或质方面的制约，同样是让学生每每"望馆兴叹"。在高扬人文精神的旗帜、呼吁培养学生人文情怀的现今，学生与书的隔膜、隔离，不能不说是教育的一种悲哀。

　　事实上，更令人担忧的是，作为知识分子中的一个特殊群体——教师也同样由于种种主客观的因素，有相当的一部分在与书疏离。据《中国教师报》提供的一则统计资料表明：在教师的个人藏书方面，61.4% 的教师个人藏书在 100 册以下，其中 10.5% 是"基本没有"；在教师年人均购书支出方面，60.5% 的人在 200 元以下，8.7% 是"基本不支出"，即使是每年订阅的报刊，200 元以下的也高达 65.3%；在每天的阅读方面，70.4% 的教师每天在一个小时之内，2 小时以上的仅占 8.7%……一位教师在"教育在线"网站曾发过《教师的日子这样过》一份帖子，他在文中写道："匆匆忙忙的早晨，还常常要踏着上班的铃声跨进传达室签到……走进办公室，迎接我们的便是一堆家庭作业，这是孩子们给我们准备的'早餐'……每一节课，也总是尽着自己的本事上好，新的教育思想教育观念听了不少也读了不少，只是往往若有所得也常常若有所失，成功的时候仿佛已经领悟了其中的真谛，失败了时却是懊恼得一塌糊涂，一会儿一个讲法一会儿一种观念常常使现在的教师无所适从……要是班级里没有后进生就好了，下班了就早早回家吧，可是，哪能呢？总是要有人没有弄明白今天的知识点的，总是要有人作业不交的，总是要有人犯一点小小的错误的，于是被留下了。教师在留下学生的同时更是留下了自己，直到天色逐渐暗下来，方才发现一天工作要停下来，家中不是还有很多的事情要做吗……而人到中年，对于做不完的家务事，又有啥办法呢？"

的确，教师每天的时间被大量的教育教学工作任务所挤占，或被许多琐碎的事务所分割，但"一个真正的人应当在灵魂深处有一份精神宝藏，这就是他通宵达旦地读过一二百本书"（苏霍姆林斯基）。现实中我们也常常不难发现，在深感没时间读书的抱怨声中，却也有一部分教师在对弈、玩电脑游戏、聊天，而"学习""54"号文件（打扑克）、"修筑长城"（搓麻将）等则成为某些教师在工作之余聊以自慰且振振有词的休闲方式，这又作何解？记得二战时一位记者问过英国首相丘吉尔这样一个问题："莎士比亚与印度哪个更重要？"丘吉尔的回答是："宁可失去一百个印度，也不能失去一个莎士比亚。"对此，我们的教师又有何思？是的，教师也是人，必要的休闲无可厚非，但既然选择了教师这样的一个特殊的、专业化的职业，我们理应有着更为高远的志向和追求。正如一个民族之所以伟大，不仅仅在于它既有的文化，更在于它的国民是否具有深沉的思考力。所以，教师是"人师"还是"庸师"，关键仍在于教师自己。

二、爱上读书何其难

毫无疑问，造成教师、学生无暇读书、无心读书、无书可读（这里指名著等）等现象的原因是多样的，在此，先着重谈谈教师读书问题的可能性成因。

宏观上，中国社会的整体转型对现今社会生活的各个方面包括教育领域的各个层面均产生了深远的影响，进而不可避免地影响到并体现在教师日常的教育教学行为中。有学者指出，当今社会存在着六大病态社会心理，即（1）物欲化倾向：重物质，轻精神；（2）粗俗化倾向：报复原来的极端政治化倾向，向原始的、本能的方向的复归；（3）冷漠化倾向：人际关系冷漠，缺乏同情，见义不为，甚至见死不救；（4）躁动化倾向：情绪化和非理性行为的增多；（5）无责任化倾向：无兴趣（情绪冷淡、精神空虚、情感萎缩、厌世不振）、无所谓（虚无主义，玩世不恭）、无意义（缺乏积极性、主动性、创造性）；（6）浮夸化、虚假化倾向：说假话，吹大牛，经济功利性取向。[①]而在人们对教师职业价值的认识依然未有质的突破、教师自身的专业意识和专业素养尚未达到人们的原有期待时，受内外因的撞击、理想与现

① 沙莲香等著《社会学家的沉思：中国社会文化心理》，中国社会出版社，1998，第249–250页。转引自黄书光、王伦信、袁文辉著《中国基础教育改革的文化使命》，教育科学出版社，2001，第56页。

实之间的落差，教师至少是相当一部分教师并未能与时俱进地实现现代教师角色的转换，缺乏对教育本质的深刻理解的教师，对书籍的不自觉淡漠也就成为必然。

同时，诸多现实的客观因素也给教师读书造成一定的制约，例如：

（1）时间的实际限制。

调查中发现，教师特别是中小学教师因为课务、班级繁杂琐碎等使得自己的自由时间太少，是教师无暇读书的一个重要原因。一般情况下，每周5个工作日即40个工作小时，如每周每个教师平均授课12节，那么上课（每节若以45分钟计）、备课（每课平均若以1小时计）要用去21个小时左右，批改作业（每天平均若以1.5小时计）、练习（每周平均若以4—5个小时计）约要12—13个小时，加上每周的时事学习、业务学习、各类班团活动以及与学生谈心等至少又要3—5个小时，如此每周总体剩下的最多不过2—4个小时，即每天平均剩余0.5—0.8小时。这其中还不包括基础教育各学段、各学段各学科和各年级、教师班主任工作的相对特殊性等多重因素，而双休日在许多学校尤其是面临升学竞争压力大的初高中学校，实质上是"空手道"，因为有许多的"兴趣活动""补差小组"在无形中约束着学生也捆绑了教师。如此，即使教师想读书客观上也难以做到，正像上海的一位30多岁女教师所描述的："星期一至星期五，早上7点不到出门，晚上6点到家，烧饭，帮孩子洗澡，看孩子练琴读书，时间一转眼就到了10点。像一只陀螺不停地转。双休日有时学校有事，有时要进修，一本书放在床头，几个月也翻不完……"[1]

（2）书价让人却步。

单纯地从教师的藏书量、年购书的支出数来判定教师不想读书也许过于武断，因为无书可读同样是一个现实的因素。书店的书虽是琳琅满目，但就其质量而言能让教师真正想读且品位高的书还不多，书价的昂贵更是让经济并不宽裕的教师们望而却步。现在的出版社似乎也偏好出大部头的套书、系列丛书，即使是一本20万字左右的书定价一般也要20多元，如果书的装帧再精致、考究些，书价的飙升貌似自然，但也使得教师只能"望书兴叹"。虽然现在有的书店也较为人性化地允许顾客在不损坏书的前提下，可以在挑书时相对自由、较长时间地翻阅，甚至许多个体书店还设立

---

① 李伦娥等：《老师：想要读书不容易》，《教师博览》2002年第2期。

了一些座席以方便顾客看书，但这对于几乎没有自由时间的教师来说，依然是"望梅止渴"。

图书馆固然是教师读书的理想去处，但现在的图书馆尤其是学校图书馆的实际状况却并不理想。我们常常看到几乎所有城市的图书馆里外都装修得很好，但由于缺乏一种亲近感，更容易使人把它视如"衙门"而不敢轻易走进，气派的装饰、内蕴的书香与门庭的冷落构成一道极不和谐的风景；许多学校的图书馆就其藏书量而言足以让人满足，然而细细翻来却屡屡令教师失望，因为进书渠道还不完全科学、公开或者说教师尚缺乏真正的进书决定权，所以进的书有相当一部分不是教师想读的，学校图书馆还远未能发挥它应有的教育功能。

那么，是否我们的教师真的没有时间读书？答案是否定的。尽管价值多元化、社会上功利主义所带来的负面影响给教师群体造成的冲击是事实，应试教育给教师带来的不正当竞争压力是事实，实际教育教学的繁重给教师带来了超负荷工作而使其缺乏自由时间也是事实，但教师静不下心来读书或者说教师无心读书更是事实。某种程度上，寻找没有时间读书的客观理由很容易，但由此就心安理得，久而久之终蜕变为不愿读书或厌恶读书也是必然。

现实中，我们常常仰慕别国诺贝尔奖的得数，也往往不解于为何中国学生在世界级奥赛中能屡获金牌而我们却始终与诺贝尔奖无缘，于是责备的目光更多的是投向教育而未能很好地反观与追问自身——我们每一个人包括教师自己，"赢在了起点却输在了终点"依然是一种质的现象性描述，因为问题的根本远不止于此。就拿读书来说，我们知道英国获得诺贝尔奖的人数仅次于美国已是不争的事实，究其原因也在于英国国民的素养具有厚实的底蕴，养其底蕴的途径之一即在于英国人喜欢读书，其阅读的习惯若按人均比可以说是世界第一，而且英国人坚信读书永远比看电视重要。事实上，假如我们的教师每天能够挤出半个小时左右的时间静下心来好好看书、读好书，那么持之以恒我相信也必将有所收获。李镇西老师在他的一篇文章中提到了一个例子，我觉得很有说服力：加拿大一位著名的内科医生奥斯罗，博学多才且在多个领域获得了突出成就，因而被人视为创造了生命的奇迹，之所以能如此的一个重要原因就在于他终身与书为伴，每天睡前一定要读 15 分钟的书，半个世纪来从未间断。15 分钟看似是个微不足道的数字，但仔细地统计一下就会发现其惊人之处：假如一个中等水平的读者，读一本一般性的书，每分钟能读300字，那么15分钟就能读4500字，一周能读3万多字，一个月12万多字，一年的阅读量可达150万字。一个人若能在一生中善待这15分钟，并能坚持三五十年，那么他阅读的书籍量将达上千本！奥斯罗的15分钟，可以给那些一味强调无暇读书的教师们以怎样的启发呢？

教师在工作繁忙之余看一些休闲类的读物本无可厚非，但教师不读教育类理论、不读名著而想胜任工作则是难以想象的。因为教师与书的疏远必然导致教师自身的因循守旧、故步自封，而教育观念的滞后终将造成教育的低效乃至无能。也正是在这个意义上，我认为一个教师若没有养成良好的读书习惯，不善于时时从书籍中汲取营养以滋润自己，那么在教育上他同样不可能走远。所以，与其说教师没有时间读书，不如说教师没有心情读书；与其说教师没有心情读书，不如说教师的教育观念在作祟或者说教师还远未形成读书的真正意识和行为习惯，这才是问题的根本之所在。

此外，我还想简单地提及学生读书的问题。

显然，教师的读书风气会影响和带动学生的爱好甚至整个社会的读书风尚。对此，苏霍姆林斯基曾说："如果使得学生感到你的思想在不断地丰富着，如果学生深感你今天所讲的不是重复昨天讲过的话，那么，阅读就会成为你的学生的精神需要。"我无意去过多地责备教师不读书的问题，因为在很大程度上不读书已经是一个社会问题而不单单是教师群体的问题。但就教育领域而言，如果教师只关注学生学语文、数学、外语等学科知识，执迷于让学生一味地抄写、做题、考试等缺乏真正内驱力的学习方式，却不善于引导学生去自我感悟为何学、为谁学等非技术工具层面的人文探索，那么教师并没有达成良好教育的旨意。必须明确，在某种意义上，读课外书的作用并不亚于学课内书，学校管理者应该把读课外书作为学校工作的重要目标。如果教师能够在精讲精练上下功夫，把教学任务在课堂内有效地落实、完成，从而给学生提供更多的自由阅读时间，那么无论对学生还是教师来说都是一种解放。

学生的教育当是一个多方面结合的过程，家庭作为孩子的第一所"学校"，在孩子成长之初以及其后，父母的品格、态度和行为都将对孩子产生或显或潜的影响，在如何指导学生的学习、学生的课外阅读等问题上，父母同样必须克服一些存在的误区。仍以课外阅读为例，一项调查结果显示：上海市 70% 的家长在为孩子选择课外读物时，首选的是"教材辅导书"。①虽说"望子成龙，望女成凤"之心可鉴，但从促进孩子们全面发展的角度看，不可否认家长们也多少带有着急功近利的色彩。而孩子们对课外读物的选择，则是更多地偏好于通俗文学、言情小说、武侠小说等，虽然我们不能说这些书都是不好的，但孩子们对名著以及关涉人生修养、陶冶情操、道德提升等书籍的漠视，却是值得家长乃至整个社会予以重视和关注的。

三、营造"书香校园"

目前，世界上许多国家如英国、日本、德国、俄罗斯、以色列等，都设立了全国性读书节。我国的许多城市如北京、上海等都成功举办过阅读节，江苏、辽宁、山东、云南、重庆等地也均曾以各种读书节形式推进读书运动，但迄今为止，我国还没有设立一个全国性的读书节。我认为，学习型社会的建立，最简单、最快捷、最有影响力，见效也最快的方式，就是亲近图书、全民阅读，这也正是我在 2003 年两会期间向全国政协会议提交《关于设立国家阅读节的建议》提案的主要原因。

提案的主题是：将 9 月 25 日作为我们国家的阅读节。这份提案受到了广泛关注，作家王安忆、赵丽宏、张抗抗委员，及海南大学的史贻云委员、首都师范大学的刘新成委员等立即联名附议。《中国教育报》《中国青年报》、新浪网、人民网、网易等纷纷做报道。《中国教育报》以"全国政协委员朱永新推出'书香校园'概念"为题用大半个版面进行报道。

学校是育人的地方，但育人的地方如学校等未必一定就有文化。什么样的学校才算是真正意义上的、有文化的学校？在我看来，衡量一所学校是否具有文化并成其为学校，关键是在于学校是否有一所理想的图书馆，教师和学生是否有着发自内心的、真诚地"和书本拥抱，与大师对话"的渴望。豪华的校舍、现代化的教学设备、赏心悦目的塑胶跑道等不等于就是学校，更不等于具有文化，因为学校首先意味着书籍，苏霍姆林斯基曾经说过这样一段意味深长的话："学校里可能什么都足够多，但如果没有为人的全面发展及其丰富的精神生活所需要的书，或如果不热爱书和冷淡地

---

① 郁凤：《如何走出课外阅读的"误区"》，《中学语文园地》1999 年第 3 期。

对待书，这还不算是学校；相反，学校里可能许多东西都缺乏，许多方面都可能是不足的、简陋的，但如果有永远为我们打开世界之窗的书，这就是学校了。"

事实上，早在苏州大学当教务处长期间，我就曾对校园内学生读书的状况进行过调查，结果是令人震惊的，因为竟有80%的大学生未完整阅读过中国四大名著！我认为，一个人不和人类崇高的精神对话，他的眼界一定不会开阔；一个人读书的黄金时间应当是在中小学，所以在中小学校营造读书氛围才是解决问题的根本。为此，我们在给当时的大学生们开出一批必读书书目的同时，从20世纪90年代中期起就已经在着手推行一项"读书工程"——编纂"新世纪教育文库"，它按小学、中学、大学、教师四个系列，各编辑或选择100本基础读物，从而为学生和教师提供"和书本拥抱，与大师对话"的机会。现在，我们则更进一步地感受到这样做的必要性和迫切性，因而倡议营造"书香校园"并希望这能够尽快地成为全民的共识和切实的行动。

营造"书香校园"的形成有赖于每一所学校是否能有一所理想的图书馆，因为"中小学图书馆是保证学校对青少年和儿童进行卓有成效的教育的一项必不可少的事业……一所出色的图书馆是保证学校取得教育成就的基本条件"。[1]那么一所理想的图书馆应当是怎样的呢？我觉得它至少应该是：

（1）随时随地向学生敞开的。

在发达国家，图书馆最大的特点就是便利，在我去过的美国、澳大利亚、日本等国家基本都是如此。如在美国，你只要有一封当地人写给你的信，就可以进图书馆借书了。还书也不用办什么手续，尤其是社区图书馆，门口都有一个还书的箱子，你往里边一扔就行；有的人白天没时间还书，就在晚上散步的时候把书扔进还书箱里。这使我更深刻地体会到，便利将会使读书变得轻松愉快，不至于受外界因素的过多干扰，有利于读书习惯的养成。

现在的中小学辟出专门的地方作为图书馆、阅览室虽然不错，但若能在一个更为开放的空间、放足够多的好书供学生随时阅读，从而省却借阅手续的烦琐、避免开放时间的限制，应是学校图书馆最理想的状态。也许

---

[1] 引自1980年12月联合国教科文组织发布的《中小学图书馆宣言》。

有人会担心出现管理、丢书等问题，殊不知这种担心本身在实际上却已表明首先是我们自己对学生不信任。我们应该相信学生，更不要以过于成人化的甚至是世俗化的眼睛看待孩子。退一步说，即使真的有学生把书拿回家了，若能换个角度看，不也正说明他确实喜欢那本书？学生爱书难道不是好事情吗？何况在江苏现已进行这种开放式的图书管理的学校实践中，事实已经证明这种担心是多余的。如常州市武进区湖塘桥中心小学，他们的做法是在教学楼的每一层都设立了以年级为单位的"图书角"，孩子们放了学就可以看，有的孩子回家后写完作业忽然想看书了，也会跑回学校来找书看。我也曾问过学校校长丢书的问题，她说基本上还没发现少什么书，倒是有不少学生自发地把自己家里的书拿到学校来，使图书角的书更丰富了。所以，我们切莫低估了孩子。

（2）让爱书懂书的人荐书管书。

目前国家对中小学图书馆的督导仅有量的要求，却没有对图书配备结构和内容的要求；另一方面，从书的采购来看，图书市场有许多"猫腻"，其中有多少腐败虽不能断言，但这种导向至少不是配备好书的机制。再加上现在我国许多中小学图书馆的管理人员都不是专业出身，有些学校甚至让一些不适合教学工作的老师"拾遗补缺"，一些经济不发达地区的中小学更是连专职管理人员都没有，这显然是不利于图书馆事业健康、顺利的发展。而国外正相反，大学的图书馆馆长都是由德高望重的学者担任，公共图书馆也多是由社会贤达人士负责管理。

由此，我认为，中小学图书馆的管理员首先也应该是由有学问的人担任。道理很简单，因为只有那些最懂书、爱书的人才会对书有真正的感情，才能负责任地把人类文化的精华提供给教师和学生，把对学生成长最有益的书放到学生最方便的地方，以真正地满足教师与学生的需要。

（3）书香校园是学校图书馆发展的终极形态。

一个具有教育良知的人，在面对那些重复且不适合学生与教师阅读的、只是为凑足册数而摆在书架上的书时，在目睹那些落满灰尘的书、常常被深锁的图书馆和阅览室大门时，心中总会有一种难以言表的痛苦和忧虑：我们的中小学图书馆在教育教学中究竟已发挥了多大程度的作用？图书馆里的书还能为教师和学生的共同成长提供多少真正的精神养分？

现实的转变固然需要时间以及多方的共同努力，但仅仅坐而论道则不如起而行之。正如教育的理想不可能在一夜之间成为现实，或许它也只是一个无限逼近的过程，却不能因此而停止执着追求的步伐、放弃勇于求真的信念。

在正在进行的"新教育实验"项目中，十余所学校将实验、改革的核心目标定为"营造书香校园"。这些学校结合本校实际，把"读好书"作为教育实验的切入口，倡导学生、教师读书，把读书作为学与教的基础以此带动教育改革，从而建立一个充满智慧和生机的校园。我相信在这样的校园中，书的香气会像花香一样弥散于校园的各个角落，读书对老师、学生来说将成为最自然的事，他们自由地从书中汲取阳光和水……

四、燃灯的智慧

不言而喻，解决教师的读书问题，需要社会整体学习氛围的改善、人们对教师职业的完整认识、教育改革的进一步深化如实质性地废除应试评价体系以及给教师"减负"等多个层面的共同努力，但在现有客观条件依然有所制约的情况下，教师的自为显得更为明智和必要。所以在教师读书方面，我想提以下几点建议：

（一）进一步明确读书的真正意蕴

教师是人，是凡人，身处纷繁复杂的尘世，难免会有诸多矛盾、抱怨或叹息，但若一味地心郁如结，只会使得自己的心灵日趋迷茫而难以回归精神的家园。光阴一去不复返，今天之失不能得之于明天。如何彻悟那"闲看门前花开花落，遥观天边云散云舒"般的超凡并求得自身的心澄目洁，从而感悟生命的美丽、生活的美好以及教育的意趣，只有书的不朽境界才能使人避免醉心于功名利禄、沉沦于世俗的纷争之中。

这对教师而言，尤其重要。因为我们的文明是经前代积累而成的知识和经验，书可以带我们走进另外一个时代、另外一个国度；因为仅凭天赋的聪明与智慧我们不可能直接去读自然、宇宙、人生、社会这部大书，而书可以帮助我们读出其中深微广大的意义；因为我们没有一个人有足够彻底了解别人的个体经验——甚至连彻底了解自己的那种经验也都没有，而书可以把我们带到本身以外去、走进别人的心中并获得和一位智者进行思想接触的机会；因为书是学校中的学校，而书可以帮助教师提升教育的爱心和素养；因为书可以拓宽我们的知识面、完善我们的知识结构，有助于成长为一名科研型、学者型的教师；因为……"把每一个学生都领进书籍世界，培养对书的酷爱，使书籍成为智力生活中的指路明灯，这些都取决于教师，取决于书籍在教师本人的精神生活中占有何种地位。"①

（二）择其善者而从之

如前所言，并非所有的教师都不爱读书，但这也不等于爱读书的教师读的都是很有价值的书。走进许多基层学校时我们会发现，放在教师案头的书都是以教学参考资料、进修教材等为主，间或有一些上面规定阅读的教育理论读本。不是说这些书不需要读，但我认为教师仅仅读教参是远不能适应现代教育发展要求的，甚至再读一些教育理论也还是不够的。如果说师生在教育教学中应当是一个共同提高、共同成长、共同发展的互动生命体，那么教师同样需要去接触必读书、去读好书、读名著。必须意识到，必读书远非止于教学参考资料等工具、技能类书籍，在某种意义上，它是就精神生活而言的，即每一本关心人类精神历程和自身生命意义的书都应该读，不读就是一种欠缺和遗憾。而好书则是由类似黄金般的思想、珠玑似的字句蕴化而成的宝藏，它闪耀着令人怀念、令人珍爱的灵智，是人类最忠贞的良友和精神的食粮。至于名著以及缘何要读名著，一位作家曾这样说道："读书必得读名著，读经典。因为那些书好比山之泉水。而一般的书是流水。最等而下之的书就是一潭死水了。"②为什么呢？因为泉水是大地深处孕育出来的，是大地真正的杰作；流水尽管也不乏流动和清灵的时候，但毕竟不像泉水那样，最直接接近生命的内核。流水大都由于泉水而来，它也可以鲜活的接近泉水。但为什么我们不直接濒临生命之泉，取一瓢饮呢？

当然必读书、好书和名著之间并没有绝对的、严格意义上的区分，在概念上存在着一定的交差，在此我无意也没有必要去做概念的精确界定和内涵、外延的辨析。欲要求每一位教师成为教育家或许是不太现实的，但要求每一位教师不断努力完善自我则是可能的，教师应当多读书并尽可能地做到"博览群书"，因为只有当"你玩索的作品愈多，种类愈复杂，风格

---

① 苏霍姆林斯基：《给教师的建议》（上），杜殿坤译，教育科学出版社，1980，第69页。

② 徐讯：《读书与读人》。

愈分歧，你的比较资料愈丰富，透视愈正确，你的鉴别力也就愈可靠"[①]。无论怎样，我觉得中小学教师至少有两类书必须要读：一是孩子们读的书，像格林童话、安徒生童话以及现在孩子们正在着迷的书。只有这样，教师和学生才有对话的可能。二是读教育名著。因为人类几千年的教育活动积累下来的好的理念和经验是不变的，读这样的书可以少走弯路。教师应该从基础做起，扎扎实实多读一些书，要读《论语》，读陶行知、杜威和苏霍姆林斯基等。

（三）养成良好的读书品质

"教无定法"这个道理在大多数教师看来应该不会陌生，但犹如凡事人们往往习惯于追究于外却常常忽视返照自身一样，在读书问题上，教师也常常会不自觉地以为自己在读书的方法上已无须他人的"说教"，而自得于既有的方法。诚然，有的教师的读书方法是值得借鉴的，但在网络化时代、学习化社会，读书的方法应当及时地予以调整、改进却是毋庸置疑的。例如，在读书方式上教师有可能存在着这样两种极端：一些年龄偏大的教师，因为对网络阅读缺乏真正的体验、科学的认识，更多的是趋于拘守传统的书面阅读形式，甚至是极力维护书面阅读的"法定"位置；一些中青年教师尤其是刚毕业不久的青年教师，由于对网络阅读缺乏必要的定位特别是对"书"的定位，往往成为泛泛的网上冲浪一族而非数字图书馆、网站读书栏目的眷顾者。

至于教师如何针对自身原有的读书方式、现有的读书环境去适时地改善自己的读书方法，只要能做一个有心人，素材、方法俯拾皆是，既可以求教于名人有关读书的教诲，也可以吸纳他人读书方法的长处。如在"教育在线"网站的"文学与读书"栏目中，就有许多优秀教师就读书方法所发的精华帖子，有兴趣的教师不妨上网去看一看，我相信一定会有许多收获。在此，我觉得有必要强调一下的是有心读、有书读、读之有法但欲真正收效的必要前提，即读书者应有的读书品质，概括而言就是四个字：静、思、觅、恒。

静：现时社会下，人们较为普遍地带有浮躁不安和急功近利的心态，对读书人来说，能否抵御外在的喧嚣、抛却过度的物欲以一种古典的平静之

---

① 朱光潜:《文学的趣味》。

心面对书籍，这是我们能否真正走进书香世界的前提，因为淡泊得以明志，宁静方能致远。也只有在这种宁静、闲适的精神漫游中，阅读者才能真正品味到一种平和空灵的喜悦，体悟到一种"宠辱不惊，去留无意"的豁达从而呈现出一种"重为轻根，静为躁君"的安详，也才有可能使书尽显其应有的益智、怡情和滋养人生的间接或潜在的价值。

思："学而不思则罔，思而不学则殆"，此言用于读书也然。因为读书的关键在于读书的过程中是否能够善思，能否"思接千载，视通万里"进而时时闪现思维的火花。一本书中自有许多东西，读者可以读到书中有的但能否读出更多书中所没有的，却有赖于读者的思考进而不断地丰富自己的思想。正如《说读书之重要》的作者唐君毅先生所言：一个直接单纯的思想从来不会深，只有对一个思想再加思想，才能使思想深；人只有思想过前人所思想的，才能思想得深；人只有走过他人所走过的，才走得远。此言甚然。

觅：我这里所讲的觅，既是指读书的种类、书的内容，更是强调在相对有限的自我支配的时间、空间情况下，教师应当积极有效地合理分配时间、充分利用时间，尽一切可能地通过读书来不断充实、提高自己。能否做到这一点，关键还是取决于教师读书的意识是否强烈、自我提高的内在需求是否迫切。暂且不说"三上"的时间不可荒废，只要我们能把平常忽视的、分散的时间加以利用，也同样能起到集腋成裘、聚沙成塔的效果。对此，我感受最深的就是无论在火车车厢内还是在机场候机室里，总能看到许多"老外"在静静地看书。我想，什么时候我们的社会不把读书、学习看成是负担，看成是一种为得到某种荣誉的途径和工具，而是已把读书自然地视为生活的一部分、生命的一部分，那么我们才算是真正进入了学习型社会。

恒：古人的"十年寒窗"之语，早就明示了学习、做学问要有刻苦、恒久的决心和毅力。而在现时期，教师能否甘守清贫与寂寞，孤身一人、孤灯一盏，以书的博大来温润自己的生命从而执着地追寻精神的家园，即贵在一个"恒"字，否则任何计划、方法都是镜花水月。事实上，奥斯罗的15分钟的启示就在于，我们既要善于经营自己的时间，又要把每天的读书时间相对固定并持之以恒地加以坚持。无"恒"则一事无成。

最后，让我们倾听一位外国诗人与中国校长关于读书的声音吧！

没有一艘船能像一本书
也没有一匹马能像
一页跳跃的诗行那样——
把人带向远方

这条道最穷的人也能走
不必为通行税伤神
这是何等节俭的车——
承载着人的灵魂

这是美国人狄金森关于读书的诗。

有的人总说没有时间读书，其实我认为关键是想不想读。请想一想，你的晚上呢？双休日呢？节假日呢？有人说，看一个人是不是有志向有出息，或者说，人和人的区别差别主要看两点——一是看他交怎样的朋友，二是看他的业余时间怎样安排，怎样度过？

还要耐得住寂寞耐得住繁华。现代生活，外面的世界真热闹，灯红酒绿，声色犬马，有诱惑力的东西太多了。要读书就要学会坐冷板凳。只身一人，孤灯一盏，寒窗苦读，是要有一点精神和追求的。我建议大家向武侠大师金庸学一学。当年，金庸在香港办报，身为报社大老板，每天亲自写千字的（连载）小说、千字的评论，并且一写就是20年，写出了令我们叹为观止的成就！这是一种寂寞的力量，这是一个读书人的力量，这更是教师和教育应有的力量。

这是江苏张家港高级中学高万祥校长关于读书的力量的赞叹！
在呼吁设立国家阅读节的提案中，我们曾经写下了这样一段文字：

通过阅读节这样的活动，我们祈望看到，每一位中国公民都能捧起一套经典，拒绝粗制，拒绝盗版，与知识为友，与大师为友，与真理为友，用最静心的阅读，来填实自己比天空更广阔的心灵；

我们祈望看到，每一个中国家庭都能坐拥一壁藏书，上至天文地理，下至草木虫鱼，大至立身处世，小至人情物理，情的萌动，语的呢喃，灵的呼唤，尽在其中；

我们祈望看到，每一所中国学校都能开设一门课程，阅读经典，阅读思想，阅读文化，阅读精神，那些充满爱国情操的诗句不胜枚举，那些昭示自强不息品格的至理名言，同样取之不尽……

——阅读，让贫乏和平庸远离我们；

——阅读，让博学和睿智丰富我们；

——阅读，让历史和时间记住我们；

——阅读，让吾国之精魂永世传承！

第十六章　考试：一千个伤心的理由

浙江省舟山市普陀区朱家尖中学的唐潜明老师曾经与他的学生讨论过"放牛娃"与"读书郎"谁更幸福的问题。没有想到，学生们会有如下的发言：

"放牛放羊总该在天亮后才放，可我每天都 5 点半不到就起床，在黎明前的黑暗中上学。"

"牛羊在天黑后不吃草，晚上总可以休息吧！可我们每晚都必须学习到 11 点以后。"

…………

唐老师得出结论：假如让学生们真心实意地做一次选择：愿做放牛娃，还是愿做读书郎？恐怕我们的教室早已十室九空。留下的，也不一定出于热爱学习，而是惧怕家长和老师。①

学生们为何不愿做读书郎？因为他们读书太苦太累，而读书之苦累的根源，在于考试的指挥棒。

当今中国，足以牵动千家万户的大事之一，或许莫过于孩子们的学习成绩，而这又集中指向于考试的分数——中考如何？高考怎样？甚至那些还在念小学的孩子也往往会被"望子成龙、望女成凤"的父母责备：为什么不再用功一点，98 分、99 分完全可以变为 100 分嘛！每年七（六）月，数

---

① 其名：《应试之灾》，中国戏剧出版社，2003，第 1-2 页。

以万计的考生总是在无数殷切目光的护送中步入考场，也许一生就在于这一搏，握于手中的与其说是笔，不如说更是命运的缰绳，于是在张榜公布之际——得以脱离"田舍郎"之运而成"跳龙门"者，喜极而泣；未能挤过"独木桥"而"落水"者，痛哭流涕，甚至也不乏因"十年寒窗"终付流水而一念之下的轻生者……中国的考试到底怎么了？作为一种评价的手段，缘何能够如此

"颠倒众生"？莘莘学子是否只能听任它的摆布？

一、一声叹息

当"一卷定终身"依然是基本的现实或者说在大多数人的观念中仍然是根深蒂固时，考试的林林总总问题便集中表现于高考，于是诸多困惑油然而生——

（一）聚焦高考：谁在考？在考谁？

当高考的本科上线率、名牌大学录取人数等被普遍视为学校办学水平的标尺，进而成为衡量地方政府对教育重视与否的晴雨表时，高考的临近使社会各方面也随之进入高考的临界面便显得极为自然。如果说"学校—家庭—社会"是形成整体教育的有效网络，那么这"三位一体"的联手在高考期间更趋于"天衣无缝"。

学校：以往每年的7月（2003年开始为6月）5日、6日是学校很紧张的日子，用"一切为了高考，为了高考一切"加以形容并非夸张。此间，学校要对全体考生进行培训，不断叮嘱考生在考试期间所要注意的一切问题；要对监考及工作人员进行培训，使其进一步明确工作职责与高考操作程序；要求高考服务员（一般由高中一、二年级的学生以志愿者的形式参与）按规定准备考场，墙上桌上无字、桌椅前后左右距离等均要符合要求并贴好座位号；要求电教组教师反复调试语音设备以求最佳听音效果，准备备用录音机和电源以确保万无一失；有条件的考点还要准备备用考场。如果是寄宿制学校，还要安排相应的行政人员、班主任等在考试期间对校园、考卷存放点、学生宿舍等进行通宵值班，等等。

家庭：高考一天天的临近，家长们的心便跟着一天天地揪紧，一年中的头等大事无疑是孩子们的高考，一切都是围着它转。于是高三的家长大多

成了"业余营养学家"，什么脑轻松、脑白金等都成为他们的必购之物，尤其是在高考倒计时阶段，哪怕经济上再拮据也要设法节约给孩子买几盒吃；成了"半专业的辅导专家"，凡是在报纸、电视等宣传媒介上出现的高考"黄金法典"、状元心经等均成为他们关注的焦点，至于近来书店又进了哪些名校、名师新编的参考资料，甚至自己孩子班上学习优秀者在用些什么样的辅导资料等，他们也是如数家珍……为了给孩子创造一个更为舒适的临考休息环境，城里的，如果是家与学校距离相对较远的考生，他们的家长会在考点附近的宾馆、酒店选择高考房，价格已不是家长们考虑的主要因素，最主要的是安静；镇上的，如果是寄宿学校的考生，他们中的一些家长会陪着孩子住在旅馆、饭店，几天的班可以不上，钱也必须舍得花在"刀口"上；甚至有的家庭会在孩子高三整个一年（高一、高二时如是寄宿生的话）由母亲或由爷爷、奶奶陪读——在学校附近租一间房，大人专门给孩子烧饭、洗衣服，所为的就是让自己的孩子能够全心读书，能够一圆大学梦。

社会：离高考的日子越近，社会各界对考生的关爱、呵护也是与日俱增，哪怕是路上的行人给予考生的目光也显得那样的温柔，关于考生因匆匆赶考撞了行人而被宽容地放行的例子也屡屡见于报端。考试期间，考生的安全、情绪等纷纷被置于极为重要的高度，医院、公安、交警等部门通力协作，在考点附近设置禁止施工、机动车辆通行时禁鸣等标志，考试期间派专人在考点周围值勤。

不言而喻，临考前夕，考试的主角——考生们更是全力投入于大战的备战之中，此时各地的尤其是出自名校的最新模拟试卷蜂拥而至，考生们即便已做得再苦再怨，但还是没有谁会甘心放弃被教师精心挑出的试题，也许他们心中总是存有一些企盼：或许某个相似的题型会在其中，十余年寒窗的苦都熬过来了，又何必在乎这么几天的累？如同场上的运动员在进行拼搏，场下的教练——教师们也同样异常紧张，没有谁会否认高三毕业班的教师是高考期间最苦、最忧的人，且不提高三一年教学的苦与累，大战前夜他们的心更是提到了嗓子眼：优秀学生能达到最佳发挥吗？中等学生能正常发挥吗？后进生能保证基础题不太丢分吗？还有哪些章节知识点被遗漏了？又有哪些最有可能被考查？学科的平均分能在校内、区里排第几名……

一年一年，这样的无奈总在不停地轮回，学校、教师、学生、家长总是被高考的苦累所纠缠，像是一场难以摆脱的噩梦，考试至于斯，是否已是一种失去本真后的异化?

(二)多事之秋:高考舞弊缘何不断

舞弊,一个让人极其厌恶、憎恨的字眼,但这个幽灵却时时在令人倍感庄严乃至神圣的(高考)考场上游荡……

广东电白高考舞弊案:案发后,震惊全国,各大媒体竞相报道。时任国务院副总理李岚清批示:要求严肃处理电白舞弊案,"各级教育行政部门要对高考中发生的各种违纪舞弊案件,严格按照《教育行政处罚暂行实施办法》和原国家教委18号令等有关规定,发现一起查处一起,并及时上报教育部,对典型案件予以曝光,对触及刑律的责任人,要移送司法机关,依法追究刑事责任"。在广东媒体、教育厅、公安厅的联手追查下,舞弊案侦破获重大突破,初步查出涉案学生39人、涉案老师3人。

湖南郴州嘉禾一中考场舞弊案:案发后,同年7月10日,教育部对此下发紧急通知,限期严肃处理。嘉禾舞弊案终有结局,203名考生被取消当年高考资格,县教育局长、嘉禾一中校长被开除党籍且予以拘留,舞弊案责任人均受处理。

陕西南郑中学高考舞弊案:2003年高考期间,陕西汉中市南郑中学两名教师向学生收取1.2万元"活动费"后,以手机短信的形式为有关学生传送答案,致使35名考生试卷雷同,再次制造了令人震惊的集体舞弊案。7月3日,南郑县有关部门作出处理:涉案考生被取消录取资格,组织作弊的教师被开除公职并移交司法机关追究相应刑事责任,负有领导责任的县教育局局长、副局长、校长分别受到停职、撤职处理。

高考,素有"国考"之说。对于屡禁不止的高考舞弊行为,人们不由惊诧:高考舞弊为何如此猖狂?

原因显然是多样的。从当时记者对嘉禾县的采访可知,嘉禾一中高考舞弊事件绝非偶然。当地群众反映,嘉禾县的一些领导为了营造所谓的政绩曾多次公开作假,如在教育"两基"达标验收时,因为某些乡镇学校流生多、教学设备差,为了达标便连夜用车从其他乡镇拉来学生和课桌到验收点凑数;在"基本扫除文盲"达标验收中,用初中生、中专生和高中生顶替参加脱盲验收考试,等等。上行必然下效,风气一再败坏,出现高考舞弊也属自然。

痛定思痛,对于参与作弊的考生来说,这是人生中一个非常惨重的教训。人生的路虽然很长，但最关键的选择也只有几步。南郑中学的一位作弊学生伤心地说："我觉得我犯下了一个无法饶恕的错误，凭我的实力，完全没有必要去作弊。我不作弊肯定能考上，是我自己毁了自己。"但也有人对此质询，南郑的一位家长说："学校是教书育人的地方，要培养德智体全面发展的人才。学校老师给学生出馊主意用手机传送答案，这不是误人子弟吗？"一位考生也说："班主任让我们交好处费，我们能不交吗？老师表面看起来是为了帮我们，但实际上是为了追求升学率。就是为了提高升学率，结果把我们坑了。"

不仅高考，中考的种种情况也让人担忧。2003 年 6 月，湖南益阳第十中学将一批"学差生"赶出了校园，"劝"他们不要参加中考了。据调查了解，这批学生共有 51 人（后来又有两人也被"劝"退回家），占全校应参加考试的 258 名学生中的五分之一。

所以，考试给我们带来的并不都是光明的、令人心旷神怡的一面，其中也不乏忧思和失望……

（三）众生喧哗：考试，胸口永远的痛

"冬天来了，春天还会远吗？"雪莱的这句诗总是给人以无限希望。但走过高考这所谓"黑色七月"的学子们，在步入象牙塔后对考试又是怀着一种怎样的心态呢？是感激？是侥幸？还是……让我们听听学生的心声。

七月一战：一年一度硝烟起，过四月，穿五月，进六月，转眼便会师七月。时间紧啊！每位学生，都必须面对自己的七月：多少年的寒窗苦读，似乎只因为这一刻的存在，才更有意义。考试对于每个学生来说，都是身经百战的。高考是一场战争，一场没有硝烟却在学习史上最为残酷的一场战争。所以告诉自己："一定要胜利。"

世界末日：以一个大学生的身份来看考试，似乎有些隔岸观火的味道，毕竟最重要、最揪心的那场考试已经经历过了，不管结果是好是坏，是成是败。然而考试对于"前大学"时代的人来说，可是性命攸关的事情。所以，那时候对于考试的反应很激烈，遇着一场考试就像遇着一次世界末日一样。对于考试的看法也很激烈，我还记得高三的时候，实在气愤不过，写了一篇关于考试的文章，把高考制度，确切地说是把整个考试制度都骂了一通。同学看了以后都拍手称快，可见我写得肯定是义愤填膺、情辞激烈、大快人心了。老师看了以后，写了以下批语："人为刀俎，我为鱼肉，适者生存。"

人性悲剧：说到改革，现在的小学考、初中考、高中考到处都在改革，改得令人眼花缭乱、目不暇接，就最令人关心的高考改革而言，忽然说要考综合，刚考了两年忽然又说不考综合了，还是跟原来一样。如此重要的事情改变得如此之轻易，实在是有些轻率，并且如此轰轰烈烈、热热闹闹的改革也让人迷惑：到底要改成怎样？我们已经是考过来的人了，那些还眼巴巴仰望着高考的学弟学妹们，我想他们面对这样瞬息万变的标准，会不会人人自危？无论考试这种制度改革得多么完美，它都是一种机械的标准。因为考试的评分要求就是"标准答案"，它将人放到一个标准的模子里去量，截长补短，得出对人的评价。它无论多么公正，考虑多么周详，都不可能改变这一特性。人的价值由"标准"来决定，将人性的多方面置之考虑之外，不免令人心寒。但我们无法改变这一结局，不能说不是又一个悲剧。

酸甜苦辣：作为一名大三的学生，现在再来说考试，真的已经没有了早些年尤其是中学时候的那种苦大仇深的切齿之恨了。回首过往，更多的，是心底油然而生的那份庆幸之感。毕竟那么多年那么多场的考试，我们算是挺过来了，且不去管身心的几多疲惫，几多的面目已非。那几年中的酸甜苦辣，真的只有经历过的人才会明白。一场接一场的考试，一轮又一轮的复习，整个人就是一台为了考试而运转的机器，就连睡觉时也常常会被梦中惨不忍睹的分数吓醒。所以如果现在有人问我高中时的情况，充斥我的头脑的，常常是"考试"二字。真的，我想，即使随着时间的流逝，中学时代的很多记忆会消失，但关于考试的种种记忆，是永难忘却的。

无法逃脱：曾记得，2000 年的 7 月 9 日，走出考场的我是何等的轻松和愉快，以为以后就可以永远和考试说再见了。可是大学依然有考试，而且还分出了那么多的类型和级别。英语有四六级和口语考，计算机有一级二级三级考，还有很多别的考试，反正无论你想取得一个什么样的位次或者获得某种承认，你都得参加必需的某种考试。于是，在考试将要来临的日子，依然会在走廊里昏黄的灯光下，捧着书本，睁着近视度数不浅的双眼，死命地看，唯恐漏掉那么的一点点。进了大学还被考试束缚着，只要想到这里，往往连跳楼的心都有了。在应试教育体制下，你就是要比别人会考试，比别人考得好。这才是你现时的较为便捷的出路。

带泪的笑：二十出头了，所谓考试者，经历已不下数千次。大大小小，期中期末，中考高考……都在无数次拼搏中挺过了。其间有欢乐有成功，自然也有泪水和失败。一切如鱼饮水，冷暖自知。我不太相信命运，可总觉得考试就是"天赋"我们之命运，不可逃避，不可选择。对于考试，我们的脸上呈现的往往是笑——是带泪的笑，或是含笑的泪。学生时代，可能只有幼儿园的孩子才是最幸福的。他们现在可以尽情看小人书，如果运气好的话，国家教改成功了，素质教育真的实现了，成长着的他们还可能享受到那梦想中的一切。至少，现在的高中生尚无缘过上"学而不优亦乐乎"的生活，他们累得很，心中只有大学的美妙幻影。

逼出白发：其实，学习甚至做学问，原非痛苦之事，甚至其乐无穷。而现行教育，只是上边按程序设计，下面孩子"遵命"接受的服从教育——学生几乎没有"自我选择"的权利。如此"苦学"，何人何日方能寻出快乐之味？枯燥如斯的学习只能将初中孩子的头上逼出白发，在他们纯洁的眼睛上覆上一层白内障似的镜片。这不是学习，而是饲养家禽。

"救救孩子"岂止是鲁迅时代的狮吼？

二、一叶知秋

《中国青年报》曾报道了这样一个令人痛心疾首的事件：年仅19岁的杨颖，一次次目睹父母为了自己的升学求人、送钱甚至跪求在地，仍未被理想中的外省院校录取后，在家中打开了液化气罐，缓缓地倒在了陪伴她多年的书桌前。

为什么？为什么！

难道高考真的是人生最后的晚餐？如果一种制度终让人无视生命的价值，那么至少可以表明这一制度本身缺乏足够的人性。如果考试的目的只是用来淘汰入学申请者，那么考试本身也就完全失去意义从而变得荒谬。

美国鲍博睿博士在《超越校园》一书中曾用大象的祖先猛犸这一史前巨兽来形象地比喻现行的教育。猛犸是食草动物，一般说来只要你不触犯它，它就不会对你造成大的伤害；他把猛犸的长牙比喻为考试，考试不及格则意味着暴死，在与它搏斗的过程中，你甚至来不及意识周围的一切，而你的未来已经遭受重创；踩在你身上巨大的腿就像是严格的入学选拔过程，无数的年轻人在这个过程中被践踏。

姑且不论人们对考试的迷信，是否让人怀疑教育已成为一种宗教形式，但考试所呈现的严重异化却让人倍感忧虑。考试的本意是为了评价与选拔，考试的初衷是作为判断能力的评价标准，但在现实教育中，考试已从学习的评价工具演变为学习的最终目的，从辅助学习的手段演变为制约学习的主宰者。学生们所考虑的不是如何最有效地掌握知识，而是怎样"成功"地应试，因而考试及其原有功能的异化是显而易见的。

北京社会科学院社会学研究所撰写的《考试的异化及改革》等文章曾对现今考试的异化做如下概括。

（1）考试目的功利化。

突出表现在分数的价值判断上，过分夸大分数的价值功能，强调分数的能级表现，以考核知识的积累、记忆为目标，静态考核、简单判断，尤其是学业成绩与奖学金、评优评先结合更是加剧了学生的功利化倾向，在低层次上满足了学生短期虚荣的投机行为。

（2）考试内容教材化。

教材是对学生进行教育、传授知识、训练技能和发展智力的主要工具。但由于科学技术的发展，知识更新速度的不断加快，使得教材本身（编写、出版、发行）已无法完全适应，这必然要求教师不断吸收新知识、新科学、新技能，丰富课堂教学内容，在考试内容选取上虽主要是依靠教材，但不能局限于教材。可实际情况是命题者仍然习惯于以课堂、教师、教材为中心，导致学生上课记笔记、考试背笔记、考后忘笔记等情况的存在。

（3）考试题型标准化。

标准化考试在一定程度上提高了考试的公平性、公正性、有效性，减少了人情分、关系分、误差分；但在另一方面，标准化考试并不利于学生分析问题、解决问题能力的培养，不利于学生口头表达能力、书面写作能力的培养，不利于学生发散性思维、创造性思维的培养。

（4）考试方式单一化。

从考试方式划分，现行考试可划分为三类：面试、笔试与综合考试。一是不同考试形式各有利弊，如口试由于不受文字限制，学生能在教师所提问题的范围内，运用新学的知识自由抒发见解，充分展现才能，但是口试多为个别测试，费时费力，评分标准不易掌握，前后效应性差；二是不同的考试应用范围不同，如演示考试一般应用于体育、音乐、美术等方面的技能、技巧、技艺的测定；三是不同的考试侧重点不同，如开卷考试（包括小论文）多用于创造性、综合性项目的测试，重在检查学生掌握知识的质量及应用知识的能力，其内容涉及教材内外。在实际操作中我们大多已习惯于闭卷笔试，而对于开卷笔试、半开卷半闭卷、口试、操作考试、演示考试及笔试与面试相结合等考试形式采用较少，导致学生学习单调、惧考，未能充分发挥主动性和创造性，也不能很好地检测学生的学习质量。

（5）评分标准精量化。

长期以来我们把分数看成是学生能力的具体外在表现，分数越高似乎能力越强。因此，人们为了表示学业成绩的精确性，常常用百分制表示某门课程的考试成绩，甚至非常计较一两分之差，对等级评分制、模糊评分制、激励评分制等评分方法很少采用。这样做的结果是导致学生只注重期末不注重平时，只注重结果不注重过程，只注重分数不注重实施。分数作为测量表上一个孤立的读数，其实它本身并不具有任何实际意义，既不能表明成绩优劣，也不能比较出其他考试成绩的好坏。

事实上，考试之所以能从学习评价的工具、手段一跃而为主宰，原因远非在于考试本身而是在于工具的使用者自身。换言之，由于现行教育目标及其定位的实质性偏差，考试的日趋异化已在实际教育中不断显现，并进一步具体且首先表现为教育评价的失误。教育评价在我国虽有着悠久的历史，但从现代教育评价的角度看，我国教育评价的发展刚刚进入专业化阶段，其中教育测量一环更是显得较为滞后，因而在一定程度上影响着教育评价的科学性。评价在本质上是一种价值判断，这种判断的依据是价值主体的客观需求。所以在评价中我们所应关注的依然是这样几个问题：

第一，谁来评？

我们知道，评价的方式一般有"他评"与"自评"之分：在"他评"中，又可分为上级行政部门评学校、学校评教师、教师评学生以及师生互评等。现实中，"他评"多为自上而下的行政性评价，被评者常常处于被动地位；"自评"也因多有外部"干预"而有形式主义之嫌。那么，谁才是评价的真正主体？犹如对于师生关系中何为主体之争一样，关于评价主体的争论也可谓是见仁见智，或曰上级部门，或曰学校，或曰评价者与被评者互为主体……其实，若循着传统的主客二分思维去划定一个单一主体，无疑是难以确定且有失偏颇的。因为系统活动中的主体是多重的，既有活动主体又有价值主体、评价主体等。如果从主体或者说"主—客—主"的角度看，学校教育的实践者才是评价的真正主体，在"他评"中，评价主体就是被评者。然而现实中却往往是角色颠倒或错乱的。既然上级行政部门、学校、教师被更多地视为评价"主体"，而"主体"的评价依据又发生偏差，那么评价的科学性也就失去了最基本的依托。

第二，评什么？

在评价一所学校的办学水平时，常常存在着这样两种令人费解的倾向：一是在频繁的所谓常规的季度、年终评比，特别是重点校的申报、验收中，上级行政部门常常以"评价的对象不应只限于学生或学校成员，几乎任何东西都能成为评价的对象"为依据，把"都能成为评价的对象"片面理解为"都要成为评价的对象"，因此凡是与学校工作有关的事物几乎都被列为评价的对象，评价指标少则几十条，多则上百条，且冠之以"全面、具体、可操作"。二是在每一学年尤其是中考、高考后，对学校的评估在实质上依然是以升学率作为衡量的依据，对于学校教育实践所应追求的办学特色、教育特点等却未能予以真正的关注。如此，学校被迫或不自觉地是以考试成绩、学科均分等要求教师，教师则是以分数、排名对待学生，层层效仿的结果，终导致应试教育的不断扩散，"戴着手铐脚镣跳舞"则是人们对素质教育举步维艰这一现实的形象比喻。

第三，怎么评？

评价的基本程序一般是按照"设计评价方案—公布指标体系—组织现场评价—交换评价结论"这样几个环节进行的。但由于它是一种预定式的评价，所以难以张扬个性。如在评价方案上，对学校教育的评价方案更多是由上级主管部门"给定"而非依据被评价者的教育价值取向、教育活动实际自主设计的，这一带有工具性目的方案因难以真正反映和符合学校的客观需要和能力实际，从而缺乏应有的针对性和自主性，更不具有"普适性"的通用价值。

再如评价方法方面，我们习惯上采取的是"听、看、查、谈、问"五步法，这种方法虽有其一定的合理性，但终不免具有感观化和简单化的倾向。因为在主观上，人们容易把事实判断当作价值判断，或用事实判断代替价值判断，甚至有时是有意或无意地将这两种不同性质的判断混为一谈；在客观上，也因受到评价指标的片面行为化、评价工具的欠科学性等因素的制约，常常忽视了被评价者的整体水平、内在素质等，致使评价缺乏足够的效度和信度。

从更为深层的意义上说，造成考试、评价乃至整个教育问题的原因或许还在于中西文化的差异。这种差异表现在知识学习上，是西方重创造、中国重模仿，例如中国的教师总是认为，学生若没有积累起足够多的知识，就不可能有什么创造性。在考试评分标准上，则是西方重分析、强调纵向深入，中国重综合、强调横向展开；西方重求异、强调批判性与独创性，中国重求同、强调融合性与公允性。因此，考试评分的不同实际上反映的是中西方学校教育整体目标的差异，我们的教育虽然欲培养创造性人才但其实却是不断地培育知识积累性人才。

三、一柱擎天

国之兴衰，系于教育。科教兴国等战略思想的提出及其在实践中的不断落实，无不彰显着人们对教育的认识与厚望。当然，国家的发展与民族的复兴并不仅仅止于教育，但作为一根重要的支柱，能否真正地发挥其应有的功能却是我们应当予以深切关注的。现实中的教育依然未能摆脱应试教育的阴影，面对考试这样一个沉重的话题，学校、教师、家长、学生总感几多无奈甚至悲凉。

我们不妨先听听家长们内心的真实想法——

"女儿考试我紧张"：谈到考试，作为一名家长我不知道用什么样的心情来表达。怎么讲呢？每一次我女儿考试就像我考试一样，用焦急的心情在等待女儿的归来，到家见到她第一句话就是"你考得怎么样？"，悬着的心在慢慢地等待她的回答……但是每次看到女儿学习那么苦，从早到晚埋头阅读，而休息的时间又那么短，我也心疼。中国是一个人口大国，都挤在高考这座独木桥上，要走过这桥非常不容易，一不小心就会掉入水中被水冲出；有时考试失败了，就停留在原地，永不再向前走，这也是为什么有人成功，而有人失败的原因……既然考试是检验学生的唯一标准，我的要求是，你只能前进，决不允许倒退，不管怎样这个"试"你必须要考好。其实不是我喜欢把女儿压成那样，但有一个"考"在等待着他们，我只能这样去做。可怜天下父母心。

考试"随想"：夏天天热，女儿却要求关上电风扇，怕吹跑书；口干舌燥，女儿却要求端走冷饮，怕分散精力。我欣赏女儿对待考试的态度，可心中的那份怜爱中常常有一丝疑问：对于考试，需要这样吗……不经意间困意侵袭全身。"很迟了，睡吧。"我一边站起身一边问女儿。"不了，你先睡吧，快考试了，我再复习一会儿，你先睡吧！"女儿很体贴地对我说……女儿房间的灯又亮了好久、好久。轻轻推开女儿书房门，却发现女儿趴在桌上睡着了，看着女儿睡意正浓的脸，心酸涌上心头。拖着沉重的脚步回到卧室，躺在床上，我反复地问自己："考试究竟是什么，女儿为此花去了应有的休息时间，减少了游戏时间，失去青年时代孩子应该有的乐趣，失去了……他们这一代失去的真是太多、太多了……他们的失去会得到应有的回报吗?！"

"儿子考了95分"：一年级第一学期期中考后，爱人到学校开家长会，回来就说："你儿子笨死了！全班有20多个孩子考了双百分。可你儿子语文考了98，数学才考了95分，比班级平均分还少3分呢。今天，我脸可丢尽了，恨不能地上有个洞钻进去。以后说好了，咱俩分工，每天轮流给儿子辅导，一直到让咱儿子得双百。否则，我可再不去学校了。"我无言。中国人多，竞争比较激烈，有竞争就要考试，以所谓分数的高低来体现公平。如此，学生考试的分数怎能不牵扯着无数望子成龙家长的心？才小学一年级啊，就将应试搞得这样白热化，中国教育的希望到底在哪里？

…………

有人说过：我们无法改变历史，但我们可以避免历史的重演。教育是对未来最好的投资。但当现实教育仍然苦苦徘徊在素质教育的边缘，当应试教育依然或明显或潜在地压迫得孩子们失去了天真的笑容而无从体会学习的乐趣，当孩子们的灵气和纯洁已被揪心的分数折磨得无影无踪、被残酷的单向度竞争揉搓得日趋功利，我们又怎能不为明天而感到深深的忧虑？我想，是到了对中国教育进行切实改革的时候了。

我们知道，工具本身是价值中立、无善恶之分的，正如科技（当然科技并不止于工具层面，也有其人文价值的一面）既可以是造福人类的阿拉丁神灯，又可以是危害人类的潘多拉之盒，为福为祸取决于人们在手握这把双刃剑时内心善恶动机上的分野。对于考试，我们也应同样循着这样的视角加以认识，即：认清考试之利弊，但又不是简单停留在对利弊的争论上，或是停留在废除或捍卫考试（如高考）之判断上；考试作为评价乃至整个教育的重要一环，问题的出现绝不是孤立的，还有着更为深层的现行教育体制的若干因素，所以对考试的改革决不能仅止于考试本身，否则我们依然会不自觉地滑向技术操作层面的改进。在考试问题上，我的观点主要是：

（一）确立科学的考试观

教育改革，观念先行，这个道理谁都懂，但要在实践中真正地予以落实，却非易事。考试观作为教育观念的一种，自然也不例外。"素质教育轰轰烈烈，应试教育扎扎实实"就是最有力的说明。因此，观念固然要转变，但不能走向"观念至上"论，以为观念一转就等于问题解决；观念不转变或不能切实地付之于实际行动，结果只能是戴着素质教育的帽子从事应试活动或是纸上谈兵，学校、教师、学生等依然是不自觉地、被动地捆绑在应试的车轮上，于己、于民、于国都不利。中共中央、国务院《关于深化教育改革全面推进素质教育的决定》已明确指出：教育要重视学生的创新能力、实践能力和创业精神，要重视培养学生收集处理信息的能力、获取新知识的能力、分析和解决问题的能力、语言文字表达能力以及团结协作和社会活动的能力。这要求我们能尽快转变原有的那种妨碍学生创新精神和创造能力发展的教育观念、教育模式，转变以考试分数作为衡量教育成果的唯一标准和过于呆板的教育教学制度，从全面科学的、发展性过程的角度来综合评价学生，积极地点燃学生创造性思维的火花，激发学生养成健全完整的人格。只有这样的教育观、人才观和考试观，才能真正实现良好教育、理想教育的目的。

（二）建立科学的命题制和评分制

观念的变革只是先导，是必要前提；若无技术层面的支撑，美好的愿望也只能是空中楼阁、镜花水月。所以，在确立起科学的考试观后，还必须及时地改革并建立起科学的命题制和评分制。

例如，在命题方面，要做到考试目标与教学目标的有机结合，明确解决为何考、考什么、怎样考等一系列问题，应重在考查学生知识的运用能力；教学目标要有梯度、有层次，能充分考虑学生已有的学习能力、身心发展水平，力求使考试目标与教学目标形成最大限度的关联。在评分方面，要结合新课程的特点，改变以往过于量化的评分方法，采取更加灵活的相对评分、等级评分等办法；评分内容应进一步扩大到学生的社会实践、研究性学习小组活动等多个方面，以尽可能做到全面、公正地测试和评价学生的知识与能力。

（三）实行多样化的考试形式

考试的合理与否影响到人才选拔的恰当与否，这一点在高考问题上表现得尤为突出。高考的本意是选拔高创造力的高层次研究人才，但由于高考本身的严格规范性以及方法的相对单一化，学生的知识结构、思维结构已被长期禁锢在一种既定的模式中，难以凸显思维本身的多样性和多维化。所以，如今考试的"成功者"中不乏善于考试的"机器"，"落第者"中也不乏因不适合传统考试方式而与大学无缘的才子。就像每每听到"中国的学生赢在了起点却输在终点"，国人心中虽有不平也知道问题的一些症结所在，但总是更多地流于感叹；正如一些学生虽在少数学科上学习优异且非常有潜力，可因现行的、以总分取胜的高考形式这一"游戏规则"的"钦定"，又总是在一年又一年的流逝中不时地被人淡忘，人们也只是为之惋惜一时却很少去为此改变而真正去做些什么。在偏科生或特长生问题上，一名中科院的院士曾指出："吴晗当年报考北京大学时数理化成绩都很差，数学成绩还是零分。如果北大拒收吴晗，我国也许就少了一位伟大的历史学家！我们是要求学生德智体美劳全面发展，但并非苛求学生各科成绩平均发展。对于特长生，只要他在某一方面确有天赋，就应该进入大学深造。"

"不拘一格降人才。"考试形式如何向多样化发展，使考试真正成为选拔人才的工具而非阻碍人才的障碍，让不同类型的人才脱颖而出，已成为社会发展对教育改革的迫切呼唤。然而，现今这样一种在一定程度上违背考试初衷的、在实质上诱导应试的考试制度，正日趋异化并使考试从识别人才的工具逐渐蜕变为压抑和束缚人的创造力的工具。

对于高考改革，已经成为全社会共同的呼声，甚至于成为教育改革的牛鼻子。

应该承认，现行高考制度实行了二十多年，在拨乱反正、选拔人才方面，发挥了积极的作用。但是，随着时代的发展，特别是高等教育大众化进程的加快，现行的高考制度也日益显露出种种落后于时代的弊端：（1）不利于推进中小学素质教育、减轻学生负担；（2）不利于调动高等学校在专业人才选拔上的自主性；（3）不利于不同地区、不同高校的分类指导。有人说：庆父不死，鲁难未已；考试不改，教育难兴。虽然言重了一些，但是道出了考试改革的迫切性。

为此，我建议高考制度应该有一个深刻的变革。

第一，应该将国立大学、省立大学、市立大学和民办大学进行分类独立考试。建议国家集中力量办好 10 所一流国立高校，每省办好 1—2 所省属高校，有条件的地市办好 1 所市属大学。国立大学要面向全国公平招生，必须是全国统一的试卷或者是国立大学联考的试卷，严格按照分数录取，不允许有地区的分数差异。可以定向为边远地区培养人才，但是也必须在全国范围内从高分到低分依次录取，而且大学毕业后必须根据合同去边远地区工作一定时间。省属和市属大学可对本地区学生实行适度优惠入学政策。民办学校则完全自主录取。所有学校必须把录取的情况向社会公开，接受监督。

第二，把考核学生和录取学生的主动权交给大学。以往大学的招生办公室毫无自主权可言，他们唯一能做的一件工作，就是在政府部门已经决定的分数线的基础上去选择生源。有香港的学者认为，"大学乃学术机构，崇尚科学，讲究声望，有了这个主动权，相信大学管理层一定重视并加强招生办公室的作用，依据自身的教育理念、办学特色而择优选才，所录取的生源肯定较以前更具个性和符合大学自身的期望"，我认为是可取的。有人认为这样可能会导致大学的权力太大，甚至会产生腐败，其实不必担心。大学总是需要自己的声誉和质量的，同时有监督的机制，我相信大学会比以前更加珍视质量。

同时，我们不赞成各省和直辖市自己举行考试，因为各省市的分数缺乏可比性，也为录取的二重标准创造了条件。如果各省市一定要进行自己的高考，那么其分数应该只对自己所管理的学校有用，而不是全国通用。

第三，改变单一的分数决定方法，把综合评价列入招生评价体系。在高校招生选拔上，考试分数不应该是高考录取的唯一标准，应该探索在考试的基础上，综合评价、择优录取的科学方法。有人建议可以参考以下内容：大学统一入学考试成绩、学生在中学最后三年的学业成绩及校内排名次序、中学的办学特色、声望及校长、教师的推荐信、学生课外活动、特殊专长、竞赛成绩、奖状证书、社会服务、学生自撰申请文章、自我介绍及其他社会人士推荐信、必要的面试，等等。我认为，如果用科学合理的方法进行分析，是可以逐步把大学录取标准多元化，从而推进中学素质教育的进行。

同时，应该尽快制订实施方案，规范操作程序，为那些在科学研究、创造发明、文学艺术、体育技能等方面已取得突出成就和具有公认的特殊才能的学生，开通免试升入高校深造的直通车。

第四，实行"基础课资格考+专业相关课高校考"制度。（1）语文、数学、外语三门基础课实行全国统考（也可以采取高校联考），每年两次（条件成熟时也可以逐步推行多次考试。多次考试可以是一年考多次，也可以是一年有各种科目的考试。学生从高中二年级起就可以参加考试，最后让学生有机会选择自己的最好成绩。这样，就可以改变一考定终生的制度），通过者（只要通过，不计具体分数）即获得报考"专业相关课"资格；要努力提高试卷命题质量，试卷命题要力求强化分析问题、解决问题、发现问题的能力，要突出考生综合素质的考查，提高分数评价的"含金量"，"让死记硬背不再有市场，题海战术不再有效益，应试教育不再成为既得利益者"。因此，应该充分发挥民间机构在高考命题中的作用。（2）由各高校自行确定各专业的"专业相关课"1—2门（如报考物理学专业，可确定一门"专业相关课"：物理学；或确定两门：数学、物理学）。并由高等学校自己组织命题（包括面试）和阅卷，自主决定录取标准（"专业相关课"可在高校内进行，亦可委托考生所在地考办组织进行）。

第五，要建立各种学校之间的立交桥。应该尽快加强学校之间的学分互相承认和交换，不同等级、不同类型的学校，可以通过一定的鉴定程序，为优秀学生的进一步深造提供条件。这样，如果苏州大学的优秀学生可以到北京大学直接插班学习，苏州职业大学的优秀学生可以到苏州大学直接插班学习，参加高考的学生就会有更多的选择机会。而一旦考进大学，也会奋发努力，不会像目前进大学就万事大吉只混文凭了。

当然，如何改革考试还有很多的做法值得我们去研究和探索。我们也知道，由于考试无法绝对地避免人为的干扰，因而考试永远也不可能达到理想化的公正；正是由于避免不了片面性，考试也只能是考查一个人能力的有限部分而达不到真正全面的评价。但就目前教育改革现状看，高考不改革，其他的改革都必将流于形式；高考一旦改革，必然会带来其他教育领域的一系列根本性变革。所以，如何发挥考试对于人才选拔和人才评价的科学导向功能，以适应不断变化的社会对多样化、创造性人才的需要，已成为我国教育改革中至关重要的一步；也只有如此，才能使学校教育真正走出应试教育的困境，使我们的学生真正从炼狱般的教育桎梏中解放出来。

第十七章　网络喜忧谈

"网络——让我欢喜让我忧"是一位中学生描写自己的网络体验时写的一句话。的确，网络是一把双刃剑，它既提供了人们便捷的学习与交流的机会，让人体验激情冲浪的乐趣，却又暗伏着令人痴迷、产生心理依赖的危险。近年来，有关网吧使孩子们夜不归宿、荒废学业甚至走向犯罪的案例不断见诸各类媒体，如北京的"蓝极速网吧事件"等。如何引导人们利用好网络这一利器保障青少年的健康成长，是摆在我们面前的一个重要课题。

一、天堂地狱一网间

"你想上天堂吗？那你上网吧！你想下地狱吗？那你上网吧！"一位"资深"网友曾给人这样的警示。

网络究竟为何物，又何以能有如此大的魔力？

在 20 世纪 90 年代才真正显露峥嵘的互联网，是人类社会向着信息时代发展所迈出的最重要的一步。互联网从原来美国国防部冷战时期的内部试验网络阿帕网到美国教育科研机构的互联网络，走过了缓慢的过程；自从 1993 年万维网站点主页浏览器发明以来，发展到现在的国际互联网仅用了短短的几年时间，然而，其目前的规模和发展的速度却是令人始料不及的：1993 年互联网的用户仅为几十万人，而据联合国贸易及开发会议的报告显示，到 2002 年底全球网民已增至约 6.55 亿。

中国互联网的产生比较晚。1994 年 4 月 20 日是中国被国际承认拥有互联网的日子。那一天，中国教育科研网与美国 NCFnet 直接联网，然而经过十年左右的发展，依托于中国经济和政府体制改革的成果，网络已经显露出巨大的发展潜力。中国互联网络信息中心（CNNIC）发布的《中国互联网络发展状况统计报告》显示，截至 2003 年 6 月 30 日，我国大陆上网计算机 2572 万台，网民数为 6800 万人之多，占全球网民的 10%。其中青少年网民占 80% 以上。网民平均每周上网时间增加到 9.8 小时。报告还预计，2003 年中国互联网产业和传统产业的结合程度、互联网的渗透程度将进一步增强，到 2003 年底，网民数将达到 8630 万人，增长率为 26%。

网络对中国的政治、经济、科研、文化、教育乃至个人的工作和生活产生着日益深刻的影响。它已成为中国人尤其是青少年学习知识、交流思想和休闲娱乐的重要平台。凡是与网络有过亲密接触的人想必都难以忘却网上冲浪所带来的兴奋与刺激。互联网就像神话传说中那盏神奇的阿拉丁神灯，会把你带入一个新奇的、魅力无穷的信息时空。互联网的信息是共享的、开放的。你可以在网络上查到最新一期的国家地理杂志，你可以阅读最新的理论文章，你可以从互联网上找到需要的书籍、图片、影音资料、软件等共享资源。当然，网络给你提供的还远远不止这些。在网上的学习型社区安家可以重塑你的精神世界，在网络的天空里游览真实的世界别有一番情趣，试试网上购物可能有特别的惊喜……即使是让许多家长和学校老师"深恶痛绝"的电子游戏，也可以有很大的好处：它能带给孩子们求新探异的快乐，满足他们追求紧张刺激的心理需要，训练他们的灵活反应能力，丰富学生的课余活动。一位署名为"小小鸟"的上海高中生在给《解放日报》的信中深情列举了因特网的种种好处：

其一，上网可以帮助我们学外语。我也常去聊天室，但一般去英语聊天室。在那里我不但能结交许多朋友，还能提高英语能力，丰富词汇量。在聊天过程中出现的一些语法错误，网友们都会认真及时地帮我指出来。

其二，上网可以了解最新的教育动态。这几年的高考还在改革探索之中，每年几乎都会出台许多新措施。平时好些同学不大关心电视和报纸上的新闻，因此从网上查询与教育相关新闻的学生很多，以此来调整复习重点，适应高考新举措。

其三，上网可以帮助我们学习。现在网上办了许多网校，许多经验丰富的老师随时在网上为学生解答难题。上网校，比请一个家庭教师方便多了。

其四，上网可以丰富我们的课余生活，扩大我们的学习视野。网络上的资源无穷无尽，我们作为跨世纪的青少年，对各方面的知识需求是很大的，而学校所教的那些无法满足我们的需求。网络恰恰为我们提供了这个取"百家之长"的机会。

其五，上网有利于环保。同学们自从上网后，写信、写贺卡的习惯逐渐被发 E-mail 所代替，省信纸，省邮票，节约了资源，还省力省时……

不可否认，网络是 21 世纪的通行证。未来社会的人才如果不具备利用网络技术获取、交换、传播科学信息的能力，将不能适应来自各方面的竞争。但正如谚语所言"每一枚硬币都有两面（Every coin has two sides）"，任何一种新事物的诞生都伴随着不尽如人意的一面。网络的天空并非总是蔚蓝的，因网络而起的惨剧时有发生。让我们随便检索一下有关"网迷"的报道：

2002 年 2 月，苏州望亭镇奚家村初中生郭峰因终日上网，过度的刺激和疲劳导致在瞬间出现心脏问题，猝死在他心爱的电脑边。3 月，一名 14 岁读初三的洪城少女因迷恋上在网上相识的"聊友"而精神错乱，给父母留下一张字条后出走。4 月 6 日，甘肃景泰县春雨中学一名初二学生常去网吧感受虚幻自由，母亲多次忠告，但他认为是"限制自由"，于是用刀将母亲砍死。5 月 1 日，新疆乌鲁木齐市一姓陈的中专生通宵泡网吧猝死：4 月 30 日晚 10 时，他与三个好友一起去网吧玩游戏，并一直持续到早上。8 点多的时候，陈同学突然头一歪倒在旁边好友的肩上，随后又从椅子上滑落下来。送至医院时，他已经全身发紫，瞳孔扩散，血压降为零，心跳消失。5 月 4 日，重庆市渝中区一名 14 岁的少年为了筹钱上网吧打游戏，竟伙同两名同伴用砖头砸伤与自己相依为命的奶奶，抢走了她身上仅有的 38 元钱。8 月份，武汉爆出"整日沉迷电脑游戏白了少年头"的新闻。自从放暑假来，14 岁的小刚便整天泡在电脑前玩游戏，一玩就是一整天，时常通宵达旦。一天，他的父母发现小刚后脑勺上长出了片状白发，十分惊讶。到医院诊治时，医生排除了其家族遗传病史后，指出"少白头"的祸首是电脑游戏。9 月，南充某大学两名大学生"网迷"李某、周某沉湎于网络游戏，为"挣"上网费而疯狂盗窃，被南充市顺庆区法院分别判处有期徒刑 7 年和 5 年。11 月，辽宁铁岭市警方破获一作案团伙。三个不到 17 岁的少年为了弄钱上网，居然在一个月内抢劫四次……

这些人间惨剧的根源在于网络这一工具的功能的利用被异化。中国社会科学院青年学者郭良等主持的《2000 年中国五城市青少年互联网状况及影响的调查报告》显示：尽管青少年用户上网目的本来应当是学习、娱乐、网络技术使用和信息寻求。但超过 50% 的使用率的功能却是网络游戏（62%）和聊天（54.5%），其次是使用电子邮件（48.6%）。福建省的一项针对中小学生上网情况的调查表明：上网的学生中曾光顾色情网站的占 46%，热衷于聊天的占 76%，选择玩游戏的占 55%，只有不到 20% 的学生上网是搜索信息。调查数据显示，青少年使用电脑最常做的就是娱乐，这个实际状况与家长给青少年创造上网条件的初衷是背离的。

（一）网络游戏游戏人生

电子游戏可以训练人的手脑配合能力，起到开发大脑、提升智力的作用；可以激发钻研、创造的欲望和学习的兴趣。但是，未成年人由于社会认知不足和自我防护意识缺乏，沉湎于游戏会引发违法犯罪，给游戏者带来生理、心理等方面的伤害。同时，网络游戏是一种基于互联网的具有文化内涵的计算机软件，内容情节和背景信息必然反映制造国的道德观念和价值取向，具有制造国的文化特征。未成年人在玩游戏的过程中，必然在世界观、价值观和行为上受到影响。具体表现在：

其一，网络成瘾带来心理和躯体疾病。

2003 年 2 月 26 日，民盟北京市委发布了题为"关于电子游戏与未成年人教育问题"的调研报告。他们在对北京市 9 个区县的 600 余名中学生进行了调查后发现，88% 的学生玩电子游戏，昼夜连续（20 小时以上）玩过电子游戏的学生达 7%，14.8% 的学生患有网络成瘾症。网络成瘾症与玩电子游戏有着密切的联系。平均每次玩电子游戏大于 6 小时的，成瘾者占37%，普通玩者为 2.7%。

网络成瘾症是一种过度使用互联网而引起的心理疾病，患者无法摆脱时刻想上网的念头。目前在上网人群中，发病率愈来愈高，年龄介于 15—45 岁之间。有关专家对网络成瘾病人的描述是：对网络操作出现时间失控，而且随着乐趣的增强，欲罢不能，难以自拔。这些人多沉溺于网上自由聊天或网上互动游戏，并由此忽视了现实生活的存在，或对现实生活不再满足。初时只是精神上的依赖，渴望上网。而后可发展成为躯体上的依赖，表现为情绪低落、食欲不振和体重减轻、睡眠障碍、精神运动性迟缓和激动、自我评价降低和能力下降、思维迟缓、有自杀意念和行为、社会活动减少、大量吸烟、饮酒和用药物，等等。

也许有的"网迷"同学有过这样的感受：因为精力透支，平日里常常无精打采，一上网就处于亢奋状态。虽然每天告诫自己不要上网了，可一到放学，还是不由自主地找地方上网。玩游戏一玩就玩到了凌晨，想停也停不下来。学习成绩原本还不错，后来"红灯"越挂越多……这便是十分常见的"网络成瘾"症状。这一现象正引起心理学界、医学界、教育界的广泛关注。

网络成瘾不仅影响人的心理，还影响人的身体健康。由于玩游戏时全神贯注，身体始终处于一种姿态，眼睛长时间注视显示屏，会导致视力下降、眼睛疼痛、怕光、暗适应能力降低，脖子酸痛，头晕眼花等。调查显示：玩电子游戏后感到眼睛痛的占 36%；脖子酸痛的占 27%；头晕的占

15%。同时，沉迷于网络游戏，容易使未成年人减少人际交流，产生自闭倾向，甚至会患上"电脑自闭症"。网络成瘾症祸害孩子身心，以致死亡和犯罪的事例不胜枚举。2002年引起中外媒体特别关注的，莫过于南昌高中生余斌玩游戏时因心理过度紧张、激动而猝死的案例。

余斌是南昌市豫章中学高三（4）班的学生，就在其他同学正在紧张复习准备迎接高考的情况下，余斌却每天背着书包奔走在家与网吧之间。据余斌的班主任老师捷利兵介绍，自寒假补课、3月份开学以来，余斌一直没到学校上过课。而余斌的父母则说儿子是按时上学，按时回家的。4月17日，他像往常一样没有去学校，而是进了逃课的老地方"辉荣网吧"，继续他的《传奇》游戏，下午，他在游戏中苦心培养的主人公被"击毙"，一时激动的他瘫倒在椅子上，随后停止了心跳，猝死在网吧。坐在余斌旁边的一个年轻人回忆说，下午5点多钟，他来到网吧，看到了面熟的余斌在30号机子上玩游戏（算下来这一天余斌已经连续玩了至少9个小时）。几分钟后，这名年轻人就听到"砰"的一声，接着看见余斌往后倒在椅子上，双手不停地抖动，口喘粗气。送到社区诊所后，医生为余斌听诊把脉时已经听不到心跳，脉搏也没有了。最后经南昌市第三人民医院急诊科检查，余斌被宣布为临床死亡。

据分析，余斌并不是病死的。余斌从小到大身体结实，没有住过医院，应该没有致命的病症。造成他猝死网吧的原因，是心理原因，也就是网络成瘾症。

其二，迷恋网络使学生学习成绩下降。

在校生因迷恋网络游戏造成学习成绩下降，甚至旷课、逃学的现象日益普遍。一些学校的教师反映，凡是学校附近有网吧的，学校里逃课的学生就特别多。中学里语文、数学、英语等主科课尚好，体育、音乐和美术课等是有些学生借故逃学的最好时机。课外活动的时间基本上全被学生用来在网吧玩游戏了。他们一边玩游戏一边还相互交流逃课的做法和经验。不少学生由于痴迷网络游戏，导致上课不能集中精力专心听讲，不能按时完成作业，最后出现成绩下降，直到逃课、逃学，有的甚至厌学、辍学。调查数据显示：玩电子游戏的同学中认为容易上瘾，很难控制自己的占65%；玩起来就没完，自己控制不了的占18.1%；总想玩游戏，不想上学也不愿做作业的占5%；认为花很多时间和精力玩游戏会使学习成绩受影响的占73.4%。2000年华东理工大学对237名学生作出了留级或退学等处理，据了解其中有 80% 的学生平时无节制使用电脑上网、聊天、看光碟与玩游戏。据《平顶山日报》报道，2002 年 11 月燕山大学有 120 名学生因累计欠学分达到或超过 20 分而被退学，其中有 85% 以上的学生是因为过度沉溺网络而荒废了学业。来自《扬子晚报》的消息说，江苏省重点高校如南京航空航天大学、东南大学等，经常上网的人数超过七成，而在退学、试读大军中，有近 80% 的学生是因为过度迷恋电脑娱乐、网上聊天所致。

其三，不良网络游戏引发社会问题。

电子游戏一般以"攻击、战斗、竞争"为主要成分。其中充斥的妖魔鬼怪、复仇格斗等虚幻无聊、凶杀暴力的内容会潜移默化地影响着孩子们不成熟的心灵。在一家叫"超越"的网吧里，近百平方米大小的空间摆放了 50 多台电脑，在这里上网的大部分是学生。只见一名初中生模样的学生在玩《盟军敢死队》，他指挥着一支二战中的盟军敢死队深入到各地执行任务，有的飞檐走壁，有的来去自如，有的精通机械，所向披靡，战无不胜。在另一台电脑前，一个学生在玩《口袋妖怪》，游戏里有一个叫小智的少年一心想成为培养口袋妖怪的大师，为此他开始了自己的冒险经历，沿途打败各种口袋妖怪后收为己用并加以悉心培养。这个游戏吸引着孩子们整日惦记着收集各种口袋妖怪，并互相比赛看谁收集得多。还有一个游戏叫《格斗之王》，讲述四个各具功夫的人物复仇的故事，凶杀暴力的场面不绝于屏，其中还有一个风韵犹存的瓦丽莎极尽色相蛊惑……所有这些电脑游戏都以其强烈的刺激性、紧张的对抗性深深地吸引着孩子们，使他们欲罢不能、欲舍不忍。有专家指出，未成年人长期玩飞车、砍杀、爆破、枪战等游戏，会使他们模糊道德认知，淡化游戏虚拟世界与现实生活的差异，误认为这种通过伤害他人而达到目的的方式是合理的。因为玩电子游戏而引发的道德失范、行为越轨甚至违法犯罪的问题正逐渐增多。某项调查数据显示：认为因玩游戏而性情变暴躁的占 27%；认为玩游戏与校园暴力相关的达 29%。

不良网络游戏的毒害不仅限于青少年，它对成年人的心理乃至整个社会文化都有颠覆性的破坏作用。一款叫作《臭作》的游戏要求玩家必须在规定的时间内，用摄像机、照相机、媚药、绳索等工具，采取恐吓、绑架等手段"强暴"1 名女老师及 7 名女学生，方可以通关。有一段时间被议论最多的《网上养男人》游戏也是例证。这是台湾的女性网站粉红电子报在 2002 年 7 月份推出的网上游戏，玩家注册为女主人或男宝宝后，女主人要去挣钱，男宝宝要随时注意增加自己的魅力。男宝宝每天可以从女主人那里得到基本生活费，女主人可以随意地批评、责骂、亲吻、鞭打自己的男宝宝。如果男宝宝的魅力指数下降到没有女主人肯养他，很可能会饿死。显然这样的游戏扭曲男女之间本应平等和谐的关系，破坏心理健康和社会伦理。

（二）聊天交友庸俗无聊

某市大庆路附近的爱琴海网吧，位置并不显眼，窗前挂了一盏红灯，玻璃上用不干胶贴着"网吧"两字。进入后却发现规模不小，三室一厅内共装了30多台机器，一些少男少女正在电脑前尽情聊天。在网吧内走一圈，你会看到这些未成年的孩子在网上用的都是诸如"坏小子""再爱我一次""荡女""温柔一刀"等化名，聊天的内容乌七八糟，有个初中模样的学生竟在网上问对方："你爱我吗？"有的在网上发出"成熟"的邀请："寂寞的女孩想聊天吗？"还有的一上网就找个对象乱骂一气，污秽的语言令人不堪入目。"侩货"是这些总泡网吧的十八九岁年轻人对在网上找靓女、泡帅哥的一种专用语，而且讲究"速配"，即在最短时间内由网上转变成实实在在的见面、恋爱。一些高中生经常光顾网吧的目的就是聊天、交友，他们通过聊天室，以"偷心的人""献给你初吻的女孩"等类似的网名寻找异性朋友，一旦双方聊出了兴趣，马上用电话进行联系，之后见面，符合心中标准就当恋人相处，不合拍立马各奔东西。据一家网吧的老板介绍，这些人"侩货"的招数就是多和女生聊明星，说自己很帅，内心很空虚，讨厌学习，没有人理解他，等等，在他的网吧里"侩货"成功的几个人中，和对方相处时间最长的仅有半个月，很多是见一面或相处几天就分手，但他们却把如何"侩"的、多长时间"侩"上的、对方靓不靓、见面后都做些什么等作为一种谈资、一种成就到处宣扬。

（三）色情网站泛滥成灾

经常有人拿着手抄本或打印本的色情网站地址在网吧里兜售。在某市的一家面积不大的网吧里，每个电脑桌的两边都做成了小隔断，人坐在桌前上网，互相看不到别人电脑屏幕上的内容。此时，各个电脑前坐着聚精会神的年轻人，从侧面看去，每个人的脑袋都藏在隔断里，只有键盘发出的轻微的沙沙声。记者在所剩无几的空位子中找了一张电脑桌坐下，打开电脑上网后，在浏览器"历史栏"里，点开了此前别人浏览过的网页地址，经过一一查看，结果发现该机器在前一天有人打开过大量色情网页，各种不堪入目的黄色图片多达百幅。而在另一家网吧，记者发现每当有人离开机器时，网吧内的工作人员就会立即到该机器前熟练地操作几十秒钟。而随后记者打开这台机器时发现，浏览器的历史记录已被清除干净了，根本无法知道此前上网的人都浏览过什么网页。色情网站在网吧里被打开，其传播的速度可想而知，而色情内容被这些稚气未脱的学生们浏览，其造成的恶劣影响又将有多深！

（四）网络语言弱化中学生的民族文化素质

网上的错别字、病句随处可见，什么"886（再见）""MM（妹妹）""菜鸟""恐龙""美眉""小东东"，等等，再加上英语汉语混用，中学生长期与这种语言环境接触，不能不令人担忧。

最近，在《长春日报》上看到一则报道，说的是长春市安阳小学的关旺老师日前遇到了一件哭笑不得的事：他班上一个11岁学生交上了一篇"字母＋数字＋汉字"的大杂烩日记。

日记的开头这样写道："昨晚，我的GG（哥哥）带着他的恐龙（丑陋的）GF（女朋友）到我家来吃饭。在饭桌上，GG的GF一个劲儿地对我妈妈PMP（拍马屁），那酱紫（样子）真是好BT（变态），7456（气死我了），我只吃了几口饭，就跟他们886（拜拜了），到QQ上给我的MM（妹妹）打铁（发帖子）去了……"

据了解，这种形式的日记在中小学生中已是屡见不鲜，有时在学生的考试作文当中也会出现。有的学生甚至以这种"网络语言"为时尚，出口就是"网语"，而教师对这种另类作文也是一筹莫展。

广州大学中文系语言学研究所孙雍长教授认为，现在孩子上网的时间越来越多，而他们正处在打语言基础的时候，如果不对网络语言尤其是些品位低下、乱造的词语加以控制，很可能会对正规语言的学习产生负面影响，给语文教育带来消极影响，也不利于语言的纯洁和健康。

（五）网恋导演人间悲剧

网恋是现代人的童话。有着浪漫情结的年轻的校园学子们对于爱情是充满了憧憬与渴望的，他们希望通过这种方式能把童话变为现实，使美梦成真。有不少青年朋友，自从在网上认识一个谈得十分投机的异性网友以后，从此就如痴如醉地泡在网上，达到了废寝忘食的地步，以为自己多年来要找寻的"白马王子"或"白雪公主"如今终于通过网络来到自己的身边。然而，网络演绎出的无数爱情故事留下的往往是伤心与悔恨。学生因网恋而受到的伤害甚至血的教训不能不令人正视。

网络为何会由人见人爱的天使摇身一变为许多人特别是不少家长"谈之而色变"的恶魔呢？

其原因主要在于：第一，网络的特性。

网上交往与传统的人际交往不同。它以文本式交往为主，个人的身体和社会特性被降到可以忽略的地位。因此，在面对面交往中普遍存在的规范在网上不再是一种标准，从而对于人们的道德自律提出了更高的要求。而有些人就利用了网上交往的特点，从事一些非法活动。另外网络作为一种新生事物，国际上尤其是我国对其实施管理的专项法律、法规还相当不成熟、不完善。而网络的开放性、自由性、无疆域特征更加导致了这些法律、法规难以奏效。正如尼葛洛庞蒂所指出的，在网络世界里，人类社会现存的法律，就好像一条条"在甲板上吧嗒吧嗒拼命喘气的鱼"。

目前网络存在着三个难以解决的问题：第一类是网上安全问题，主要是指黑客、病毒和网上欺诈等；第二类是传播色情、暴力和仇恨的不良信息；第三类是形形色色的信息污染和垃圾。在目前及可预见的将来，网络的这些弊端仍将存在。

第二，青少年自身的特点。

青少年是网络成瘾症的易感人群。这是由于这个年龄的学生是特殊的群体，他们易于接受新鲜事物，求知欲望极其强烈，但他们的生理、心理还未成熟，对待新事物缺乏辨别是非的能力，自制力差，很容易受到外界不良诱因的影响。这些固有的特征，与网络固有的问题，在本质上就构成了中学生与上网之间固有的不可调和的矛盾。而大学生尽管因为年龄的缘故自制力强一些，但他们"一不小心"就会跌进网络的陷阱，其原因则是他们大都远离了父母，且大学里教师在课余管理方面的影响力比起中小学来说几乎是零！

第三，缺乏良好的上网的社会环境。

目前我国发生的"网迷"惨剧大多发生于"黑网吧"。"网迷"们为何会纷纷涌入"黑网吧"，其原因是复杂的。其中不乏无奈之举，即无处上网。

同时，"黑网吧"低廉的价格和"自由的程度"也是重要的方面。家庭、学校、社区以及"绿色网"吧本应是人们上网的好场所，但现实情况却不容乐观。

家是人们触网的主要场所之一。中国互联网络信息中心的一项调查结果显示，62.1%的网民选择在家里上网。但在人口众多且人均电脑拥有率尚偏低的中国，在家上网对于大多数人来说还是一件十分遥远的事。学校和社区的机房也很少向学生开放。新华社记者调查发现，天津部分中小学校的机房处于闲置状态，他们呼吁学校机房应向学生开放。北京市某中学曾向学生开放过机房，但因种种原因，学校仅坚持了两个月就停止了这项服务。除了家庭和学校外，社区也是主要的教育场所。现在，社区已经有一些为老年人服务的活动场所，而服务于中小学生的设施却极少。

"绿色网吧"是指有合法证照、能遵守有关法规的网吧，它们对拓展网络空间及丰富人民文化生活无疑是有益的。但由于种种原因，真正的"绿色网吧"举步维艰。一位名为"小小神刀"的"绿色网吧"经营者在"中国网友报"（wy.cnii.com.cn）上发帖子说："作为一名经营者，我认为其实最重要的是要有一个完善的行业规范。我经营的网吧是一家证件齐全的网吧，但是除了在每天的开支上我们要比'黑网吧'多支出近一百多元的费用外，还要随时应付各种各样的检查和五花八门的收费。而那些'黑网吧'呢，他们的老板要比我省钱省心得多！我觉得建立一个由政府与主管部门牵头、网吧老板参与的协会或者俱乐部等形式的管理与监督的组织，来共同承担起网吧的规范和管理是非常有必要的，这样可以让社会更多地了解网络，也可以增加税收，增加就业岗位等。如果有这样一个规范管理的组织来很好地引导和管理网吧的话，网吧将成为一种非常有前途的服务行业。"既然无处可触网，人们自然就会流入价格低廉、遍地开花的"黑网吧"中。

现在"黑网吧"违法现象的蔓延已经到了触目惊心的地步。它们一般位于大、中、小学的附近，昼夜不停地经营游戏，向学生介绍、推荐各类最新的游戏，因为玩游戏最容易上瘾。明明规定未成年人不能进入网吧上网，但在"黑网吧"不但可以上网，而且还什么网站都可以看，什么游戏都可以玩。明明规定不许向未成年人出售烟酒，在那里也照卖不误，而且还可以提供盒饭、面包、饮料，为的是让你延长上网时间。充满黄色内容的成人网站、满是暴力与凶杀的电脑游戏、虚拟聊天世界中的"龌龊交易"带来了色情、暴力、凶杀，这些随"黑网吧"传播而来的"毒品"正侵蚀着青少年健康的躯体，腐蚀着国家的未来与希望。

据 2003 年元月发布的一项调查报告，北京 170 多万中小学生中有 30 多万人上过网，而其中经常光顾色情网站的就有 10 多万人；成都 13 岁的初二学生张星痴迷网络游戏，逃学上网长达 25 小时，导致视网膜脱落，家长一怒之下将网吧老板告上法庭。2 月，北京市的 3 个孩子因痴迷网吧，竟然结伴"私奔"出走了 5 天。武汉市 6 名十五六岁的辍学学生因为没钱上网，在市区抢劫。浙江绍兴的一个学生也因迷恋上网，其父不许而跳楼死亡。3 月，厦门一年仅 16 岁的在校生潘某连续 3 个晚上泡网吧后终因疲劳过度，精神崩溃，被送医院后确诊为"精神分裂"。4 月，山东烟台发生网吧暴力事件，一名中学生被"网友"砍伤。5 月 8 日中午 1 时许，位于合肥市宁国路北段的"文新网吧"突然发生火灾，2 人在大火中丧生，业主 20 余万元现金被烧毁。6 月 16 日子夜，位于北京海淀区学院路 20 号的"蓝极速网吧"发生火灾，烧死 25 人……

在某校家长会上，一位家长痛斥了非法网吧的累累罪行：一家网吧为做生意，不仅接待未成年学生上网打游戏，还留宿一名 13 岁的学生通宵玩游戏长达半月，消费千元之巨。据该学生说，这些网吧每天中午 12 点到 1 点，下午 4 点到 6 点生意最好，大部分都是中小学生来玩，老板常打折吸引学生。而到了深夜，如找不到玩伴，他便亲自上阵陪玩。

第四，我国现有的教育体制存在问题。

在一份调查问卷中，学生们对自己玩电子游戏的原因做了如下选择：一是舒缓学习压力，寻求快乐；二是摆脱孤独，寻求伙伴；三是寻找自我，满足成就感……

由此可见，我国目前教育制度本身存在的弊端与孩子沉溺电子游戏有着密切的关系。如今我国虽在大力推行素质教育，但不少学校仍在应试教育的轨道上行驶。千人一面的教学方式、单调乏味的学习生活、巨大的升学压力使得不少学生产生了厌学情绪，在这种情况下，刺激有趣的电子游戏对他们而言自然成了不可抵挡的诱惑。另外，据了解，有些学校把素质教育理解为单纯"课时减负"，没有安排丰富多彩、有益身心的课余活动，学生们于是便纷纷地钻进了网吧。

第五，家庭教育的欠缺。

民盟的一项调查发现，家庭是导致一些孩子网络成瘾的重要原因：从调查数据看，70％的家庭拥有计算机，但是 30％家庭的父母不会使用，很难觉察不良网络信息对孩子的侵害。另据中国互联网络信息中心报告显示，到 2003 年上半年，79.9% 的网民是 35 岁以下。很明显，家长上网占较小的比例。这也从一个侧面反映出，不少家长对网络并不熟悉，很多家长甚至是网盲。孩子上网，家长拿什么来指导？

民盟的调查报告还指出：家长有两种倾向不可取，一种是认为只要花钱为孩子找一个好学校就万事大吉，对孩子的学习和课余活动很少过问。另一种是把网络视为妖魔，不准孩子上网，也不让孩子玩游戏，有的地方甚至家长联合起来成立"抵网委员会"，结果把孩子赶到了网吧。

由于缺少针对网络成瘾症的心理咨询与心理治疗的专业机构，也缺乏及时救助的措施，一旦孩子出现成瘾问题，家长干着急，不知该怎么办。

二、网络教育：机遇与挑战并存

所谓网络教育，简单地说，就是在线学习或网络化学习，即在教育领域建立互联网平台，学员通过个人电脑上网，通过网络进行学习的一种全新的学习方式。当然，这种学习方式离不开由多媒体网络学习资源、网上学习社区及网络技术平台构成的全新的网络学习环境。在网络学习环境中，汇集了大量数据、档案资料、程序、教学软件、兴趣讨论组、新闻组等学习资源，形成一个高度综合集成的资源库。这些学习资源对所有人都是开放的。一方面，这些资源可以供成千上万的学习者同时使用，没有任何限制；另一方面，所有成员都可以发表自己的看法，将自己的资源加入到网络资源库中与大家共享。

网络教育具有社会和教育意义上的极大优势，比如：信息的及时传递，网络教育资源的最充分共享和更有效利用；实时或非实时任意交流、讨论；学生自主学习、个性化学习及协作学习；教学空间的无限扩展，教育对象空前膨胀；虚拟技术更有效模拟现实，解决教学难题；促使教育社会化，使教育从学校走向社会与家庭；促使终生教育和全民教育的开展等。具体来说，网络教育具有以下优点。

1. 满足人们的求知欲。

即使是发达国家，现有的高校都不能完全满足人们求学的要求。对于我国来说，教育尤其是高等教育的规模相对于庞大的适龄求学者而言十分有限，而传统校园的数量和规模受经济条件、教师资源等的限制不可能无限扩大。现有传统教育规模和培养能力严重不足，有必要通过网络将普通大学已有的师资、教材、设备等充分共享，使更多的人能够接受高等教育，培养社会急需的高层次人才。

2. 有利于教育的均衡发展。

网上远程教育对我国优势资源利用率的提高作出了前所未有的贡献。由于历史原因和经济发展水平的差异，我国教育资源尤其是高等教育资源主要集中在大中城市和东中部地区，并导致大中城市人才密集，而小城市和农村地区高等教育资源不足，教育专业门类不齐全，高等学历人才极度紧缺。网络教育不受限于地域，并能够集中最优秀的教师资源，使最优质的教育传达到全国各地，可以不受地域限制地培养高层次人才，对师资力量薄弱地区的学校也是有益的参考和补充。远程网络教育打破了传统教育的办学模式，打破了地域限制，极大弥补了传统教育的不足。例如，北师大实验中学前几年就与北京电信局合作在东方网景网站上推出了北师大实验中学网校，实行同步教学，每周网校教学内容全部与实验中学年级各学科各周进度保持一致，学生在全国各地通过上网都可身临其境地接受全面教育。

3. 充分实现了交互式合作学习。

在传统的课堂教学中，大多数教师没有机会和班级中的每个学生进行充分的交流，也有很多学生因为种种原因，不敢和教师进行面对面交流。网络教育却改变了这一切。在互联网上，学习者不仅可以从网上下载教师的讲义、作业和其他有关的参考资料，而且可以向远在千万里之外的教师提问，与网上的其他同学讨论和评价在课堂上所学的知识，从而调动了学习的积极性。

4. 使自主学习、个性化学习成为时尚。

传统的课堂教学是以教师为中心的灌输式的教学，极大地限制了学习者的自主学习和个性化学习。而互联网的出现改变了这种状况。一方面，互联网将全世界的学校、研究所、图书馆和其他各种信息资源联结起来，成为一个庞大的资源库；另一方面，世界各地的优秀教师或专家可以从不同的角度提供相同知识的学习素材和教学指导，任何人可以在任何地点通过网络访问，形成多对多的教学方式。每一位学习者都可以根据自己的学习特点，在自己方便的时间从互联网上自由地选择适合的学习资源，按照适合于自己的方式和速度进行学习。在这种情况下，自主学习、个性化学习成为必然。

5. 使教育社会化，学习生活化。

在目前的信息时代，新知识、新事物随时随地都在大量涌现，人们必将从一次性的学校学习走向终身学习，而互联网则为教育走出校园、迈向社会提供了强有力的支持。这是一个教育社会化、信息化的过程。在未来若干年内，教育将从学校走向家庭、走向社区、走向乡村，走向任何信息技术普及的地方。互联网将成为真正的没有围墙的学校，网络化学习将成为生活的有机组成部分，成为日常生活乐趣的一部分。

6. 网络教育构造终身学习体系。

知识社会里，知识技能的急速更新，使广大从业人员仅凭一张文凭或旧有的经验技能就想一劳永逸已成过去，职业培训、终身教育已成必需；一个人 25 岁前所接受的学校教育已远远不能满足发展的需要，终身教育思想已被国际社会所接受。传统高等教育，各国普遍遇到的困难是财力严重不足，教学形式不能适应在职人员接受教育的需求。网络教育以其覆盖面广、适应性强、能够为各个年龄段提供相应实用的受教育内容而受到欢迎，并迎来极好的发展机遇。中国社会科学院的一项调查报告称，由于技术手段的快速发展以及在各行业的渗透和应用，网上教育将成为我国一种速度更快、传播空间更大的新型教育形式，它与课堂教育、广播教育、电视教育一同构成多元的教育体系。

我国网络教育的目标是形成开放式教育网络，构建终身学习体系。到目前为止，中国网络教育从无到有，已经发展到了 67 所高等院校开展网络教育的规模，在读学生也已经突破了百万，特别是 2003 年，网络教育的发展势头更加迅猛。"非典"时期，最受媒体和公众关注的当属网络教育。据《北京青年报》报道，仅 5 月份，新东方网络课堂学员人数达到去年同期的 1.6 倍。"五一"期间，北京和上海两地的远程教育业务比上月分别增长了 77.6% 和 61.3%，其他大城市的业务增幅也在五成以上，很多针对中小学生开办的基础网络教育网站在这个时期访问量几乎成百倍地增长。

在中国网络教育快速发展的背后，却出现了一些问题，为势头迅猛的网络教育蒙上了一层阴影。中国网络教育的缺陷主要表现在：

1. 缺乏成功的经验和可操作的模式。

与电子商务相比，网络远程教育没有任何可参照的操作可以为发展网络远程教育提供可借鉴的经验。包括欧美等发达国家，目前同样也处在网络教育的探索时期。正是由于缺乏成功的操作经验，最终导致了目前网络教育教学模式和运作体制的诸多不确定性。可以说，现在网络远程教育最大的缺陷是缺乏一个可操作的商业模式，人们往往只能预知中国网络远程教育有着巨大的市场和商业机会，但人们不知道怎么把这些市场转化为实实在在的经济利润，目前网络远程教育仍然仅仅停留在试验阶段，离实际的商业操作还有很长一段距离。

目前国内最大的远程教育网之一北大远程教育网作为国家教育部第一批远程教育试点，从其开始运作至今，已经投入了一千多万元资金。但领导北大远程教育网的北大电教中心仍不能提出任何商业模式，而且由于不能采用企业化运作，也就根本看不到市场前景。

现在国内网络教育的对象几乎包揽了从幼儿园、小学、初高中、大学、研究生到成人教育、自学、职业教育等每一个教育可能涉及的对象，这种大而全的网络教育客观上却造成了巨大的资源浪费。

网络远程教育最大的商业蛋糕在于成人教育，对大多数已经工作的成年人而言，他们一方面特别希望能够再返回学校充电而弥补自身在工作中发现的不足，但另一方面他们因为忙碌的工作而根本抽不出时间来进行正规学校教育。事实上，网络远程教育最初正是从成人教育开始的，在美国目前成人教育占了网络教育近半数的份额，因为成人教育最好地发挥了网络教育的优点。

2. 网络教育的理论和技术尚不完全成熟。

网络教育作为一种新型教育模式，需要有新的教育理论作为指导，而目前的理论还大多没有定型，有待根据实践检验进行修订和完善；同时，网络教育的技术实现问题和费用问题也是制约网络教育优势体现的瓶颈。由于基础网络先天不足，大多数人们还只能使用最高速率才能达到56Kbps的Modem拨号上网，如此低速的传输根本满足不了远程教育大量多媒体课件的传输需要，这使得网络教育质量不仅不能超越传统教学，相反它还由于不能面对面交流反比传统教学更为低效。另外，接受网络远程教育的实际花费一点都不比传统教育方式少，相反还要多到一倍左右，使得不富裕的家庭无法成为网络教育的消费者，这客观上限制了市场份额。

3. 网络教育质量保证体系和公共服务体系有待进一步完善。

网络教育被社会认可的基础是能够提供有质量保证的网络教育服务。就目前而言，完善网络教育质量的这两大支柱需要深入涉及网络教育的各个环节，需要进行大量细致的调查、研究工作，需要各方进行广泛而深入的交流和借鉴；需要国家出台关于网络教育相关的管理规定。但到目前为止，仍然没有明确的法令条规规定哪些公司或者组织有权利做网络教育，没有相关的认证机构，也没有相应的管理部门来对网络教育经营进行注册登记管理。这导致目前网络教育市场混乱，教育者身份"不明"，各种网络教育经营者水平参差不齐，整个网络教育不能形成信用。面对如此混乱的市场，一般的用户难免会打退堂鼓。

4. 网络教育受到传统教育思想和理念的制约。

这种制约体现在网络教师的教学过程中，也体现在网络大学生的自主学习过程中。网络教育以学生自主学习为主的特点对教学双方都提出了区别于传统教学的要求，而长期的教和学的思维和习惯不是短期内就能够改变的。

5. 网络教育缺乏互动与个性化服务。

网络教育缺少面对面教授的特点，使得网络教育在互动性与个性化服务方面存在严重的弱点。这个不足实际上来自低水平、低质量的课件设计。正如华南师大附中网校主要负责人之一黄秉刚老师所说的："单纯教案题库上网，绝无出路。"同时，并非把一切多媒体手段都堆放到课件中，就是高质量课件了。过多的多媒体手段，对带宽、硬件及软件环境提出了很高的要求，在当前的条件下，只能起到损害效率及阻碍普及的作用。更多的时候，"简洁就是美"。此外，网络教育很难解决校园文化熏陶，甚至是更深层次的价值观、思想政治的正确引导等问题，这已经成为网络教育领域内的共识。而目前网络教育领域内尚没有探索出整体有效的解决办法。

6. 大量重复的资源浪费。

我们往往可以看到一个课件被一个学校做过，大量其他的学校和公司又接着做，而且都做得相当粗糙，甚至有的学校完全是为了应付上面指派的任务胡乱把课件内容转化为电子格式就完事了。无疑，这种无用的网络教育建设是对网络教育的一种耽误。

在"非典"流行的非常时期，网络教育被推向了前台，其诸多缺陷更是暴露无遗。一方面是传统网校和网站不适应。虽然网校堪称网络教育的急先锋，许多门户网站也都有教育专门频道，但是在突如其来的"非典"面前依然显得准备不足。有些网站由于自身定位为基础教育辅导网站，短时期内在内容和结构上难以同在校学生教学实践衔接起来，匆匆组织赶制的课件难以适应网络教学实际。许多综合性网站的教育频道虽然也大做"非典"文章，但是教育内容支离破碎，有的干脆用人物采访、相关新闻报道来充数。以最权威的北京市教委"课堂在线"网站为例，其实它只是一个BBS论坛，虽然也有粗略的学科和年级分组，但是BBS特有的开放性和随意性使得这个课堂变成学生"灌水"的天堂，很难同严谨的、完善的传统教学体系相提并论。另一方面，教师、学生不适应。尽管北京家庭计算机和互联网普及率都居于全国前列，但是真正有效用于学习用途的还十分有限。掌握了计算机和网络教学手段的老师还不多，多数学生还是把计算机当作游戏机。一些老师抱怨，习惯了有组织化教学的学生"放羊"后无所适从，网络教育要求具备一定操作技能，缺乏必要的技术辅导，许多教师和学生均不得其门而入，结果，教师找不到学生，学生找不到教师，即使最好的网校，也主要依靠一种数据库式的人机教学模式，自制力较差的学生难以适应和持久……

同时，面向所有学生提供服务，也使许多网站面临考验。北京市教委开设教育服务网站的初衷是面向北京市一百多万中小学生，不料消息经媒体公布以后，全国各地学生蜂拥而至，一度造成网站拥塞瘫痪。传统网校的收费机制客观上保证了网络服务质量，如何在收费和网络服务质量之间找到最佳结合点还是一个问题。

综上所述，我们不难看出中国网络教育目前尚处在摸索阶段，无论是从这些网校的教学效果还是学生的教学规模来看，网络远程教育在国内还仅仅在一个低层次的发展阶段。

三、构建学习化网络社区

网络是工具，而工具本身的价值是中性的，其利害完全取决于工具使用者自己。因此，我们迫切要反思的，是对工具的科学认识，即如何在网络建设中做到趋利避害的问题，而不是丢掉工具本身。

（一）预防和减少网络成瘾症

1.规范电子游戏市场，创建良好的社会文化环境。

首先，要清理"黑网吧"，保护和完善"绿色网吧"。"黑网吧"作为一颗危害青少年身心健康的毒瘤，对其进行清理已势在必行。2002年至2003年，全国上下开始了一场公安、文化、工商部门联手整治网吧的大行动。据统计，2002年下半年，各地政府对4.5万多家网吧进行了检查，依法责令停业整改 1.2 万多家，依法取缔 3300 多家。人们期待着中国"黑网吧"末日到来。当然，清理"黑网吧"并不意味着要取缔网吧。正如网络社会学者孙自俊先生认为：网吧不是"狼"，社会不必因此而恐慌，网吧的诞生作为信息社会的标志之一，其存在的价值应予以肯定。关键是如何加强对网吧的管理，促进其健康发展。合法的"绿色网吧"完全可以成为学生利用计算机和网络学习与娱乐的良好场所，网络也完全可以成为学生的良师益友。

其次，建议学校机房向学生开放。学校开放机房不失为解决上网难的好办法。因为中小学生具有好动、好奇心强、寻求刺激等年龄特征，他们往往在上网时容易偏爱聊天和游戏。但如果学校开放机房，学生上网就可以在老师的指导和监督下完成。而且学校良好的氛围也使他们访问不健康网站的可能性大大降低。

北京四中计算机教研组钱晓菁介绍，该校在课余时间，一个机房的 50 台电脑和图书馆的一些电脑都向学生免费开放。学生在机房用计算机干什么的都有。上网的学生一般就是利用网络查阅一下资料或是聊天；不上网的学生主要是完成计算机课上的作业，像多媒体制作、编程什么的，或是玩一些小游戏。老师并没有对学生上机房具体干什么给予太多约束。当记者问及为什么不对玩游戏和聊天的学生约束一下时，钱晓菁说，学校机房每天开放的时间并不是很长，再加上学生都比较自觉，所以也没怎么约束。作为北京数一数二的中学，四中无论从硬件设施还是学生素质都具备了让学生在机房里自由上网的条件。

为了减少未成年人网络成瘾现象，学校在开设网络课程的同时，要对学生进行法制教育、网德教育、责任意识教育和自我保护意识的教育。教师要关注学生的网上生活，教育学生学会选择，提高自控能力。充分发挥校园网的教育作用，引导学生把互联网作为学习知识、获取信息、培养创造力的工具。

再次，让社区成为孩子上网的天堂。社区创办网吧，最好不以营利为目的，让孩子在他们熟悉的环境中上网，也便于家长、社区管理人员的指导。另外，政府也应该创建一些公益性的、孩子喜欢的网站。现时，最好也向学生开放社区的图书馆、运动室等服务设施，把孩子留在社区。

最后，加强家庭教育指导，提高家庭教育水平。家长要先学会上网再指导。在现时代，对于网络而言，父母不再是权威，他们应该放下家长的架子，先学会网络知识，取得教育的资格，才能指导孩子正确地利用网络。家长如果可以监督孩子上网，这就不仅避免了孩子访问不健康网站，还能够引导和教育孩子利用网络做一些有意义的事情。部分教师也存在这样的问题。

2.增加对未成年人的教育投入，扩大未成年人的课余活动空间等，加强对中小学生的闲暇指导，引导学生逐步树立起科学的闲暇意识和闲暇态度，合理地安排自己的闲暇时间。

3.开展对未成年人网络成瘾的预防和救助行动。

关于避免网络成瘾的措施，重庆市心理咨询师职业资格培训中心副主任、重庆师范学院学生身心发展指导中心主任刘东刚副教授介绍了三种办法，供学生"网虫"自律：一是自我限制上网时间。将网络看作学习与生活的一个组成部分是正常的，但看作全部便极不正常。毕竟我们生活在一个真实而多变的世界，还有许多事等我们去做。学生上网应保持适度，如平时每天一小时以内，周末两三小时，过长时间"泡网"不利于身体与心理健康。二是养成良好的心态，要将网络看成一个科技含量极高的学习与休闲的乐园。一切以不影响正常生活为前提，对于一些游戏的得失、网友的攻击要淡然处之，对于网友交往更是要慎之又慎。不要点击不该访问的网页（如黄色、反动的网站），以"能管好自己"为自豪。三是要知道"身边的世界更精彩"，应与同学、朋友多接触，积极参加社会活动，充实生活内容，转移注意力。对于困惑要主动找老师、家长或是专业咨询人员请求帮助。如果能做到这三点，刘教授说，便不太可能发生对网络依赖过度的情况，人际交往能力也不会萎缩，学业成绩不会受到影响。

目前对于网络成瘾症的治疗尚处于探索阶段，主要采取的措施有：鼓励患者积极参加社会活动，逐步摆脱对网络的依赖，也可应用抗抑郁药及精神疗法等综合治疗。

（二）完善我国的网络教育

1.夯实网络教育的基石。

首先，要正视中国网络教育存在的问题，把目前的网络教育定位在"试点"阶段。网络教育本身的复杂性和系统性决定了其发展不可能一蹴而就，回到务实的"试点"工作中来是目前中国网络教育界的首要问题。"试点"阶段本身就意味着可能出现这样或那样的问题，因此社会各界对网络教育的期望和评价也需视当前情况而定。社会各界对网络教育的衡量也应考虑到目前网络教育的发展阶段，而不能以一个成熟者的标准去衡量它，要为网络教育创造一个宽松的环境，从而促成网络教育的健康发展。同时，网络教育的开拓者也应该在各个层面上进行创新，努力创造中国特色的网络教育事业。

任何新生事物的诞生都会存在躁动，网络教育同样如此。但教育的严肃性要求网络教育工作者必须时刻保持一种对教育负责、对学生负责的心态。同时，网络教育尚处在有待规范的状态下，问题很多，需要不断地探索和实践。在这种情况下，脚踏实地的精神显得尤为可贵。

在发展网络教育的初期，需要先用网络做它最适合做的事，再一步步扩大其应用，切勿试图一开始就以网络取代一切，导致事物走向反面，产生负面作用。

2. 提高服务意识和服务水平。

这是网络教育自身的必然要求，也是衡量网络教育质量的重要标志。

为什么目前我们要特别提及网络教育对学生的服务功能？原因就在于网络教育的特性决定了网络大学生要有别于传统在校学生。对于网络教育的接受者来说，网络教育以学生自主学习为主的特性，决定了网络大学生要具备比传统高校学生更强的独立学习、独立思考、持之以恒的精神。

然而，未必每位学生都能够在短时间内具备上述素质，特别是针对中国学生的特点来说，如何培养学生的自主学习精神，如何帮助学生在长期自主学习的状态和过程中排除来自各方面的困难，如何引导学生学习等问题都需要完善的服务体系加以解决。而对于教学的实施者来说，工作上要符合网络教育的特点，特别是满足学生个性化需求，这一思想要贯彻到教学策划、课件制作等整个教学过程当中，以保证为学生提供高质量的教学服务。

某知名专家在一个网络教育研讨会上提出："从服务的角度去综合完善教育网站才是网络教育未来的出路。""中国教育热线"辛辛苦苦做了一年教育门户网站之后，断然决定放弃对网络访问量的单纯追求，将业务重心直接切入远程教育 ASP 平台。立足服务，加强自身建设也许是网络教育一条自救的道路。

3. 规范教育的管理工作。

规范管理是网络教育发展的基础，完善的规范管理流程和操作是保证网络教育健康发展的关键。网络教育灵活性、开放性的特点不可避免地给规范管理带来很大难度，这就要求必须建立严格的远程教学管理系统，才能保证正常的教学秩序，从而不断提高教学质量。

网络教育并不是简单的利用网络提供学习的概念，而是包含了一系列标准化的技术和管理手段在内的综合解决方案。目前很多教育站点自身提供了一些学习内容，但是由于各自行使自己制定的技术和表现方式，所以造成了内容交换的巨大障碍。正因为如此，每个教育网站都不能获得来自全社会的巨大教育资源的支持。因此我们需要一套完整的网络教育解决方案，不但为学习者提供超过平面网页的交互式学习环境，还能通过一系列工具和系统让更多的"教师""作者"以及"教学管理者"通过网络联系在一起，构成社会化的在线教育体系。

4. 让网络教育在交流中升华。

中国的网络教育，市场潜力巨大，引得各院校都欲加入其中，同时，各企业也跃跃欲试，努力在这块市场捞得自己的一杯羹。另外，网络教育的对象包括幼儿园、小学、初高中、大学和研究生等正规学历教育，也包括成人教育，自学、职业教育、继续教育等形式，形成了多种极不相同的客户群，这决定了各网校的共通性与差异性。

在这样的背景下，我们提倡应该加强业界交流，共谋发展。就目前而言，交流的作用大于竞争的作用，只有大家互相借鉴经验，共同规范这一行业，才能更好地实现各方多赢的局面。同时，加强交流也是网络教育尽快走向成熟的必然要求，中国的网络教育要想真正发挥它的最大价值，真正为我国的继续教育事业做出更多贡献，就必须以成熟的姿态向世人展现，而充分的交流是网络教育的加速剂。

5. 改变传统的教育思想与观念。

网络教育作为当今社会现代远程教育的主要形式，是实现高等教育现代化的重要途径，是推动高等教育体制和教学改革的重要力量，也是构建现代社会终身教育体系的基础。当然，这样一种新的网络教育，对于我们长期习惯于传统的学校教育的人来说也是一个新的挑战和机遇。我们需要一种网络教育的新的教学观。我个人认为，这种新的教学观至少应该包括以下几个方面：

其一，新的学习观，即由过去的那种以教师与学生的互动为主，转变为以学生之间的互动为主，或者说，从过去的教师和学生之间的分享，转变为以学生之间的分享为主。简单地说即形成一种分享式的学习模式。这种分享式的学习模式可以通过加强学生的小组建设来实现。

其二，新的课程观，即由过去以课堂的教学内容，教材、教师的经验，以及学生的接受和理解等为主的课程，转变为一种包括其他各种类型的课程资源，学生的经验和反馈，以及课程体系的调整等方面在内的课程观。这里，特别重要的是网络课堂之外的各种学习资源的提供，学生在学习过程中的反馈。它们都应该包含在新的课程中，构成网络课程的重要的有机组成部分。要把传统的教学优势变为网上的教学优势，需要一系列的支持条件。网上课程的质量和特色，有赖于教学设计人员和课件制作人员的密切配合以及各自水平、能力的有机结合。还必须要使网上课程和网上资源紧密结合，以网上课程作为教学文本和引导，以网上丰富的资源作为基础。

其三，新的讲授观，即教师的讲授不能仅仅注重单纯知识的传递而应该更多地加强能力的培养与训练。根据有关学者的研究，现代社会的知识可以分成四种不同的类型。它们是，know-what，即知道是什么的知识，也就是关于事实的知识；know-why，即知道为什么的知识，也就是关于自然和社会原理和规律方面的知识；know-how，知道怎样做的知识，它指的是做某些事情的技艺和能力；know-who，就是关于知识来源的知识。在这里，作为网络教育的讲授应该注意的是，知识与信息并不是完全相同的。在这样四种知识中，信息仅仅是前两种知识的范畴，这两种知识常常是可以编码的，我们称之为"可编码的知识"（cokified knowledge），它们可以通过读书和查寻各种数据库，以及上网等方式获得。但是，后两种知识却常常是很难进行编码和度量的，人们把它们叫作"隐含经验类知识"（tactt knowledge），这是一种使用和处理可编码的知识的能力。这些知识主要通过实践来获得，"有时需要通过特定的教育环境来学习"，"因为，know-who是在社会上深埋着的知识，不易从正式的信息渠道所获取"。但是，"在劳动力市场上，以处理编码化知识的能力为表现形式的隐含经验类知识比以往更为重要"[①]。因此，在网络教育中，教师应该更注重这种隐含经验类知识的教学，而那些可以编码化的知识可以让学生自己进行学习。

6. 网络教育产业化。

全国知名的远程教育平台新东方学校的市场总监张林先生认为，要使网络教育热潮持续，规范市场、提升教学质量是当务之急，进行产业化、市场化运作则是长远之计。

只有通过产业化，网络教育才能吸收更多资金进入网络教育市场，更好地推广素质教育，做大网络教育市场蛋糕。因此，要使网络教育成为促

[①] 以上观点引自经济合作发展组织编写的《以知识为基础的经济》，机械工业出版社，1998。

进网络经济发展的重要部分，就必须走上产业化发展道路。换言之，产业化是网络教育发展的必由之路。

网络教育产业化需要国家、学校和企业等各方面的支持和推动，只有这样才能使网络教育真正成为我国新兴网络经济的生力军。

首先，国家对网络教育应该给予一定的政策扶持。在我国互联网发展起步阶段，受到电脑设备和网络接入的限制，网络教育一般没有选拔考试，只要具备相关基础即可，网络教育吸收不到较好的学生，所以网络教育的门槛很低，也是社会对网络教育比较冷淡的一大因素。现在我国宽带业务发展迅猛，网络教育的基础条件已经具备，但由于人们对网络教育的传统看法尚未改变，使得网络教育市场依旧低迷。网络教育产业要想真正发展起来，必须得到国家教育部门的政策扶持，必须规范网络教育市场，提高网络教育文凭的"含金量"，引导社会各界尤其是用人单位承认网络教育。

其次，充分调动学校对网络教育的积极性，发挥其雄厚的师资和经验优势。当前，我国各高等院校一般都建立了网站，为师生提供了一些新闻、娱乐、聊天和论坛等服务，向社会提供了解学校的窗口。然而真正发展网络教育的没有几所大学，只有北京大学、北京交通大学等少数高校。究其原因，并不是基础条件和师资等因素的制约，而是资金上有困难，并且收益不理想。因此，要想充分调动高校的积极性，必须使得学校在投入后有产出，也就是学校能够从网校中取得较为丰厚的收益。

最后，摸索可行的运营模式，充分利用社会各界资金。由于目前网络教育在我国还处于前期实践阶段，国家鼓励多种形式并存，于是就出现了不同的运营模式。一种是学校独立运营，这种模式对学校的综合实力和资金规模要求比较高。由于这种模式的前期资金投入比较大，技术方面的要求程度比较高，因此少有学校涉足。另一种是企业自己办网络教育。网络教育对师资力量和网络教育品牌要求很高，企业虽然有很雄厚的资金实力，但是师资缺乏和品牌知名度打造不易使得很少企业涉足。还有一种就是"学校＋企业"的模式，学校主要负责教学教务，包括教学计划设置、师资力量配给等；企业主要负责资金投入、技术支持、市场运作等。这种运作模式便于发挥企业和学校的优势，能够把这一产业做大做强，也能够提高风险承受力。

7. 建立中国的国家教育信息平台。

应该尽快建立中国的国家教育信息平台，蓄积优质教育资源，统筹规划，科学管理，最终形成国家优质教育资源库，面向全体师生和家庭免费开放。从长远来看，有了无限的信息资源被充分开发并分类管理，在国家的统筹规划之下，教育就可以统而不一，和而不同，教师因材施教，学生人尽其才。无论教师还是学生，都能不断创新。而网络的海量优质信息和强大的通信能力与教育的全面创新结合，教育的发展将有无限可能。

建设国家教育信息平台，国家购买制是核心。政府可以出资将各种教育软件买下来，可以将全国的优质教育资源，包括国内外优秀的电影电视作品及已开发的数字化图书等引进来。国家投资国家教育平台，保障了优质的网络教育资源能够全民受益，避免地方、企业、个人重复建设；与此同时，如果需要，地方、个人和企业在国家教育平台提供的优质教育资源的基础之上再根据本地实际需要进行二次开发。这样，全国教育软件费用全国分摊，使国民都能以较低的价格拥有最优的教育资源。

同时，这样一个教育平台还是"国家基础教育数据库"。通过它，教育管理部门可以掌握教育第一线的真实的第一手资料，许多教师、家长直接向政府反映问题，提供一些真实素材，从而促进政府科学决策。另一方面，在平台建设上倡导合作互助、共存共荣的大网络文化，使其成为信息时代维系我们民族文化的新的情感纽带。

在国家教育平台上，最终应该形成一个完备的新教育体系，里面同样有明确的符合社会需要并不断调整的教学目标，然后围绕教学目标，根据网络的特点，完全以网络的形式组织教学资源，组织教学活动，再建立相应的评判体系和考试制度。充分利用网络强大的通信能力和信息存储能力，电脑的多媒体威力，使未来的教育体系完全能够保证学生可以根据自己的需要，在任何时间，任何地点，进行有效的学习。

第十八章　民办教育：敢问路在何方

在中国谈论教育，似乎总是一个沉重的话题。因为对于一个拥有十几亿人口的大国来说，公共教育资源的不足导致的人口素质低下，无疑是制约社会发展的主要瓶颈。2001 年，全国平均只有 48% 的初中生能够升入高中，只有 51% 的高中生能够升入大学，也就是说，仍有 150 万—170 万考生落榜。而我国大学生占适龄青年的比例仅为15%。这说明，我们的教育，尤其是高中及其以上阶段的教育，还远远不能满足人们的需要，教育领域成为绝对的卖方市场。在国家财力有限，投入很难增加的情况下，民间资本的介入就成为一种可能和必要。改革开放以来，面对人们企盼知识的目光和政府囊中的羞涩，在教育专家们的声声呐喊之中，民办教育就"呼之欲出"了。

一、举步维艰的发展历程

回顾历史，民间办学在我国的发展，可谓一波三折，时起时伏。从春秋战国时期的官学衰微、学在四夷，到近代的乡绅富贾、官僚政客举办私立学校，再到新中国成立后的全面收回教育权运动，导致国家办学的一统天下，民办教育的命运就像大海上一艘没有罗盘的小船一样随波飘摇。20世纪70年代末，伴着教育春天到来的脚步，基于国家财力的限制，政府对教育的投入，不可能满足人民群众日益增长的对优质教育的需求。因此，动员社会力量办学，充分开发和利用各种教育资源，促进教育的发展，已经成为必然的趋势。教育在社会经济发展中基础性、先导性作用的日益突出以及社会舆论力量的引导，也为民办教育的重新登台提供了机遇和空间。尤其是进入20世纪90年代以后，民办教育的发展更是如雨后春笋，突飞猛进，数量不断增加，规模不断扩大。截至2001年，全国共有各级各类民办学校和教育机构54298所，在校生为699.41万人，办学层次覆盖学前教育、中等教育、高等教育、成人教育和职业教育。

当前民办教育的发展虽然势头迅猛，从经验和现状来看，它对广开学路，扩大教育对象，促进教育体制改革，改变国家包办教育以及缓解教育供求紧张的压力，推动教育事业的进步，确实起到了积极的作用。但其中也存在一些突出的问题，甚至有些民办学校已经陷入了发展的困境而举步维艰。大致分析来看，民办教育发展中存在的问题主要表现在以下几点：

（一）民办教育的地位不是十分明确，其作用也没有得到充分的发挥

改革开放以来，民办教育的地位问题不时地跃入理论研究者和实际工作者的视野，尽管在有些红头文件中也曾提到其作为"公办教育的补充"而存在，但这一模糊的字眼却使民办教育的举办者和管理者都左右为难，

甚至在名称上都曾飘忽不定，有"社会力量办学""民间办学""私人办学"等称谓。民办教育的成长就像一只痛苦的"小小鸟"一样，"想要飞却怎么也飞不高"，有人把它形象地称为命运多舛的"没有父母的野孩子"，在整个教育大家庭中，它一直处在无人看重的边缘地带，根本没有机会和条件与公办教育形成腾飞的两翼，以致在中国形成了跛足的办学局面。进入20世纪90年代以来，虽然有不少的教育界人士积极呼吁提高民办教育的地位。但是，在现实生活中还是没有充分发挥其应有的作用。

（二）民办教育自身的发展还缺乏规范，缺乏长远的眼光，表现出急功近利的倾向

就全国范围而言，在办学条件方面，大部分民办学校的运行都采取了非常规的方式：先招生后建校舍，视生源情况决定投资规模。一部分学校靠临时租借其他单位的房子作为教学场所，学生一年内搬几次家的事情经常发生，许多办学者有"做一天和尚撞一天钟"的思想，甚至还有中途停办的情况发生，导致可怜的学生像"候鸟"一样频频迁移。另外，在资金投入方面，民办学校通常采取"三靠"的方法获取资金：（1）靠滚动式高收费或收取教育储备金维持办学。1992年8月在成都成立的光亚小学以其昂贵的收费引起了舆论的普遍关注。该学校规定每个学生入学时须一次性交清建校集资费1.3万元，每生每学期还另需缴纳学费4200元。同年，在北京成立的京华私立小学收费更高，每个学生每年须缴纳学费和生活费1.35万元，另外须一次性缴纳建校基金3万元。教育储备金是曾在珠江三角洲一带风行的收费形式，其数目一般在10万—30万；（2）靠玄虚的广告宣传或不切实际的承诺来欺骗家长，如以包上高中、名牌大学甚至出国留学等条件争取生源；（3）靠其他经济领域的发展来支撑学校的日常运作。如依靠房地产、炒股票、办企业等来积累教育发展的资金。基于这样的情况，许多的办学者都想在最短的时间内收回投资，获得利润，从而大大忽视了教育的长期性。还有一些民办学校未经教育部门批准备案，擅自给自己命名为××大学、××学院、××函授大学等，引起了社会各界的强烈不满。

（三）民办教育的办学层次不平衡，优质的高等教育资源明显不足

据统计，截止到1999年，全国共有民办幼儿教育机构37000所，在校学生数为222.4万人；初等教育机构3204所，中等教育机构3543所，高等

教育机构仅有 1277 所且大多为非学历教育。对于我们这样一个穷国办大教育的发展中国家来说，公办教育的缺乏主要表现在非义务教育领域，尤其是优质的高等教育资源。也许通过对比，会更容易使我们看到和世界其他国家的差距。美国每百万人所拥有的在校大学生为中国的 14 倍，日本为 8 倍，菲律宾为 13 倍，就连国民生产总值低于中国的印度，也比中国多 6 倍。这样的局面迫使我们不得不反思多渠道办学的重要性。二十多年前，经历了十年"文化大革命"之后的整个中国在一片萧条、百废待兴的蹒跚中，开始了各项建设事业的恢复、整顿和提高。教育上的一个重要举措就是于 1977 年底恢复了高考。消息一出，如晴天惊雷。渴望求知的人们顿时为看到了曙光而奔走相告，曾经是"红小兵"的上山下乡的知识青年和在校学生也为之欢欣鼓舞，那些闲置多年而发了黄的教材又被从箱子底下翻了出来。但由于高等教育尚未全面恢复，大学数量少，招生名额也少，在当年 570 万报名参加考试者中只录取了 27.3 万人，录取率仅为 4.79%，其竞争之激烈可以想见。许多"好男儿"因之失去了张扬自己、辉煌人生的机会，引为终生憾事。此后，虽然高考每年如期举行，学校制度也逐渐得以全面衔接。但竞争的激烈程度却有增无减。长期以来，高等教育资源的缺乏始终成为制约中国教育发展和民族素质提高的因素之一，国家尽管也想方设法增设高校数量和扩大招生规模，但面对数百万学子深情期待的双眼，公办高校的领导们也表现出了自身的同情和无奈。因此，对民办高等教育的呼唤成为解决公办高等教育不足问题的现实可行的方案，越来越显露为人们关注的焦点。然而，令人遗憾的是，由于高等教育的投资成本比较大，运作相对复杂而成为民间资本的"冷点"。

（四）生源素质不高，教师队伍不稳定

由于认识上的偏见，除非迫不得已，广大家长是不会轻易把子女送入民办学校的。民办学校的生源大部分来自那些落榜后升学无望但家庭经济条件又很好的学生，当然还有一部分是公办学校里的"问题生"。其素质一般是低于公办学校学生的。民办学校还有一个共同的特点，就是教师队伍的不稳定，一般都是随用随聘，存在着随意解聘或频繁跳槽的现象，因此就出现"铁打的营盘，流水的兵"。许多青年教师心中也有"此处不留爷，自有留爷处"的洒脱观念，一旦感觉到不顺心或要求得不到满足就会另攀高枝。

二、"外患"与"内忧"

多年来影响民办教育前进的障碍既有不少外部客观环境的因素，有人形象地称之为"外患"；也有其自身存在的一些缺陷，被形象地称之为"内忧"。

（一）"外患"

1. 认识的偏见。

尽管我国具有长期的民间办学传统，但是新中国成立以后，在计划经济的框架内，实行的是公办教育一统天下的政策。直到 20 世纪 90 年代初期实行社会主义市场经济以前，教育领域也和其他领域一样，一直存在着国家包得过多，统得过死的弊端，在谈"公"则喜，谈"私"则忧的大背景下，个人很难涉足办学活动，民办教育几乎没有发展的空间。尽管政府自身也时常遇到办教育力不从心的尴尬，一些人也曾经迸发过"让出一些地盘"的思想，但囿于政治体制的限制，教育领域始终没有摆脱公办教育"一股独大"的局面。在一般人的观念里，让社会主义国家的公民接受教育完全是政府理所应当做的事情，是不应该由老百姓掏钱的。教育历来被认为是福利事业，是社会主义优越性的体现，这就难免使人们对民办教育的地位和作用认识不足，重视不够，甚至存在偏见。多余论、冲击论、营利论、怀疑论的争吵在理论界始终没有停止过。其直接的后果就是对民办教育的不信任，不参与，不支持。一些人宁愿在其他方面大方地消费，也不愿放弃在接受良好民办教育方面的吝啬，而这种思想观念恰恰与教育发达国家的情况相反。

2. 政策的滞后。

国家在发展民办教育方面虽然早就提出了"十六字方针"，即"积极鼓励，大力支持，正确引导，加强管理"，但在实际操作中却有许多的麻烦导致无据可依，宏观的方针在很多时候已经笼统到根本就无法顾及中观、微观的复杂问题的程度。政策因素已经在制约着民办教育的发展。大致表现为，一是由于某些政策条款不清，影响了投资者的积极性；二是由于一些政策制定不当，引发了办学中许多的矛盾。譬如，在学校设置标准上规定对"以营利为目的""无稳定经费来源"等不予批准。这样的规定在实际工作中就很难把握。因为要判断是不是"以营利为目的"并不容易，而"稳定的经费来源"是不是包括学费、家长的赞助费等也没有一个明确的说法。这样就给具体的当事人理解政策留下了很大的随意性和盲目性。还有，由于缺乏配套措施，民办学校应该享有的一些优惠政策往往不能具体落实。比如在土地征用、税收、贷款等方面，投资人还体会不到明显的民办教育的优先性。已经出台的一些政策法规等也因过分强调原则性，且不够健全，模糊的地方多，缺乏可操作性，而只能成为"水月镜花"。

3. 管理的薄弱。

在民办教育的管理上，一方面，由于政府缺乏应该有的规划、宏观指导和调控，学校的分布区域、规模、数量及层次等都无法做出统筹规划。另一方面，政出多门，管理体制不顺，缺乏强有力的管理指导机构，民办学校的发展整体上处于无序状态。具体表现为如下三个方面：一是存在着多头管理，审批职权不明确，标准宽严不一，使有些民办学校钻了空子，违规办学，出了问题相互推诿；二是缺乏针对性，对不同性质、类型、层次的社会力量办学与民办学校和私立学校同等管理，体现不出民办学校的特殊性。此外，在民办教育管理方面，人员和经费都不足，而且也未形成一个比较完善的管理民办学校的"游戏规则"。到目前为止，国家尚没有一个独立的高层次的专门管理民办教育的机构，省一级的独立管理机构更是屈指可数，截至1999年，全国仅湖南、河北、新疆、山西四省（自治区）设立了省级独立的民办教育管理机构。大部分地方都是从管理者的角度出发，着重于管理上的方便，而没有从办学者的立场来详细规定其应该享有的权利。而且由于管理机构挂靠在别的处、室，除了本职工作，还兼顾民办教育。有的地方则管得过多过死，使办学者失去了一部分办学自主权。如1997年颁布的《社会力量办学条例》中明确规定"社会力量举办的教育机构依法享有办学自主权"，但实际情况是，有些地方却把民办中小学招生纳入统一招生计划，这还有什么"自主权"可言呢？有的干脆把民办学校当作一块肥肉，看到好处都想拿他们开刀、捞油水等。在有些城市，一所民办学校，不管它办得出色不出色，只要不能按时奉命缴纳所谓的"社会力量发展督导费"，它就得关门。我们局外人真不知道，收取这样的费用，除管理部门的经济利益外，到底起到了多少督导作用？

4. 环境的羁绊。

包括政治环境、经济环境、法制环境、舆论环境等。民办教育的兴起，"忽如一夜春风来，千树万树梨花开"，使社会上顿时产生了不和谐的声音，很多人对民办学校缺乏认同感，有的甚至对之加以压制和打击。比如，民办教育有无发展的必要，是否符合社会主义的发展方向，民办教育是否就等于"高收费教育""贵族化教育"，等等。一些教育管理部门在制定管理民办教育的政策时，也深恐民办教育对公办教育构成威胁，于是，给民办教育加了一副又一副的镣铐。近年来，通过各种新闻渠道，我们了解到了太多的对民办学校的违法行政、不作为等带有歧视性的现象。很多民办学校的举办者经常抱怨，他们在招生、收费、发文凭、征地、贷款、教师职称评定等方面不能享受和公办学校同等的待遇，急切地呼吁能够保护他们健康发展的法律措施的出台。还有，就是民办教育的非营利问题，民办学校的文凭问题，民办高校的冠名权问题等。再有，在舆论上，对公私学校不能一视同仁，对民办学校，往往批评多，表扬少；曝光问题的多，宣传成就的少。无形中就给人们造成一种假象：民办学校的创办就是为了赚钱而别无他图。在我们当前这样一个人人逐利的社会，高尚的个人、团体投资教育，如果缺乏社会舆论的大力支持，无论如何是难以走得更远的。

（二）"内忧"

除了以上"外患"，制约民办教育进一步发展的因素还有内因，即自身存在的问题。主要有以下几点。

1.办学动机不纯。

大家知道，办教育是要有一点奉献精神的，没有崇高的思想境界是很难办好的。在实际的民办教育中，有相当一部分学校是在营利目的的驱使下办起来的所谓"学店"，高收费是他们的主要特征。在这种办学动机的笼罩下，举办者们就会想尽一切办法，使尽浑身解数来招揽"顾客"，如高质量的教学、花园式的环境、星级的服务、百分百的就业、有机会出国等。更离谱的还会"承诺"，说他们是培养比尔·盖茨式人才的学校。一旦学生被诱骗到学校之后，他们就会把可观的收入用于非教育性投资或者装进一些人的腰包。从经济学角度而言，资本的投入要求一定的回报，赢得利润，本身也是无可厚非的事情。但学校毕竟是一个公益性机构，如果过分追求经济利益的话，势必会扭曲学校的性质，进而直接影响到教育的质量，从长远来看，对国家对民族都是一个潜在的发展障碍。客观地说，无论是个人、企事业单位还是社会团体，其中一部分投资办学的动机并不仅仅是赚钱。但我们也很难排除有一些确是为"钱"而来，别无他图。纯粹出于对教育事业的挚爱，不计较回报的高尚投资者（如邵逸夫、霍英东等）也实在是鲜难发现。

2. 价值定位不准。

许多民办学校举办者的初衷，要么是企图与公办学校平起平坐，要么是希望超越公办学校。他们一方面抱怨政府出台的政策过于偏向，对他们限制太多，另一方面又抱怨竞争起点的不平等或社会的扶持力度不够。殊不知，这恰巧是民办学校走不出困境的认识上的一大误区。在我们当前的国情之下，补充性的价值定位决定了其不可能成为与公办学校等量齐观的办学主体，决定了其终究要被纳入国民经济和社会发展的整体规划中，不可能任意发展。而且现实也一再表明，民办学校要想整体上与以国家雄厚的财政为后盾的、具有长期办学历史和办学经验以及具有优质办学资源的公办学校同台竞争，需要投入的教育成本也非一般团体和个人所能企及，况且教育投资是一项见效缓慢的长期投资，其难度自然可想而知。尤其是在公办学校实力比较雄厚的地区，民办学校如果不另辟蹊径，走特色教育的道路，是很难生存与发展的。

3. 经营缺乏诚信。

民办教育自 20 世纪 90 年代迅猛发展以来，就逐渐暴露出了很多的"失信"现象，以致给人们心理上留下了不可信的痕迹，无形之中就为正规民办学校的发展设置了人为的障碍。犹如计划经济时代，消费者买商品只信国营，不信民营、个体一样。如有些民办学校在办学过程中行为不规范，为了吸引生源，乱发招生简章、广告宣传名不副实、教育质量掺水，甚至有些还存在着利用赞助费、储备金、集资费等进行欺诈的现象，极大地挫伤了广大家长送子女进民办学校的积极性和信心。1990 年 7 月，国家教育委员会在《关于跨省、自治区、直辖市办学招生广告审批权限的通知》中就指出：一个时期以来，一些电视、广播、新闻出版单位刊播了许多跨省区办学的招生广告。由于多种原因，包括教育行政部门审核不严，在一些办学招生广告中存在着滥招生、乱许诺文凭和待遇的现象。既损害了高等教育的声誉，干扰了劳动人事制度，又助长了"乱办学、乱收费、乱发证"等社会不正之风的蔓延。还有一些办学主体缺乏对教育收益长效性的认识，存在明显的商业投机心理。

4. 内部管理混乱。

任何一个组织，良好的管理是其快速有效运作的基本条件。一个管理混乱、茫无头绪的企业或团体是不会有什么生命力的。民办学校作为一个经营实体，管理依然是很重要的问题。但实际情况是，很多的办学者都是教育管理的门外汉，缺乏对学校管理必要性的了解和相关的知识经验，要么纯粹把学校当作企业来管理，一味地向钱看；要么就是内部缺乏激励机制，缺乏规章制度，缺乏自我监督，特别是在财务管理方面账目不清。少数学校的举办者转移、挪用甚至侵吞学校财产的现象，更是助长、加剧了他们违规经营的行为。

三、突围：路在何方

民办教育的发展尽管受到"内外夹击"的干扰，但我想，要摆脱目前的困境，实现超越，还必须从"内因"中溯源寻流，谋求出路。如果追究起来，我们就会发现，民办教育遇到的发展障碍，更重要的还是举办者自身在办学理念和具体市场运作上存在偏差所致。因此，针对当前民办学校发展的现状，我们就试图提出一些冲出"围城"的建议和解决问题的思路。

（一）正确理解民办教育的价值定位，找准自身发展的突破点

考察世界各国民办教育的地位和作用，由于其受到政治制度、经济水平、文化传统等因素的制约，在不同的历史时期表现出各不相同的价值定位。但是，民办教育在我国教育体系中的价值定位却始终是明确且一致的，无论是《关于社会力量办学的若干暂行规定》（1987），还是《民办高等学校设置暂行规定》，或者是《社会力量办学条例》，都毫无例外地把民办教育看作"我国教育事业的组成部分，是国家办学的补充"，也就是说，它是公办教育的"拾遗补缺"。当然，这主要是就目前我国社会经济发展的现状来看的。根据党的十六大精神，以及我国出台的《民办教育促进法》，民办教育将从"补充"的地位发展为与公办教育共同发展的多元化办学格局。

从近期的策略来看，商业活动中的"错位经营"理念也许对民办学校的发展不失为一种有益的启示。也就是说，在与公办学校的竞争中，要"避实就虚、避强就弱"，从而赢得比较竞争的优势。当前公办学校的弊端或称其为弱势，主要在于其教学的不均衡发展，尤其是基础教育阶段，在追求升学率的压力下，重视语文、数学、外语等课程，而轻视音乐、体育、美术等辅助课程，这就为目前市场上众多的音乐、体育、美术、书法、制作

等培训班提供了巨大的商机。但这些培训班往往是鱼龙混杂、参差不齐，甚至为了追求利润的最大化，而带来培训目的的"异化"（如音乐培训的目的不是为了陶冶学生的情操，而纯粹是为了应付考级）。广大学生家长在教育消费观念的引导下，迫切期望有一些正规的、高质量的"课外学校"。民办学校如果能够在这些方面满足家长和学生的需求，无疑是弥补了公办学校中素质教育的不足，同时自身也会赢得不菲的商业回报，从而在素质教育的大旗下，与公办学校成为推动教育事业腾飞的双翼。对于民办高等学校来说，重点应放在为社会培养大量的中初级职业技术人员或为进一步接受高等教育提供知识准备上。如可以通过发展职业技术教育，开设一些"短平快、小而精"的课程，为消费者提供优质的服务来赢得丰富的生源。据统计，2000 年我国初中毕业生的升学率仅为 51.1%，高中毕业生的升学率为 73.2%，在广大农村地区，这一比例还会更低。也就是说，每年还有大量的适龄青少年需要进一步求学的机会，这里面无疑就蕴藏着巨大的教育潜力，也是一个不小的市场。民办学校如果能够在这方面有所作为，将会为国家减轻不小的教育压力。

（二）培育诚信意识，靠信誉赢得资源，带动民办学校滚动发展

"诚"与"信"是儒家文化中两个极为重要的观念和道德信条。儒家经典《中庸》说："诚者，天之道也；诚之者，人之道也。"在做人的原则上更是提倡"无信不立"。在市场经济社会，诚信也是各市场主体的立身之本、立命之基。对于民办学校来说，诚信显得尤为重要。这也与从事教育事业本身的崇高性是分不开的，是当前众多民办学校所欠缺的一种品质、一种追求，也是民办学校整体上走不出困境的重要内因所在。因为"民办学校若无超越一般学校的追求，它本身的价值也就有限了"。

因此，当前我们必须要强调民办教育的办学主体的"经商之道"和"为人之道"的有机结合，要自律自强，塑造良好的社会形象，避免华而不实的短期行为，处处为学生的成才、升学和家长的利益着想，踏踏实实地办学，为民办学校的发展创造良好的社会舆论环境，从而不仅体现出国家的要求，也体现出举办者个人的魅力。尤其要做到"五不"：不凭空许诺，不搞欺诈和暗箱操作，不隐藏办学行为，不抵触来自政府和社会方方面面的监督，不采取非法竞争手段。

（三）不断提高教育质量，逐步形成规模效应

教育质量是国家、社会、家长和学生本人对办学主体的基本要求，也是民办教育自身生存发展的保障所在。大家知道，学校是培养人才的摇篮，人才是学校质量的最好说明。目前，民办学校的教育质量是影响其信誉、生源、政府扶持、社会赞助的主要因素，一所教育质量好的民办学校，很容易得到社会和学生家长的广泛认可，生源往往是比较充足的，相应的当地各级政府也会在政策、用地、税收等方面予以支持，社会团体、私人的捐助也会增加，从而形成良性循环发展机制。享誉全国的南洋教育集团就以其良好的教育质量形成了规模发展的局面，目前已经在全国 8 个城市建立了分校。北京的锡华教育集团、浙江的万里教育集团、上海的中锐教育集团、广东的信学教育集团和河南的黄河科技学院等都是以其过硬的质量最终走上了健康的发展轨道。反之，一所教育质量差的学校迟早会面临关门的危险。

从某种程度上说，教育的质量来自师资的质量。当前多数民办学校的师资存在着不少的隐患。原来公办学校退休教师和兼职教师以及刚毕业的大学生等是民办学校师资的主要来源，这就容易导致师资队伍的不稳定，因为大部分师资的引进靠高收入、高福利等。有的家长说："一个教师不稳，对学校来说，损失的是几十分之一，对家长来说，损失的是百分之百，对孩子来说，损失的则是一生。"因此，民办学校除了要"以利（物质利益）诱人"，还要特别注意"以情（感情）留人""以策（优惠政策）留人"，为广大教师创设一个宽松向上、自我激励的工作环境，真正培养一支属于自己的相对稳定、进出有序、定期培训、鼓励科研的师资队伍，为以后的可持续发展奠定坚实的基础，而不要老想着"挖墙脚"，扮演猎头公司的角色。

（四）加强内部管理，大力提高教育资源的利用率

目前在一些公办学校中，内部管理上存在着明显的缺陷。如有些学校的校长大权独揽、独断专行，"唯上不唯校"，导致行政机构臃肿、办事效率低下、教师思想不稳。有些学校则存在着惊人的资源浪费现象，如专业人员的大材小用、实验设备的闲置、水电浪费等，甚至有些学校领导讲究排场，喜欢派头，崇尚高消费，如出差住高级宾馆、出入乘豪华轿车等，

当然这些都不是由个人掏腰包，而是由办学经费支付的，致使投入教学和学校硬件建设方面的资金紧张，相应地提高了学生的培养成本。

从民办学校自身的生存和发展来看，要克服公办学校管理上存在的弊端，在这里，我们要强调的是实行董事会领导下的校长负责制。因为这种领导体制经过实践证明是一种比较有效的管理模式。1997 年颁布的《社会力量办学条例》也对这种模式进行了肯定，条例第 21 条就规定："教育机构可以设立校董会，校董会提出校长或者主要行政负责人的人选，决定教育机构发展，经费筹措、经费预算决算等重大事项。"此外，还规定董事会由举办者或者其代表，教育机构工作人员的代表和热心教育事业，品行端正的社会人士组成。从我国近代历史上看，一些规模较大的商人创办的私立学校中董事会就是由学界、商界、政界三方知名人士组成，他们利用其比较高的文化素养和社会声望为学校的生存与发展赢得比较好的社会空间，或为学校筹措经费提供有力的保障。在这种体制下，校长的权力受到董事会的监督和约束，不可能也不敢浪费学校的资源。

鼓励、支持和尊重学校的办学自主权同加强引导和管理相结合，是我国对民办教育管理上的基本特色，相对于公办学校来说，民办学校在人事制度、工资制度、教育教学、课程设置和资金使用等方面拥有较大的自由度。因此，民办学校要充分发挥管理的优势，正确处理内部多重而复杂的关系，提高管理效率，克服公办学校管理中暴露出的弊端，最大限度提高教育资源的利用率，降低办学成本，谋求学校的更大发展和所有成员的共同利益。从这一点来说，民办学校的"批判精神"也是应该提倡的。北京市二十一世纪实验学校的经验就是在学校管理上建立"五个机制"，即董事会领导下的校长、总经理双轨负责制；完全聘任合同制；结构工资制；工作目标岗位责任制；科学的教育评价制。实践证明，这五个机制有利于学校内部民主气氛的形成和群体敬业精神的养成，对教育管理机制的改革产生了极大促进作用。

（五）建立良好的社区关系，充分利用社区资源

在社会学中，关于社区至今还没有一个明确且公认的定义，但关于社区的一些基本要素和主要功能还是有一些相同的意见。如美国著名社会学家戴维·波普诺的观点就很有代表性，他认为，社区就是居住在某一特定地域中的一群人，他们的生活围绕着日常的互动模式而组织起来，这些模

式包括工作、购物、娱乐等活动，以及教育、宗教、行政等设置。由此，可以得出，社区就是人们共同从事社会活动，具有较密切的互动关系和共同文化维系力、认同感的区域共同体。它不仅是其成员生存和发展的基本地域空间，而且也是个人与社会发生交往关系的最基本的场所。

无疑，社区也是民办学校赖以生存和发展的土壤，对于民办学校来说，建立良好的社区关系，可以谋求更多更广泛的物质利益和背景支持，为自身赢得更多的便利条件，形成有利于发展的社会基础和舆论环境。一方面可以免费享用社区内的教育资源，如建立学生的实验实习基地、利用社区的图书馆和体育文化设施等。另一方面在校办企业、建校土地的征用以及交通、医疗、供电、供水、电信等设施上享受较多的优惠，甚至还可以赢得社区内的资助（如北京市海淀走读大学，每年可以获得区政府提供的经费补助达 30 万元），或在学生的就业上可以优先得到工作岗位等。

（六）不断加强国际交流与合作，引进先进的办学理念

民办教育机构的最大特点就是其灵活性、自主性，这一点也是国家法律法规予以保障的。在全球化的时代背景下，对于一个国家来说，关起门来搞建设显然已经不可能，具体到一个民办学校来说，在狭小的视野中也不可能办出特色，办出成就。因此，加强国际间的相互交流，建立校际联系，通过远程教育、师生互访等，吸取国外先进的私立学校的成功经验，大胆进行改革尝试，为教育的多元化发展提供有利的证据。所谓"船小好掉头"，有些在公办学校还难以实行的做法在民办学校也许就可以做到。

合作也是当今国际社会交往中的一大趋势。因为合作能够产生任何个人或组织都不可替代的特殊力量。校际合作当然也可以从中受益，比如可以通过联合办学、合作科研等，引进资金，改善条件，提高质量，这一点已经有不少事实可以佐证。对于民办教育而言，由于学校的文化底蕴比较薄弱，办学经验相对缺乏，加强与国内外的名校的合作，更显得特别重要。

民办教育作为当今社会的一个新生事物，发展过程中出现失误和偏差，也是在所难免的。陷入困境，囿于"围城"，不仅使举办者自身的理想实现受到阻碍，更为严重的是整个国家的教育负担无望得到减轻。因此，民办教育如何摆脱内外制约因素的羁绊，走上健康发展的轨道，与公办教育形成教育发展的两驾马车，从而带动整个社会跨越式发展，就成为时代提出的重大课题。帮助民办学校冲出"围城"，也就成为广大教育理论工作者义

不容辞的一项职责。

民办教育是一项方兴未艾的事业，要实现新的腾飞，路还很长，任务也很艰巨。但是，"沉舟侧畔千帆过，病树前头万木春"，如果有全社会的关心和支持，有良好的发展机遇和环境，有一大批献身民办教育的开拓者，我们相信，民办教育的春天必将到来。

第十九章　教育科研"姓"什么

邓小平指出，科学技术是第一生产力。当今世界，科学技术已成为推动经济和社会发展的最重要因素。那么，在教育领域，影响教育发展的重要因素是什么？我认为是教育科研。确切地说，教育科研是教育事业发展的"第一生产力"。宏观上看，教育科研对教育决策和教育发展显然是至关重要的。教育如何改革，如何发展？不能仅凭过去的经验，而需要教育科研来支撑。

同样，学校教育欲求得发展，校长除了要考虑天时、地利、人和，包括硬件、生源、教师、教材和社区关系等问题，还必须把教育科研置于重中之重的地位，因为教育科研也是学校发展的第一生产力。只有如此，教育科研才能在学校发展中真正发挥龙头作用，从而为学校发展提供坚实有力的保证。

一、教育科研的伪与劣

教育科研，从过去的长期不被人们重视到现在的被重视并取得不小的成绩，应当是一个了不起的进步。但在肯定成绩的同时，我们也应该清醒地看到实际教育科研中存在的问题和不足。

李镇西在《教育科研：警惕"伪科学"》一文中曾对教育科研的现存不足做过如下概括：

1. 眼睛向上，追赶时髦。某些科研课题的"灵感"往往来自"上面"——教育行政部门或教育科研部门的文件。当一位校长在拟定教育科研课题或一位教师在考虑科研计划时，往往想到的是"最近上级有什么新的精神"，即使所设想的课题或计划来自实践，在形成文字时也一定要用"新精神"来包装，如强调"知识经济"时就要谈"知识经济与教育改革"，强调创新教育就要谈"素质教育要以创新能力的培养为重点"，流行"多媒体教学"时就需拟定"多媒体教学中的素质教育尝试"的课题等。

2."课题"崇拜，华而不实。许多校长在介绍学校的情况时，往往会很自豪地谈到学校承担了多少多少课题，而且"课题"级别越高，似乎说明自己"教育科研"的水平也就越高。于是，校长们普遍希望争取"课题"尤其是高"级别"的课题，至于课题是否符合本校实际，是否真正有用则另当别论。科学研究必然存在着成功和失败的两种可能，而对于真正的科学研究来说，失败也是有意义的。但有些"课题实验"，一旦立项开题就一定成功，而绝不会失败，这不得不让人怀疑此等"教育科研"的科学性。

3.故作"特色"，滥贴标签。多年来大多数学校的领导和老师在全面提高教育质量方面做了大量扎实有效的工作，取得了巨大的成绩。这一过程本身就是最贴近现实而又最实在的教育科研，如能实事求是地将这些探索和成绩总结出来，无疑是很好的科研成果。但现实中却往往存在着一种误区：不提"口号"，不提"模式"，不贴"标签"，就不叫教育科研成果——至少这个"成果"就没有"档次"，即使有"档次"也缺乏新意！

4.说做各异，阳奉阴违。初看某些学校的课题报告，似乎既有理论阐述又有实践支撑，还有成果印证，让人很难怀疑其真实性。但若与该校平时的实践对照，其"教育科研"的虚假性便显山露水，因为纸上说的与实际做的完全是两回事，所谓"素质教育轰轰烈烈，应试教育扎扎实实"，就是这种现象的真实写照。假科研的另一种表现就是同一种材料可以应付不同的课题验收。例如，某个学校在课堂教学改革中取得了一些成果，那么这些成果将被"万能"地用于各种场合："主体性课题研究"的结题，"减轻学生过重课业负担"的实验总结，"创造教育探索"的课题验收，"学法指导探索"的成果汇报，"陶行知教育思想实践"的现场研讨，等等。

5.巧妙伪装，冠冕堂皇。在素质教育的口号深入人心的今天，没有谁会公开宣称搞"应试教育"，但以"教育科研"为外衣、举素质教育之旗帜而实际行"应试教育"者，依然大有人在。最典型的例子莫过于在"科研课题"的幌子下，大办各种名为"实验班"实为已遭社会谴责的、以提高升学率为目的"重点班"，因冠之以一个充满素质教育气息的名称如"某某课题实验班"，而具有很大的迷惑性。

6. 论著晦涩，不知所云。读不懂某些"专家"的教育论文、论著，已成为许多一线教师的苦恼和自卑。殊不知这些"专家"在写教育科研文章时，似乎本就不想让教师看懂：时髦术语、新潮概念，这样"原则"那样"性"地构建"理论大厦"，以示"教育科研"的所谓"学术规范""科学态度"。但是，当我们读到卢梭、苏霍姆林斯基、陶行知等教育家的著作时，感觉竟是那样的亲切、平易和深邃而绝非此等的晦涩与"高深"。

7. 职称论文，弄虚作假。教育科研应当是"做"出来而不是"写"出来的，课题的结题报告或论文，理应是科研实践瓜熟蒂落的自然结晶。但现实中有许多论文是闭门造车硬写（甚至抄）出来的，理由很简单，因为职称需要发表论文。一线教师结合自己的工作实践写教育论文，本是一件有意义的事，但在论文与职称挂钩且是"一票否决"制的"强权"下，教育论文已在很大程度上失去了其应有之义。相反，倒是各种收取"版面费"的报刊、"论文选编辑部"便应运而生，并在实际上从另一个侧面助长了学术腐败之风。

8. 虚张声势，热衷炒作。如果说科学研究是一件远离喧嚣、甘于寂寞的事，其过程充满着曲折与艰辛，那么教育科研也同样是如此。正如苏霍姆林斯基，倘若没有几年如一日在乡间中学默默无闻的教育探索，他也不可能成为杰出的教育家。然而，现在的"教育科研"却是一件很"风光"、易"出名"的事。一些学校搞"教育科研"显然是"醉翁之意不在酒"，而更多是把教育科研视为打造"品牌"、树立"形象"的大好契机。于是，自我炒作也就"顺理成章"：制作精美画册、多媒体光盘宣传"科研成果"，通过各种途径将"课题报告"挤进各种《某某教育大词典》《名校大词典》之类的巨著……当然，这一切都离不开报纸、电视台的"配合宣传"。

…………

这些应该说是对现存教育科研问题比较真实和尖锐的揭示。不过，我还想补充一点的是，在我们某些教育科研中，不但有着"伪科学"，而且还有着"反教育""反科学"。什么意思呢？"伪科学"的教育科研最多是个"假"的问题，一般说来，它还不会造成对学生直接的危害。而"反教育""反科学"的教育科研造成的后果，则不但与我们的教育初衷背道而驰，而且还直接损害着我们的教育。

举个例子，近年来，有些地方进行所谓学生"智商"的"教育科学研究"，通过"测评""计算""统计""分析"等方式"研究"出学生的"智商"，然后将这个"科研"结果"反馈"给相关教师甚至家长。这样的"科研"不仅仅是典型的"伪科学"，而且是极为有害的"反教育"。因为它向教育者"科学"地宣布：某某学生智商低。如此"教育科研"的危害，不但误导了教师，还伤害了学生的自尊心、自信心，最终将损害学生的一生。因此，还教育科研真正的科学性和实事求是的作风，让教育科研真正姓"科"，是非常重要的。

二、教育科研的应有之义

"伪教育科研"乃至"反教育"现象的出现，其原因是多样的，这与我们目前的教育评估机制不够科学、盛行的某些不良风气有关，甚至可以进一步追溯到难以详述的、更为深刻的社会原因和历史原因。

在此，我仅就教育科研的意义谈一些看法。或许有人认为这是"老调重弹"而无必要，但正如人们虽都明了教育科研的一般操作步骤不外就是确定课题、检索文献、制定研究计划、选择研究方法和选用抽样技术等，却依然收效甚微或有违教育研究的本意，概在于"知其为而不知所以为"。换言之，如果教育科研不是建立在对其应有之义的科学、完整的认识基础上，那么就谈不上进一步地去发挥教育科研的真正作用，也就难以真正有效地从观念上廓清、实践中杜绝"伪科研""反教育"等问题。

（一）教育科研是学校上新台阶、新水平的重要条件

无论是老校还是新校，在办学过程中，总是形成了一定的办学基础，积累了一定的办学经验，达到了一定的办学境界。如果要上一个新的台阶，或者改变原来的薄弱状况，提高办学水平，就需要寻找突破口。而学校通过教育科学研究，往往能突破原来的办学思路，找到新的生长点。这方面，上海闸北八中已经为我们提供了一个很好的范例。闸北八中长期以来生源很差，在上海是出名的"垫底"学校。刘京海担任校长后，苦苦思索如何摆脱困境。他首先组织教师参加了上海师大"非智力因素"和"差生心理"两项课题研究，认真探索非智力因素对学生的影响及其培养，探究差生的教育与转化，并把这两方面结合起来；同时积极进行实践，不断总结经验，

逐步形成了"成功教育"的改革思路和理论，使学校教育质量和办学水平产生了飞跃。可以说，没有教育科学研究，就没有今天的"成功教育"理论和实践，就没有成功的闸北八中。

（二）教育科研是学校办出特色、办出风格的重要途径

在应试教育统一模式下，很多学校都放弃自己的特色，以升学率为唯一追求目标。在全面推进素质教育的今天，必须改变这种"千校一面"、缺乏创造生机的办学局面。在我看来，我们在办学上应该形成若干个"第一"，各所学校都应该办出自己的特色，办出自己的风格，而教育科研则是加快形成学校特色和风格的"催化剂"。特别是薄弱学校，抓住教育科研这一龙头，对摆脱升学竞争的困扰，走出自己发展的新路非常重要。如苏州市六中，长期以来生源、师资等条件同样较差，单求升学率没有出路，肖德生校长上任后，带领全校教师以科研为先导，探索和试验综合特色高中的办学新模式，逐步形成了艺术教育特色，使学校发展走上了良性循环的道路。如今，在高中综合课程和艺术教育方面，六中至少称得上是苏州的"第一"，该校也因此跻身于国家级示范高中行列。苏州吴江市有一所学校研究和实践写字教育，短短几年使该校所有的孩子都能写出一手漂亮的字，在汉字书写上连城区都没有一所学校能与之相比。美国《新闻周刊》评出了全世界最好的十所学校，这些学校并不是各方面都最优秀的学校。如日本的一所学校搞开发创造力教育，每个孩子都有自己的小发明、小制作，甚至许多孩子都申请了自己的发明专利；荷兰的一所学校搞语言教育，每个孩子都懂得两门以上外语，都阅读了一大批世界名著。所以，一所学校，只有当它形成自己的特色时，才有可能在教育大舞台上独树一帜，才有可能取得最佳的办学效益，而教育科研是学校办出特色、办出风格的重要途径。

（三）教育科研是加强学校凝聚力的重要因素

应试教育只允许有一个"赢家"，往往导致学校内部人心涣散，教师之间你不服我、我不服你、钩心斗角。在这种情况下，很难有真正的凝聚力。如果发动、组织全体教师共同来搞一个教育改革课题，在同一课题目标下，各自承担一定任务，既有竞争又有合作，在合作中竞争，在竞争中合作，逐步形成共同的价值取向和和谐的人际关系，整个学校的凝聚力就自然得到了加强。因而，通过教育科研来增强学校的凝聚力，实在是学校管理的

一个良策。这也是为许多事实所证明了的。

（四）教育科研是培养青年教师尤其是培养名教师的重要路子

当前不少地方存在这样一种现象：教育效果不尽如人意，往往校长埋怨教师，教师埋怨学生，学生埋怨家长，家长埋怨社会，社会埋怨校长。这是一种不正常的现象。我认为，没有教不好的学生，只有不好的教师；没有不好的教师，只有不好的校长。教师是办学最重要的力量，而教师的好坏优劣，从一所学校整体来看，取决于校长。培养优秀的教师，是校长责无旁贷且不可推卸的责任。

我们的校长要看到人的潜能是很大的。通过教育科研，能够使教师的创造潜能得到充分开发，哪怕是普通的教师往往也能创造教育教学的奇迹。江苏省吴江市青云中学和桃源中学的学生绝大部分是土生土长的"村里人"，教师也都是学历不高的土生土长的农村教师，但这两所学校在全国拿了许多奖，毕业生中出了很多博士、硕士。之所以能取得这样的成绩，正是因为教师的敬业精神、钻研精神，因为校长用教育科研去充分调动和开发教师的潜能，促进了教师素质的提高。由此可见，教育科研是学校培养高素质教师的一条重要路子。

（五）教育科研是建立学习型学校的重要基础

美国的彼得·圣吉写过一本《第五项修炼》的书，在五项修炼的内容中，最关键的是学习型组织的构建。该书认为，学习型组织是与知识经济相适应的学习化社会的细胞，它必须具有五项修炼，即五项学习和锻炼，包括自我超越、改善心智模式、建立共同愿望、团体学习、系统思考，其中第五项修炼是其他四项的基础。学校本来是正规的学习场所，它本身自然更应当成为学习型组织。构建学习型学校是对学校发展的必然要求。苏霍姆林斯基在《给教师的建议》中总结出他做校长的最成功的经验，就是组织教师一起学习。事实上，真正好的学校，所有成员都应该是自觉参与并组织到创造性学习中来的。昆山第一中心小学组织全体教师参与课程改革实验，并定于每年一月专门讨论德育问题，每年六月专题研究教学特色，每学期举行三天的学术报告会，等等，由此形成了一种"团体学习"的精神，使学校获得了不断发展的源泉。这个典型事例表明，在当今时代，建立学习型学校对学校发展具有何等重要的意义。而通过教育科研，把学校所有成员组织到创造学习和研究中来，我们就可以达到这一目的。

（六）教育科研的投入是效益最大的投入

教育科研也需要投入，但这种投入数量不大，风险不高，而回报率最高。如果把学校教育投入的5％用于教育科研，给学校发展带来的整体效益将远远大于这个比例，胜过其他许多方面的投入。所以一个学校，经费再紧张，也不能吝啬对教育科研的投入，而应把它看成是提高办学效益和学校可持续发展的重要增长点来予以保证。

（七）不重视教育科研的领导和校长是缺乏远见的不成熟的领导和校长

我亲眼看到很多校长是以教育科研起家，很快成长起来并走向成熟的。吴江市南麻中学，五年前破破落落，质量低下，张玉昆同志受命于危难之时，一上任就带领教师积极参加了苏州大学储培君教授主持的"教师指导下学生自主学习模式研究"，继而又请储培君教授合作搞"初中生学习策略指导"，由此使学校短短五年旧貌换新颜，教育质量名列全市前茅；吴江市第二实验小学自20世纪90年代起，几位校长都很重视教育科研。先后请来杜殿坤、吴立岗等专家做指导，坚持搞了九年"以丝绸文化为背景的素质教育实验"，不断取得成效，并培养出江苏省最年轻的特级教师。这两个事例以及前面所举的例子都说明，重视教育科研的校长，才是有远见的成熟的校长，才能开创学校发展的新局面，才能担当领导学校走进21世纪的光荣使命。

三、教育科研"真"的回归

在《享受教育——新教育随笔选》一书中，我曾经说过：教育家和教书匠的一个最大区别，就在于教育家有着一种追求卓越的精神和创新的精神。也许你目前还不是一个教育家，但只要你是一个敢于不断探索、不断创新的人，是一个教育上的有心人，通过不懈的努力和奋斗，终有一天你会成为一位大家。正如有人所说的，你什么都可以怀疑，但永远不要怀疑你自己！因为有心就能成功，无心就不能成功。追求卓越、勇于创新体现在教育科研上，就在于我们能否以一颗求真的心来面对教育科研，从而实现教育科研"真"的回归。

教育科研看起来很神秘，其实每个教师都在思考，而这种思考实际上就是一种教育科学研究。教育实践中，我们常常发现，有些教师教了几十年，教学水平没有很大长进；有些教师，没教几年，三至五年却做得很优秀，靠的是什么？如果教了三十年，重复了三十年，那真正教的只有一年；如果教了五年，是真正的教，那他每一年都比上一年有所进步。所以，不管是老教师还是新教师，只有依靠教育科研才能提高教学水平，只有科研才能使教学经验理性化，才会每天都拥抱新的太阳，会对学生、对教材有新的感受。

那么，中小学如何进行教育科研呢？我想可以从校长和普通教师这两个层面来看待。

第一个层面：校长。

我认为一所中学或小学，其教育科研的兴旺取决于校长。我非常欣赏苏霍姆林斯基的一句名言："校长对学校的领导首先是教育思想的领导，其次才是行政的领导。"所谓"教育思想的领导"，按我的理解，主要就是引导、支持、鼓励、组织全校教师搞教育科研。如果再说具体些，校长组织教育科研，至少可以扎扎实实地从这几个方面来努力：

1. 善于组织教师读教育名著、学教育理论。

现在许多学校搞的课题不少，却很少组织教师读经典教育名著，这样的"教育科研"将不可避免地滑向"假科研""反教育"的深渊。教育科研的生命力来自实践，但要驾驭实践，很大程度上取决于理论功底。上海的教育改革家顾泠沅，原是一位很普通的县数学教研员，他在数学教育改革上的突飞猛进，是在他到华东师大师从刘佛年教授学理论当博士生之后。我主持选编的"新世纪教育文库"，分小学、中学、大学学生和教师四个系列，每个系列100种书，其中15—20种作为必读书。校长要组织教师进行教育科研，就要组织教师认真攻读这些教育名著。同时，我们还在组织翻译国际上最好的教育学和心理学著作，目的就是为了给教师的理论学习提供更为广阔的视野和更加前沿的领域。苏霍姆林斯基曾说过：没有一本新书能够逃脱我们的视野。他做校长时，总是定期组织教师读书，学理论。我们的校长也应该这样，对诸如《学会生存》《给教师的建议》《窗边的小豆豆》等这些好书要敏感，要组织教师认真学习、讨论。理论的学习可以使我们减少盲目，少走弯路。也正因为这样，我十分希望校长们能够积极鼓励教师在职进修，以提高理论水平。

2.邀请真正的教育名家到学校谈经验、做指导。

目光短浅、闭门造车是不可能出真正的成果的，所以我一贯主张，校长应创造条件让第一线教师与大师直接对话。当然，这个对话也包括思想交流乃至思想碰撞。

和名家联系与对话常常能使我们得到意外的收获。大部分名家都有自己独特的见解，能给我们许多启迪性的思想，听取他们的经验，接受他们的指导，能使我们一下子缩短摸索的历程，达到与他们对话的境界。而且名家都有广泛的社会影响和社会联系，他们能及时告诉我们最新的教育信息，帮助我们与外界进行交流，把我们带到窗外的世界。所以我十分主张，搞教育科研要抓住大师，和大师对话。在苏州举办的"名教师名校长"培训班上，我们就搞了一个"与大师对话"的活动，请来了顾明远、叶澜、钟启泉、袁振国、魏书生、李吉林、冯恩洪、邱学华等名家，让他们开讲座、带徒弟，让学员找师父，与他们建立紧密型联系，其目的也正在于此。我们的校长一定要重视这一点，努力把名家请到自己的学校来做指导，让自己的学校进入大师的视野，让大师给我们的教育科研许多关键点拨。

3.联系高校来办基地、做实验。

不可否认，现实中确实存在着一些高校以牟利为目的到中学搞"教育科研"的做法，这当然应该批评。但是，我们不能因此否定中小学与高校在教育科研方面的富有实事求是的科学精神的合作。因为有些课题要我们中小学自己设计、自己操作的确有些困难，在这种情况下，我们就可以请高校一起来做课题，这不但能够出成果，而且也是让第一线的中小学教师受到教育科研基本技能训练而提高教育科研水平的一条捷径。

前一时期，华东师大试行了教育部重点课题实验学校的招标，有许多中小学踊跃投标，诸如这样的机会，我们的校长应该牢牢抓住。中小学校长、教师通过与高校一起做课题，就自然知道并真正掌握了课题设计、抽样、检验、取值等教育科研的环节和方法，这比自己摸索或单纯看书要强得多。近几年，北京、上海的高校在江苏等许多省市的中小学校进行了"实验基地"的挂牌活动，如果这些中小学校都能扎扎实实地配合高校开展研究，那么一定能真正有所得益。

4.积极举办学术会议、科研咨询会，包括主动争取承办一些全国性的学术会议。

举办这些活动，不但可以在学校营造出浓浓的教育科研氛围，而且也能扩大学校教师的教育科研视野，提升学校教育科研的层次。中小学尤其是条件较好的学校，可以结合自己学校的特点，相应举办一些学术研讨会、科研咨询会，特别是主动争取承办全国性的学术会议，这种活动对学校来说，虽然需要一定的投入，但带来的效益往往是多方面的、长久的、难以估量的。通过这种活动，学校教育科研水平能得到提升，教师以及校长本人的能力和知名度能得到提升，学校办学的境界和品位也能得到提升。

5. 要适时提出一些教育科研的思考题和聚焦点。

目前，学校教育科研的总体氛围已经比较浓郁，在这种情况下，校长就要因势利导地提出一些教育科研的热点与焦点，因为第一线的教师自发地搞课题研究，往往带有一定的盲目性和粗放性，难以避免课题的低层次重复、研究力量分散、成果欠佳等现象。假如校长能够适时地引导教师去关注可能会取得重大进展但却很少有人注意过的教育研究课题，引导教师去研究虽然历史上有人研究过，但在新的时代背景下具有新的现实意义的"老课题"，那么通过校长和教师的同心协力，学校教育科研必然会取得更大的突破。

在学校课题研究的方向和选题方面，校长务必要把握好这两个环节：一是要把课题向学校的特色方面，向可能引起重大突破的方面导向；二是要把课题往人家还没有做过或重视不够，但是具有重要现实意义和研究价值的方向导向。成果的反馈有很大的导向作用，在选题时就要预测课题研究的前景和未来的成果。一旦选定了研究课题，就要努力组织教师把课题做深做透，力争达到预期的目标。

6. 校长要善于调动教师的积极性、创造性。

学校教育科研的主体是教师，要搞好本校的教育科研，最主要的依靠是本校的教师。在应试教育的大环境下，教师承受的压力很大，处在教学第一线的教师，特别是重点学校和毕业班的教师，要他们在繁忙的课务中用一定的时间和精力来搞科研，的确有困难。但作为校长，应该充分认识到，"磨刀不误砍柴工"，教育科研就是"磨刀"，让教师下一定的功夫从事教育科研，是提高教育教学效率和质量的佳径。校长要采取各种办法，建立有力的导向和激励机制，充分调动全体教师参与教育科研的积极性和创造性，并大力建设好学校教育科研机构和教育科研骨干队伍，使之发挥重要作用。这样，才能保证学校教育科研规范、深入、持久地开展下去，真正出成果，出人才，出效益。总之，作为教育科研的领导者和组织者，校长必须真抓实干，绝不能为了装潢门面而"走过场"。

这里，还需要着重指出的是校长亲自搞科研的事。孔子说过："其身正，不令而行；其身不正，虽令不从。"我认为，校长只有身体力行地投入教育科研，才能唤起广大教师志同道合、真心实意地走到一起来搞教育科研；只有自己在教育科研上做出成绩，才能对教师具有真正说服力和学术魅力，引来更多的人为之奋斗。然而，对于校长搞教育科研，目前却有以下两种不良倾向：一是有些校长往往埋怨"行政工作太忙"而不能持之以恒地搞课题研究；二是有些校长本来并没有搞教育课题研究，却因为是"校长"而挂名当课题"负责人"。由此带来的结果是显而易见的，前者使许多本来不错的课题研究因半途而废而前功尽弃，后者则既挫伤了实际从事课题研究的教师们的积极性，也使校长自身的威信受到损害，两者对课题的研究均很不利。校长应该认识到，无论行政工作再怎么忙，教育科研都是最值得自己"忙"的分内事。

一般来说，校长应当这样从事教育科研：

（1）选好自己的课题。

校长选择教育科研的课题，应与一般教师有所不同，要更多地站在学校未来发展的高度和学校整体改革的全局来审视，具有宏观性、全局性、前瞻性和创新性。概括地说，一是要站在科研的前沿，选择的课题要面向新世纪对学校教育的挑战和要求，具有一定的前瞻性、创新性；二是要找准科研的突破口，要从关系全局而又容易首先突破的方面入手来选题；三是要抓准科研的重点，要围绕实施素质教育，形成学校特色等重点来选题；四是要结合自己的特长，根据自己的研究基础和条件来选题，提高课题研究的可行性和成功率。一个好的校长一定不仅要有自己的教育科研课题并真正潜心研究，而且选择的课题不能是虚无缥缈的"天马行空"，应是紧紧贴近学校教育的现实。

（2）关注窗外的世界。

校长在注意书中世界的同时，要热切关注窗外的世界，窗外的世界精彩纷呈。如苏州提出的"五大教育工程"，我就曾要求苏州的校长们密切关注。这"五大教育工程"中有扶贫帮困助学工程，这正表明教育界对社会、对劳动群众的关怀；教育信息化工程，我们曾提出在2000年前，苏州全体中小学教师和小学五年级以上学生都要学会上网，这正表明教育对窗外世界、对信息时代的拥抱。又如党和国家提出要全面推进素质教育，注重培养学生的创新精神和实践能力。为此，中央教科所和苏州合作进行了创新教育的实验研究，其中的一个重点是"语文教育与创新精神的培养"，这同样是教育对科学技术突飞猛进、知识经济已见端倪、国力竞争日趋激烈的热烈响应。校长只有不断关注窗外的世界，关注国内外形势和教育发展的最新信息、最新动态、最新趋势，才能紧跟时代的潮流，使自己的科研获得活的生命源泉，开拓新的发展境界。

（3）不当挂名的课题负责人。

校长当课题负责人是好事，但当前在有些学校存在着校长不参与任何研究与实验，却挂名课题组长的不良习气。事实上，如果真正主持学校主课题研究的不是校长，那么实际主持者就不可能从整个学校改革和发展的全局来把握和操作课题，也就必然会削弱课题研究的价值。所以，凡是当课题负责人的校长一定要真正介入课题研究，坚持参加并主持课题组，坚持亲自动笔写论文、写研究报告，直接为学校课题研究作出贡献，不断提高自己的教育科研能力和水平。

（4）不能轻易放弃研究。

教育科研贵在坚持，切忌急功近利，敷衍浮躁。只有坚持才会有成效。苏霍姆林斯基从一个普通的校长成长为一位伟大的教育家，就是因为他坚持写教育日记，坚持观察、思考、研究教育问题，几十年如一日。教育实践中的科研素材极其丰富，只有经过自身坚持不懈的观察、思考、试验、总结，才能使之得到提炼，逐步形成、发展为一定的教育思想、教育模式，否则就会"逝者如斯"，空手而归，或者半途而废，前功尽弃。我相信，我们的校长若能带头坚持不懈地把课题研究深入进行下去，学校教育科研一定会开出更加绚丽的花朵、结出更加丰硕的果实。

第二个层面：普通教师。

当前，有不少普通教师认为教育科研是非常神圣、非常神秘、非常困难的事，认为那是专家、教授们的"行当"，自己只要教好书就行了；甚至认为"搞科研"与"抓教学"在现实教育中是矛盾的，"远水"救不了"近火"，"搞科研"和"抓教学"是"两张皮"，即说归说、做归做，这些都使自己自觉或不自觉地远离了教育科研。

首先，我认为，教育科研绝非学者的"专利"，因为最贴近教育实际、最贴近学生生活的是广大的一线教师，他们有着丰富的教育生活经历与经验，这才是教育科研的源头活水。其次，科研与教学并不矛盾。当然这里所说的"科研"是真科研而不是"假科研"。如同真正的素质教育必然会有好的应试结果一样，真正的教育科研必然会促进我们的教学。此中的关键在于：我们搞教育科研是为了应付"上面"的检查评比，还是为了解决学校教育的实际问题？我们所研究的课题是凭空杜撰，还是源于教育实践的困惑？如果我们的教育科研紧扣的是我们迫切需要解决的教育教学难点、热点和焦点问题，那么，研究的每一个环节和步骤都同时又是在寻找解决教育困惑的办法，而研究的终端也就是教育科研和教学实践的双重收获。这并非抽象的理论推导，最近几年许多地方出现了不少真教育科研成功的学校，同时也获得了教育教学的累累硕果，本身就是最好的说明。

在如何从事教育科研的问题上，我认为普通教师应该着重做到以下两点：

一是要通过阅读教育理论来提高自己的科研素质。

长期以来，基层教师之所以不太愿意读教育理论，有一个重要的原因便是许多教育理论文章和著作他们读不懂。对此，我想老师完全用不着因为读不懂一些教育理论文章和教育著作而自卑。坦率地说，有些"理论"我也读不懂，但我从来不会因此而自卑。有些教育"理论"书之所以让人读不懂，我看多半是因为作者本人也没有把他的"理论"搞懂。一般来说，读不懂的文章或书，责任往往不在教师而在作者。因此，第一线的教师完全没有必要被这些"理论"吓唬住，更不要迷信它们。当然，所谓"读不懂"的情况也会由于阅历、知识背景等原因而出现，但有时一些真正的好书并不是读一遍就能完全理解的，如能结合自己的教育实践反复读，慢慢就容易消化了。书籍是传承文明的桥梁，是延续文化的中介。充实而有意义的人生，应该伴随着读书而发展。

我一直认为，一个人的精神发育史实质上就是一个人的阅读史，而一个民族的精神境界，在很大程度上取决于全民族的阅读水平。在一定意义上说，读书就意味着教育，甚至意味着学校。苏霍姆林斯基曾经说过，学校，首先意味着书籍。"学校里可能什么都足够多，但如果没有为人的全面发展及其丰富的精神生活需要的书，或如果不热爱书和冷淡地对待书，这就不算是学校；相反，学校里可能许多东西都缺乏，许多方面都可能是不足的、简陋的，但如果有永远为我们打开世界之窗的书，这就是学校了。"在学校中，我最看重的就是教师与图书。学校就是提供了一个读书的空间，一个学生在老师的指导下读书的空间。而学生读书的兴趣与水平又直接受老师的读书兴趣与水平的影响。因此，教师的读书不仅是学生读书的前提，而且是整个教育的前提。

教师成长的根本途径就是读书。人类几千年的教育历史中，创造和积累了许多宝贵的教育思想财富。这些财富保存的载体主要就是教育的经典著作，阅读经典，与过去的教育家对话，是教师成长的基本条件，也是教师教育思想形成与发展的基础。教育智慧的形成，在一定意义上说，就是跨越由这些经典构成的桥梁的过程。这是一个不可超越的过程。人类的教育虽然不断变迁与发展，但是教育的根本不会变化，教育培养人的功能不会变化，教育过程的内在规律不会变化。如教育创新，虽然是我们这个时代的主旋律之一，但是对于创新教育的论述，现在可能并没有超过陶行知。因此，现代的许多教育新思想，其实只不过是用我们这个时代的语言和案例与过去大师的对话而已。教师读书不仅是寻求教育思想的营养，寻找教育智慧的源头，也是情感与意志的冲击与交流。从过去的教育家的著作中，教师可以学习的东西很多。有心的教师会认真阅读教育的重要文献，认真学习不同时代教育家的人生理想与人格力量。读书会让我们的教师更加善于思考，更加远离浮躁，从而让我们的教师更加有教育的智慧，让我们的教育更加美丽。

二是善于反思，坚持写教育日记。

相比于专职的教育科学研究人员，普通教师在教育科研方面与教科所的教研员的做法是不完全一样的。教育科研的专职人员主要是从事纯理论研究，因而相对显得比较抽象但同样具有价值；对于广大一线教师而言，没有必要也不可能进行这样的研究，他们与教研员、学者的一个最重要区别就是，教师在教育科研中的直接参与性和教育目的的功利性，即教师的研究往往针对自己在教育实践中遇到的问题，也正是在这个意义上，教师的研究活动将自身到底是作为教书匠的教师与作为教育家的教师相区别。如果硬要勉为其难或"弃长就短"，教育科研无疑将事倍功半甚至步入歧途。

如前所言，普通老师从事教育科研的最大优势，就在于他们拥有丰富的、鲜活的教育案例，对他们来说，记载、整理和思考自己的教育案例就是最好的教育科研。因此，养成对自己的教学与教育活动进行评价与反思的习惯，是教师进行教育科研的基点。我曾多次对一线的教师说："从今天起，你们就开始写教育日记，并不停地反思，坚持十年，你一定会在教育科研上取得令你自己都感到吃惊的成果！十年以后，如果不是这样，你可以来找我索赔。"这当然有玩笑的成分，但我想表达的一个真实思想是：实证研究不但每一个教师都可以搞，而且一旦持之以恒必定会有收获。

古今中外许多著名的教育家，大多亲自办过学或做过教师，有自己的教育"实验地"。如夸美纽斯长期任拉丁学校校长，裴斯泰洛齐开办过"孤儿院"和伊弗东学院，赫尔巴特创办过实验中学，中国古代的孔子也从20多岁便开始从事教育活动……最有力的例子，依然是苏霍姆林斯基。苏霍姆林斯基是一位世界公认的大教育家，但他不是从"实验室"里走出来的书斋式的教育家，而是根植于教育实践土壤之上的一位教育实践家和教育理论家。他从事教育科研的基本方法，就是坚持不懈地记载自己的教育实践，同时又在时时反思自己的教育实践。"处处留心皆学问"，对广大的中小学教师而言，搞教育科研也应该从记录教育现象、教育感受、教育思考开始，而把这一串串的"珍珠"串起来，那将是一条非常美丽的项链。我非常赞赏教师记教育笔记、教学日记，坚持不懈地进行教育反思；也相信会有一天，在他们中间，会走出一个个富有思想和激情的教育家。

第二十章　任重道远

在本书的上篇，我曾以《希望之光》一章结尾，探讨中国教育的未来和发展战略，提出一块基石：人的呼唤；四根支柱：舆论、经费、立法、科研；六大观念：不断发展变革的教育观念、新的教育价值观念、终身教育观念、多元化和民主化的教育观念以及现代化的教育科研观念。现在十余年过去，总体上，当前我国教育中人的地位得到凸显，素质和素质教育的观念深入人心，主体性教育成为当今时代教育思潮中的最强音；科教兴国成为我国的基本国策，教育经费逐年增长，教育法制日益完善，教育科研队伍壮大、理论繁荣、教研兴校（教）之风兴盛；关于教育的六大观念在教育及社会公众中基本得到认同，达成共识。

十余年里，我国教育改革走过风雨，历尽沧桑，有过辉煌，也曾彷徨，但一切都成为历史。教育改革不可能一蹴而就，一劳永逸，而是一项不断发展、持续创新的伟大工程。一位美国学者说，美国的教育改革推行了80

年，经过杜威势如破竹的教育改革运动，但真正改掉的也只有15%，保留下来的仍占85%。不管他是怎样得出这一比例的，但他对教育改革的艰巨性的感叹是显而易见的。相对于美国二百余年的历史传统而言，历史悠久、传统深厚的中国教育，二十余年的改革历程能够真正触动、变革既有教育状况的成分可能就更少了。如果说十年前我们尚未进入信息时代，处在一个特定的时代环境里，但已经感受到信息社会的震荡，那么，21世纪的今天，我们已经跨入了信息时代，知识经济初见端倪，后现代即将来临，后现代思潮已蜂拥而至，全球化进程加快，我国市场经济体制全面建立，社会转型加速推进，中国教育处在一个全新的时代背景上。展望未来的教育改革，用"任重而道远"来形容是再恰当不过了。本卷以"成长与超越"为名，就在于不回避教育问题，直面教育危机，增强忧患意识，力求超越既有，走出教育困境。

一、挑战依然严峻

教育事业的进步面临着许多新挑战。教育是社会大系统中的一个子系统，教育的改革发展，往往受到社会的政治、经济、科技发展等诸多因素的制约。在当今科技日新月异、经济快速发展、我国社会面临全面转型的变革时代，教育所面临的挑战不仅是多方面的，而且也是十分严峻和激烈的。20世纪90年代以来，我国教育承受了并还将继续承受着来自方方面面的各种挑战：

挑战之一：社会主义市场经济的建设和我国社会全面过渡与转型的挑战。首先是教育体制不适应。我国的教育体制是在计划经济体制下形成的，而且运行了几十年，以国家"包办"为核心特征的办学体制、教育管理体制、招生与分配体制、教育投入体制以及学校内部体制均不适应社会主义市场经济体制的发展需要。其次是教育的数量和质量不适应市场经济建设。面向21世纪的教育，要培养数以亿计的高素质的劳动者和数以千万计的专业技术人才，这是对教育工作者的严峻考验，也是一项艰巨的历史任务。最后是教育目标认同的协调与一致问题，未来社会多元文化、社群分层日趋明显，在社会主义教育目的的指导下，如何达成公众认同的教育培养目标，消除分歧，尚需时日。

挑战之二：后现代的来临与知识经济的兴起，向我国教育的改革与发展提出的挑战。后现代社会在西方发达国家已经显现，我国教育发展处在农业社会向工业社会迈进、现代性发育不足、局部地区后现代性显露丝丝迹象的多元并存的社会背景上，教育发展的价值取向往往陷于多重困境、两难选择之中，如何确立教育的发展模式、价值取向，充分发挥教育的社会功能，以适应我国社会的全面发展进步，将是一个值得每一个教育工作者深思熟虑的问题。而知识经济是未来社会的主要特征，知识在经济发展中发挥着主导作用，知识经济的灵魂是知识创新和技术创新。因此，知识经济将全方位地挑战传统教育，从传统的教学方法、思想到陈旧的教学内容都必须彻底改革，而培养人的创新精神和创新能力是教育的核心。

挑战之三：全球化进程加快、国际的激烈竞争对教育的挑战。WTO 使以往的"壁垒"经济让位给全球经济，我们将既深切感受到知识经济浪潮的冲击又同时面对政府直接控制经济权力弱化的局面。这样，教育不仅是原来"教育—人才—经济"认识链条上的兴国之本，而且又被赋予了更重大的政治意义，国际间竞争优势变成了按国际标准衡量的教育制度和质量的竞争优势，教育的战略地位更加凸显，教育将被赋予更大的责任。从学校内容来讲，全球化中的竞争将促使学校认识到，有无独特、原创的特色成为学校存在和发展的基本前提。

挑战之四：信息化进程和高科技的迅猛发展对教育的挑战。数字化、网络化、智能化的全新环境，必然对我们的教育思想、教育内容、教育手段乃至教学模式产生巨大的冲击和影响。未来的教师，不仅要有良好的思想政治素质、高尚的品德情操和娴熟的职业技能技巧，而且要掌握现代科学的最新知识，要有深厚的理论素养和合理的知识结构，能够熟练地运用现代化教学手段去指导学生发现信息、捕捉信息、处理信息、研究问题和增长知识，成为创造型的人才。"并喻文化""后喻文化"的时代即将到来。因此，我们的教师也要继续学习，不断更新知识，更新观念，提高自身素质。

挑战之五：未来教育对象的挑战。新时期我们的教育对象正在发生着变化，经常听到不少老师抱怨"教育工作现在比过去困难多了""教师越来越不好当了"。连一些老教师、教学骨干也抱怨"越教越不会教了"。什么原因竟会使教师几乎处于束手无策的境地？一是独生子女增多，父母教育素质低。很多独生子女由于在家庭里缺乏正确的引导，娇生惯养，以自我为中心、个人主义、自私自利、享受安逸、缺少合作与同情心理倾向严重；二是离婚率升高，"不完全家庭"或"问题家庭"的子女增多；三是娱乐电器大量占领学生的生活领域，现代家庭中电视机、计算机及网络几乎得到普及，多媒体给孩子提供了大量的当年父辈不可能知晓的知识与信息，有的学生课外从不看书，父母也不再为儿童讲童话，孩子们生活在图像模拟的世界中，生活在虚拟的世界里，却失去了真正的童年。在许多家庭中已不存在"家庭教育"。教师抱怨家长零花钱给得太多，让孩子电视看得太多，让孩子家务劳动参与太少。学生不善于在群体中同别人相处，语言表达能力下降，缺乏自我节制能力，随心所欲，看不起榜样。对于教育对象的这种变化，教师几乎尚无思想和心理准备。大部分教师对"挑衅性"的学生无能为力，对教育学生感到困难重重，教师既要教书又要育人，还要充当"替代父母"，觉得超出了他们的能力，感到压力十分巨大。

挑战之六：来自教育自身种种不足和问题的挑战。教育发展有其自身内在的发展规律。作为一个自组织性的子系统，教育如何超越自身，走向完善和成熟？从我国教育现状来看，要解决的问题很多，面临的困难也很多。比如，科举考试的传统和应试教育的观念对实施素质教育的羁绊；高度集权和"一刀切"式的教育管理模式与创建特色学校和追求品牌教育的冲突；师道尊严的观念与民主平等的师生关系的建立之间的矛盾；在超越仅仅注重知识和技能的教学观，建立关注学生的认知、情感和意志等全面发展的教学观时，教师及家长所存在的困惑；学制结构上，各级各类教育之间的消除"瓶颈"、纵横贯通；等等。

二、在改革中谋发展

面对这样的挑战，我国未来教育改革和发展将出现什么样的走向，20世纪90年代中期，我曾对教育的未来蓝图做过一番描绘：信息化社会将导致新的教育技术革命；国际化社会将产生新的国际理解教育景观；成熟化社会将构筑终身教育新体系；科技化社会将呼唤"学会关心"的主题教育。[①]现在这些预测已经或正在成为教育现实。这里，我将在具体层面对我国教育事业面临的挑战，以及我国未来教育的改革与发展进行简略的探讨和分析。

---

① 朱永新，徐亚东主编《中国教育家展望21世纪》，山西教育出版社，1997，第89~94页。

首先，在宏观层面上，我国未来教育改革与发展应当着力推进以下几个方面。

（1）继续调整、优化教育结构。

系统的关键是结构，结构决定着功能。教育是社会大系统中的一个重要的子系统。要充分发挥教育的社会发展职能，就必须不断地调整教育结构体系，就像盖一栋房子，首先要把间架结构确定下来，其他问题才好着手，才能保证质量。对于整个教育事业来说，教育结构体系明确了，各级各类教育机构的"定位"就会水到渠成，各司其职，共同完成全民教育任务。我国未来教育在层级上，应当形成一个倒金字塔形的比例结构，即初等教育、中等教育和高等教育之间，高等教育段的高职、本科、研究生教育之间，应当形成合理的比例。但目前在学制的纵向结构上，自1998年高校扩招后，普通高中的办学规模已成为整个教育结构中相对狭小的一部分，形成了"两头大、中间小"的畸形格局，成为制约教育发展的瓶颈。在横向结构上，中等教育段的普通教育与中职教育，高等教育段的精英教育与大众教育，以及重点学校与非重点学校，优质教育与普通教育，公立学校与民办教育等多种形式办学之间要合理规划，按比例发展，形成合理的比例结构。

（2）最大程度上实现教育公平，削减教育的非均衡倾向。

追求教育公平是20世纪60年代以来世界各国教育发展的方向和目标。我国幅员辽阔，各地区自然地理条件、文化差异都很大，历史上自然地形成了一个极端不平衡的发展格局。在计划经济体制条件下，国家通过行政手段，采取了均衡的发展战略，取得了一些成效，但那是"低拉平"的办法，根本问题并没有解决。改革开放以及市场经济体制建立以后，已经存在的东西部差距、城乡差距进一步加大。而在教育上，也表现出明显的区域、学校和群体三个层面的差异，教育上的这些差异，如果任其发展，长此以往，必将对整个社会的正义与公平造成严重的挑战。因此，从教育制度、经费投入、社会舆论、师资力量、发展战略等方面入手，最大限度地实现教育公平，削减教育的非均衡发展现状，这将是未来若干年内，我国教育改革与发展的重要方面。

（3）逐步形成多元化办学格局，促进民办教育蓬勃发展。

多元化是人类不断发展的一个趋势和要求。集中统一的办学体制，哪怕是最好的体制，如果没有竞争的压力，长此以往，不可避免地会日益退化；而办学体制的多元化是促进教育事业发展和进步的内在机制。当前我国经济体制的多元化、教育投资需求的多元化以及人才需求的多元化必然要求我国教育发展由单一办学体制走向多元化。民办教育应当采取社会承办、公立"转制"、集团办学、股份学校、私人办学、企业或事业单位办学等形式不断发展壮大，与公立学校齐驱并进。我曾经提议部分名校和大学改制，改制后政府将教育经费用于建设薄弱学校，这在有些地方已取得明显实效。其实，公立与民办教育可以优势互补，良性竞争，共同促进教育事业的发展。

（4）开放学校教育，构建终身教育体系。

现代教育体系是以学校教育为中心，以获取文凭和学历为学习目的的正规教育，这是一个自工业革命以来逐步形成的封闭或半封闭性的国民教育体系。它以学校为主要教育场所，以教师为教育主体，以课本为主要学习对象，以考试成绩为评估目标。但是随着社会发展和终身教育观念的兴起，这种教育体系已经不能满足社会成员对教育的需求。要求学校教育要服务于人的终身发展，要求开放学校教育系统，使教育社会化，同时，社会教育化（学习化）。因此，未来教育改革和发展的一个重要方面就是突破现有教育体系的框架，构建终身教育体系：建立从学前教育、基础教育、中等教育、大学教育和大学后的继续教育、老年教育的纵向衔接和横向沟通，正规教育与非正规教育、学历教育与非学历教育之间相互沟通和联系，同一阶段、同一层次的各类教育（如职大、电大、函大、夜大自学等）之间紧密联系和贯通，以及学校教育与社会教育、网络教育，教育与劳动之间相互联系的新国民教育体系。

（5）加强和加快教育信息化发展进程。

自 20 世纪 90 年代多媒体技术和网络技术引进教育领域以来，一场教育革命全面展开，极大地冲击着传统教育模式。美国在 2000 年已基本普及了教育信息基础设施，现有 95% 的中小学校和 72% 的教室联上互联网，平均每 5 名学生拥有一台计算机。新加坡政府在《信息技术在教育中应用的规划》中提出，2002 年，学生与计算机的比例应该达到 2∶1，学生应该有 30% 的课程时间利用信息技术，学校的所有学习领域都应为师生提供利用信息技术的机会。可以说，在信息技术的发展与应用上面，我们与西方发达国家站在相近的起跑线上，抓住机遇，大力推进我国教育信息化进程，是实现教育现代化以及社会现代化的重要工程。未来若干年，我们要重点推进教材的多媒体化、教育资源全球化、教学方法电子化，建设校园网络，提高师生的信息素质。

其次，在微观层面上，未来的教育教学工作将着重突现以下几个倾向，体现这么一些教育思潮与理念：

（1）教育内容上，科学与人文教育并举。

长期以来，我国教育以知识授受为核心，无视学科特点与差异，把一切学科均当作"知识点"来传授，造成人文精神的缺失和萎缩。科学与人文相结合的教育，要求以人为核心，以知识为中介或手段，以人的发展为终极目标，在自然科学与人文学科的教学中超越知识、提升人文，促进人的全面发展，最终促进社会的和谐与进步。

（2）重视学生个性培养，鼓励创新精神和行为。

世界上每一个人都是个性的存在。再年幼的儿童都有其自身的个性色彩，有其区别于其他儿童的不可置换的独特的整合性的存在。但是，传统教育往往无视儿童的个性差异，采取整齐划一的教育模式，压抑或轻视了学生的独特个性，从而湮灭了学生的创造性。未来的学校教育要求我们必须尊重学生的独特性，相信学生的无限发展潜力，有意识地培养和张扬学生的个性。确立多元化的学生评价观，鼓励学生大胆创新。

（3）教学方法上，注重通过参与、在活动中培养学生的实践能力，通过体验，感受生成和创新知识。

传统教学主要让学生围于几十平方米空间接受现存的书本知识，强调"知道"和记诵，缺乏感受获取知识、运用知识的乐趣。因此，未来教学将倡导学习过程中学习者的主动建构，在课堂教学中通过学生的主动参与生成课程、生成知识，使学生全身心投入学习过程，促进学生知识、情感、意志和志趣的全面发展。

（4）强调教育过程中师生平等、民主和交往。

传统的师道尊严观在大部分教师的心目中可谓根深蒂固。教育过程中教育者与受教育者的角色划界清清楚楚，"教育痕迹"明显。但新一代的学生已不再那么"幼稚"无知，他们通过报刊、影视、网络等大众传媒和其他渠道获取丰富的知识，今天教师面对的教育对象可能不再是20世纪六七十年代的儿童，时代给了他们相对丰富的知识和民主的观念，并喻文化乃至后喻文化在学校教育中已充分体现，教师不再是居高临下的师道尊严者，而是平等的对话者、学生发展的促进者。交往是主体间的平等交流，以承认对方的主体性为前提。正是这样，由于观念不能更新，所以一些当年的教学能手、教育专家感叹"越教越不会教书了"，也就不足为怪了。

（5）倡导团结合作的精神，强调社会责任感。

未来社会是一个多元并存的世界。未来人类社会面临的将不再是凭单个人孤军奋战所能解决得了的问题。因此，无论从个人生存还是社会发展来说，都要求未来的社会成员要有较强的团结合作精神，关心他人关心社会。我国传统教育强调集体而相对忽视个性与自我，忽视竞争中的合作与协调，这是我们的弱项。

如何使我们的弱项变强，强项更强，这是我们每个教育工作者必须认真思考的。最后我想对所有的朋友说这样一句话：教育，我们任重道远，但我们信心百倍！

下篇

（2004—2010）

第二十一章 "起跑线"的忧思
——学前教育问题

很长一段时间以来，学前教育成了人们关注的热点问题。"入园难、入园贵"一度上升到"民怨"的程度，有人这样形容："入园难，难于考公务员；入园贵，贵过大学收费。""有权的进公办园，有钱的进民办园，无权无钱的进无证园。"学界对于我国学前教育的一个基本判断是：学前教育是国家教育体系中的一个重要组成部分，但也是我国各级教育中的最薄弱环节。

一、逐年增长的数据背后

在现代国民教育体系中，学前教育是为 0—6 岁的婴幼儿提供的教育，是教育事业的基础之基础。以前很长一段时间，我们曾一直将学前教育纳入基础教育之中的。无可否认，学前教育对幼儿身心健康、习惯养成、智力发展具有重要意义。中国的家长历来有重视子女教育的传统，而学前教育的重要被家长们往往又形象地说成是"不能输在起跑线上"。因此，家长们在这条"起跑线上"陪跑得越来越疲惫不堪，而我们的学前教育也变得越来越沉重，让整个社会越来越难以承受。

虽然学前教育最近几年来备受诟病，但是我们从近些年的教育发展数据上看（见表 21-1），我国的学前教育处于不断发展的时期。

从表 21-1 中我们可以看出，从 2001 年到 2010 年这十年来，学前教育无论在幼儿园数、在园幼儿数、幼儿园师资数量，还是幼儿毛入园率、小学一年级新生接受过学前教育的比例，都是逐年增长的，这应该可以看作我国学前教育的成绩。

表21-1　2001—2010年中国学前教育发展状况

年份	2001年	2002年	2003年	2004年	2005年	2006年	2007年	2008年	2009年	2010年
幼儿园数（万所）	11.17	11.18	11.64	11.79	12.44	13.05	12.91	13.37	13.82	15.04
幼儿在园人数（万人）	2021.84	2036.02	2003.90	2089.40	2179.03	2263.85	2348.83	2474.96	2657.8	2976.6
园长和教师人数（万人）	63.01	65.93	70.91	75.96	83.61	89.82	95.19	103.20	112.78	130.53
3—5岁幼儿毛入园率（%）	35.4）	36.8	37.4	40.8	41.4	42.5	44.6	47.3	50.9	56.6
小学一年级新生中接受过学前教育比例（%）	79.9	80.6	81.8	82.9	83.4	84.7	87.2	88.6	88.5	91.9
民办园比例（%）	39.9	43.3	47.7	52.8	55.3	57.8	60.1	62.2	64.6	68.0

（资料来源：教育部历年发布的全国教育事业发展统计公报、教育部发展规划司的历年统计报告。）

　　我们看最后一组数据，民办幼儿园增长的比例更是几乎翻倍。这可以解读为学前教育中民办幼儿园在支撑着中国学前教育的大半江山，那些增长的数据也几乎都是民办幼儿园作出的贡献。而公办幼儿园在数量上不断下滑，处于式微状态。

　　我们还可以看一组数据，即从1999年至今国家拨付的幼儿教育经费占公共教育经费的比例一直徘徊在1%—3%之间。譬如2007年，我国学前教育经费的总额为157亿元，仅占教育经费总体的1.3%。这对近3000万在园幼儿来说，无疑是杯水车薪。学前教育不属于义务教育，国家拨款少。这说明，对于学前教育的发展我们政府的作为有限。

　　为什么公办园会大幅减少？早在1979年，中共中央、国务院转发《全国托幼工作会议纪要》就首次提出，逐步实现托幼事业的"社会化"。1997年，《全国幼儿教育事业"九五"发展目标实施意见》又提出："积极稳妥地进行幼儿园办园体制改革，进一步明确各级政府的责任，探索适应社会主义市场经济的办园模式和内部管理机制，逐步推进幼儿教育社会化。"虽然在幼儿园体制改革方面提倡"动员和依靠社会各方面力量，通过多种渠道、多种形式发展幼儿教育事业"是合理的。但在这个过程中出现了对原有企业、事业单位甚至公立幼儿园实行"关、停、并、转"等所谓社会化、市场化的改革，造成社会主要是公共权力部门在学前教育的供给方面不作为或少作为，学前教育在制度供给方面呈现教育不公现象。

根据国外的一些实证研究，学前教育对个人和社会有很高的回报率，对于从儿童早期就为他们提供公平的教育以确保公平地进入此后的生活，具有重要意义。美国的佩里学前教育研究计划（Perry Preschool Program Study）是最早启动幼儿教育长期效果研究的项目，进行了长达 40 多年的研究。2004 年发表的报告表明：接受学前教育的儿童年届 40 岁时，投资回报率最高；经过 40 年的跟踪研究，对儿童每投入 1 美元可以获得 16.14 美元的回报，其中，12.90 美元回报给社会，个人则获得 3.24 美元的回报；在对社会的回报中，88% 源于犯罪减少，4% 体现为节省教育开支，7% 源于提高收入而来的增值税，1% 源于福利开支的减少。因此，学前教育应成为社会供给教育公平的起点。

正由于政府在学前教育上的相对缺位或失位，造成了我国的学前教育问题重重，诸如公办园稀缺化、民办园两极化、优质资源特权化、收费贵族化，让许多家长烦恼于无园可上的窘境。学前教育的病象纷至沓来。

二、学前教育病之一：收费高烧不退

随着政府在幼儿教育投入的严重不足，公办幼儿园成为稀缺商品。而民办幼儿园的快速发展，为家长们找到了一条出路。但是，民办园的收费多数要远高于公办园，年收费几万元的幼儿园比比皆是，甚至屡屡出现年收费十万乃至更多的"天价幼儿园"。这是因为政府对民办学前教育没有经费补贴，同时又缺乏必要的监管，幼儿入民办园的全部费用就完全由其家长承担了。

民办幼儿园数量自 2004 年首次超过公办幼儿园数量之后，到如今所占比例已呈压倒性优势，使民办幼儿园成为支撑中国幼儿教育的支柱。在收费方面，教育部门却一直缺乏制度管理。相关的民办教育法规只是把幼儿园纳入非学历教育，这与社会上的非正规培训无异，收费只要向物价部门备案即可，教育部门无法进行有效监管。而正因此，民办幼儿园还要面临被工商等众多部门多头收费的境况。民办幼儿园之间、民办幼儿园与公办幼儿园之间，通过豪华设施和各种课题、实验以及特色教材等互相竞争生源。

高成本必然带来高收费。2008 年，广州市的一些幼儿的家长抱怨说：读个幼儿园每年要交 1.8 万的捐资助学费，有的学位紧的公立幼儿园，想交捐资助学费都交不上，还得找关系、托熟人，四年幼儿园的费用竟贵过大学学费。据媒体报道，2010 年广州有的幼儿园的捐资助学费竟然涨到了 12 万元。

家长们的反应得到了调查数据的呼应。

2008 年 9 月由《中国青年报》社会调查中心对 3115 名公众进行的一项调查显示，71.1%的公众认为学前教育收费"非常高"，26.2%的人觉得"比较高"，合计比例高达 97.3%。调查中，67.2%的人觉得学前教育收费高是因为"政府对学前教育投入太少"，52.0%的人认为，高收费是"政府对学前教育投入的资源分配不均"造成的。2010 年的一项调查统计则显示，每个家庭培养子女到大学毕业需要 14 万零 81 元，其中，幼儿园阶段占总花费的 19.7%。

公办幼儿园因有政府拨款，收费要低很多。但在少数城市里，公办幼儿园的收费往往至少也要在每年万元以上。因其奇缺，也成为特定人群享受的公共产品。2009 年，广州市财政局公开 2009 年 114 个市本级职能部门花钱的"账本"，人们发现，为上千万广州人服务的公交系统一年得到的财政补贴资金才 7000 万元，可 9 家政府机关幼儿园一年获得的财政补贴资金却高达 6000 万元。其中市财政局幼儿园拨款预算 2010 年为 651.89 万元，而该园仅有 200 名幼儿，如果把这 651 万元平摊到每个幼儿身上，一年人均为 3.2 万元。因此，人们质疑幼儿园优质资源被"特权化"，甚至出现"公共财政养公务员，为什么还要养公务员的孩子"的责问。

难以承受高昂收费的一些北京的家长，因为附近的公立幼儿园名额十分紧张，而私立幼儿园花费昂贵，每月都需 2000 元以上，2010 年底组织起来准备筹备自办幼儿园。据家长们介绍说这属于自助式幼儿园，由家长直接参与管理，全权处理园内事务，费用由家长均摊。他们认为这个模式有望缓解孩子入园难、入园贵的问题。可以看出，幼儿的家长被学前教育逼上"自给自足"之路的根源就是这令人难以承受的高收费。

三、学前教育病之二：幼儿园门难进

"入园难"让家长们焦虑和困惑。"入园难"究竟难到什么程度？比如北京昌平区，2010年暑假前在一所幼儿园门前，为了给孩子争取一个宝贵的入园名额，一百多名家长搬来了帐篷、行军床、躺椅、板凳，在门口排成了长龙日夜坚守，来得最早的煎熬了九天八夜，但很多人却最终依然未能如愿。

2010年3月媒体报道，南京雨花区实验幼儿园小班招三个班共80多人。为了给孩子报名，许多家长彻夜排长队。幼儿园收到的"条子"就达800多张，来自方方面面、形形色色的"打招呼"方式层出不穷，这令幼儿园园长很为难。无奈，幼儿园只好施起了"拖"字诀，把幼儿园录取时间往后推。一直拖到8月份，有些家长熬不住就会自动放弃了。

《中国青年报》社会调查中心对31个省（区、市）10400人进行的一项调查显示（其中"80后"占56.7%，"70后"占28.6%），78.5%的人感觉周围存在幼儿园入园难的情况，其中33.8%的人说这个情况"很普遍"。

入公办园难，而入公办优质园更难。随着高校招生的大众化，大学生找到一所大学就读并不难。人们的印象是，幼儿进一所幼儿园肯定要比上大学难。

2008年，全国平均每10万人口中有在校大学生2042人，而每10万人口中有在园幼儿是1873人，在校大学生竟然要比在园幼儿多169人。这一数据，在北京则更为悬殊。据计算每10万人口中在园幼儿1388人，在校大学生则多达5362人。北京人的感觉是，进入一所公办优质幼儿园比上大学要难得多。数据显示，2007年至2009年，北京市的新生儿有41.575万人。

这些孩子从2010年开始陆续地进入幼儿园。而从2009年北京的在园人数来看，北京能提供的幼儿园学位数仅为24.8万人。与幼儿数量暴增对应的，却是幼儿园数量的减少。北京1990年共有托儿所和幼儿园4793所，到2009年却只剩下1266所，公办幼儿园在数量上大幅削减。

中国的各级教育，在收费和入学难度等各方面综合进行比较，恰好形成一个"U"形，如果说实行免费义务教育的小学、初中以及高中是平坦的底部的话，一侧则是学前教育，另一侧是高等教育。然而，令人悲观地发现，学前教育竟然比高等教育还要陡峭，难以攀登。

入园难，让中国的毛入园率偏低。2009年全国共有幼儿园13.8万所，在园儿童2658万人，而学前三年毛入园率仅为51%，学前一年毛入园率也仅为74%。这一比例在世界上远远低于很多国家。

而农村幼儿的毛入园率则更低，2008年8月，全国人大常委会副委员长李建国公布调研数据说，我国学前三年毛入园率只有41%，在农村1585万留守儿童中，大部分没有接受学前教育。

全国农村幼儿园在园人数从1996年开始连续8年持续下降，到2004年才开始回升，但仍维持在较低的水平。农村幼儿园数量不足，很多地方都没有幼儿园可上。孩子们只好在空白的等待期过后，进入到小学校园，这对农村儿童的教育和成长极为不利。

投入不足、资源短缺、城乡发展不平衡等因素长期制约我国学前教育的健康发展。

四、学前教育病之三：师资难达标

2010年11月，国务院总理温家宝到北京两所幼儿园调研发展学前教育问题，在与教师和家长们座谈时说，儿童是国家和人类的未来，教师是灵魂的工程师，幼儿教师是孩子们接触的第一位老师。

然而，关于学前教育的师资，在许多地方却问题重重。幼儿教师严重缺乏，素质偏低；岗位待遇差，缺乏吸引力。

据《乐富教育研究院2010—2011年中国学前教育发展报告》的数据显示：北京市未来三年需专任幼儿园教师3.6万人，而目前只有2.14万人，缺口1.46万人。湖南省目前在园幼儿数约142万人，需21.3万名幼师。但目前全省在职幼师总数不到4.8万人，缺口达16.5万人。湖北省每年有近6000名学生学幼师专业，但幼师队伍缺口近8万人，幼教师资严重匮乏。重庆市目前专业幼师有1.6万余人，但由于师资缺乏，市幼儿园目前师生比为1：38，幼师缺口亦达上万人。

而各地长期未对幼儿教职工进行核编，与编制相关的职级晋升、专业化建设及队伍稳定等问题长期积累，幼儿教师编制、职称、待遇等方面问题突出，从而造成师资队伍不稳。虽然近些年来全国幼儿教师的学历层次提高很快，但没有职称的教师数量却在逐年上升。体制改革后企事业单位办园和农村幼儿园的教师尽管具有教师资格，从事教师工作，但由于没有纳入事业单位管理，不能享受应有的社会保障、职称评定和培训提高等方面的待遇，队伍极不稳定。由于大量缺编，很多地方不按规定配备教师的编制，反而采取自然减员的策略，公办幼儿园教师退休一个，编制自然少一个。各地公办幼儿园都大量聘用了非公办教师，即便如此，幼儿园师生比仍逐年降低。2007 年职生比（教职工与儿童比）为 1 : 17.8，其中城市为 1 : 9.7，县镇为 1 : 17.2，农村为 1 : 36.5，远远超出了《全日制、寄宿制幼儿园编制标准》规定的 1 : 7—8 的比例。而这一比例至今也难以得到有效改善。

一些地方将公办幼儿园转成企业，改为民办，推向市场，实行企业化管理，相应地撤销了原有的公办幼儿教师编制，改变了公办幼儿教师的身份，导致公办幼儿教师工资待遇严重下降，社会保障无着落。

幼儿教师待遇普遍较差，岗位缺乏吸引力。据媒体报道，在生活成本居高不下的北京，一名普通幼儿园教师的月工资收入也仅有几千多元，"劳动和所得不匹配"造成愿意当幼师的人越来越少，不得已，以实习生充当老师，或临时招聘缺少幼儿教育学历的代课教师，已经成了很多幼儿园的权宜之计。幼儿教师素质偏低，也导致幼儿受到教师伤害的事件屡屡发生。

而农村地区幼儿师资短缺，则更是制约中国学前教育发展的一大软肋。农村幼儿教师严重缺乏，流动性大。同时，幼儿教师的工作负担过重，保育与教育质量不高。缺乏基本生活保障使得农村幼儿教师流动性大，大多是未经过任何专业培训的临时代课人员，且年年换新人。

我国的师范教育体系前些年逐渐从"三级师范"转向"二级师范"，逐渐取消培养幼师的"中师"学校这一环节。从而使合格的师资队伍难以形成。据介绍，2010 年全国培养本科层次的幼儿教师院校有 169 所，当年毕业生 5086 人；专科 283 所，毕业生 2.62 万人；中专（中职）2299 所，中师幼师 179 所，毕业生一年有 20 万。但这些毕业生中有相当部分并没有从事幼教行业。

在许多民办幼儿园，能达标的幼儿教师所占比例很低。2004 年农村 70% 的幼儿教师无职称，2005 年这一比例上升为 71.94%，而到 2007 年全国仍有 54.3% 的专任幼儿教师没有职称，农村幼儿教师没有职称的比例则为 60.1%。

据测算，按照《国家中长期教育改革和发展规划纲要（2010—2020 年）》的规定，到 2020 年，学前儿童毛入园率将达到 75%，入园儿童将从 2009 年的 2600 万人增加到 2020 年的 4000 万人。按每个班 30 个孩子计算，这意味着未来 10 年将新增 47 万个班，按每个班要配备"两教一保"（两名教师、一名保育员）来推算，未来 10 年需要新增 140 万教职工，而这还没有考虑自然减员的情况。

因此，师资缺口大、素质偏低的问题，仍将成为制约学前教育发展的重要因素。

五、学前教育病之四：教育内容小学化

中小学的应试教育逐渐影响和渗透到了幼儿园，很多小学到幼儿园挑选生源侧重于知识内容的考查，特别是一些优质小学往往变相实行一年级入学考试，这使幼儿园普遍重视拼音识字、算术、外语等方面的教学，教育内容小学化，使得幼儿园成了小学的预备班，幼儿园也借此开办各种"实验班"大肆收费。

很多幼儿园为争夺生源和提高收费，在教育教学上违反儿童身心发展规律，甚至开办了诸如奥数、珠心算等教学内容。这给身心发育尚不完备的幼儿带来巨大压力，并早早使他们失去对学习的兴趣。很多民办幼儿园的办园条件和师资水平较差，因此主要靠提前教授小学知识等来吸引生源，他们采用商业模式迎合应试教育，并展开强大的宣传攻势，不仅误导了家长，也冲击了幼儿教育的正常办学秩序，造成社会对学前教育的误解。

家长们也纷纷将教育竞争提前到幼儿园阶段，不能让孩子输在起跑线上的心理，使很多本该快乐玩耍的学龄前孩子被迫放下玩具，提前拿起笔学写 ABC、列一道道算式、照猫画虎地写汉字……

2010 年，天津市妇联和天津市家庭教育研究会对 1054 名未成年人的家长的一份调查显示，30 岁及以下家长在孩子教育中选择"智力开发和知识教育"的高达 78.1%。这份调查结果还显示，有 88.6% 的家长在孩子上学前教孩子识字、算数等知识，有 28.2% 让孩子学习外语，20.3% 让孩子学习小学课程。

过早的知识学习，让孩子失去了游戏的时间，使孩子过早地失去了童年。学前教育小学化强调向幼儿灌输知识，因而忽视幼儿在游戏中主动的探索性的学习，忽视了语言能力、数理逻辑能力、初步的音乐欣赏能力、身体各部的运动能力、人际交往能力，以及自我评价能力、空间想象能力、自然观察能力等多智能的全面开发。这给中国儿童的身心素质造成了基础性的隐患。因此，我们可以说，大学生的部分素质问题，如果追溯原因，都能够在幼儿园阶段找到答案。

对此，很多教育行政部门也意识到了问题的严重性。比如辽宁大连、

广东中山等地教育部门纷纷下发文件，禁止幼儿园搬用小学教材，不准教拼音、汉字书写、奥数、珠心算等内容，不准给幼儿布置家庭作业，不准进行任何形式的测验和考试，不准举办各种形式的小学预科班，不准在正常的幼儿一日活动时间内举办兴趣特长班，等等。

但是，家长们往往担心孩子不学这些内容会吃亏。比如2009年安徽省教育厅发通知要求各级各类幼儿园一律不得使用幼儿教材、课本等变相教材，严禁"小学化"教学。而此举一出，却招来很多家长的反对。

针对现在的幼儿园过度小学化，中国青少年研究中心副主任孙云晓曾这样说："政府要拿出对民族、对未来负责的态度看待学前教育，因为这里有一个老百姓都懂的道理：基础不牢，地动山摇。"

但问题是，政府的强制手段往往难以阻止传统教育观念下的家长孤注一掷于教育竞争的脚步。其实，我们应该明白，许多人一心想着"不让孩子输在起跑线上"，结果往往却是让我们的孩子真正输在起跑线上。

六、"儿童优先"背景下的破解之道

面对学前教育投入严重不足，优质幼儿园奇缺，收费高昂，幼儿教育师资水平不高，教育内容小学化等问题的日益凸显等问题，中国学前教育该如何发展？这也对政府和教育部门提出了挑战。

问题的关键在于，在教育战略上我们将学前教育放到什么位置？早在2001年5月，国务院发布了《中国儿童发展纲要（2001—2010年）》，提出"国家制定相关法律法规和政策时要体现'儿童优先'原则，有利于儿童发展"。2011年6月15日，国务院再次发布《中国儿童发展纲要（2011—2020年）》，重申必须坚持"儿童优先"原则，并提出保障儿童生存、发展、受保护和参与的权利，缩小儿童发展的城乡区域差距，提升儿童福利水平和身心健康水平，提高儿童整体素质。国家层面对学前教育的政策倾斜，使我们看到了未来的曙光。

2010年出台的《国家中长期教育改革和发展规划纲要（2010—2020年）》提出，到2020年，将普及学前一年教育，毛入园率达到95%。基本普及学前两年教育，有条件的地区普及学前三年教育。

早在2009年3月全国两会期间，我曾提出，我们应借鉴发达国家把学前教育纳入国家学制系统并作为义务教育组成部分的做法，逐步把学前教育在财政预算内教育拨款的比例从目前的 1.3% 左右增加到 5% 以上，把学前教育真正纳入国民教育体系，纳入公共事业的范畴。同时，我也建议可先考虑研究出台免除学前一年幼儿教育费用的政策。在政府短时间内不可能大量投入新建幼儿园的情况下，可以利用现在的小学向下延伸一年。这符合我国人口出生率下降的趋势，也为更好利用现在废弃的一些小学校园找到一条路径。

事实上，加大政府投入，并探索将学前教育逐步纳入义务教育行列，这个设想在一些地方得以被提上日程并陆续得到实现。2008 年 10 月，云南昆明市教育局提出普及 13 年义务教育试点方案，该方案在小学、初中九年义务教育的基础上，实现高中阶段的免费义务教育，再确保一年的学前免费教育。更深入一步的地方是广东东莞市石排镇，他们自 2009 年 9 月开始实行 19 年免费教育，实现本镇户籍学生从幼儿园到大学的 19 年免费教育。陕西省吴起县将在全县范围内实现从学前到高中的全民免费教育，这缘于该县是陕北地区石油资源区块的石油大县，其财政总收入很高。更让人欣喜的是，作为省级贫困县的海南省昌江黎族自治县，提出要在 2010 年实现全县 8000 多名适龄儿童免费接受学前教育。

2010 年 11 月，国务院发布《关于当前发展学前教育的若干意见》，提出了被称为"国十条"的十条意见，分别是：把发展学前教育摆在更加重要的位置；多种形式扩大学前教育资源；多种途径加强幼儿教师队伍建设；多种渠道加大学前教育投入；加强幼儿园准入管理；强化幼儿园安全监管；规范幼儿园收费管理；坚持科学保教，促进幼儿身心健康发展；完善工作机制，加强组织领导；统筹规划，实施学前教育三年行动计划。这些意见提出要多种渠道加大学前教育投入，财政性学前教育经费在同级财政性教育经费中要占合理比例，未来三年要有明显提高。制定优惠政策，鼓励社会力量办园和捐资助园。家庭合理分担学前教育成本。根据意见，各级政府要将学前教育经费列入财政预算。新增教育经费要向学前教育倾斜。其中，实施学前教育三年行动计划提出，各省（区、市）政府要结合本区域经济社会发展状况和适龄人口分布、变化趋势，科学测算入园需求和供需缺口，确定发展目标，分解年度任务，落实经费，以县为单位编制学前教育三年行动计划，有效缓解"入园难"。

将学前教育经费纳入公共财政，政府加大对学前教育的投入，并逐步实现将学前教育纳入义务教育之中，这样才能够在幼儿园硬件投入、提高师资水平等方面有根本改善。

对于如何促进民办幼儿园健康发展，如何有效解决入园难问题，各地教育行政部门也在积极应对。《北京市中长期教育改革和发展规划纲要》提出政府拟向民办幼儿园购买学位，为片区幼儿提供优质平价服务。同时，北京将在三到五年内投入 50 亿元新建 118 个幼儿园，使公办园比例提高至 80%。而其他各省市也首先考虑到的是扩建公办园，诸如山西省将新改扩建千所幼儿园，宁夏将新建 213 所幼儿园，无论东部地区还是西部地区，都将增建公办园作为首要选择。

《规划纲要》提出，把发展学前教育纳入城镇、社会主义新农村建设规划，建立政府主导、社会参与、公办民办并举的办园体制。大力发展公办幼儿园，积极扶持民办幼儿园。加大政府投入，完善成本合理分担机制，对家庭经济困难幼儿入园给予补助。事实上，以大幅建设公办园也许并非首选解决之道，正如国有企业改革一样，"国进民退"带来的国有企业的老问题也将不断回潮。学界认为，明确发展学前教育要"政府主导"，只回答了政府财政投入四个基本问题中的一个，即"为什么应该由政府财政投资"，而其他三个问题"为谁提供服务？提供什么服务？以什么方式提供服务？"解决不好，同样会影响学前教育发展。政府的政策目标应该是"保底"，政府在加大投入发展公办园时，必须要跳出公办园"发挥示范和引导作用"的传统定位，转向"提供基本保障性服务"。因此，破解学前教育难题，"建立政府主导、社会参与、公办民办并举的办园体制"，关键在于体制和机制创新。

第二十二章　受伤的天使
——中小学生的体质问题

2011 年 8 月，国务院发布的《中国儿童发展纲要（2011—2020 年）》中提到：提高儿童身体素质。全面实施国家学生体质健康标准。合理安排学生学习、休息和娱乐时间，保证学生睡眠时间和每天一小时校园体育活动。鼓励和支持学校体育场馆设施在课余和节假日向学生开放。完善并落实学生健康体检制度和体质监测制度，并建立学生体质健康档案。

但我们发现，这个《纲要》在许多中小学校没有得到有效的实施，学生们的身体素质下降严重，很多方面已经到了亟须重视并迫切需要解决的地步。

一、肥胖与营养不良并存

每年秋季开学，媒体都会纷纷报道学生军训接二连三晕倒的事件，人们惊呼今天的学生体质为什么如此差？事实上，大量的调查报告均显示学生的体质状况在持续下降。

学生体质健康不佳首先表现在富营养与缺营养上。

城市学生"小胖墩"增多，肥胖现象严重。早在 2005 年的全国学生体质与健康调查就显示，7—22 岁城市男生，2005 年超重和肥胖检出率分别为 13.25% 和 11.39%；7—22 岁城市女生超重和肥胖检出率分别达到 8.72% 和 5.01%。而 2006 年的"首届中国青少年体质健康论坛"上传出的数据是我国城市男生中有 1/4 是"小胖墩"，并认为肥胖成为威胁青少年健康的主要问题之一。2007 年，专家就指出，中国内地大城市 7—18 岁的儿童青少年中，100 个男生就有 12 个超重、5 个肥胖；100 个女生就有 7 个超重、3 个肥胖。专家认为国民整体能量摄入提高、洋快餐、含糖和碳酸饮料及甜食摄入增加是重要原因。

2008 年，卫生部原副部长、中华预防医学会会长王陇德指出，中国城市现在 0—6 岁的儿童，超重加肥胖率已经达到 8%，7—17 岁的青少年超重加肥胖率已经达到了 21%。如果不及早注意的话，这将是我们民族的灾难。而儿童肥胖的主要原因之一就是饮用含糖软饮料。《北京市 2010 年度健康白皮书》显示，2010 年北京市中小学生肥胖检出率为 20.3%，比 2009 年上升 4.0%。其中，男生肥胖率为 24.4%，女生肥胖率为 15.8%。小学生肥胖检出率为 20.7%，中学生肥胖检出率为 19.8%。17 岁年龄组男生平均体重为 70.6 千克，女生平均体重为 56.9 千克。与 2005 年体质调研数据相比，北京市 7—17 岁男、女生体重平均增长 2.7 千克和 2.0 千克。专家们普遍认为，肥胖成了我国学生的"富贵病"，不健康的饮食习惯和缺乏体力活动是诱发包括心脏病、糖尿病以及某些癌症等最主要的原因，因此，拥有健康的生活必须改善人们不良的行为和生活方式，而且应当从青少年时期抓起。

由于肥胖，导致少年儿童早早患上诸如脂肪肝、糖尿病、高血压、血脂紊乱等"成人病"。2005年全国学生体质健康调研数据显示，初中学生血压偏高的比例平均超过50%，高中生超过60%。2010年北京市政府首次发布的《市民健康状况白皮书》中，公布的数据也显示，2008—2009学年度，北京市中小学生肥胖检出率为19.51%，比上一学年上升了1.2%。其中，近10%的肥胖儿被发现患有脂肪肝。在全国，肥胖儿童患脂肪肝的比例则高达40%—50%。早在2003年，上海第二医科大学附属仁济医院临床营养科的万燕萍副教授等对上海市区两所中学的755名学生进行的一项调查则发现，在校肥胖儿中脂肪肝的发生率已达46.7%。北京市科委组织相关专家和研究机构对北京市7个区县大量0—18岁儿童和青少年进行的流行病学调查。结果显示北京6—18岁学龄儿童中，2型糖尿病的发病率在过去20年间增长了11—33倍。此后，青海、武汉、天津等地陆续进行的调查发现：全国100个孩子中约有9个患高血压、10个患血脂异常；国内儿童糖尿病发病数正在以每年10%的幅度上升。因此，在这些"成人病"的威胁笼罩下，城市中小学生亟须改善饮食结构进行减肥。

与城市中小学生肥胖问题相比，贫困农村地区的学生营养不良问题更令人担忧。由于受到各种条件的制约和限制，我国贫困地区小学生营养不良现象还普遍存在，在部分地区表现尤为突出。据中国发展研究基金会2010年对青海、云南、广西、宁夏四地部分农村寄宿制小学的学生营养问题所做的抽样调查，报告显示受调查的1400多个农村孩子中，每100个中就有12个生长迟缓，身高低于同龄城市孩子6—15厘米，还有9个体重低于同龄城市孩子7—15公斤。这表明，中国贫困农村学生营养不良、发育迟缓等问题相当突出。调研发现，在宁夏西吉、广西都安瑶族自治县、云南寻甸，寄宿学生每日摄入热量仅为专家推荐量的62%、66%和68%，钙铁锌等微量元素摄入低于推荐量20%；广西都安寄宿生的维生素C的摄入量几乎为零。接受调查的学生中，有72%的学生上课期间有饥饿感，其中每天都会有饥饿感的高达三分之一。营养不良给农村中小学生带来的影响巨大，有研究表明，儿童时期的营养不良将对儿童在校期间的学习成绩以及日后的成长产生显著的负面影响：身高低1%，劳动生产率减低1.38%。发展中国家由于营养不良造成的智力发育障碍、劳动能力丧失、免疫力下降以及各种疾病造成的直接损失占国民生产总值的3%—5%。营养改善措施的效益为成本的5倍甚至数倍。因此，关注和改善学生营养不良问题，为农村学生提供免费营养午餐等应引起重视。2010 年发布的《国家中长期教育改革和发展规划纲要（2010—2020 年）》提出了改善学生营养状况，提高贫困地区农村学生营养水平，但是，真正落到实处还需要持续努力。

二、应试下的高近视率与低量睡眠伴生

中小学生在应试教育的重重压力下，出现令人惊讶的高近视率，以及同样令人惊讶的严重缺乏睡眠现象。

如今，校园里的"小眼镜"到处都是。2005 年北京市学生视力低下检出率平均为 51.9%。2005 年全国学生体质与健康调查结果发现，各学段城乡学生近视率为小学 31.67%、初中 58.07%、高中 76.02%。而大连市体检中心 3 万多参加 2005 年高考体检的学生，视力问题最突出，有 80% 的学生患有不同程度的近视。哈尔滨市中小学生的综合近视率则高达 74.69%。2006 年广东省视力保健专业委员会调查发现，广州市青少年近视眼发病率居全国首位，每年新增 10 万"四眼"，其中小学生的近视率为 30%，初中生为 50%，高中生则在 70% 以上，调查还显示幼儿园的视力不良率也在 20% 以上。2008 年湖南大学校医院对本科新生进行入学健康检查，统计显示，近视率高达 87.22%，而 2007 年度为 75.03%，2006 年度为 70.46%。《北京市 2010 年度健康白皮书》发现，北京小学生视力不良检出率为 46.9%，初中生为 71.0%，高中生为 84.8%。2010 年，据中国、美国、澳大利亚合作开展的防治儿童近视研究项目调查显示，中国人口近视发生率为 33%，全国近视眼人数已近 4 亿，已经达到世界平均水平 22% 的 1.5 倍。而近视高发群体——青少年近视发病率则高达 50%—60%，中国的近视眼人数居世界第一。

与"小眼镜"无所不在一样，校园里的"瞌睡虫"也比比皆是。中小学生的睡眠量严重不足，严重影响了学生的学习质量和身体健康。2008 年，天津市妇联与天津市家庭教育研究会对天津市九个区县 1054 位家长进行的问卷调查显示，超过八成的中小学生缺乏睡眠。有 10% 以上的中小学生每天睡眠只有五小时至六小时，七成以上的中小学生没有或很少睡午觉。八成学生睡眠不足让人惊讶。上海交通大学医学院附属新华医院一项历时 12 年、涉及全国 2 万名 0—18 岁儿童及青少年睡眠研究的课题研究发现，中国超过 70% 的中小学生存在睡眠不足问题，与欧美同龄人相比平均每天少

睡 40—45 分钟；到了高中阶段，少睡时间更增加到 1 小时。中国青少年研究中心在过去 10 年间组织的三次对比调查发现：我国中小学生睡眠时间持续减少，2010 年，在周一至周五的学习日，近八成的中小学生睡眠不足，在周末也有七成以上存在"缺觉"情况。无论学习日还是周末，中小学生每天平均睡眠时间仅有 8 小时，较 2005 年还少了 1 小时，均达不到教育部的规定下限。而 1999 年的调查数据显示，当时睡眠不足的学生仅有半数左右。2011 年《京华时报》联合新浪教育频道共同开展了"中小学生睡眠时间"问卷调查。调查结果显示，近一半的孩子每天 22 点之后才能睡觉，50.1%的家长认为，睡眠时间不足已经影响了孩子的日常学习和生长发育。而本应上床睡觉的时间，56.8% 的学生在学习。有一所学校的黑板上方，竟然写着"人生总要长眠，何必今日多睡"的"励志格言"。在网上，一首由学生改编的流行歌曲被学生们传唱："起床最早的人是我，睡得最晚的人是我，最辛苦的人、最劳累的人是我是我还是我……"

中小学生课后作业超量增加成为中小学生睡眠不足的最主要原因，而课外补习班与兴趣班过多、竞争压力过大等，则成了孩子周末睡不好的原因。睡眠持续严重不足，成为我国中小学生体质下降的重要原因。

中小学生学习时间过长，使学生的近视率和睡眠不足严重影响身体健康。北京大学中国社会科学调查中心公布的 2009 年"中国家庭动态跟踪调查"结果发现，调查小组跟踪调查的北京、上海、广东三地 1995 个家庭中，在校学生每天平均用于学习的时间为 12 小时，其中，北京的学生学习时间最长，为 12.7 小时。而《中国青年报》社会调查中心进行的一项调查显示，影响青少年体质健康的原因，67.9%的人首选"应试教育体制"，48.6%认为责任在"政府"，48.1%的人选择"学校和老师"，43.4%的人选择"父母"。77.4%的人认为青少年体质下降的首要原因是"学习压力大，没有足够的体育锻炼时间"。

三、缺少体育锻炼的中国学生

中国学生体质持续下降，除饮食不合理、学习压力大等原因外，还与缺乏体育锻炼息息相关。

一项针对我国中小学生的调查则表明，60% 的学生没有养成体育锻炼的习惯，75% 的学生认为体质不好是缺少锻炼造成的。而《湖北省大学生参加课外体育活动现状的研究》的调查结果也显示，只有 10.5% 的大学生每次运动时间能持续 1 小时以上，多数学生平时锻炼都不超过 30 分钟，有 12.63% 的学生明确表示从来不参加任何课外体育活动。另有调查显示，只有 18% 的学生能达到每天 1 小时体育活动。并且随着年级增高，能够达到这个标准的学生逐渐减少，高中生的情况最差，只占 12.5%，而情况最好的小学生也只能达到 22.6%。

《中国儿童少年营养与健康报告 2009》显示，64% 的中小学生体育锻炼不足，其中中学生经常参加锻炼的不到 9%，而小学生则不到 5%。据 2011 年上海学生体质健康调查显示，2010 年与 2005 年相比，上海学生力量素质（握力）和女生力量耐力素质均呈下降趋势。

据 2010 年 12 月媒体报道，最新的《中国青少年体质健康行为调查》显示，节假日学生最喜欢做的三件事是：上网聊天打游戏、听音乐学唱歌和看电视，出去运动的不足三成。日本青少年研究所曾做的一份调查显示，中国学生最不爱动，只有 8% 的中国初中生会参加课外体育活动，而日本为 65.4%，美国为 62.8%；高中生参加课外体育活动的，中国为 10.5%，日本为 34.5%，美国为 53.3%。

2007 年，我国全面实施《国家学生体质健康标准》，把健康素质作为评价学生全面健康发展的重要指标。国家还规定全国中小学校必须开设体育课，在具体课时上也有明确要求。2007 年 5 月《关于加强青少年体育增强青少年体质的意见》中提出："确保学生每天锻炼 1 小时。中小学要认真执行国家课程标准，保质保量上好体育课，其中小学 1—2 年级每周 4 课时，小学 3—6 年级和初中每周 3 课时，高中每周 2 课时；没有体育课的当天，学校必须在下午课后组织学生进行 1 小时集体体育锻炼并将其列入教学计划；全面实行大课间体育活动制度，每天上午统一安排 25—30 分钟的大课间体育活动，认真组织学生做好广播体操、开展集体体育活动；寄宿制学校要坚持每天出早操。"但实际上，全国超过 1/3 的中小学校的体育课程并不能按规定开齐开足。因此，2011 年 3 月温家宝总理在《政府工作报告》中再次明确提出，要保证中小学生每天 1 小时校园体育活动。

但现实情况是，很多学校和学生将精力都用于提高学习成绩上，而对体育锻炼往往忽视，远达不到国家规定的体育锻炼标准，这应该引起我们的关注。

四、有学生健康才有教育

学生的体质健康，是教育最关键的基础环节。提高中小学生的体质，是中国教育必须认真面对的教育问题。

第一，要坚持以学生为本，树立"健康第一"的教育观念。对于中小学生来说，培养健康的体魄以迎接未来的挑战是十分重要的。促进学生身体健康成长是各级学校和家长最重要的教育内容。《中共中央、国务院关于深化教育改革全面推进素质教育的决定》指出："健康体魄是青少年为祖国和人民服务的基本前提，是中华民族旺盛生命力的体现。学校教育要树立健康第一的指导思想，切实加强体育工作。"

《中共中央、国务院关于加强青少年体育增强青少年体质的意见》中指出："当前和今后一个时期，加强青少年体育工作的总体要求是'认真落实健康第一的指导思想，把增强学生体质作为学校教育的基本目标之一'。"因此，我们必须认识到，没有学生的体质健康，教育就缺少了发展的基础。

第二，要减轻学生课业负担，保障学生的睡眠时间。学生的学习效率与身体素质和精神状况极为密切。这需要教师提高教学水平，精讲精练，精心设计习题，减少重复作业和无效的"题海战"。将学生从重复、低效而沉重的课业负担中解放出来，使他们能够得到充足的睡眠时间，同时也会逐渐降低学生的近视率。学校、教师和家长要充分认识到，优秀的考试成绩不仅仅是靠无限延长时间和机械重复练习而得来的，学生的身体素质和由此带来的心理素质及精神状况，对学生的成绩提高更具有决定性意义。

第三，重视学校体育工作，发挥体育课的重要作用，保证学生的体育活动时间。要改变学校体育工作处于"说起来重要，做起来次要，忙起来不要"的状况。当前学校里片面注重学生文化课的成绩，随意挤占体育活动的时间，使学生在校每天体育活动1小时得不到保证，从而直接导致青少年学生身体素质的下降。同时，在体育教学中重视合理运动负荷与运动技能，体育课必须安排适宜的运动负荷，这是体育教学区别于其他学科的理论和实践问题，促进学生身心发展的需要，也是体育锻炼和掌握运动技能的需要。要改变当前运动负荷过小，使学生得不到有效的锻炼的现象。学校要经常开展各种体育活动，举行形式多样的体育竞赛，让学生充分体会到体育的乐趣。

第四，对农村中小学生给予适度的营养补助。为提高和保证学生的体质水平，世界上一些国家对中小学生特别是处于弱势群体的学生，都有一定的营养补贴，或每日免费提供一定量的营养食品，如营养早餐奶、营养午餐等。在我国农村学生体质和健康水平不断下降的今天，我们有必要拿出一部分经费为农村孩子提供营养补助，开展"农村中小学爱心营养餐工程"等，营养补助的标准可视地方经济水平和消费水平研究制定。

第五，培养学生养成终身进行体育锻炼的好习惯。每天进行一定量的体育锻炼，对保障身体健康、提高身体素质、促进生活和谐具有不可忽视的作用。因此，教育学生加强体育锻炼是十分必要的。在国外，很多国家都非常重视从小培养孩子的"体商"。比如美国的家长普遍注重孩子的体育锻炼，美国孩子大多都是体育迷，有80%以上的青少年每天参加学校组织的体育课或课外体育活动。日本的学生每天都有体育课，成绩优秀的孩子虽然让人羡慕，但体育好的孩子更让大家尊重。在新加坡，中小学生学业负担并不轻，但每天下午两点以后，学校都安排了课外活动时间，学生们有足够的时间参加几十种运动。而法国的小学有1/3时间用于体育教学，每周有8—9小时体育活动，中学生每周5小时。瑞典的7—20岁学生中，60%以上都是一至两个体育俱乐部的成员，而瑞典政府还规定青少年只要5人一起参加体育活动达1小时，每人可获17克朗的补助。因此，让学生有时间去锻炼，让学生喜欢锻炼，是提高学生身体素质的重要保证。

有学生的体质健康，才能有真正的教育。我们的教育，应该是让学生走向幸福的教育，而不是让那些可爱的"天使"受到伤害的教育。

第二十三章　青春期的躁动
——中小学生性教育问题

孔子曰："食色，性也。"性行为是人类生活的重要组成部分，性是人类繁衍的基础，性活动是人类的基本活动。按照马斯洛的人类需求理论，性行为作为人类的生理需求之一，是人类基本的生活需要。按照性社会学家李银河的说法，性的意义至少可以被概括为以下七种：第一，繁衍后代；第二，表达感情；第三，肉体快乐；第四，延年益寿；第五，维持生计；第六，建立或保持某种人际关系；第七，表达权力关系。

因此，性并不是可耻的事，谈性也不是什么洪水猛兽。对于情窦初开的中小学生来说，积极开展性教育是非常必要的。性教育，是关于人类的生殖、交媾以及其他方面性行为的教育。

然而，作为趋向内敛的民族，我们往往羞于谈性。因而，无论是家庭教育，还是学校教育，对性教育往往采取回避的态度。正因此，在我们的中小学校里，学生的性教育问题丛生，令许多父母和老师忧心忡忡。

一、学生性意识和性行为现状

随着青春期的提前，我国中小学生的性意识和性行为也越来越提前，严重影响着我国青少年的身心健康。中小学生青春期性问题主要表现在以下方面：

第一，性生理早熟。

儿童性早熟是指青春期发育初始年龄提早，女孩 8 岁以前出现明显性的乳房发育，男孩 9 岁之前就已经出现喉结、嗓音变得低沉等第二性特征，都被认为是性早熟。据调查，我国儿童性早熟呈逐年上升趋势。在全国各地，很多儿童医院接收治疗儿童性早熟的儿童患者逐年增加。早在 2007 年暑假，北京儿童医院内分泌科检查性早熟的孩子比平时增加了五成多。十来岁的男孩出现遗精现象，八九岁的女孩就来了月经，乳房越长越大，这样的生理早熟现象已经越来越多地出现。媒体报道，广西南宁一家私人诊所的医生告诉从事婚姻家庭及青少年性教育的学者陈一筠，在该诊所做人流的女孩，最小的只有 9 岁，是一个 13 岁男孩领来的。当陈一筠问 "9 岁的孩子成熟了吗？" 那位医生说："成熟啦，现在 9 岁来月经，已经不算是早熟了，如果七八岁就来月经，才认为是早熟。" 很多医学专家认为，性生理早熟与饮食中性激素含量高、饮食结构不合理等有关。

第二，性心理早熟。

如果说 20 世纪七八十年代是大学生才开始谈恋爱，90 年代则是中学生开始谈恋爱，而如今在小学校园中早恋已经不是什么新鲜事了。有学校调查显示，在早恋情况中，9.9% 的学生在小学开始，69.3% 在初中开始，21.8% 在高中开始，学生的性意识和性心理显得比较早熟。四川某市小学毕业生考试作文题是"我想对你说……"，等到评卷时，令评卷教师大跌眼镜的是，很多学生描写的是"早恋"，文章写得"柔肠百结"、文字优美，如何评分一时之间令老师感到为难。浙江某市一所小学六年级某男生在期中语文考试写作文时，以《我对她的爱情》为题，把自己小时候跟同龄女孩睡在一起的幻想写成了现在，并坦露出"我爱你"的心声，让阅卷老师傻了眼。学生性心理早熟一方面是生理早熟的结果，另一方面也与影视、报刊、网络等关于性的信息泛滥对孩子们产生过早的刺激有关。

第三，边缘性行为普遍。

边缘性行为是指两性之间有性吸引而产生的一系列亲昵性行为，如拥抱、抚摸、亲吻等。北京市西城区的一项面向2000名中学生的抽样调查显示，表示接受同龄人拥抱接吻的，初中生为40%，高中生超过60%。《佛山市青少年健康危险行为调查报告》显示，31.83%的高中学生有拥抱、接吻、抚摸等边缘性行为。专家们认为，青少年是性发育期，对性充满了好奇和疑惑，与异性朋友发生接吻、抚摸等这些边缘性性行为可直接促进性行为的发生。

第四，学生性行为增多。

在中小学生中，性行为发生比例随着小学、初中、高中逐级增长。性行为主要发生在中学阶段。一项对广州中学生的调查显示，20.2%的中学生曾经发生过性关系，大约12%的学生是在初中阶段发生性关系的。北京宣武区的一项针对2000余名高中学生的生殖健康调查显示，有6.2%的高中学生承认有过性行为。首次发生性行为的平均年龄不到16岁。北京西城区计生委的一项大型调查发现，"默许"婚前性行为的青少年学生达到65%。2010年4月，由国务院妇女儿童工作委员会办公室等联合发布的调查涉及1.64亿15岁至24岁未婚青少年的《中国青少年生殖健康调查报告》显示，我国15—19岁青少年中，8%的女孩有过性经历。

二、学生的性伤害

由于性防护知识缺乏，学生性行为伴之而来的就是早孕现象。广州一些学校经过对820名中小学生进行的问卷调查，结果发现有7名14岁以下的女生有过怀孕的经历，其中有3名是小学生，比例将近1%。而很多医院特别是民营医院接收早孕流产的学生也越来越多。广州某医院每月女性门诊接诊患者中，中学生占人流患者的 4%—5%。据某妇婴医院透露，前来做人流手术的中学生所占比例逐年走高，每到长假结束后都会迎来一个少女堕胎高峰，年龄最小是仅 13 岁的初一学生。在新闻媒体上，也不断有关于学生在生产后抛弃孩子的悲惨事件的报道。

中国青少年生殖健康调查显示，在有性行为的女性青少年中，21.3% 的人有过怀孕经历，4.9% 的人有过多次怀孕经历，意外怀孕后，选择人工流产者超过 86%。未婚先孕和人工流产正在威胁着女性青少年的生殖健康。

2008 年下半年，山东济南对 1800 名父母进行的调查显示，有过意外怀孕经历的女孩主要有三种：常出入娱乐场所的女孩、单亲家庭中缺乏亲情关爱的女孩和进城打工少女。

有专家总结说，目前少女怀孕呈现出两个趋势：一是低龄化，最小的才 10 岁；二是反复人流，两年七次，一年六次的都有。

而父母们往往毫不知情，即使发现也往往以为是孩子越来越发胖。安徽宿州一名 13 岁初一女生在上课时突然临盆，产下一女婴。这位女生在怀孕期间照常上课，父母、同学和老师无一察觉其有异样，对其体形变化均误以为是发胖。

而有些学生对流产并不在乎，甚至有的少男少女七八个人一起过来，还一路嘻嘻哈哈，根本没把怀孕当回事儿。杭州市青少年生殖健康服务中心一位工作人员说这些学生"有的认为，怀孕是一件和感冒差不多的事，根本不知道对她的身体会造成什么样的影响"。几乎每个来流产的女孩都患有程度不同的妇科炎症，比如霉菌性阴道炎、滴虫性阴道炎、附件炎、宫颈糜烂等，这些已婚妇女才会患的妇科病，十七八岁的女生也患上了，最严重的一名高中女生居然同时患有三种妇科疾病。而性病也瞄上了发生性行为的学生，据中国医大一院皮肤性病科的统计数据显示，性病患者中一成是青少年，该院性病科门诊接治年龄最小的性病患者仅为 14 岁，性病患者低龄化趋势令人忧虑。此外，青少年学生也日益面临着艾滋病的更多潜在威胁。

而有关青少年学生违法犯罪的调查，也印证了过早发生性行为与违法犯罪有着直接或间接的重要关系。《预防青少年违法犯罪专题研究报告》对全国八个省市的 3427 名违法犯罪青少年进行调查发现，从初次发生性行为的年龄看，49% 的违法犯罪青少年在 16 岁以前就有过性行为。调查显示，79.2% 的违法犯罪青少年性生活对象是恋爱对象，15.2% 是从事色情行业的人。调查还显示，女性青少年在以下违法行为中，明显高于男性青少年，包括：吸毒（女6.7%，男4.6%）、贩毒（女7.2%，男1.6%）、卖淫嫖娼（女4%，男1.2%）和组织卖淫（女4.5%，男0.8%）。学生性行为引发或促发的犯罪行为，应该引起人们的关注和重视。

在学校里，除了因为早恋或性好奇等致使学生受到性伤害，未成年女学生还会受到一些性侵害的威胁。其中学校教师对学生的性侵害比较严重。例如，甘肃通渭一中学教师在不到一年的时间里，利用夜间补课时间，借班主任身份采取诱骗、安眠药迷醉、恐吓等多种手段对其班里所有24名12—14周岁的女生先后实施了暴力性侵害，其中受害最深的遭到过刘某五次以上的奸污。而类似的恶性案件在全国时有发生。据北京青少年法律援助与研究中心调查分析，在当前极为严重的校园性侵害中，"70%的伤害来自老师"。很多案件表明，这些恶性事件的发生，一方面与以性为耻而甘于沉默的传统心理助长犯罪有关，另一方面也与家庭教育和学校教育中的性教育缺位、学生缺乏性保护意识有密切关系。

中小学生过早地面临性行为带来的伤害，这不仅是我们的教育之痛，也是我们民族的未来之痛。

三、学生性知识贫乏

虽然学生的性观念越来越开放，但很多中小学生的性知识贫乏程度却令人吃惊。

在一场有70多名小学五年级到初二年级的女生参加的青春期性教育讲座结束后，讲台上留下了几十张让人吃惊的小字条，上面写着诸如"我是从哪里生出来的？""我妈说我是从她肚脐眼里出来的！""月经来了以后，冬天我还能和爸爸一起睡着取暖吗？"让人啼笑皆非。

据媒体报道，吉林省长春市曾有一位18岁中学生李童因不满青少年性教育现状，在2004年停学开通了"一童热线"，免费为青少年提供青春期性心理方面的咨询。刚开办这个热线就受到了欢迎，每天都要接几十个电话前来咨询，10个月下来，竟接到咨询电话上万个。但是，令李童吃惊的是，"一个小女孩问我：女孩喝了男孩喝剩的水，会怀孕吗？还有一个大二女生说，领了结婚证，不就自然而然有孩子了吗？"这样的"性困惑"，表明了中国学生的性知识缺乏达到了很高的程度。

2010 年，成都市首份针对小学高年级学生性教育的问卷调查结果显示，有 30.11% 的学生不知道女性产生卵子的器官是什么；有一些学生甚至认为孕育卵子的器官是"肚子"。对于"自己是从哪里生出来的"这个问题，约 23% 的孩子不知道答案，有 13.61% 的孩子认为是从肛门生出来的，有 7.65% 的孩子则认为自己是从肚脐眼生出来的。而进城务工农民工子女占有很大比例的学校，有很多学生回答"是捡来的"。

在一项调查中发现，对于艾滋病传播渠道，43% 的学生回答不知道或不太清楚；在回答对手淫的认识时，仍然有 8.7% 认为手淫是种病，对人体有害；18.9% 认为手淫完全无害。

虽然性知识贫乏，但有些学生对性教育活动并不热心。比如，成都一位老师给学生上一堂关于"性"的课，而 80% 以上的同学却采取了回避的态度。在温州某高中，一名教师兴致勃勃地准备给学生上性教育课，内容涉及生殖卫生、艾滋病及其预防、两性交往等。但到开课时，坐在下面的学生反应冷淡，甚至有些同学开起了小差。湖北武汉一位语文老师上课时讲了一些弗洛伊德的性理论等，却接连两次被学生在媒体上公开"弹劾"。

中国青少年性健康教育委员会主任徐震雷曾感慨说，全国高校性教育课都有这样的特点："老师讲得起劲，学生却听得打瞌睡。"

学生本来性知识就贫乏，却对性教育不感兴趣，问题出在哪里？一方面与性教育课程内容普遍保守并浅显，学生没有兴趣有关；另一方面也与学生获得性内容读物较为容易，学生性观念超前有关。这对我国的性教育如何能够为学生接受提出了挑战。

四、学生性知识的获得渠道

对于中小学生来说，哪些性知识是应该让他们知道的呢？

学者们总结主要有以下一些方面：（1）有关人类生殖器官的形态学知识；（2）有关人类性生理和性发育的知识；（3）人类生育的知识；（4）人类正常的性行为反应；（5）避孕的知识；（6）人类各个年龄阶段的正常性发展和性行为；（7）男女性征上的异同；（8）性变态和性紊乱的表现及其防治知识；（9）性功能障碍的表现及其防治知识；（10）性病的表现及其防治；（11）建立和谐的夫妻性生活的技能；（12）性罪错的防范；（13）有关性道德规范和有关法律知识；（14）有关性功能、性病的一些基本药物知识。

如性教育专家们所说，性教育的目的，第一是让孩子学会爱，爱自己的生命、爱父母；第二是学会尊重，尊重他人的身体和感受；第三是学会保护自己，保护自己的隐私，保护自己不受性伤害。

然而，我们的学生特别是中小学生对这些性知识了解吗？他们知道应怎样进行性保护吗？

2010年，一个女孩根据自己的亲身经历在网上发帖子，详细介绍了意外怀孕后的处理经验和注意事项。而这个帖子迅速在网上走红，被网友称为"教材版怀孕应急手册"。《中国青年报》社会调查中心对3032人进行的调查显示，72.5%曾经遇到过性方面的困扰。对于可供青少年了解"性知识"的有效渠道，79.2%的人首选"网络"；"书籍"排第二（72.5%）；排名第三的是"同伴"（56.0%）；接下来是"报纸、电视等媒体"（47.0%）；"学校"和"父母"排在最后，分别为31.9%和30.5%。调查显示，75.6%的人认为是"学校未能有效开展性教育"，64.5%的人表示是"父母没有承担起性教育责任"。

在现实生活中，父母们大多不知如何面对孩子在青春期所遇到的性困扰，羞于与孩子当面谈性，在性问题上只好成为"哑巴"。更多家长刻意回避性问题，对孩子的性疑虑实行"鸵鸟政策"。调查显示，有90%的父母假装不知道"这回事"，没跟孩子说过什么。而据广州市穗港澳青少年研究所的调查，面对子女向自己问及有关性的知识，分别有25.7%的父亲和20%的母亲会"避而不答"，9.2%的父亲和7%的母亲"不仅不答，还会训斥"子女，能给予子女"圆满解答"的父亲只占13.7%，母亲为22.2%。

有父母在发现孩子有自慰行为时，担心变成"性问题少年"，却不知如何与孩子沟通，无奈只好去请"性家教"。在一些地方也出现了由大学生打出的辅导性教育、性知识的"性家教"。

更多的父母则将性教育寄托于学校。而在学校里，很多学生反映，在小学、初中所接受的性教育只是有关性生理知识的教育，这些教育大多放在生物课上，老师对这方面的内容简单概括或让学生自习了事，因此，学生们对性生理方面的知识仍不是很了解。由于性教育方面的课程研发滞后，学校应试压力巨大，往往缺席了性健康教育。据媒体报道，南京某中学一位老师在校园巡视时，发现有部分男生在宿舍看黄片。于是这位老师苦口婆心地讲起看黄片的危害，而一位中学生却说："上生理卫生课时，老师一接触到性知识就让我们自学，要不就改上别的课程。所以我买几张片子看看，也是在自我学习，接受'性教育'啊。"这一番话让这位老师顿时哑口无言。是的，担当育人重任的学校没有尽到教育的职责，学生们的性疑惑和性好奇问题的解决便失去了主渠道。

学生们获得性知识的渠道主要有哪些？

"上海2008中学生青春期调查"结果显示，近七成的高中男生、近半数的高中女生通过网络获取性知识，近六成的初中女生、近九成的高中女生、逾五成的初中男生、近八成高中男生均希望以学校上课的方式进行青春期教育；超过四成的初中女生、近五成的高中女生、超过35%的初中男生、43.3%的高中男生希望以医学讲座的方式进行青春期教育，仍然有超过三成的中学生希望通过网络获取性知识。

广州某中学的调查数据是，近70%的学生在获取性知识的途径上首选网络。如果有了性问题，60%以上的学生选择去找书或找同学谈，找父母的只占7.3%，找专家谈的占13.5%，12.2%的宁愿闷在心里。广州市穗港澳青少年研究所通过调查中学生发现，学校课程、报章杂志和医药卫生书籍是中学生获得性知识的三个渠道，也有18%的同学表示自己没有获得过性知识。北京市西城区计生委的调查显示，有42.1%的学生接触过色情淫秽品。甚至有学生这样说："如果没有日本的AV，中国性教育根本就是一片空白。"

学生获得性知识的渠道，主要是含有性信息及淫秽内容的报刊、书籍、网络、影视录像等媒介渠道，而通过学校课程获得的几乎很少，这也反映出学校性教育极为缺乏。

五、性教育的应对策略

面对中小学生愈演愈烈的性问题，如何妥善而合理地开展性教育，已经成为社会各界普遍重视但仍无力彻底解决的重要问题。

首先，政府、社会、学校要将开展和普及性教育作为中小学教育的一项重要工作。

据美国疾病控制和预防中心的学者研究发现，在学校接受过正规性教育课程的男孩中，15岁前发生性关系的人数比没有接受性教育的男孩少71%；女孩中，这一人数少59%，黑人女孩则少91%。接受性教育有助青少年推迟他们初次性行为的年龄。这表明性教育是很有效的。

然而，我们的调查则显示，91.2%的人认为目前我国的青少年性教育缺失，其中53.7%的人认为"严重缺失"。

谁最应承担性教育的主要责任？在一项调查中，学校排名第一（81.8%），其次是父母（78.9%），再次是媒体（46.5%），排在第四位的是政府（43.4%）。接下来还有：其他专业机构或组织（20.1%）、医院或医务人员（14.8%）、社区居委会（7.5%）等。

早在1988年8月，原国家教育委员会和国家计划生育委员会就联合发布过《关于在中学开展青春期教育的通知》，通知要求各大中学校必须开设性教育课程。但从实际情况来看，真正实施起来的学校少之又少。

在著名性学专家阮芳赋看来，中国青少年其实不缺性知识，缺的是性知识教育课程并没有纳入义务教育。如果没有学校系统的性教育，是难以取得真正成效的。因为，"重视青少年性知识教育光靠极个别的专家呼吁是没有用的"。

2008年12月，教育部曾下发《中小学健康教育指导纲要》，按照《纲要》中小学每学期都将安排六到七课时的健康教育课，从小学五六年级起，学生就将学习到有关青春期生长发育等性知识。高中阶段的健康教育课程，还将涉及避免婚前性行为等部分内容。但是，现实情况是，学校里往往很难拿出那么多课时保证性教育课程的实施，而且性教育师资的专业化严重不足，往往由其他课程教师来讲授。

性教育课程教材编写的科学性和实用性也很重要。2011年8月，北京市的一部配图大胆的性教材受到了广泛关注和质疑，被认为过于直露。究竟该怎样编写出好的教材，也是性教育目前面临的重要挑战。

只有政府教育部门和学校真正重视性教育，真正开设性知识教育课程，研发科学性强的性教育教材，让中小学生了解正确而全面的性知识，才有可能遏制目前严重的学生性问题危机，减少"性早熟""性过失"等问题。

其次，教师和父母要对学生性教育"脱敏"。

面对学生的性问题，负有教育之责的教师和家长要改变或束手无策或不作为的现状。

2010年，上海市五所学校对1700名初高中学生开展的一项"中学生青春期调查"显示，父母对孩子和异性亲密交往采取不管不问态度的占很大比例，尤其是高中男生的父母，有近1/3采取"鸵鸟政策"，总是避而不谈，唯恐教坏了孩子。就连国家关于所有中小学生每天必须跳校园集体舞的规定，也让很多父母颇为紧张，担心助长孩子早恋。而广东东莞某中学老师也说："我们老师也怕开展太多有关性的教学，反而会引起他们的好奇心，激发他们尝试的冲动。"

中国性学会理事长张金钟认为，中国家庭的性教育是落后的，应该从幼儿抓起，因为小孩在一岁左右就产生了性别的意识，要对孩子进行性启蒙教育。中国性学会性医学专业委员会主任马晓年建议："家长们在小孩7—10岁时就应该向他们大胆谈性爱，在他们身体发育的同时对性知识的渴望是无法阻止的，而且应该向他们解说性爱的整个内容，父母是孩子接触性知识的最好榜样，同时也应该了解小孩在各个阶段对性知识的渴望。"有计生官员更大胆直言："家长什么时候能亲自将安全套放进孩子（12—15岁）的书包里，就算进入了性文明时代。"

有调查表明，父母越来越重视孩子的性教育问题。山东济南的一项对1800名父母进行的调查显示，52%的父母赞同"性脱敏"，认为和孩子谈性是正常的，不会导致孩子更活跃的性行为。持相反观点的人数仅占17%。

正如专家所说，父母首先要对孩子承担责任，给孩子做正面的性教育。学校应该为学生制订计划，有计划、有目标地帮助孩子建构健康的性心理。当家长和学校没有能力帮助孩子解决性困惑的时候，要寻求专业人士的帮助，借助专业力量。

再次，要注意引导学生正确的性观念和性道德。

随着社会经济的发展，受不良的商业化观念和滑坡的道德影响，很多学生的性观念和性道德极为危险。譬如15岁女生为了吃喝玩乐享受而明码标价卖"初夜"这样的事情也出现了，甚至有"90后"学生公开说："你们这些80后不能理解我们，我不想17岁了还是处女，这在同学中很被看不起！""同学们都认为处女没有资格当非主流！"而在网上，不断有关于学生性爱视频和性虐待视频出现，相继爆出"90后"青少年一系列"门"事件，引发媒体和社会的普遍关注。

学者认为，"门"事件频发的最大原因应归咎于多年的应试教育体制使学生性道德缺失。

因此，在进行性教育时，不应局限于"性知识"，还应该关注性道德教育，让中小学生知道性的礼义廉耻，知道当下和未来怎样处理性问题才是符合道德的。

最后，加强青少年学生的性保护法制力度。

关于青少年学生避免性伤害的专门法律仍有缺失，其他法律中对此的规定往往又不是很严厉，这使得性侵害青少年行为的震慑力不够。而且有的法律规定对青少年的性保护不利。比如，最高法院曾出台这样的司法解释："已满14周岁不满16周岁的人偶尔与幼女发生性行为，情节轻微、未造成严重后果的，不认为是犯罪。"引起了法律人士和各界的广泛争论。而在香港，早在1978年修订的《刑事罪行条例》规定，任何男子与年龄16岁以下的女童性交，即属犯罪；而2003年生效的《防止儿童色情物品条例》规定，制作、发布、管有和宣传未满16岁人士的色情物品等，都属犯法。因此，对青少年的性保护应该在法律上坚守并加强。

此外，政府部门应该予以重视。华中师范大学彭晓辉教授认为，对于性教育，教育部和相关部委都有联合和单独的相应法规，以及在《中华人民共和国人口与计划生育法》中有一些内容，这是一个法律依据，但是在这一块我们的领导观念问题没有落实。

只有政府、教育部门、学校、父母和社会各界都来关注青少年学生的性教育问题，才能让我们的孩子们安然度过躁动的青春期，让他们拥有一个幸福而美好的未来。

第二十四章　有生命才有教育
——校园安全问题

近几年，校园安全问题不断成为舆论关注的热点。学生的生命安全关系到千千万万家庭的幸福与未来，关系到国家和民族的前途与生机。

2000年国家儿童少年"安康计划"公布的数字显示，我国每年约有1.6万名中小学生因意外伤害非正常死亡，平均每天有40多人，相当于每天"消失"一个班的学生。

2007年媒体报道，有统计数据表明，我国每年0—14岁儿童因意外伤害而死亡的人数接近5万，而每一位死亡者的背后，更是上百名因意外伤害而致残的儿童。

2008年媒体报道，我国有3亿多儿童，每年约有5000万（平均每天

13.7 万）儿童受到伤害,34 万(平均每天 932 名）儿童因伤致残,6 万死亡(平均每天约 150 名儿童因伤害丧生）。

2010 年媒体报道说,据不完全统计,我国不满 14 岁未成年人意外死亡已占这一年龄段总死亡人数的第一位,达 31.3%,是发达国家的 3 至 11 倍。

2011 年 5 月 31 日发布的《中国儿童福利政策报告（2011）》报告披露,我国每年有超过 20 万的 14 岁以下儿童因意外伤害死亡,即每三个死亡的儿童中就有一个是意外伤害所致。而 0—14 岁儿童意外伤害死亡的总费用,约占到中国 GDP 的两个百分点。

这些血淋淋的数字,无不刺痛我们的心。那些花儿一样的少年儿童,就因为意外伤害而凋谢了,这让那些悲伤的家长们难以承受。

一、无处不在的伤害

青少年伤害主要包括交通事故、食物中毒、溺水、跌落踩踏、暴力、火灾、自杀、性侵犯、运动损伤等 20 多种。其中,食物中毒、交通事故、溺水、跌落踩踏、暴力等是较为常见的危害。

交通事故也随着机动车辆的逐年增多和道路拥挤而逐年增多。仅在 2004 年,我国有 7000 多名儿童被道路交通事故夺去了生命,有近 30000 名儿童在道路交通事故中受伤。其中,2005 年 11 月 14 日,山西沁源二中学生在公路上晨跑时,21 名学生被一辆东风汽车压死。这一事故引起人们对学校体育场设施缺乏的争议和质疑。2010 年初媒体报道,我国每年都有超过 1.85 万名 0—14 岁儿童死于交通安全事故,死亡率是欧洲的 2.5 倍、美国的 2.6 倍,交通事故已经成为 14 岁以下儿童的第一死因。儿童伤害事故中,城市以车祸事故为多,而农村最常见的则是溺水。

溺水也是少年儿童死亡的重要种类。2007 年 6 月全球儿童安全网络首次发布中国儿童意外溺水状况调查报告,数据显示,在每年近 5 万名因意外死亡的 0—14 岁儿童中,溺水身亡儿童占到六成之多,达到近 3 万名。中国疾病预防控制中心的专家曾指出,导致儿童死亡的,溺水和交通伤害为前两位,占总死亡数的 66%。其中,水灾中集体伤亡事件最骇人听闻的是 2005 年 6 月 10 日,黑龙江宁安市沙兰镇发生特大突发山洪灾害,造成 117 人丧生,其中 105 人为学生。一时间社会舆论质疑学校建筑及逃生意识。学生集体中毒是校园伤害中比较常见的,其中食物中毒是最易发生的。

2005 年和 2006 年是中国校园食物中毒的多发年份。据卫生部的统计，2005 年全国学校发生食物中毒 54 起，中毒人数达 3051 人，死亡 4 人。而 2006 年 1—11 月期间，综合各媒体的报道，学校中毒事件至少发生了 84 起，中毒人数达 5251 人，死亡 3 人以上。这个数据还属于不完全统计，实际数字肯定要远远高于此。此外，还有气体中毒和铅污染中毒等多起事件发生。例如，2008 年 12 月 1 日陕西榆林定边县堆子梁中学发生了一氧化碳中毒事故，12 名女生其中 11 人抢救无效死亡。因此，在北方地区农村寄宿制学校冬季取暖的安全工作也很严峻。

校园暴力、家庭暴力造成的少年儿童伤害，也是骇人听闻的。以百度搜索"中国校园暴力"关键词，能够得到数百万条搜索结果。这说明，中国校园里发生的暴力行为很严重。现实生活中，经常有孩子被欺负，一些孩子在校园里生活在惊恐和惧怕中。而中国家长对孩子的暴力行为也非常多。有专家估测，在中国受到家长打骂的儿童人数当以亿计，其中多数是家长教育方法不当。虽然能称得上虐待的只有 5%，但推算出受虐待的儿童数仍以千万计。

踩踏事件在中国校园中也时有发生，而每一起事件都会因媒体的报道而引起人们的关注和反思。自 2002 年起，通过媒体报道可以搜索到 20 多起学生校园集体踩踏事故。在这里将一些伤亡比较惨重的事故列举出来，希望能够不断地让我们警醒：

2002 年 9 月 23 日，内蒙古自治区丰镇二中因学生拥挤发生楼梯护栏坍塌事故，造成 21 人死亡，47 人受伤。

2002 年 10 月 30 日，重庆酉阳钟多中学 700 余名学生晚自习放学下楼时，一名学生不慎踩空，撞到前边同学，后继学生发生拥挤踩踏，造成 5 人死亡，40 多人被踩伤。

2003 年 1 月 5 日，陕西宝鸡虢镇初级中学学生在放学下楼时发生拥挤踩踏，造成 3 名学生死亡，6 名学生重伤，13 名学生轻伤。

2003 年 12 月 11 日，河北邯郸成安县商城镇中学放学时在楼梯道发生学生拥挤踩踏事故，造成 5 名学生死亡，4 名学生重伤，7 名学生轻伤。

2004 年 3 月 24 日上午，湖北省恩施市第二实验小学课间操期间，发生 40 名学生挤压事故，造成 18 名学生受伤。

2005 年 10 月 16 日上午，新疆阿克苏农一师第二中学附小的学生，在下楼参加升国旗时，发生拥挤踩踏事故，造成 1 名学生死亡，12 名学生受伤。

2005 年 10 月 25 日晚，四川通江广纳镇中心小学学生晚自习下课下楼时，因灯熄灭有学生喊了一句"鬼来了"而导致踩踏事故，造成 10 名学生死亡，27 名学生受伤，其中重伤 7 人。

2005 年 11 月 26 日，江西九江地震，波及湖北省多地，阳新、洪湖、蕲春三地学生在撤离过程中，发生踩踏事件，据不完全统计，造成 72 人受伤，其中 7 人重伤。

2006 年 11 月 18 日，江西都昌土塘中学初一学生在上完晚自习下楼时，发生拥挤踩踏事故，造成 6 名学生死亡，11 名学生重伤。

2007 年 8 月 28 日，云南马龙通泉小学的学生因上厕所拥挤造成踩踏事故，导致 17 名小学生不同程度受伤，其中 2 名学生伤势比较严重。

2008 年 12 月 16 日中午，重庆合川龙市中学初中部 3000 余名学生在参加歌咏比赛后，返回教室时在一楼的楼梯间发生拥挤，造成 25 名学生受重伤。

2009 年 11 月 25 日，重庆彭水桑柘镇中心校放学时发生一起学生踩踏事件，造成 5 人重伤，数十人轻伤。

2009 年 12 月 7 日晚，湖南湘乡育才中学发生一起伤亡惨重的校园踩踏事件，造成 8 名学生罹难，26 人受伤。

2010 年 11 月 29 日 12 时，新疆阿克苏第五小学发生踩踏事故，事发时正是课间操时间，学生们从楼上蜂拥而下，造成 41 名学生受伤，其中重伤 7 人，轻伤 34 人。

造成学生集体踩踏事故，一方面因为学校的安全意识不足，对学生缺乏安全教育和培训演练；另一方面是因为近些年来学校合并及择校等原因，使一些学校学生数量大增，学校规模庞大，而校园校舍建筑实施显得狭小和局促，从而带来安全隐患。正因此，也有学校校长感慨每天担负的安全压力大得就像煤矿矿长。

其他诸如交通事故、食物中毒、溺水、暴力等危害学生安全的事故，则与学生和学校的安全意识淡薄、儿童对安全事故的防范意识差、缺乏安全常规教育等息息相关。

2011 年 8 月，国务院发布的《中国儿童发展纲要（2011—2020 年）》中提到预防和控制儿童伤害。制定实施多部门合作的儿童伤害综合干预行动计划，加大执法和监管力度，为儿童创造安全的学习、生活环境，预防和控制溺水、跌伤、交通伤害等主要伤害事故发生。将安全教育纳入学校教育教学计划，中小学校、幼儿园和社区普遍开展灾害避险以及游泳、娱乐、交通、消防安全和产品安全知识教育，提高儿童家长和儿童的自护自救、防灾避险的意识和能力。建立健全学校和幼儿园的安全、卫生管理制度和校园伤害事件应急管理机制。建立完善儿童伤害监测系统和报告制度。提高灾害和紧急事件中保护儿童的意识和能力，为受灾儿童提供及时有效的医疗、生活、教育、心理康复等方面的救助服务。

二、地震考验下的校舍安全

2008 年是中国校园安全最惨烈的一年。2008 年 5 月 12 日 14 时 28 分，四川汶川县发生里氏 8.0 级地震，受灾面积大、灾害程度深、人员伤亡严重。2009 年 5 月 7 日，四川省政府的公开数据显示，大地震令四川 69227 人遇难，17923 人失踪，374643 人受伤，其中 5335 名学生遇难或失踪。

在地震中，绵阳市有 2780 名学生遇难，其中最为惨烈的是北川县北川中学，该校两栋五层教学楼垮塌，1500 多名学生在地震中遇难或失踪。汶川县映秀中心小学、映秀中学、映秀幼儿园、漩口中学等几乎遭到灭顶之灾，映秀中心小学 447 名师生，仅有 100 多人幸存。

都江堰市师生遇难达 1023 人，其中聚源中学、新建小学等受灾严重。德阳市的学生和教职工伤亡惨重，其中受灾最为严重的是绵竹市和什邡市，绵竹市学生和教职工死亡达 1250 人，什邡市学生和教职工死亡达 3462 人。在广元市的青川县木鱼中学，地震发生时正在午休的 500 多名学生只有 139 人逃生。

除四川省受到地震灾害外，甘肃和陕西部分地区也不同程度受到地震损害，也有大量学校受到破坏。

一场大地震，让国人痛定思痛，开始反思校园安全存在的严重问题。特别是伤心欲绝的遇难学生家长，纷纷质疑校舍建筑质量。

根据四川省建设厅发布的数据显示，"5·12"大地震中，重灾区学校倒塌面积为 199.7228 万平方米，倒塌房屋总面积为 14889.3 万平方米。倒塌学校面积占总倒塌房舍面积的 1.3%。正因为校舍问题，造成了大量学生死亡。

四川省教育厅将倒塌原因归纳为：地震超过了预计强度；灾情发生在上课期间；学生疏散时集中在楼梯间造成损害；倒塌校舍建筑时间多较长；学校的建筑在抗震方面本身就存在着设计方面的先天性缺陷。

而四川省建设厅的专项分析报告认为，导致此次地震中校舍大面积垮塌的主要原因有三方面：一是建筑设防标准低；二是地震烈度太大；三是部分建筑结构设计不合理和施工质量控制不严格。媒体在采访时，很多人把前两条归为"天灾"，把第三条归为"人祸"。而背后更深层次的原因，则是农村义务教育经费投入不足。20世纪末，农村中小学建设由乡镇自筹资金，建成一批"三无"（无规范设计、无规范施工监理、无规范竣工验收）校舍。这次垮塌的校舍中，相当一批就是建造于20世纪80年代末90年代初。比如，聚源中学两栋教学楼一栋建于1988年，一栋建于1992年；北川中学教学楼建于1995年。2001年—2005年，我国启动校舍二期危改工程。此后，2006年—2007年，随着农村义务教育经费保障机制改革，启动了新一轮校舍危房改造工程。但是"有些校舍未按现行规范进行加固"，终在"5·12"地震中酿成惨剧。

校舍作为校园安全的最后一棵稻草，被摧折之后带来的巨大伤害，让人们认识到，天灾可怕，但人祸尤烈。在一份由清华大学、西南交通大学、北京交通大学震害调查组撰写的《汶川地震建筑震害分析》论文报告显示，汶川地震校舍损毁比政府建筑更重。在调查组所调查的54处政府建筑中，有13%（7处）因被毁严重无法修复；在44处学校建筑中，这一比例为57%（25处），是政府建筑的4倍多。据此，人们普遍认为地方政府轻视校园安全。

2010年4月14日，青海玉树发生7.1级浅源性地震，损失惨重，截至4月20日上午10时，中国青海玉树地震造成2698人遇难，失踪270人，其中遇难学生199人。

两次大地震，均令中央政府和教育部门对校舍安全的重视达到了一个新的高度。2008年5月底和6月初，教育部和国家发展改革委、住建部分别下发了《关于进一步加强中西部农村初中校舍改造工程质量管理的通知》和《关于做好学校校舍抗震安全排查及有关事项的通知》，要求"在全国范围内对各级学校校舍进行一次全面排查"。国家发展改革委对《农村普通中小学建设标准》进行了修订，其中对抗震标准进行了调整，在原标准抗震烈度8—9度的基础上上调了1度。2008年10月全国人大常委会对《防震减灾法（修订草案）》重新进行修订，调高了学校、医院等公共设施的抗震标准。

2009年全国中小学校舍安全工程领导小组下发《省级政府2009年实施全国中小学校舍安全工程"路线图"及时间表》，全国中小学进行校舍安全整改，提出要充分认识实施校舍安全工程的重大意义，要严格落实"全面排查鉴定、科学制订规划、分类分步实施"三大环节，在规定时间内完成规定动作，不能缺省工作环节，不能投机取巧。

地震将中国校园安全问题暴露于镁光灯下，虽说亡羊补牢，但教训惨重。

第一，政府有关部门在校舍质量问题上难辞其咎，责无旁贷。自1976年唐山大地震之后，三十年来我国很少有损害性的地震。这让政府和社会各界的抗震意识淡薄，在建设上轻视或忽视了对地震灾害的防备。四川的汶川和北川一带处于龙门山地震断裂带，这里发生地震的概率较高。但这些地区在建设时也往往对防震抗震有所忽视。在世界很多国家，学校往往是建设得最好的建筑，而且是灾难发生时的最佳避难所。这都源于对校舍质量的重视。

第二，在教育投入上吝于解囊。危房改造持续多年，往往是终于将危房都陆续改造好，可原来的安全校舍也渐成了危房。政府部门长期没有将校舍安全投入列入优先安排的地位。而近十年来为了"普九"达标，地方教育欠债也较为严重。这些都为校舍持续维护带来了不利影响，特别是农村学校校舍问题一直十分突出。这为中国学校安全埋下了诸多隐患。

第三，地震中大量劣质校舍倒塌，暴露了校舍建设监管不力的弊端。在损失惨重的北川中学附近七八百米，有一所中科院捐建的希望小学却很完好。正如四川省教育厅副巡视员林强说的那样，有捐赠人的监督，质量就有保证。倒塌的学校，大多数应该说不存在这样的监督机制，质量也就没办法保证。而位于北川县曲山镇海光村的刘汉希望小学却屹立不倒，被网民誉为"史上最牛的希望小学"的造价仅为400元每平方米，比当时国家拨款给公立学校的建房标准还低。但捐赠企业在建设过程中极为重视监管，因此造就了一个其实本该如此的"奇迹"。还有一些公益机构捐建的学校，正因为重视了建设监管，在地震中也都经受住了考验。为了保证校舍质量和便于追究责任，2009年辽宁省、安徽省等地均实行了校舍安全"终身负责制"，今后校长在位时建的校舍，若干年后出了问题，即使调走或退休了也同样要被追究责任。甚至对加固改造、重建的学校设置永久性标牌，统一刻上竣工时间，项目县县长、教育局局长、项目学校校长姓名等有关负责人姓名，以明确相应责任。应该说，这反映出各地对校舍建设监管的重视度大大提高了。

第四，我国的学校防灾抗灾的意识也很淡薄。在地震中，很多学校的学生和老师缺乏自救的能力和素质。这凸显了我们的校园在抗震防灾方面缺乏培训和演练。四川安县桑枣中学2300余名师生在这次地震中，学生和老师无一伤亡。这一奇迹让网友们激动万分。而这奇迹的发生缘于该校有一位叫叶志平的校长。该校自2005年起每学期进行一次紧急疏散演习，由于平时的多次演习，地震发生后，全校2300多名师生，从不同的教学楼和不同的教室中，全部冲到操场，以班级为组织站好，只用时1分36秒。叶志平真正把学生的安危放在心上，一栋建时花了17万元没有人给验收的实验教学楼，在一时无法拆了重建的情况下，叶志平先后花了40多万元加固，这栋最危险的教学楼在地震中也没有倒塌。因此，叶志平在网上被称为"史上最牛的校长"。2011年6月27日，叶志平因病去世，引发人们的哀思和悼念。这是人们对一位真正"以人为本"的校长的最崇高敬意。这说明，通过安全教育和重视校舍维护，灾害会得到最大程度的降低。在这方面，我们的邻国日本作为多地震灾害的国家，他们的经验可以给我们以很多启示。

重视校园安全，珍惜学生的生命，这是中国教育的底线。我们期待着有一天能够自豪地说，中国的学校是中国最安全的地方。这既是对亿万家庭负责，也是为民族的未来负责。

三、校园暴力伤害之痛

2010年，校园安全问题再次触痛人们敏感的神经。这一年里，接连发生的多起校园学生伤害案件，一次次让国人痛楚不已。

首先是发生在福建南平市实验小学的小学生遇刺血案。2010年3月23日7时20分左右，正逢孩子上学的时间，南平实验小学门口，一名中年男子手持砍刀，连续砍伤、砍死13名小学生，其中有8名死亡，5名受伤。在老师和周围群众的帮助下，凶手最终被制服。经审，凶手名叫郑民生，1968年生，福建南平人，中专毕业，未婚。原为马站社区诊所医生，2009年6月辞职。舆论在猜测其作案动机时，怀疑其精神存在问题。而官方的解释，一是与原工作单位领导有矛盾，辞职后谋新职不成;二是婚姻（恋爱）多次失败，尤其是与当前所谈女友进展不顺利，心态扭曲，故意杀人。在这起事件中，部分遇难学生家长接受媒体采访时情绪激动，纷纷质问学校，为何硬是要规定 7 时 30 分才能进校，让数百孩子在校门口等待。而该校的一名校长则说，学生在上课前 10 分钟到半小时内进校为上级文件规定，学校只是执行。媒体记者查阅文件却发现并无此项规定。

这起学生遇害的恶性案件发生后，让公众更为恐慌的是，随后各地接连发生类似血腥惨案。

2010 年 4 月 9 日上午，广东省汕尾陆丰市甲东镇甲东中学一名学生自带硫酸泼洒同学，造成 18 名学生受伤。

2010 年 4 月 12 日 16 时 30 分左右，广西省合浦县西场镇西镇小学门前约 400 米处发生凶杀事件，共造成 2 人死亡、5 人受伤，包括多名小学生。犯罪嫌疑人曾被诊断发现患有精神病。

2010 年 4 月 28 日 15 时左右，广东省雷州市雷城第一小学发生血案。一名男子冲进校园，持刀砍伤 15 名学生和 1 名教师，有 1 名学生在逃跑中受伤。受伤学生和教师被送往医院抢救，疑凶也被制服。据了解，行凶者也是一名教师，事发前被所在学校要求停课病休。

2010 年 4 月 29 日上午 9 时 40 分，在江苏省泰兴市泰兴镇中心幼儿园，一凶手持刀砍伤 31 人，包括 28 名幼儿、2 名教师、1 名保安。行凶者名叫徐玉元，47 岁，为泰兴本地一名无业人员，此前曾从事过违法传销活动。

2010 年 4 月 30 日上午，山东省潍坊市坊子区九龙街道尚庄村村民王永来强行闯入尚庄小学，用铁锤打伤 5 名学前班学生，然后点燃汽油自焚。王永来被当场烧死，5 名受伤学生无生命危险。

2010 年 5 月 12 日上午 8 点 20 分许，陕西省南郑县圣水镇林场村幼儿园发生一起砍杀幼童事件，导致 9 人死亡，11 人受伤，伤者被送往汉中市的几所医院抢救。犯罪嫌疑人吴焕民行凶后返回家中自杀身亡。警方通报称犯罪嫌疑人因患病对生活失去信心，遂产生了自杀和报复他人的念头。

2010 年 5 月 12 日下午，公安部、教育部联合召开全国电视电话会议，就确保师生安全和教育系统稳定，切实加强学校安全防范工作做出全面部署。教育部成立了由部党组书记、部长袁贵仁任组长的校园安全工作小组，开展专项整治行动。全国各地公安机关将均采取超常规工作措施，大力加强学校、幼儿园安全保卫工作，严防伤害学生、幼儿案件再次发生。

这些案件使学校安全再次受到考验。究其原因，首先是学校的安保工作暴露了很多薄弱环节，保安配备、安保设施等均受到了质疑。校园安全发展不平衡，经济不发达地区弱于发达地区，农村地区弱于城市，幼儿园弱于中小学校，民办学校弱于公办学校。其次是校园周边治安综合治理不佳，存在较多的安全隐患。再次是校园安全机制缺乏，管理上存在诸多漏洞。

当然，学校顾及安全，怕学生出意外而将学生长期进行"圈养"也是不妥的。学生安全是需要政府、社会和家庭合力加以保障的。一些学校为了免责而强制与学生签订各种安全协议，是一种逃避责任的做法。而一些教师坐视校园伤害发生而不理，则更是缺乏师德的表现。从另一方面说，我们国家应该在学校安全立法方面有所考虑，厘清学校在安全问题各方面应该承担的责任和义务。

应该说校园安全是与社会发展和矛盾问题息息相关的。正如国务院总理温家宝针对连续发生的儿童遭袭击事件所说的，不但要加强治安措施，同时还要解决造成问题的深层次原因，包括处理一些社会矛盾，化解纠纷，加强基层的调解作用。

《中国儿童发展纲要（2011—2020年）》中说："净化校园周边环境。落实维护校园周边治安秩序、确保校园安全的相关措施，在学校周边治安复杂地区设立治安岗进行巡逻，向学校、幼儿园派驻保安员。校园附近严格按规定设交通警示标志和安全设施，派民警或协管员维护地处交通复杂路段的小学、幼儿园周边道路的交通秩序。加强对校园周边商业网点和经营场所的监管，校园周边200米以内禁设网吧、游戏厅、娱乐场所。"

希望政府、学校和社会各界能够将校园安全放在国家和民族的高度上加以重视，因为，祖国的未来实在伤不起。

第二十五章　学校大门为谁开
——择校热与打工子弟入学问题

对于中小学教育来说，"择校热"是近年来一个非常惹人瞩目的教育热点问题。面对择校问题，家长和学生压力很大。近几年来，甚至还发生过几起事关择校的恶性个案，比如，一名13岁女生因为择校考试失利且家里凑不足18000元择校费而服毒身亡；还有一名小学毕业生因考试成绩不理想担心择校费也服毒自杀，甚至在她给父母留下的遗书里说"我是个差生""我

死了可以帮您节约 10 万元"的字眼。人民网为此曾发文说：孩子死了，择
校费活着。同样，为了进入学校的大门，还有很多外来打工子弟的择校路
也充满曲折和辛酸。人们不禁要问，学校的大门为什么越来越难进了？

一、择校问题是如何产生的

为什么会产生择校现象？这是很多人特别是父母们关心和疑惑的教育
问题。

我们以"小升初"（即小学升初中）为例，通俗地讲是这样的一个过
程：为了实行素质教育，防止过早地让学生卷入教育竞争中，减轻学生的学
业压力和升学负担，国家废除了"小升初"考试。没有了考试，初中学校
以何种方式进行招生，父母该按照怎样的规定送孩子进哪所初中学校呢？
最初教育部门采取划分学区就近入学的政策，但由于学校之间发展不均衡，
优质学校与薄弱学校差别很大，不公平很明显。户籍处于优质学校招生地
段的学生成为幸运儿，而处于薄弱学校招生地段的学生则不甘心。很多人
试图通过买房的方式靠近优质学校而获得入学机会，但这些学校往往规定
必须是购买房屋超过五年才认定为符合条件。为了保障入学机会公平，很
多地区借鉴香港的经验，采取电脑派位的方式分配学生进入初中学校，但
人们又质疑学生的命运被电脑决定仍是不公平的。无奈，教育部门规定以
就近入学为主，辅以其他入学方式。于是，很多经济宽裕或有关系的家庭，
则设法通过"钱"或"权"而进入非所在地段的优质学校。因为教育部门
给学校的经费投入不足以保证学校发展，于是，这些优质学校通过收费吸
收非片区的生源，这样择校现象就产生了。这是教育资源分布不平衡与人
们对优质教育资源的迫切需求之间的矛盾产生的结果。

政府部门从最初默许这些学校收择校费，到后来支持择校现象的原因，
一是可以减轻财政教育经费投入压力。从上交的择校费中按比例拨回优质
学校一部分后，还能得到一部分择校费用于薄弱校的改造和发展等，可谓
一举两得。二是也满足了一部分家庭希望付出经济补偿获得优质教育资源
的需求。

后来，教育部下文不允许义务教育阶段的学校招"择校生"、收择校费，
如果择校就到民办学校。试图通过父母购买民办学校提供的优质教育资源，
来满足社会多元化的教育需求。但问题又出现了，即公办名校纷纷办改制

分校，实行高收费，或者一些公办名校直接转制为民校（还包括民办公助等形式）。导致大批民办学校失去竞争优势而纷纷倒闭，引起公众的强烈争论和质疑。近几年，各地纷纷将公办改制学校收回，转回为公办（少数变为纯民办）。近些年，公办优质学校仍在通过采取"捐资助学""赞助费""共建费"等形式多样的名目变相收取择校费。

除"小升初"外，小学入学和高中入学也广泛存在择校现象。小学废除入学考试实行就近入学后，很多优质小学还是通过变相考试和变相收费方式招生，即使收取高额收赞助费也供不应求。

高中阶段属非义务教育阶段，在全国各地普遍实行公办高中招收择校生的"三限生"（即限分数、限人数、限钱数）政策，每个学校招收择校生的比例最高不得超过本校当年招收高中学生计划数（不包括择校生数）的30%左右。各地收费标准和人数比例往往差别很大，收费均逐年趋高。

造成择校问题的出现，除了历史性的教育资源不均衡、校际差别大，以及分数至上的高考应试压力下父母望子成龙的心态等原因，示范学校制度（变相的重点学校制度）和录取制度、择校收费政策等，都火上浇油般地提高了"择校热"的温度。

二、择校困扰中国父母和学生

择校费普遍较高，动辄上万，乃至几万甚至十数万，但有经济条件的家长仍趋之若鹜。与择校费相比，义务教育免除的费用则成了"杯水车薪"，消解了义务教育免费的实际效果。国家高等教育公平问题研究课题组公布的数据显示，各地通过缴纳赞助费、择校费进入高中的学生比例几乎超过了10%，通过缴纳赞助费、择校费进入城市重点高中的比例达到25.2%。在北京，近800所中学中有200多所靠招收择校生增加学校收入，而且仅这200多所中学当年的入学收费总值就高达10亿元以上。在几年前就有教育专家大胆估算，10年来，我国教育乱收费总额已超过2000亿元。其中，光择校费一项，全国每年就超过270亿元；每所重点中、小学年收择校费至少分别达到了500万元和200万元以上。

2011年8月，21世纪教育研究院与新浪教育频道联合进行了网络调查，调查涉及的35个城市中，父母在孩子"小升初"择校准备阶段的花费平均为4.4万元，北京地区的父母高达8.7万元。据21世纪教育研究院近几年每年对我国 35 个主要城市公众教育满意度进行的调查，从 2010 年的结果来看，关于中小学"择校热"的状况，公众认为"非常严重""比较严重"超过八成的城市，包括西安、武汉、沈阳、北京、南京、郑州、南昌、石家庄、银川、太原等。而另一项调查统计则显示，有 42.7% 的学生父母反映，为了让子女上一所满意的学校所支出的择校费用，加重了家庭教育费用负担。

择校费除了被教育部门扣除一部分，其他的大部分被学校用于弥补学校公用经费不足和提高教师福利等方面。据北京师范大学教育管理学院对北京的调查发现，对于择校费的使用，17% 的重点校校长选择了提高教师福利。

高额的择校费收入，也不断引发学校教育腐败现象的发生。例如，2008 年 8 月，北京中关村三小校长王翠娟等人贪污案开庭，令人惊讶地发现，中关村三小的账外资金超过了 1 亿元，而这部分账外资金，几乎全部来自"片外"学生入学缴纳的赞助费。

究竟有多少家庭卷入了择校大潮？北京师范大学教育学院于 2009 年初对全国 5 个省 10 个大中城市小学一年级、初中一年级学生的父母进行了"义务教育阶段家庭择校行为调查"。结果显示，采取"择校"的学生占学生总数的 40.5%；其中，省会城市的择校比例为 42.7%，明显高于地级市 36.5%。

究竟哪些家庭更热衷择校？北京师范大学教育学院的这个调查显示，在省会城市，父亲职业为私营企业主的学生的择校比例比平均择校率（42.70%）高 8 个百分点，其次是党政干部和个体工商户，分别高出 7 个百分点和 6 个百分点。在中等城市，阶层之间因经济地位不同带来的学生择校比例的差异就更大。父亲是私营企业主的学生的择校比例比平均水平（36.54%）高 10 个百分点，其次是个体工商户和企业管理人员，他们分别比中等城市择校平均水平高 8 个百分点和 4 个百分点。

中国家庭主要通过六种方式择校：一是通过特长；二是通过学习成绩；三是通过就近买房；四是通过转户口；五是通过交纳共建费；六是通过对学校捐资或其他突出贡献。其中，第一种方式能够普遍为公众所接受。

其实，也有一种"隐形"的通过权力关系获得入学机会的"条子生"。每年入学时很多学校都会收到一些打招呼的"条子"，令校长们不堪其扰。有的学校甚至无奈违规重新使用考试这个"杀手锏"，例如媒体报道，陕西宝鸡市一家中学违规组织三百多学生进行招生考试，校长称考试是无奈之举，因为光领导的"条子"就收了三袋子。考试"也是在为领导着想"，目的是把多数择校学生推出门外。许多学校还变相通过奥数、培优训练等选拔学生，造成家长蜂拥地给孩子报班参加各种名目的培训，以获取进入优质学校的资格。择校也造成学校班级学生额过大，给教育教学和校园安全都带来了巨大影响。

择校的好处有多大？北京师范大学教育学院的调查发现，50.7%的父母认为"孩子的学习态度和学习方法发生了变化，成绩有所提高"，还有35.9%的父母认为"很难说清楚，但感觉是有一定帮助的"，只有5.76%的父母认为孩子的成绩在择校后反而下降了。这说明，父母对择校的效果还是基本认可的。

在父母看来，选择一所好学校，就等于为孩子选择了好的老师和同学，选择了可以通往美好未来的可能。甚至有父母只是想为孩子选择一个好的"圈子"。媒体曾报道，一位身为银行管理人员的家长花大钱为孩子择校，他说："在现代社会中，事业是否成功，跟你在学校的学习成绩并非有必然的联系，还有其他很多因素，如'圈子'，就非常重要。"

古代有父母为孩子选择成长环境的"孟母三迁"，而今天，中国的父母为了孩子的教育不惜下血本争先恐后地小学、初中、高中三级择校，成了经久不息的热点话题。

"免试就近入学"异化为"争相择校"，成了央视曝光的"八大教育潜规则"之首。在很多地方，中小学教育连年被评为"十大暴利行业"。

中小学教育正因为择校而不断被舆论指责，但仍然难以见到解决的希望。

三、择校难题该如何破解

"择校热"的产生，虽然是由资源不平衡、父母有需求、学校有苦衷、政府和教育部门有财政压力等综合导致的，但择校带来的危害很大。不仅加重了父母的经济负担，使强校愈强、弱校愈弱，继续拉大学校之间的差距，容易引发教育腐败，而且为应试教育推波助澜，妨碍了素质教育的推行。特别是义务教育阶段的择校现象，实质上严重损害了国家的义务教育政策。义务教育作为一种纯公共产品，一般是不宜进入市场的；接受义务教育是公民的一项基本人权，是不能进行买卖的。因此，择校问题严重影响了教育公平，损害了教育的形象。

对于消除择校现象，社会的呼声很高，而国家也越来越重视。

2010 年 11 月，教育部发布了关于治理义务教育阶段择校乱收费问题的 10 项指导意见，其中提出了治理乱收择校费的时间表："务求每年有新成效。制订时间表、路线图和任务书，力争经过 3 到 5 年的努力，使义务教育阶段择校乱收费不再成为群众反映强烈的问题。"2010 年 12 月国务院办公厅印发的《关于开展国家教育体制改革试点的通知》，则将解决择校问题列为改革试点的十大任务之一。

破解"择校费"难题，从根本上说就是破解教育均衡难题。我认为，应该从以下几个方面加以改革：

第一，应痛定思痛，彻底禁止收取择校费，废除择校政策和变相的择校现象，国家应该明令禁止公办学校招收择校生。必须认识到，公办教育是纳税人出资举办的，公民应该平等享有公办教育机会。公办教育是"保底线"的教育，因此不应该收取择校费。特别是义务教育阶段，实行择校和收取择校费是违背法律的行为，应该严格禁止并坚决杜绝。

第二，加快促进教育均衡，加大教育投入，加大对薄弱学校的扶助和支持，使之与优质学校的差距逐步缩小。生均经费严格统一，办学经费平等划拨，让"再穷不能穷教育"真正落到实处，不让学校因缺少经费而另谋其他"钱"途。正如 2009 年温家宝总理在网上与网民对话，谈到困扰家长的择校费问题分析原因时所说的，第一是学校经费保障不足，第二是防止乱收费的各项制度贯彻不坚决。我们必须从这两个方面加以解决。

第三，改革招生录取制度，将招生指标按比例分配给学校，使每所学校的学生都能够有平等的入学机会，消除父母的择校动机。

第四，取消示范学校的变相重点学校制度，取消对示范学校在生源、师资、工资奖励、教育教学管理和评价等各方面的特殊政策。拆分优质学校，防止"一枝独秀"的垄断现象不断恶化。"削峰填谷"，所有学校均实行免试就近入学政策。

第五，大力支持和发展民办教育，发挥民办学校对提高教育质量、大面积提供优质教育资源的重要作用，实行"公办学校不择校，择校就到民办校"的政策。然而，近些年民办教育发展遇到方方面面的阻力，发展受到影响。

第六，加强师资流动，实行区域内的教师轮岗制度、校长校际流动制度等，使教育最重要的资源得到共享和均衡。如辽宁省沈阳市为实现教师资源的均衡配置，全面实施了中小学干部、教师流动制度改革，对城区中小学教师在本学区内进行了大范围交流，"人走关系走"，促进了学校间教师资源的均衡。2010 年，江苏省公布的"实施《义务教育法》办法意见稿"中也规定教师在同所学校任职不能超 6 年，以此遏制"择校热"。

我认为，能否做到这些关键看政府的决心。如果还抱着"择校的存在既缓解了地方财政的压力，又给掌握教育资源的部门带来这样或那样的好处和权利"[1]的想法，解决择校问题只能是"水中月，镜中花"。正如杨东平教授所说："一些地方政府解决择校问题不是做不到，而是不想做。如果未来 10 年这方面的改革仍没有足够的勇气、耐心和信心，'解决择校问题'的表述就只会是挂在墙上的一纸宣言。"

在治理择校问题上，一些地区曾做出过有益的探索。如安徽铜陵市通过取消重点校、给薄弱学校多投入、选派优秀教师到薄弱学校任教、严格执行"划片招生、就近入学"等一系列措施，使择校风得到遏制，一度成为媒体赞誉的"没有择校的城市"。但几年后，变相择校现象又有所抬头。可见，根治择校问题的难度之大。

择校问题对中国教育而言，是一项大考。它考验着中国教育能否回归到教育的原点，能否回归到教育公平的本来面目。

四、打工子弟的城市入学升学困境

北京师范大学教育学院于 2009 年初所做的"义务教育阶段家庭择校行为调查"，结果还显示，在中等城市初中学校择校比例的排序有这样一个规律，质量略差的 C 类中学的择校比例反而明显高出 B 类学校，而追踪该类数据来源发现，流动人口是选择此类学校的主体。

在城市中，外来流动人员随迁子女（习称"打工子弟"，下同）的入学问题也引人关注。根据父母的经济承受能力，很多打工子弟或者通过交赞助费进入所在城市的公办学校，或者进入私立的打工子弟学校。

长期以来，中国严格的城市农村二元结构，将农民束缚在农村土地上，农民的流动受到严格限制。随着改革开放，特别是 1992 年正式确立市场经

---

① 引自 2009 年 12 月 21 日央视《焦点访谈》栏目对"择校乱象调查"的分析。

济体制以来，一切都开始发生了变化。农民进城打工逐渐成为趋势，成为农民提高收入的重要方式。

最初，农民进城务工往往是将妻子和孩子留在家里，每年年底回家过年，年后再接着出来打工。但随着城市经济的快速发展，适合农民的生产制造、建筑业、服务业等工作机会越来越多，而且有一些人开始了经商创业等，许多农民渐渐几年才回一次甚至不回农村老家了，于是，妻子和孩子往往也被接到城里。

于是，出现了打工子弟在城市入学的问题。一些外来打工人员开始试图举办教学点和简易学校，招收那些因政策原因无法进入城市公办学校读书的外来子弟。1992年，北京市诞生了第一所打工子弟学校，但不久夭折。1993年，一位在北京从事废品回收行业的河南人创立了"八家私小"打工子弟学校。后来，很多河南固始县和的河北张北县的外来人员，相继在北京农民工集中的地方办起了多所打工子弟学校。

打工子弟学校创办之初，几乎都属于非法办学。直到2003年，北京市才颁发了第一张打工子弟学校的合法办学许可证，但从2005年开始，北京市基本上就冻结了许可证的颁发。直到今天也只有60多所打工子弟学校获得了这张许可证，相对于北京市各区县的几百所打工子弟学校而言，比例并不高。而无法获得办学许可证，在教育部门看来，则是打工子弟学校办学条件差、校舍难以达标以及师资水平不高所致。2009年北京青少年法律援助与研究中心调查走访了北京的41所打工子弟学校后公布的《北京市民办流动人口子女学校调研报告》显示，北京市打工子弟学校普遍存在办学条件简陋、半数无办学资格、教师工资低且流动性大、教师权益难以得到保障、七成学生在学校感到不开心等问题。因此，政府和教育部门往往对打工子弟学校采取取缔、分流或收编等政策。按照北京市教委2011年公布的数据，2010年小学阶段的打工子弟人数约26.8万名、初中阶段约7.4万名，由于人口峰值下降的原因，这个数字与前些年相比有所下降。全国各地大中城市都不同程度存在打工子弟入学的问题。

于是，外来务工人员及其子弟、打工子弟学校、政府部门三方的博弈一直在进行。

对于外来务工人员来说，孩子的教育问题困扰着他们。以农民工为主的外来务工者往往在城市从事低端行业，总体收入不高，孩子进入学费低廉的打工子弟学校成为首选，进入收费高且门槛高的城市学校困难重重。

打工子弟进入公立学校需缴纳 1000 元到 30000 元不等的捐资助学费。虽然学校声称属于自愿缴纳，但是如果交不起捐资助学费，打工子弟就无法进入公立学校。对于外来务工人员来说，在城市里作为纳税人，却无法享受到城市的教育，令他们充满不公平感。

而对于打工子弟学校创办者来说，通过以低廉的收费、较差的师资为学生提供教育，从而获得较好的收入，是一个不错的选择。据说，一位白手起家的办学者，通过举办打工子弟学校所获颇丰，他回老家办贵族幼儿园一次性投资就超过 3000 万。打工子弟学校的特殊生源和其简陋的办学条件，往往容易获得公益性的资助。而在遇到政府干预时，往往容易得到舆论的同情和支持。但无法获得办学许可证，以及担心随时可能被损害的产权问题，让办学者不愿意投入资金以改善办学条件。

城市政府部门一方面通过"五证"（包括暂住证、实际住所居住证明、务工就业证明、户口所在地乡镇政府出具的在当地没有监护条件的证明、全家户口簿）、高额赞助费等限制打工子弟入学，或者通过设立门槛让打工子弟知难而退，防止出现"洼地效应"，即流入地政府对打工子弟教育问题解决得越好，为教育而来的外来人员就会越多，加重流入地城市的负担。另一方面，校园安全的责任重大，城市政府往往难以承担，因而对打工子弟学校的取缔更为积极。譬如，2011 年 8 月，北京海淀区、朝阳区、大兴区等对打工子弟学校实行的关闭潮，很大程度上就是北京大兴区旧宫"4·25"火灾事件的安全压力所致。此外，郊区土地的商业开发也是取缔学校，并进行拆迁的动力因素。同时，这也引发了人们对于城市迫于人口压力，通过取缔打工子弟学校、提高入学门槛从而变相驱逐外来低端从业人口的怀疑。城市政府对此往往也很无奈。譬如，北京市一些区县于 2006 年和 2011 年各进行了一轮取缔打工子弟学校的行动，一方面不愿意接收打工子弟，另一方面不得不做出解决打工子弟入学的"两为主"（以流入地为主、以公办为主）和"一个都不能少"的承诺。

2011 年 8 月，北京部分区县明确提出，将外来务工人员的子弟全部分流到公办学校和少数民办学校，获得了较好的结果。

但彻底解决打工子弟的入学问题，仍然是摆在许多地方政府面前的一道难题。

五、打工子弟未来的教育保障

2008 年，上海市制订了一个打工子弟学校"关停并转"的三年计划，市政府扮演了政策倡导者以及实际出资人的角色。规定初中阶段禁止开办打工子弟学校，原有学校的中学部全部转入公立学校；小学达标的直接发办学许可证，不达标且规模小的由乡镇主导收购和合并，可以扶持的给予几十万元补助经费，待学校改善条件后再发证。

同时，上海市政府实施了郊区学校建设工程，2008 年至 2010 年间共投入资金 103.79 亿元，建设中小学和幼儿园 363 所。为鼓励公办学校招收进城务工子女，教育部门按实际招收学生人数核定教师数，下拨公用经费。此外，对新审批的以招收进城务工子女为主的民办小学，市财政给予每所学校 50 万元办学设施改造经费。学校的图书、体育设施全部由市政府买单。其余的办学资金缺口，区政府再以专项形式补贴。从 2008 年到 2010 年，上海市、区两级财政共投入十余亿元，用于民办小学的办学设施改造和基本成本补贴。

在公用经费方面，上海市一级财政自 2008 年开始，每年都按照公办学校招收农民工子女实际人数来划拨经费，2008 年是 1000 元／生，此后每年分别提高至 1500 元、1800 元、2000 元。与此同时，上海市要求拿到这笔补助的各个区按照 1∶1 的比例出配套资金。有的区外来人口子女数量多，区一级财政收入又不是太强，市里就采取转移支付的手段。

至此，上海市基本建立了办学经费全部由财政负担，市和区县共同分担经费，全部进城务工子女接受免费义务教育的经费保障机制。

在各级政府的共同努力下，上海市在 2011 年基本实现了全部进城务工子女接受免费义务教育的既定目标。至 2010 年秋季，全市 47 万余名农民工子女全部在公办学校或政府委托的民办小学免费接受义务教育，其中 33 万余人在公办学校就读，占总数的 71%。

当然，上海作为发达城市，还有北京，承担下这些外来打工子弟的教育，是有这样的财政能力的。但是，对很多城市来说，全部承担起来，压力还是很大的。据 2008 年的调查数据表明，义务教育阶段外来务工随迁子女已达 884.7 万人，意味着全国每百名义务教育阶段的学生中，就至少有 6 名是进城务工人员子女。而现行解决流动儿童教育"以流入地为主"的方针，没有涉及义务教育经费如何随儿童的流动而转移，从而加剧了流入地政府的财政压力。对此，一方面流入地政府有责任主动承担流动儿童的教育责任；同时，可考虑通过试点，建立流动儿童义务教育"教育券"的制度，流动儿童持券到城市学校就学，在省市之间集中兑换教育经费。城市则应建立市、区、镇三级政府分担的财政机制，使各级政府共同分担流动儿童的教育责任，为外来务工人员子女接受平等的教育提供充足的资源，避免财政压力集中在部分县区。

此外，在政府不可能大幅度增加投资、大量建设新校，和公办学校生源减少的情况下，分流部分学生到公办学校的同时，还需要扶持和改善外来务工人员自办的学校，扩大社会力量办学的渠道，采取优惠政策积极吸引、鼓励社会力量举办主要接收流动儿童的民办学校，形成公办学校、民间组织、打工子弟学校三方面的合力。

面对许多外来务工人员已经实质上成为城市"新市民"的现实，应该加快启动户籍制度改革，这是解决打工子弟教育及其他社会保障问题的一个重要手段。

与义务教育阶段外来务工人员子女入学问题直接关联的，是他们子女的中考和高考问题。在北京，很多家长曾经就此问题进行过万人联名呼吁。

2011年3月，教育部副部长杜玉波在回答记者提问时透露，外来务工人员子女在流入地升学方案预计在"十二五"期间出台。这意味着五年内，打工子弟将有望在就读地参加高考。这对很多打工子弟继续求学深造是一个福音。

打工子弟在真正融入城市学生生活即融入城市生活方面，还有很长的路要走。但不可忽视的是，这些已经远离故土的城市"新人"对城市生活和未来发展充满了期待。据北京师范大学经济与工商管理学院、首都教育经济研究院的"中国城市民工子女义务教育经费供给保障政策研究"的调查结果显示，在北京市外来务工人员子女，小学生希望读到博士的占53.0%，读到硕士的占8.7%，读到本科的占8.2%，读到大专的占11.5%，读到高中的占11%，只读到初中的占3.4%。对于"如果不读书后希望工作和生活的地点"这一问题，小学生49.2%选择留在北京，34.1%选择去其他城市，只有10.4%选择回农村老家。而另一个数据是，仅有1.5%的打工子女希望回乡务农。可以看出，这些长期离开故土的孩子们，对城市生活和未来满怀憧憬。

让流动的花朵也能够得到开放的机会，这是城市面对打工子弟教育问题必须做出的回答。

第二十六章　昔日"功臣"今安在

——代课教师问题

代课教师是指没有事业编制的临时教师。从 2005 年媒体关注开始，农村代课教师问题浮出水面，引起了国人的普遍关注，从而使教育部表态："在很短的时间内将要把余下的 44.8 万中小学代课人员全部清退。"至今，代课教师问题仍被教育界和舆论界关注。2011 年 8 月，著名作家刘醒龙的长篇小说《天行者》获得第八届茅盾文学奖。这部描写民办代课教师遭遇的小说被评论者认为写出了"中国之痛"。

一、代课教师的遭遇

2006 年，有媒体披露了农村代课教师的遭遇，让人们大为吃惊。很多人才知道，中国还有这样的一个长期受到不公待遇的群体。代课教师们的遭遇充满了辛酸，他们每月拿着微薄到只有 40 元到 80 元不等的工资，为了能够得到转正的机会，十几年甚至几十年含辛茹苦地支撑着中国农村特别是西部农村的教育。一批批学生成长了，但他们却老去了，他们的希望也渐渐老去了。

甘肃省宁县良平乡惠家小学代课教师惠志敏的遭遇就是一个典型。2006 年 8 月，42 岁的惠志敏未能通过县里组织的统一招考考试而被清退出教师队伍。惠志敏从民办教师到代课教师，整整干了 21 年，工资从每月 40 多元涨到 200 多元。他说："当老师，我把家当穷了，人也熬老了！"他的女儿被甘肃农业大学录取，因家里没钱也放弃了。他曾发表过多篇教学论文，甚至曾填补当年庆阳地区在全国性刊物上发表小教论文的空白。惠志敏感慨地说："我很爱教育，但是教育却不爱我。"被清退之后，他到兰州打工，曾寻找包括搬石头等多份体力工作，均以失败告终。

还有一位代课教师引人关注，那就是陕西蓝田的代课教师李小峰。他在高考前因父亲病逝欠下债务，被迫留在村里教学点上做唯一的复式代课教师，曾因为工资低还债遥遥无期而去城里打工，但因为没有人愿意到村里教书而学生被迫停学，又被村长从城里请了回去。家长和学生对他很尊敬，他也很敬业，甚至还自己出钱修理教室。因为穷娶不到媳妇，村里人就帮他找对象，婚后有了孩子却因为贫困而营养不良。后来被乡里辞退，但没有老师愿意来，他只好继续留下来，做了一位没有工资的代课教师。

2011年2月媒体报道，47岁的江西九江县代课教师王钱香，因为上访被警方拘留，继而遭辞退。她是1980年高中毕业后考入村小学成为民办教师的。但到了90年代，尽管拥有十几年的教龄、中师毕业证、教师资格证，王钱香没有获取民办教师资格，无法转编成为公办教师，县教育局只承认她为"代课老师"。由于乡村师资力量不足，数百名"代课老师"又被返聘回来继续任教，县里给他们发了"临时代课老师"聘任书。不料2002年，200多名"临时代课老师"全部被清退，没有一分钱补偿。2007年，九江县教育局从临时代课老师中招一部分人"转编"。可她和很多人没有资格，少数有资格的则是弄虚作假得来的。于是，他们开始了上访之路。九江县公安局认定王钱香有"煽动、串联、胁迫、以财物诱使、幕后操纵他人信访的行为"，以"聚众扰乱公共秩序"为名对她处以15天的治安拘留。事实上，有王钱香这样遭遇的人在各地比比皆是。

以上三位代课教师，是目前各地代课教师们的缩影。有的被辞退后走上了艰难的打工之路，有的继续在当没有名分和工资的代课教师，有的则走上了遥遥无期的上访之路。

二、代课教师的历史

很多从农村出来的人都不会否认，教过他们的老师很多都是民办代课教师，那些亦农民亦教师的身影，伴着他们走过了童年和少年时光。

正如一位网友所说："在90年代，如果不是那些代课老师，西部山区的孩子就没有学上，他们在那个时代为西部山区的孩子带来了一片天。我上小学时，都是代课教师，他们付出了那么多……"

代课教师产生的重要原因是政府的教育投入不够，而低廉工资的代课教师恰好解决了农村，特别是偏远的西部省份的农村学校师资严重缺乏的问题。

从 1949 年以后到 80 年代改革开放期间，我国城乡中小学教师的特征是公办教师为主、民办教师为辅；而从改革开放初期到 2000 年，城市基本没有了民办教师，农村中小学的民办教师也逐渐转为公办教师。最后，截止到 2000 年，我国宣布基本普及九年义务教育，民办教师在我国成为历史。

虽然"民办教师"的称呼宣告成为历史，但是，民办教师实际上又以"代课教师"的身份继续出现在师资严重不足的乡村教育中。在西部地区，代课教师约占教师总数的 20%。据教育部提供的统计数据显示，中小学代课人员从 1999 年的 81.9 万人已经下降到 2004 年的 49.9 万人，2005 年进一步减少到 44.8 万人。如果以每名代课教师带 20 名学生计算，他们至少承担了一两千万农村学生的教育任务。与之相对的是代课教师微薄的工资待遇，每个月他们拿 40—200 元不等的工资，仅相当于公办正式教师的 1/10 到 1/5。

为什么那么低的工资，代课教师们还在坚守？原因是，对于许多代课教师特别是很多农村初高中毕业生来说，失去继续深造的希望后，在机会选择贫乏的乡村，能当上代课教师也算是个不错的选择，因为至少还隐约保存着转正的希望。

而对于县乡村基层政府部门而言，聘代课教师的甜头是聘任手续简单，教师工资低廉，工作卖力气。地方政府的财政因素是继续使用代课教师的一个重要原因。正如全国人大常委会执法检查组的报告所说："有些地方则是由于财政困难或财政供养人员超编，即使有编制也不聘用公办教师，而是低薪聘请代课教师（很多地方代课教师的工资不到公办教师工资的三分之一）。"

即使政府派正式教师去那些环境艰苦的地方教书，他们或者不愿意去，或者很难坚持。因此，只有那些土生土长的代课教师能够待在那些最偏僻、最艰苦的地方。因此，在有些地方，地方政府使用代课教师也是无奈的选择。

三、代课教师的现实

是否还需要那么多代课教师，他们是否还有存在的理由？长期关注代课教师问题的朱寅年先生认为，虽然近些年农村很多地区对代课教师的依赖逐渐减少，但还有代课教师存在的现实条件。

农村地区对代课教师的依赖逐渐减少，首先是与前些年相比，农村学生数量持续减少，农村教师缺乏有所缓解。原因是：（1）由于计划生育政策，新出生人口数逐渐下降；（2）许多农村学生随父母进入城市打工子弟学校；（3）一些农民对当地学校教育质量不满，宁愿多花钱让孩子转学到县城学校。正如宁夏固原的一位教育局领导所说："过去县城教师超编严重，但现在不超了，大量农村学生都进城读书了。"其次，近年来，一些地区如贵州、甘肃、山西、辽宁、江苏等地的情况也证实，在农村，学校的主体已是那些学生数在100人左右的学校，因为许多学校只剩几十名学生。由于生源减少，地方教育部门为减轻财政压力，将一些学校撤并，代课教师首当其冲地被压缩。再次，自2006年启动的"农村义务教育阶段学校教师特设岗位计划"，中央财政设立专项资金，招募高校毕业生到西部"两基"攻坚县的农村学校任教，也在某种程度上缓解了一些"两基"攻坚县教师不足的问题。2006年，有1.6万多名大学毕业生充实到西部地区260多个县的2850所农村中小学校。2007年，全国招聘特岗教师约1.7万。这些原因都促成了许多农村学校减弱了对代课教师的依赖。

但是，在一些地区特别是偏僻艰苦的西部山区，代课教师还有其存在的现实条件。首先，是微型的"麻雀学校"增多，学生数虽然减少了，但学校开设的课程还要保证，因此教师配备往往很难减少。按照国家规定，农村小学按师生比1∶23.5配备教师。百人左右的学校，只能够配四五名教师，而这样的教师数是保证不了学校正常教学的。因此，一些地方教育局只好让这些学校超编。但全县的教师总编制按照学生总数配备仍是有限的，留下的教师缺口，只好由代课教师来填补。

其次，在中西部山村地区，教学点还普遍存在。虽然撤并了一些学校，寄宿制解决了部分学生上学远的问题，为了防止辍学现象的出现，一些年龄偏小的1—3年级的孩子往往还必须在家附近的教学点就读。"一人一校"（一个教师的复式教学式教学点）现象还广泛存在。据全国人大常委会执法检查组的报告，全国目前约有10万个教学点，而这些教学点恰恰需要多配备教师。

此外，考虑到一个在编教师的待遇可以养七八个代课教师，代课教师也就成了一种现实的选择。应该看到，代课教师一般分布在高寒地区、山区和贫困地区，是正式教师不愿去的地方，代课教师离去后的衔接因此将更为困难。同时，同公办教师相比，代课教师工作更卖力气。这使一些学校校长宁愿招聘低廉的代课教师，也不愿意要那些谁也管不了的公办教师。

事实上，代课教师的存在并非令人不能容忍。因为遇到正式公办教师生病、休假以及其他不可预测的变故等情况，学校可以请代课教师来暂时执行教学工作。正因为这样，在高度发达的香港地区也有数量很少的代课教师。他们的薪水按天计算，而代课教师与正职教师薪水差距并不大。在台湾地区，这种临时性的教师有三种名称，即兼任教师、代课教师、代理教师。香港和台湾地区的一些学校对代课教师的聘任和待遇的规定，值得中国大陆的学校特别是需要代课教师的农村学校借鉴。从长远看，实行教师雇员制也许是师资改革的一条重要出路。

四、代课教师问题的地方政策

2006 年，"清理代课教师"成为教育部及各级政府部门的主要政策问题。几年来，各地在处理代课教师问题上各种政策差异较大。

最初，在清理过程中一些地方竟然出现了代课教师越清越多的现象。如甘肃省天水市教育局人事科长陈宝怀说："前几年，我们根据各县报上来的数字，向省里报的代课教师人数是 2200 多人。可最近一调查，发现代课教师竟多达 3500 人。"据分析，有两个原因：一是代课教师有县政府聘的，有乡政府聘的，还有村或校聘请的。但县教育局认为乡、村、校自聘的教师从未得到县政府承认，所以，上报的数字仅是县聘的；二是有的地方已经把代课教师清退了，但由于师资力量得不到补充，又重新聘请了代课教师。

为了解决代课教师问题，各地方政府采取了一些截然不同的政策。比如，2007 年深圳市宣布辞退 8000 名代课教师引起舆论大哗，评论者将其与深圳华为公司"集体辞职"事件联系在一起，引起法律界对已经出台的《劳动合同法》的思考和关注。而很多地方，一次性清退了之，也成了最主要的应对措施。

受深圳影响，许多地区的教育部门也争相效仿。2005 年年底，据《南方周末》报道，在甘肃省渭源县，600 余名乡村代课教师被县里一次性全部清退。而且补偿之低令人咋舌，满 15 年教龄的一次性补偿 800 元，不满 15年的一次性补偿 600 元。2008 年初，甘肃会宁县 2004 年通过了中小学教师招聘考试却未拿到工资的 177 名代课老师，被通知"不算数了"，盼了三年的转正泡汤了。而县里相关领导表示，政府从未发文说教师们通过考试即可转正，177 名代课老师以及所有人的"误解"，是教育、财政、人事等一系列部门行政偏差的结果。这被解读为朝令夕改的"欺骗"行为。

而 2007 年 9 月重庆市则向全国高调宣布，从在岗的 1 万多名代课教师中招聘了 8000 名转为公办教师。这对代课教师而言，则是少有的好消息。

重庆市的解决方案是，代课教师被聘为公办教师后，其工资所需经费原有部分由各区县承担，增量部分由市级财政转移支付补助。对在招聘中落选的代课教师，重庆市按照有关政策予以清退和解聘，按照相关法规给予一次性补助。为此，重庆市财政每年增加投入 1.6 亿元，用以保证这批"转正"教师与正式在职公办教师享受同样的工资和福利待遇。同时，不再允许各区县新招代课老师。学校确需增加教师的，只能向教育和人事部门申请增加编制，公开招聘正式教师。

另一个解决代课教师问题做得比较好的是广东省。截至 2010 年底，广东省有 18 个市全面解决了中小学代课教师问题，全省有 4.9 万名代课教师（占原代课教师总数 5.9 万名的 83%）通过招录、转岗、辞退补偿等方式得到妥善安置。其中，通过考试，将 30383 名（占 52%）代课教师转为公办教师或聘为合同制教师，转岗安置占总数 8% 的 5000 多名未能转为公办教师的代课教师。除小部分代课教师自动离职外，全省近 1.4 万名解除劳动关系的代课教师已落实经济补偿并理顺社会保险关系，占原代课教师总数的 23%。据了解，广东省两年共投入了 85.1 亿元用来解决代课教师问题。

应该说，重庆市、广东省在解决代课教师问题上，方案设计得非常精细，解决力度也很大，其中的经验也值得借鉴。

五、解决代课教师问题需合法合情

一退了之的清退政策显得过于简单和粗暴，所以在清退过程中各地出现了很多问题。

对众多工作了十几年甚至几十年而没有取得正式教师资格的代课教师，政府应该按其工作的年数给予一次性补偿。而一些地方政府开出的补偿标准多是按一年工龄给 100 元至 300 元不等，一个工作了 20 年左右的代课教师，获得的补偿最多也就是五六千元而已。有人说代课教师的劳动力价值远低于同样低廉的农民工，有的代课教师就直言他们的青春太不值钱了。同时，粗暴清退带来的后遗症也不可低估。很多地方处理得不好，结果出现了上访现象。那么，应该如何妥善解决代课教师问题呢？

首先，解决代课教师问题要合法，要依法处理。

清退代课教师要遵循两部法律——《教师法》和《劳动法》。《劳动法》规定："劳动者在同一用人单位连续工作满 10 年以上，当事人双方同意续延劳动合同的，如果劳动者提出订立无固定限期的劳动合同，应当订立无固定限期的劳动合同。"也就是说，代课 10 年以上的，如果本人愿意，就应当与其签订无固定期限劳动合同，直至其退休为止。农村代课教师有的代课都 20 多年了，还要将其解聘，显然违反了《劳动法》，而且也不合乎情理。而《教师法》规定教师应当取得教师资格证。有的 10 年以上代课教师未取得教师资格证，其责任不在代课教师，而在教育部门。如果说代课教师无资格从教，教育部门应该及早清退；既然长期让其站讲台，就应该给其核发资格证书。《教师法》规定的教师资格的门槛不是很高，有相应学历或经教师资格考试合格，有教学能力的，就可以获得教师资格。比如广东省在解决代课教师问题上，目标比较清晰，既不是为了清退，也不是为了转正，而是依法进行规范管理。他们首先是对代课教师进行严格的考试或考核，以此评估出哪些代课教师可以胜任教师岗位，哪些代课教师即使经过培训也无法胜任教师岗位。对于那些能够胜任教师岗位的、符合《教师法》规定的代课教师，要立即转为公办教师或聘为合同制教师；对于那些无法胜任教师岗位的代课教师，也要立即进行转岗安置，而实在无法安置而被辞退的，也要进行合理的经济补偿，并理顺、清欠历史遗留下来的社保问题。而这些做法，无不遵循《教师法》《劳动法》《劳动合同法》等相关法律法规。由此可见，依据相关法律法规来解决代课教师的问题，既是问题解决的目的，也是问题解决的前提。

其次，因地制宜、分类解决是代课教师问题解决的基本原则。

中国农村教育的情况差别很大。对于那些清退代课教师条件成熟的地区，可以按照政策采取公平稳妥的清退措施；而对于那些清退教师后学校正常教育教学受到很大影响的农村地区，特别是偏远的西部山区，不要急于采用"一刀切"的做法。比如广东省在代课教师问题的解决上，并没有采取各市县"一刀切"的做法，而是省委、省政府统一部署，但各地市可以因地制宜，采取不同的解决方案。主要依据代课教师是否胜任教师岗位进行分类解决，经考核胜任教师岗位的，在政策许可的情况下及时转正，对于那些因政策原因暂时还无法全部转为公办教师的优秀代课教师，可采取"聘用合同管理办法"，为这些代课教师建档案，规范管理，同时提高待遇，达到与公办教师待遇大体相当；而经考核不胜任教师岗位的，须转岗安置或加以辞退，而辞退代课教师也必须在合理补偿、理顺社保关系的前提下进行。

最后，应建立公正合理的补偿机制，实行跨部门协作解决代课教师问题，杜绝不公平现象。

那些没有通过转正考试的落聘代课教师，应该得到应有的经济补偿；对那些已到退休年龄或工龄较长但不适于继续担任教师的代课教师，理当给予更加妥当而公平的经济补偿，由国家财政一次性拨付给他们足额的养老金，或者给予退休教师的待遇，以便他们能够衣食无虑，安享晚年。否则，不足以彰显代课教师们对于中国教育事业作出的卓越贡献，不足以补偿他们默默无闻付出的沉痛代价，不足以彰显社会的公正和教育的公平。此外，跨部门协作是解决代课教师问题的必要手段。例如广东省代课教师问题解决的过程中，教育厅、编制办、财政厅、人力资源和社会保障厅、公安厅等多个部门都参与进来了。代课教师问题的成因复杂，涉及多个部门的工作，因此，其问题的解决也需要依托跨部门的合作。

代课教师问题是社会现实自然形成的，更是政府的历史债务所致。因此，让这些付出了青春和心血的代课教师们能体面地退出历史舞台，不让他们流汗流血又流泪，既是政府的道义行为，也是不可推卸的历史责任。

第二十七章　明天在哪里
——艰难的大学生就业问题

近些年来，如果说应试教育折磨着中国的基础教育，那么，大学生就业问题则一直困扰着中国高等教育。面对越来越困难的就业形势，国家出台了一系列措施，高校也以就业为导向进行了很多努力，但是，每年大学毕业生涌出校门，发现就业状况依然严峻。大学生就业难，让我们担忧大学生的明天，同时也担忧快速发展的中国高等教育能否顺利渡过这一难关。

一、从"包分配"到"双向选择"

从前，大学生被羡慕地称为"天之骄子"，大学也成了令人无比向往的"象牙塔"。其中，大学生毕业包分配工作且都是镶金边的"铁饭碗"，是其熠熠光环之一。

早在 1950 年，当时的政务院发布《为有计划地合理地分配全国公私立高等学校今年暑期毕业生工作的通令》，提出对高校毕业生实行有计划的统筹分配；一年之后，再次发布的《关于改革学制的决定》规定高校毕业生的工作由政府分配。"文革"后恢复高考，国家仍然沿袭了这一规定。1981 年，"文革"后的第一批大学生面临毕业之际，国务院批转了原国家计委、国家教委《关于改进 1981 年普通高等学校毕业生分配工作的报告》，要求对毕业生按照国家统一计划分配：国家教委直属院校毕业生由国家负责面向全国分配；部委主管院校，毕业生由各部委在本系统、本行业内分配；省属院校的毕业生主要由各省市自治区负责面向本地区分配。

"包分配"的年代，大学生被认为是"革命一块砖，哪里需要哪里搬"，毕业后能被分配到哪里做什么职业，通常都是由国家来统包统分，一切服从社会需要，个人和家庭都不用为没"饭碗"而烦恼。

1988 年，对受人羡慕的大学生们来说，是一个转折之年。因为从这一年开始大学生不再完全由国家包分配了，而是实行就业"双向选择"，通俗说也就是"工作找我，我找工作"。

但是，由于大学生招生规模仍然有限，每年的大学生毕业人数并不多，而很多岗位普遍需要高学历的知识人才，因此，大学生就业一直处于供不应求的状况。而中国 18—22 岁的适龄青年上大学的比例最高也仅为 4%，中国 5% 左右的高等教育毛入学率远低于发达国家 80% 左右的水平，可以说中国的高等教育还处于精英教育阶段。

考大学对很多家庭来说，是较少的几种出路中最优先考虑的。而地方教育部门和学校也将高考放在了教育重中之重的地位。"片面追求升学率""千军万马过独木桥"，等等，一次又一次成为舆论批评的声音。

1998 年 11 月，时任亚洲开发银行驻北京代表处首席经济学家的汤敏，以个人名义向中央写信，提出《关于启动中国经济有效途径——扩大招生量一倍》的建议书。他认为，中国大学生数量远低于同等发展水平的其他国家，无论是从国家经济发展上扩大内需，还是从老百姓对子女接受高等教育的迫切需要方面考虑，都需要国家扩大高校招生比例。

汤敏的建议很快被政府采纳，基于"拉动内需、刺激消费、促进经济增长、缓解就业压力"四大目标的高校扩招从 1999 年正式进入正轨，拉开了中国高等教育招生"大跃进"的序幕。

二、扩招背景下的就业难现象

1998 年，全国高校的招生人数为 108 万，1999 年扩招比例高达 47%，其后三年分别以 25%、17%、10% 的速度增长，到 2005 年，高校招生人数已达到 530 万，而到 2011 年，这一数字已增长到 675 万，录取率更是高达72%。（见表 26-1）

表 26-1 1998—2011 年大学本专科学生招生数一览表

招生年份	报考人数（万）	录取人数（万）	录取率（%）
1998	320	108	34
1999	288	160	56
2000	375	221	59
2001	454	268	59
2002	510	320	63
2003	613	382	62
2004	729	447	61
2005	877	504	57
2006	950	546	57
2007	1010	566	56
2008	1050	599	57
2009	1022	629	62
2010	957	657	69
2011	933	675	72

（数据来源：教育部发布的 1998—2010 年历年全国教育事业发展统计公报，其中报考人数和 2011 年的数据来源自媒体报道。）

据教育部高校学生司统计，从1978年到2008年的30年间，全国有1.28亿人报名参加高考，其中有5386万人被录取。

对于高等教育招生水平有一个标准，即高等教育毛入学率，这是指高等教育在学人数与适龄人口之比，而适龄人口是指18—22岁年龄段的人口数。一般国际上通常认为，高等教育毛入学率在15%以下时属于精英教育阶段，15%—50%为高等教育大众化阶段，而50%以上为高等教育普及化阶段。

事实上，我国1999年开始高校大幅扩招，当年高等教育毛入学率仅为10.5%，而到2002年毛入学率超过15%，标志着我国的高等教育开始进入大众化阶段。这一数字此后仍大跨步增长，2004年达到19%，2008年达到23%，到2010年，全国各类高等教育总规模达到3105万人，高等教育毛入学率已达到惊人的26.5%，新增劳动力平均受教育年限达12.7年。发展速度可谓一路狂飙突进。

进入大众化阶段后，一个突出问题凸现了，即大学生就业压力陡增。随着大学生招生数的连年增加，大学毕业生人数也连年高涨，在就业市场上，大学生供大于求，导致大学生就业难现象越来越严重。

2009年7月人力资源和社会保障部公布的数据是大学生就业签约率为68%，仍有近300万毕业生未实现就业。算上2009年未就业的大学毕业生，2010年有1000万的大学毕业生艰难地寻找着适合自己的工作岗位，其中又有一部分毕业生找不到工作；而2011年新毕业的大学生人数约有650万。按照一般的说法，目前仍有数百万大学生难以找到合适的岗位。于是，"毕业即失业"成了许多大学生的难言之痛。

一般来说，大学生毕业后有两个选择：一是找工作，二是考研继续升学。工作难找，很多学生便报考研究生，以延缓就业时间和就业压力，增强未来就业竞争力。

我国的研究生招生也从1999年开始了扩招之路。从1998年招生7.25万，连年增长，直到2010年招生53.82万，其中，博士研究生招生从1.50万增长到6.38万，硕士研究生招生更是从5.75万增长到47.44万，也可谓狂飙突进（见表26-2）。

表26-2　1998—2010年研究生招生数一览表

招生年份	研究生招生总人数（万）	硕士研究生招生数（万）	博士研究生招生数（万）
1998	7.25	5.75	1.50
1999	9.22	7.23	1.99
2000	12.85	10.34	2.51
2001	16.52	13.31	3.21
2002	20.26	16.43	3.83
2003	26.89	22.02	4.87
2004	32.63	27.30	5.33
2005	36.48	31	5.48
2006	39.79	34.2	5.6
2007	41.86	36.06	5.80
2008	44.64	38.67	5.98
2009	51.09	44.90	6.19
2010	53.82	47.44	6.38

（数据来源：教育部发布的1998—2010年历年全国教育事业发展统计公报。）

　　而我国一年所需要的学术型人才不过10万人，而现在一年就有约50万名研究生涌入就业市场。这使得研究生特别是硕士研究生找工作也越来越难，很多地方特别是大中城市，硕士生的起薪已经不如前些年的本科生的工资水平。比如，2008年7月江苏省教育厅发布的《2007年江苏省高校毕业生就业情况》显示，毕业生就业率研究生不敌本科生，本科生不如专科生。而2010年12月发布的《长江三角洲地区本科毕业生就业跟踪分析》显示，长三角地区本科毕业生在毕业半年后实际月收入平均达到2667元，还不如长三角地区某些农民工工资。

　　大学生的就业形势越来越严峻，已经成为最棘手的教育难题之一。

三、大学生就业难的原因

　　大学生就业难，给大学生造成很大的心理压力。高等教育出版社对28所高等院校的大学生进行的问卷调查表明，57.4%的大学生表示最主要的压力来自就业。那么，对于大学生这个高学历的群体，造成就业难的原因有哪些呢？除了与高校短时期内大幅扩招有重要关系外，还与以下原因有关：

　　第一，与经济发展中面临的问题有关。

　　中国经济虽然一直保持着较高的发展速度，但是，我国的经济仍然面临着转型压力，产业结构和经济结构不尽合理，亟须转变经济增长方式，经济体制改革任务也很紧迫，中小企业发展面临诸多困难和问题。同时，国际金融危机带来的冲击也很大。就业岗位少，而需就业的人员却很多，造成就业困难。经济发展的大环境对大学生就业的影响不可低估。我国作为人口大国，每年需就业的人数多达 2000 万（如 2010 年大学毕业生 630 万，农村剩余劳动力转移就业 400 万，城镇人口和新增劳动力 1000 万），而以我国每年经济增长 10% 来算，每增长 1% 带来 80 万—100 万个就业岗位，每年也还有近 1000 万人找不到工作。劳动力市场供大于求，使得就业压力增大，加剧了大学毕业生就业困难。

第二，高校培养模式和专业设置存在问题。

高校以理论课程和学术培养为主的培养模式，使学生的动手能力和实践能力较差，专业知识不够扎实，没有形成自己的核心竞争力，难以适应企业发展的需要。扩招后，高校的师资质量和专业发展水平普遍下滑。一些大学的专业及课程设置有较大盲目性，专业趋同现象十分严重，造成供给严重大于需求。例如，某知名理工类大学自动化专业，仅 10% 的学生毕业后从事本专业相关工作。有人感叹："不管是学航空航天还是学造原子弹，毕业时一个会计事务所来招聘，全走了。"高校专业设置缺乏市场风险评估，很多热门专业很快饱和后，还陆续有大批毕业生涌向就业市场。于是，很多大学生不得不放弃原有专业转而从事其他较低端的职业，大学生卖猪肉、当搓澡工等新闻不断出现，甚至与农民工争抢岗位。

第三，大学生的就业观念陈旧滞后。

很多大学毕业生往往抱着"就高不就低"的想法，宁可在大中城市苦找工作，也不愿到地方或基层就业。一些家长和学生坚持"非白领不做，非外企不干，非写字楼不待"的想法。2010 年河北大学青年发展研究中心发布的"农村籍大学生就业意向"调查发现，在受过高等教育的农村籍大学毕业生中，93.8% 的人把城市作为首选的工作地点，不足 7% 的人首选愿意回到县城、城镇或农村工作。"宁要大城市的一张床，不要家乡的一座房"，于是在北京以及其他大城市都出现了被称为"蚁族"的大学毕业生聚居群体。据统计，仅北京一地就有至少 10 万"蚁族"。上海、广州、西安、重庆等各大城市都有大量"蚁族"，在全国有上百万的规模。从事临时性工作的"蚁族"，引起了全社会的关注，许多人建议大学生毕业后不要留在大城市当"蚁族"，应该去二线、三线城市工作。而"80 后""90 后"大学毕业生多是独生子女，有些毕业生不但缺乏工作经验，缺乏清晰的职业生涯规划，往往还眼高手低，缺乏吃苦耐劳精神和团队合作精神；一些学生缺乏诚信，缺少职业素养。湖北省教育厅副厅长陈传德曾批评当前部分高校毕业生"有业不就，频繁挑选岗位、毁约、岗位资源流失等现象时有发生，令人痛心"。《2010年就业蓝皮书》发布对20多万名毕业生的网络调查显示，有38%的2009届大学毕业生在工作半年内离职，其中"211"院校毕业生的离职率22%，非"211"本科院校33%，高职高专院校45%，近九成离职者是主动辞职。频繁跳槽也成为用人单位对大学毕业生不满的一个重要原因。

第四，大学生就业能力不足，缺乏就业培训机会，就业渠道不畅；同时一些企业的用工制度不合理。

中国农业大学校长柯炳生认为，大学生就业难可能是一个比较长远的趋势。但他认为大学生数量过多不是就业困难的主要因素，因为只有25%左右的新增劳动力来自大学毕业生，"质量问题才是关键"。《2008年大学生求职与就业调查报告》抽样调查了44.5万名大学毕业生，调查发现，在35个基本职业能力中需要最多的5个能力，而中国大学生离校时达到的能力平均水平，和企业要求的最低职位的水平相差10%到15%，不论是高职专科还是本科，都是如此。因此，高校培养能力缺乏，学生在校的实习时间过少，缺乏"在岗培训"的实践机会，是学生就业能力差的重要原因。媒体的一项网络调查发现，67.7%的人认为大学生最欠缺实践能力。增加与工作对接的职业技能呼声最高，占44.1%，42.2%的人认为大学应给学生提供更多的社会实践机会。同时，大学生就业渠道也很少，除了报考公务员、服务西部等渠道，更多的是通过网站和招聘会进行择业，远远满足不了大学生的需要。而很多企业特别是小企业，用工制度不合理，有的甚至不签劳动合同，有的缺乏社会保险等社会福利，使大学生不甘心就业。

第五，就业歧视在一定程度上普遍存在。

就业歧视主要包括学历歧视、性别歧视、身体歧视等。零点调查公司2008年公布的一项调查显示，学历歧视是最司空见惯的。74.4%的人表示遇到过学历歧视，而诸如非名校毕业的歧视也不断出现，博士、硕士毕业生求职时，很多企业在聘用时往往还会看其本科学历的毕业学校是否为重点学校。中国政法大学宪政研究所发布的《大学生就业歧视现状调查报告》，参与调查的11所高校均为"211"名校，但也有54.05%的大学生应聘中受到过歧视，认为就业歧视程度严重的占44.85%，性别、户籍、地域、政治面貌、身高、长相、年龄、婚育等都是大学生就业中遭遇的歧视内容。其中，47.88%的大学生遇到用人单位要求长相端正；17.67%的用人单位要求大学生求职者未婚或未育；4.97%的大学生遇到用人单位对应聘者提出非同性恋的要求。性别歧视也是常见的方面，女大学生求职比男大学生面临着更多的困难。2010年杭州市的一项调查结果显示，被调查的女大学生感觉就业压力来源于自身求职失败带来的挫折感占45%，70%的女大学生表示，一想到毕业就忧心忡忡。2010年全国妇联的《女大学生就业创业状况调查报告》指出，56.7%的被访女大学生在求职过程中感到"女生机会更少"，91.9%的被访女大学生感受到用人单位的性别偏见。其中，理学类专业的被访女大学生"经常"感觉到用人单位性别偏见的比例最高（38.6%），工学类其次（26.9%），再次是文学类（22.7%）。此外，身体残疾或患有疾病的大学生在求职时更容易受到歧视。

四、就业难背后的负面现象

大学生就业难，给社会生活带来了一系列的冲击和影响。

第一，新"读书无用论"滋生。

据重庆市招生自考办公室的统计，2009年重庆有上万名高中毕业生放弃高考，其中有不少来自农村学校。导致农村学生弃考的原因包括高昂的学费，农村学生大多考取高职、大专院校，而这些学校的毕业生"就业难，收入低"现象更为严重。很多靠借贷上学的大学毕业生，他们身上背负着"高额的学费、就业的艰难，家乡父老的期待"的"三座大山"，更是压力重重。中国人民大学有关人士介绍，20世纪90年代初，该校学生中约有一半家在乡镇农村，现在这个比例明显下降。中国农业大学对新生城乡比例的调查显示，1999年至2001年农村新生均在39%左右，2007年已跌至31%。南开大学的一份数据表明，2006年该校农村新生比例约为30%，2008年为24%。还有一项研究表明，中国重点大学农村学生比例自20世纪90年代起不断滑落。北京大学农村学生所占比例从三成落至一成。清华大学2010级农村生源仅占17%。全国高考报考学生到2008年达到顶峰的1050万人后，2009年、2010年、2011年分别降为1022万、957万、933万。短短几年减少多达一百多万名高考生。除人口生育问题和农村教育水平低产生的影响外，更大的影响是就业难致使家长和学生对读大学靠知识改变命运产生了动摇。

第二，出现高校就业率造假现象，大学生常常"被就业"。

随着大学生就业困难受到普遍关注，国家和政府对大学生就业工作越来越重视，学生就业率成了高校考核的重要方面。因此，很多就业状况不佳的高校为了完成学生就业指标任务，采取强迫学生签订假就业协议的手段，造成了大学生"被就业"。2009年"被"字随着"被捐款""被涨薪""被幸福""被自杀"等风行而成为流行字，而"被就业"也是其中的流行语。例如，2009年北京化工大学北方学院要求2009届毕业生家长填写的《家长承诺书》，承诺书中有这样一段要求："我承诺我将通过我本人以及亲朋好友的关系解决好孩子的就业问题并承诺在2009年×月×日之前签订并上交就业协议书或灵活就业表。"当承诺书被公布到网上后，引起人们的愤慨。很多高校毕业生纷称他们"在不明真相的情况下被就业了"。

第三，就业观念趋于保守。

与十几年前知识分子和公务员纷纷"下海"相比，今天的大学毕业生更多地愿意到政府机关、事业单位和国企就业。《中国青年报》社会调查中心2010年所做的一项网络调查显示，仅有7%的大学生不看好公务员的"饭碗"。公务员职业的哪些特点最吸引大学生？调查显示，66.5%的人首选"福利好"；66.3%的人认为是"稳定性好"；59.5%的人表示"保障好"。接下来大学生们给出的排序依次为：工资高（46.9%）、工作轻松（45.2%）、社会地位高（43.9%）、其他收入高（19.2%）、权力大（18.3%）等。据教育数据咨询和评估机构麦可思公司撰写的《大学生就业蓝皮书》公布的一项大学生理想雇主的排行调查，在2010年应届毕业生中最理想的雇主仍是政府部门和国有企业。实际上民营企业吸纳了大部分大学生就业，但大学生仍热衷国有企业，这背后反映的是一定程度上的"制度失灵"。

在严重的就业压力下，大学毕业生"零月薪"现象频繁出现。据北京市2010年大学生就业压力调查报告显示，2010年大学本科学历人群中愿意接受零月薪的比例达到20%，与2009年的1.2%相比大幅攀升。同时，就业困难也造成很多学生被迫成为"啃老族"（即近期放弃找工作靠父母接济）。《中国大学毕业生就业报告（2009）》的调查显示，2008届大学毕业生中有16.51万"啃老族"，其中"211"院校（即重点本科院校）毕业生有15%、非"211"本科院校毕业生有16%，高职高专院校毕业生有26%。

第四，就业环境不公平现象增多。

社会就业环境相对不公平也造成就业难。2008年北京大学公共政策研究所等部门发布的《中国大学生就业状况调查报告》显示，有41.61%的学生认为通过家庭和个人的社会关系、托熟人是最有效的求职途径。在来自大城市的学生中，这一比例更是高达51.29%。甚至一些大学生在求职过程中向面试人员发放父母名片，称父母手头的优势会给企业带来利润。虽然我国正在建立相对公平的就业环境，如公务员需要招考，国有企事业单位招聘也须面向社会公开择优录取。但是，靠关系就业、灰色就业等现象还确实存在，特别是一些事业单位、垄断企业、大型的效益好的国有企业。此外，户籍因素等也裹挟其中，这给很多缺乏优质资源的大学毕业生造成负面影响。与"官二代""富二代"相比，"贫二代"在就业方面的劣势更为明显。"贫二代"的特征是"出身贫寒、社会关系缺乏、求职过程中全靠个人奋斗"。媒体调查发现，70%的被调查者认为，在就业应聘中他们或多或少遭遇过来自家庭状况的压力。这些压力，有的来源于竞争者相对强势的家境。高达65%的应届毕业生表示，他们最看重的因素是求职应聘中家庭经济状况所占据的影响值。求职遭遇社会环境的不公平，使得大学生就业受到负面影响，也使得底层人群向上流动困难。

五、解决大学生就业难从哪里入手

那么，该如何解决大学生就业难问题呢？我认为应该从以下几个方面着手：

第一，政府要负起责任，从源头上解决影响大学生就业的问题。高等教育主管部门要通过教育体制改革，提高高校的办学水平，

通过教育评估等措施从外部保证高校教育教学质量。打破地方保护主义，取消户籍限制与其他非法的、不合理的限制，努力消除就业制度障碍，保证不同地区人才的自由流动。

教育部、人事部、劳动和社会保障部联合组建"全国大学生就业信息平台"，建立大学生就业信息系统，并与全国各地的劳动力市场信息系统联网，各高等教育机构之间也联网，构成一个完整系统；建立职业指导机构，指导学生进行有效的自我评估、职业开发以及制定工作寻找战略，为学生提供平等、充分的信息与指导服务，以帮助学生进行职业决策，让他们能够将职业规划战略融入其终身规划之中。

要继续加大对大学生就业政策的导向与保护。国家需要通过有效的政

策刺激以促进劳动力市场实现均衡，鼓励大学生到特定地区（落后地区、危险地区）、特定企业（中小企业、微型企业）、特定职业（中小学教师、护理）就业，并对大学生的收益差进行制度化的合理补偿。在一定的服务期满以后，可以通过免试保送研究生、推荐出国深造、允许再次择业等办法，鼓励大学生到国家最需要的地方就业。

第二，要重视职业教育，使之成为创造就业机会的突破口。

世界上许多国家和地区在经济高速发展中，往往都是依靠强大而健全的职业教育作为重要支撑的。而职业教育能够给大学毕业生提供更多的就业出路。事实上，很多职业教育院校和民间职教培训机构的毕业生一直持续走俏人才市场，成为中国教育体系"就业板的绩优股"。职业教育注重培养技能型人才，让学生获得一技之长。职业教育能够灵活地根据企业需求适时调整、创新授课模式与方向，培养出来的学生，符合企业用人需求并适应行业发展。职业教育就业率高，是因为职业教育与企业需求之间的直接对接弥补了高等教育与人才需求之间断层的结果。因此，我们应该注重学历教育和职业教育的有机结合，培养出更多适合企业和社会需要的人才。

第三，高校应该优化整合专业课程设置，注重学生职业能力的培养。

近几年，高中生通过海外留学以及面试香港高校等渠道接受高等教育，对中国内地高校的触动越来越大。全国各地有相当数量的"高考状元"放弃北大、清华等内地一流大学而进入香港高校，2011年北京的几位"高考状元"全部放弃内地高校选择进入香港高校，均引起了不小的舆论反响，促使人们反思和改进中国高等教育的培养模式。我们的高校应该把培养适应社会需要的合格毕业生作为自己的天职，要不断保证和提高教育质量，优化整合专业课程设置，根据自身的实际条件和水平设置课程，提高课程的质量和竞争力，发展自己的优势科目；在专业设置方面要进行广泛的社会调研，该专业要有发展性；学校要有长远的眼光，使学生在校教育的知识结构能够和社会需求尽量匹配，从而缓解就业压力。

第四，要加大就业培训。

高校应加强对毕业生的就业指导和培训，成立专门的就业指导机构，建立一支专业的就业指导队伍。为毕业生和用人单位提供信息、咨询、指导、培训等全方位、多层次、立体式的服务内容和服务形式。学校不仅要开设求职课（指导课程，被列入学校教育课程内容和教学计划之中，并给予学分）、讲授面试技巧礼仪、讲解相关法律法规、传达人才市场的最新动态，还应该让专业设置和就业状况挂钩，广开思路，着眼长远，走出校门与用人单位长期合作，做长期的毕业生就职计划。地方政府也要积极为大学生就业培训创造条件。例如，浙江杭州市 2009 年 3 月发放教育消费券，用于杭州市普通高校本专科毕业生的教育培训，每生 500 元，合计约 5000 万元。就业培训有利于大学生提高就业的能力和竞争力。

第五，倡导"先就业再择业"，同时为大学生创业提供良好的环境和强有力的支持。

应培养大学生形成科学合理的就业观，树立"先就业再择业"意识。李开复在巡回演讲时告诉大学生们要"先就业再择业"。他说，第一个工作最重要的是学习，在求职的过程中永远不要停止学习。

"机会远比安稳重要，事业远比金钱重要，未来远比今天重要。"要让大学生在就业之初看重能力培养和素质提高，而不是薪水的多少。同时，我们要鼓励大学生敢于创业，但前提是，我们要为大学毕业生提供良好的创业环境和条件，否则创业很容易失败。原因正如俞敏洪所说："大学生的人生经验、与人相处的能力、对行业的了解、对环境的容忍等都是不够的。"因此，只有政府、学校及社会为大学生创业准备好了各方面的条件，特别是政策和资金以及培训方面的支持，才会让很多大学生既实现自我就业，又能够带动更多的大学生实现就业。目前，随着公益事业的快速发展，在中国从事公益活动的大学生也越来越多。《中国青年报》通过媒体进行的调查也显示，94.8%的人赞成大学生公益创业。

大学生就业问题，是考验中国高等教育发展的试金石。只有考虑高等教育的出口，才可以判断出高等教育的培养过程是否合理；只有大学生的明天越来越好，中国高校的明天才会越来越好。

第二十八章　被污染的殿堂
——高校学术不良现象

近些年，高校学术不良事件不断浮出水面，引起舆论持续的关注。

学术不良包括学术腐败、学术不端、学术失范等形式。按照一般的解

释，学术腐败是指利用学术资源谋取非正当利益或者利用不正当资源谋取
学术利益，如权学交易、钱学交易、学色交易等；学术不端主要是指学术从
业人员有意识地进行学术违法违规行为，如抄袭剽窃、实验作假、伪注等；
学术失范主要是指学术研究及成果发表中存在的违背学术规范与学术伦理
的学术偏差，如一稿多投、低水平重复、粗制滥造等。

其中，最令人痛恨的是学术腐败。学术不规范造成的一些学术失误还
能够被人理解和宽容，因为早期的一些学术著作以今天的学术标准来看的
确存在不规范的问题。

学术腐败、学术不端、学术失范等学术不良现象，使得近些年中国大
学的学术风气不正，令人关注，也引人深思。

一、学术不良蔓延危及科研形象

学术界曾被认为是社会良心的最后庇护所之一。而学术一旦出了大问
题，整个社会将面临严重的认识危机、思想危机和道德危机。

高校作为学术研究的重要阵地，学术不良事件对科研和教育的影响不
可低估。据笔者不完全统计，自 2004 年至 2010 年，引起媒体广泛关注的
高校学术不良热点事件有几十起，这些事件令教育界、学术界和社会对中
国高校学术研究现状进行深入的反思。

这些学术不良事件也许仅是中国学术界的冰山一角，也许还有大量学
术不良事件存在。

2008 年 9 月 1 日《科技日报》报道，据中国科技工作者协会调查显示，
有六成博士毕业生对学术不端行为者持宽容态度，分别有 39% 和 23% 的博
士表示这种行为是"值得同情"和"可以原谅"的。而更令人吃惊和担忧
的是，这项调查的结果还显示，一半以上的博士毕业生听说过自己周围的
老师或同学有过抄袭、造假等学术不端行为。

2009 年 7 月媒体又报道说，依托于分布在全国的 209 个科技工作者状
况调查站点进行的调查显示，我国近半数科技工作者认为当前学术不端行
为普遍，超过 50% 的科技工作者对学术不端行为持宽容态度。

当一种不正常的现象成为习惯而见怪不怪时，这是非常可怕的。人们
对学术不良现象从反感到习以为常，说明了中国学术界确实出了大问题。
而中国高校承担着中国科研的大部分任务，多数高级科研人员都在高校开

展学术研究，因而中国高校的学术不良现象令人担忧。

正如钱文忠谈学术界的不诚信时所说："我们不怕有病，就怕没有治病的方法；我们不怕没东西吃，但是不知道吃的东西里面添加了什么。这不仅是学历的问题、抄袭的问题，更是某种底线正在崩溃，这才是我们最怕的事情。"

中国科技大学前校长朱清时院士认为，现在对学术道德败坏行为过分宽容，甚至到了糊涂的地步，已经严重损害了教学、科研的秩序。这些糊涂思想已经成为危害我国创新能力的大敌。

2009 年的中国科协年会上，发给参会科学家们的资料袋里有一本《科学道德规范手册》，手册上有这样的一条规定："不撒谎。"这让与会的一些"两院"院士们揪心，中国科学家的底线竟降至此等地步。

在我国，中国科学院、中国工程院是科学研究的最高荣誉机构，"两院"院士在中国极受尊重。而多达一千四五百名院士中，多数是高校的教授。然而，近些年不断有院士卷入学术不良事件中，而且院士兼职太滥，官员、学者越来越容易进入"两院"，都使院士的形象大受影响。

2010 年 6 月，《中国青年报》社会调查中心通过网络进行的院士形象调查结果显示，在公众心中，19.7%的人认为"名副其实"，56.9%的人持相反态度，认为"徒有虚名"，55.6%的人认为院士垄断学术资源，不利于学科发展。调查还显示，60.8%的人认为院士不应该兼职，仅 11.3%的人认为院士应该兼职，61.5%的人认为院士兼职过多是"社会盲目崇拜、迷信专家名号所致"，49.0%的人认为是"一些地方政府、高校、企业争抢院士的结果"。

譬如，中国工程院院士李连达曾在浙江大学牵头的课题组中涉嫌多篇论文造假，当时引发了媒体的强烈关注。当事人李连达就对媒体表示，出现课题组论文造假事件，和他本人兼职太多、分身乏术有关系。

但是，高校热衷于利用院士招牌以期达到迅速提高办学能力的愿望，因此纷纷打起"院士牌"——"共享院士""双聘院士""多栖院士"此起彼伏，而院士也乐得名利双收。事实上，许多院士年事已高，往往一年也"光顾"不了几次学校。

我们的科学体制和科研机制出现问题，再得不到有效的改革和改善，会导致不断掩盖问题、缺乏自我清洁能力、"劣币驱逐良币"、科研水平滑坡等，对中国科学研究发展极为不利。

二、论文是学术不正之风的主要源头

在中国的大学里,学术腐败、学术不端、学术失范等表现形式有:论文抄袭,论文作假,夸大或虚构成果;在职称评定、经费分配、研究生招生以及各类重点学科、项目、实验室、硕士点和博士点的评定、考核或验收等方面,出现众多公关和腐败现象,令高校师生及当事人都感到习以为常或无可奈何。

而在这些学术不良现象中,最主要的是论文方面频繁出现问题,而其他方面也都或多或少地与论文有关。

据报道,我国科技人员发表的期刊论文数量,已经超过美国,位居世界第一。然而论文的平均引用率却远远排在后面。这说明我们的很多论文内容价值含量极低,真正极好的论文在中国还是凤毛麟角。美国《科学》杂志主编布鲁斯·艾伯茨访问华中农业大学时说,每年《科学》会收到1.4万份论文,最后被接受刊发的只占投稿总量的8%。瑞士的用稿率最高,而中国论文的拒稿率非常高。

在中国高校里,科研成果中的论文数量是"武林至尊"。几乎所有的高校对教师乃至研究生都有论文发表指标,达不到发表论文数量,就无法评职称,无法评优秀,无法得奖金,无法得证书。

中国工程院副院长杜祥琬曾戏说:"先哲老子一生唯一的著述《道德经》不过五千言,若按现行的学术评价体系,这位先哲可能连硕士学位都拿不到。"因此,他认为"不好的评价体系会产生负面的影响"。

但是,在高校,评价体系却仍无法改变,仍以"论文数量为王"。

根据发表的期刊不同,论文也有一般期刊论文、核心期刊论文之分,根据不同级别给予不同数额的奖励。而如果论文能够在全球顶级学术刊物《科学》和《自然》上发表,奖励的金额更将是"天价",比如中国农业大学、广东海洋大学的奖励金额高达100万元。

而在我国,论文也成了一个巨大的"产业"。有学者调查统计,2007年我国买卖论文"产业"规模约为1.8亿元,到2009年已膨胀5.5倍,销售额近10亿元。全国学术期刊一年只能发表论文248万篇,而有论文发表指标的人数达到1180万,排除部分人员非每年必须发表因素,每年仍有数百万人有硬性的论文发表需求,只能求助于网上或线下的论文买卖市场和非法学术期刊解决。

论文产量多，而论文抄袭率也极高。每年都有很多高校师生因为论文抄袭而被处理。据 2010 年 9 月媒体报道，有学者利用论文软件调查，发现中国论文抄袭率达 31%。

严格而僵化的教师评价体制"逼良为娼"，缺少论文，即使有其他方面的成绩，诸如教学、实践研究等，也很难获得肯定。论文的"硬杠"和"一票否决"地位，让教师无可奈何。

科研成就一定要表现在论文数量上，否则就会被质疑。2011 年 8 月，学术打假人方舟子（方为民）在微博上指责北大著名法学教授贺卫方"绝对是法学界的水货，毫无疑问，根据北大法宝数据库期刊数据统计，自1993 年贺卫方没有在期刊上发表一篇学术文章"。方舟子进而发表评论："既然贺卫方 20 年不发论文，他是怎么当的北大法学教授？靠时评、演讲，还是像以前发现的那样，靠反复发表旧论文？与其拿纳税人的钱尸位素餐，何不辞职搞法普？"

面对质疑，贺卫方在博客上公布了 1990—2010 年间发表的论文与评论目录，其中仅发表在学术期刊上的论文就有数十篇，其中有三篇论文还被列为中国法理学界最具影响力论文五十篇之内，还有新闻传媒学界引用最多的前三篇论文之一。因此，方舟子的批评被证伪。一时间引起学术界更深入的争论。学者徐贲撰文，探讨教授与论文及学术的关系问题，认为"论文不能说明一个人的学问"，"'学术刊物'上的论文未必都有学术价值"。

论文数量是否能够代表学术？或者说今天的很多论文是否学术？这是一个应该反思的问题。

学术成就与论文论著的数量是否必然画等号呢？被誉为"杂交水稻之母"的谢华安，只有中专学历，但他凭借自己的勤奋和努力，为我国杂交水稻的研究与推广并在国际保持领先地位做出了突出的贡献。而他五次被提名参评中国工程院院士却都未能当选，原因主要是理论水平低，理论成果少，这引起了学界关于评院士是看论文还是看贡献的争论。2007 年 12 月，谢华安终于当选中科院院士，但其专著被举报涉嫌侵占他人劳动成果。如果没有论文论著的常规要求，而是看科研实绩，也许就不会有如此争议事件发生了。

"杂交水稻之父"袁隆平也屡屡评不上中国科学院院士。这位名动世界为人类做出巨大贡献的科学家，虽被美国科学院授予外籍院士，但至今也无法成为中国的院士，原因据说是他的科研方法没有创新。我们的科学评价标准难道没有问题吗？

今天，我们说在高校里"论文误尽苍生"也许并不为过。确实，扭曲的论文风让学术良知在高校中岌岌可危。

中国高校的以论文为主导的学术不良现象，严重影响了中国高校科研水平的提高，败坏了中国大学的学术形象，也给青年学生带来了极坏的负面影响。

三、高校如何才能成为学术净土

《国家中长期教育改革和发展规划纲要（2010—2020年）》中对高校科研提出了新要求："充分发挥高校在国家创新体系中的重要作用，鼓励高校在知识创新、技术创新、国防科技创新和区域创新中作出贡献。大力开展自然科学、技术科学、哲学社会科学研究。""完善以创新和质量为导向的科研评价机制。"

然而，高校科研的创新能力还无法适应新的要求。2010年10月，南京大学副校长吕建这样说："现在我们的大学楼很多、学生很多，但这种粗放式发展不会产生诺贝尔奖获得者，相反出现了学术腐败问题，就如同经济发展中与GDP增长相伴的环境污染。"

如何才能消除高校里的"环境污染"？如何才能让高校回归为学术净土？

我认为，主要应该从以下方面入手：

第一，改革高校科研评价体系，弱化论文数量的指标；

第二，严格重建学术规范，形成学术纠错机制；

第三，重视学风建设，营造宽松自由的学术研究环境；

第四，加大对学术腐败和学术不端的惩治，严肃查处剽窃抄袭和造假事件；

第五，倡导高校合理规划科研发展目标，禁止攀比和"大跃进"；

第六，加大科研投入，满足科研人员的科研经费，设计科学的经费分配机制；

第七，赋予科研所和学校必要的自主权，建立保证学术独立的机制；

第八，改革高校的行政和学术运行体系，禁止行政力量干涉和控制学术研究；

第九，适当控制研究生的培养规模，严格招考制度，提高研究生的科研素质。

事实上，一些高校也意识到了这些问题，并试图进行改革。例如，2009年，电子科技大学计算机学院软件学院出台新规，取消硕士研究生学位"发表论文"的硬性规定，引起教育界的广泛赞同和肯定；2009年，吉林大学制定新的《吉林大学学术委员会章程》，其中规定，学校领导和职能部门负责人不担任各级学术委员会委员职务，实现行政管理与学术决策的相对分离；2010年，复旦大学在制定被称为"复旦宪法"的大学章程时，也规定校长及行政负责人退出学术和教务委员会，以此摒除行政权力对教育的过度干预。有观察家认为此举可以视为中国大学学术研究"去行政化"的先声。

但是，高校科研困境仍很严峻，问题重重非一日之功可改变。从根本上遏制高校的学术不良现象，需要政府部门从教育体制上和科研机制上加以改革，否则，很难消除和杜绝学术腐败和学术不端行为。因此，要重振高校的科研雄风，提高高校科研水平，必须加强教育改革。

第二十九章　求解"钱学森之问"
——大学改革与人才培养问题

2009年10月的最后一天，98岁高龄的中国科学巨星钱学森走了。在留下珍贵科学遗产的同时，他还留下了对中国人才培养的忧虑与期待。他说的那句"为什么我们的学校总是培养不出杰出人才？"被舆论称为"钱学森之问"。2009年9月，国务院总理温家宝在一次调研时说："这句话他给我讲过五六遍……我理解，他讲的杰出人才不是我们说的一般人才，而是像他那样有重大成就的人才。"

可以说，破解"钱学森之问"，关键在于中国高等教育改革和人才培养问题。也可以说，"钱学森之问"是为中国高校改革和创新人才培养留下的重要课题。

一、中国大学面临的问题

中国高等教育出现的众多问题，越来越引起人们的关注。

非常有意思的是，2008 年在中国最好的两所大学网站上，"好事"的黑客竟然"多管闲事"地分别以两所高校校长的名义批评起中国的高等教育来。2008 年 8 月 24 日晚，一名黑客编造出了一篇以清华大学校长顾秉林名义接受学生记者采访的新闻报道，在该"报道"中，顾秉林表达了他对现在大学教育状况的担心，"现在各高校，包括清华与北大在内，已经没有将培养人才作为大学教育的目标"。2008 年 9 月 26 日深夜，北大校园网挂出一篇名为"现在的大学校园已被侵蚀"的文章。文中以北大校长许智宏的名义批评了现行教育制度，称中国的高等教育体制改革势在必行，并提出"改革的重点"，其中包括"加强传统的道德文化教育""对以教授名义长期盘踞校园的无德无能之辈清理门户"等内容。事后，两篇校园网校长报道文章均被证实是黑客所为。但是，这引起了人们对高等教育发展的思考。

应该说，这些年来中国高等教育的发展有很大进步，最显著的进步就是高等教育已经从精英化走向大众化。通过"211 工程"和"985 规划"等，高校的科学研究也有了很大的进步；通过教学评估和学科建设，高等学校的教学管理逐步规范，教学水平有所提升。

但是，中国高等教育的发展还远没有达到令人满意的程度。从我国自己的研究机构进行的两项高等教育评价来看，我国高等教育的发展远未与中国大国的地位相称。一个是 2009 年 11 月上海交通大学高等教育研究院世界一流大学研究中心发布的 2009 年世界大学学术排名。该排名列出了全球领先的 500 所大学，中国大陆的大学全都在 200 名之外。其中，北京大学、清华大学、上海交通大学、浙江大学、中国科学技术大学、南京大学这六所大学排在第 201—300 名。另一个是 2010 年 10 月中国社会科学院城市与竞争力研究中心等发布的《中国国家竞争力报告》，该报告显示中国高等教育指数虽排在第四，仅次于美欧日，但指数值不及欧盟的 1/10，只有美国的 1/3。中国教育整体水平不高，尤其缺乏具有世界一流水平的大学。这两份报告既说明了中国高校在世界上排名太低，也说明了中国高等教育在世界高等教育中的地位也微乎其微。这无疑让我们对中国高等教育的发展充满不安。

　　而高等教育培养的受教育者的感受又是什么样的呢？《中国青年报》社会调查中心的网络调查结果显示，34.7%的受访者在谈到自己的大学生活时，都觉得"后悔"。从中我们可以看出大学生对大学教育的失望。

　　那么，中国的大学主要存在哪些问题？

　　第一，大学的行政化严重。中国的大学由行政部门来管理和主导，教育部和地方教育部门是大学的实际"主人"。事实上，"官办官管"一直是我国大学管理的主流，行政权力长期充当着大学运行管理的主导力量。对大学管得过死，使大学缺乏发展的自主权，束缚和限制了大学的健康发展。同时，高校分为副部级、正厅级、副厅级等，行政级别色彩极浓。在大学里，行政权力过大，而学术权力没有得到应有的尊重，学术的中心地位、大学的学术氛围、学者做学问的兴趣，都受到了影响。正如陈嘉映所说："在我们的大学里，学生服从教师，教师服从行政。大学首先是个机关，学问不学问是次要的。"

　　第二，大学发展模式趋向同一，大学同质化现象严重。综合性大学几乎成了所有大学发展的目标，学校特色不明显，学校间的界限也越来越模糊。所有的大学千篇一律，用同一个标准、同一个模子去考核本来具有无限发展可能性的众多大学，这样就造成中国的大学非常雷同，专业设置基本上所有学校都一样；为了增强大学实力而合并了很多高校，往往抹杀了高校的专业发展特色，结果往往造成"1 + 1 < 2"甚至"1 + 1 < 1"的现状。"千校一面"的发展趋势使中国高校在世界高等教育中缺乏特色和竞争力。实际上学校不是越大越好，大学应该是以专科、以特色取胜，而不是以学科的众多取胜，有时候"小"的才是美的。

　　第三，高等教育"大跃进"造成了一系列问题。大学扩招虽然是适应了家长们的教育需求，但是，过快过猛的扩招速度带来的问题至今仍然消化不尽。中国的普通高校数量由扩招前的 1022 所，增加到 2010 年的 2358 所，短短 12 年间翻了一倍，这在世界上都是少有的速度。学生数量剧增，生源质量大幅下降，使高校教学质量难以得到保证；师资规模短时间的扩大，带来了师资水平严重下滑的后果；校舍扩建给高校带来了巨额贷款债务压力，甚至很多高校无法偿还，只好将精力更多用于创收，而在提高教育质量上难以投入更多精力。

　　第四，大学的课程设置和教师教学质量存在诸多问题。大学课程设置的随意性过大，要么课程陈旧不适应社会发展，要么跟随着市场热点随时更改，既缺乏教学创新能力，又忽视合理的课程结构。我们的大学还是把掌握课本知识作为教学起点，统一教材往往死板僵化，而教师的教学则往往照本宣科满堂灌，让学生缺乏兴趣。有大学生模仿央视春节晚会小品创作的大学版《不差钱》写道："眼睛一闭一睁，一堂课过去了；眼睛一闭不睁，上午就过去了。人生最痛苦的事你知道是什么吗？是下课了，但人没醒。人生最最痛苦的事你知道是什么吗？是人醒了，但没下课。最最最痛苦的事你知道是什么吗？是上课了，但睡不着。"

第五，大学学术研究呈现虚假繁荣。对大学教师的学术考核评价手段单一，论文成为最主要的硬杠，致使中国成为论文大国，但是，科研水平却在世界上排名不高。学术泡沫、学术垃圾充斥学术界，学术造假、学术腐败等学术不良现象严重。此外，如高等教育评估问题，现行的一些评估政策不符合实际，也不利于真正的竞争。各种教育评估尤其是本科质量评估、学位点评估，等等，往往成了学校之间的公共关系竞赛。使得中国高等教育的形象大大受损。

第六，中国大学的人文教育和创新教育缺乏。所谓大学的人文教育，主要指的是大学本科阶段的通识教育。中国的大学从第一年开始即进行专业教育，如果算上高中阶段的文理分科和严酷的高考，可以看出中国学生非常缺乏人文教育，这导致专业教育至上、人文素质偏低的后果。同时，中国大学生的创新能力较差，这也已经是人们的共识。我们的高等教育中，应试仍然起着主导的作用，基于就业为主的教育思维，使得我们在创新上说得多，实际做到的很少。

二、一流大学才能培养一流人才

2010 年，《中国青年报》进行的一项调查也指出，目前大学存在的问题包括：忽视对学生综合素质的培养（70.9%），抄袭等学术不端现象严重（61.0%），缺乏创新人才（55.8%），学术评价标准有问题（53.2%），缺乏一流的教育家（50.2%），管理不透明（48.6%）等。调查还显示，公众认为读大学最重要的收获，首先是获得独立思考能力（78.2%），其次是掌握学习能力（58.1%），第三是取得专业知识（54.6%）。而在公众心目中，什么是世界一流大学的标准？调查中，71.4%的人首选"有独立自由的文化氛围"，70.2%的人认为是"对社会起到引领作用"，61.5%的人选择"有高素质的教师团队"，53.8%的人选择"培养出大量杰出人才"。

创建世界一流高校的雄心，一度让高等教育界摩拳擦掌。为此，国家设了"211工程""985"工程，一批高校被寄予厚望，加大了教育经费投入。但是，囿于高校体制等诸多问题，中国的大学距离世界一流大学的路还很遥远。

世界一流大学应该具备哪些普遍的标准？

第一，世界一流大学一般情况下还是以研究为主体的，一般的应用性大学没有被放到这个指标里，所以首先强调的是理论和技术的原创性，或者说创新能力，就是它对这个学科或理论有多大的贡献。

第二，要看世界一流大学的学生品质、就业率、社会影响度，也就是大学的产品。国外在很大程度上是看学校毕业的学生薪水的平均程度、就业率、受社会欢迎的程度、学生的口碑等，因此说学生是一个非常重要的指标体系。

第三，要看学校对一个国家政策和经济的影响。一个好的大学很重要的一点是它对国家基本政策的干预能力、影响能力和贡献能力，也就是国家有多少重大的科技、经济、社会政策是通过大学的研究来影响的，这是一个很重要的指标。和研究型大学相对应，对区域性的大学来讲，更多是它们对区域经济成长的贡献，对整个经济社会发展的贡献能力到底有多大。和这些指标相联系的，还有大学内在的指标，就是看一所大学里有多少大师，大学里多少老师是在国际学术组织中有地位的、有影响力的。布鲁贝克认为，20世纪60年代以来的美国大学"不仅是美国教育的中心，而且是美国生活的中心，它仅次于政府成为社会的主要服务者和社会变革的主要工具"。而我们的大学还远远没有达到这一点。

按照这些标准，中国创世界一流的大学还有漫长的路要走。

我们的差距主要在哪里呢？最重要的就是人才，主要有两个方面：一是教师人才，二是学生人才。首先要看能不能把全世界最优秀的教师吸引到我们的大学里来。梅贻琦先生说："所谓大学，非谓有大楼之谓也，乃大师之谓也。"没有大师，大学是不可能成为一所优秀大学的。只要有好的老师，就会有好的学科，它的创新能力就强，它的学术贡献能力就强，这是一个重要的条件。现在的问题是，最优秀的人没有进大学，社会上不少有研究兴趣、有研究能力、有研究天赋的人可能到了企业、到了政府，就是没有进入大学。大学应该真正地能够吸引社会上最优秀的人才进入。

当然，有好的老师还不够，还要有好的学生，所以要看我们的高校能不能招到世界第一流的学生。比如哈佛、剑桥、牛津等知名高校，它们最重要的就是把全世界最好的学生招来了。现在的情况是，连我们自己最好的学生都没有招到，很多最好的学生都到中国香港、美国等地的高校就读了，甚至还有很多高中生没有参加高考就已先出国了。同时，即使在我们现有的学生里，招生制度也不能把最好的学生相对集中。比如北大、清华在北京招生的分数比外地要低很多，这从另外一个侧面说明它们没有招到最好的学生。因此，一个最好的大学，必须把最好的学生，而且必须是全世界最好的学生招来。如果我们的北大、清华能把世界各国一流的中学毕业生招来读大学，就说明我们的大学有希望成为世界一流大学了。

创建一流大学，着眼点首先应放在创建一流的学科和专业上。我们要从抓好有坚实基础、有竞争力、有成长力的学科开始。事实上，一个好的大学往往就是几个学科比较优秀，我们的评定标准都是评学校的优劣，而在国际上往往主要是看学科的优劣。一所学校如果能有一两个学科跻身于全国一流乃至世界一流就很了不起了。在一些重要学科领域里，国家应该给予最大支持，同时，可以吸引社会资金来给予支持。中国有很多赚钱能力极强的上市公司，如果能够允许他们用这些钱创办一些创新性大学，甚至收购一些公立学校，那么也许可以做出一些今后能够与北大、清华竞争的高校。大学本身的竞争力很关键。现在北大、清华等国内名校有资源优势，没有学校能够向它们挑战。我们应该创造条件让清华、北大有危机感。只有它们有了危机感才能有动力和压力，也才能有更大的成长。

近年来，新闻舆论非常关注深圳市创办的南方科技大学，不断引起人们对创办世界一流大学的反思和焦虑。

早在 2007 年，深圳市作为全国著名的经济强市，面对着邻居香港只用短短十几年时间从无到有地创办出迅速成为世界一流大学的香港科技大学，决心仿照香港科技大学全新建设一所自己的一流高校。于是，深圳市开始了漫长的筹建之旅。

一流大学需要一流校长。经过一年多的全球遴选，2009 年 9 月，中国科技大学前校长朱清时院士最终成为南方科技大学（筹）创校校长的最佳人选。2010 年 9 月 30 日南方科技大学校园建设正式开工，并开始了教师和行政管理人员的公开招聘考试。南方科技大学从此因国际化办学理念和"教授治校"模式而一直备受外界关注。然而，南方科技大学（以下简称"南科大"）筹办几年来，却充满波折。先是教育部迟迟不予正式批复，到2010年10月才勉强给予批复，但是由于南科大与中国目前的行政体制和教育体制不太一致，教育部只是批准筹建，而非批准成立。在这种情况下，南科大为了赶时间，担心错过机会，在没有获得教育部批准招生的情况下，决定"自主招生""自颁文凭"。在全国范围内自主招收50名首期教改实验班学生，并承诺如果学生最终不能获颁教育部认可的文凭与学位，南科大就自发文凭与学位。因此，除"去行政化""教授治校"外，"自主招生""自颁文凭"也成了其改革的焦点。首批录取的来自全国各地的高二学生，成了南科大的第一批参与改革实验的勇士。2011年6月的全国高考，这批学生集体弃考，决心跟着朱清时一起实验到底，成为媒体持续关注的热点。

南科大的方向是建设一所研究型的大学，其初衷即为精英教育，瞄准的是世界一流高校。"自主招生"和"自颁文凭"，这只是南科大梦想的一小部分。他们还要取消学校的行政级别，搞书院制，尽可能采用全英文讲课等。但是，根据中国高等教育的法规制度，办专科、本科、硕士、博士等各层次的教育，分别有一定的时间限制。按照常规，南科大招专科学生没问题，因为办学需要的土地、设备、师资等，对深圳市来说不算问题。关键是南科大要一步到位招博士生。按照现行规定，新建高校必须等有专科生毕业几年后，学校才可以招收本科生，本科生毕业几年后才可以招收硕士生，然后才有资格招收博士生。这样，没有20年的时间是不可能的。但是，南科大等不起。所以，他们只有选择"出格"，"自主招生"，"自颁文凭"。我曾建议改革现行的大学招生和文凭颁发制度。由国家制定各级学历的国家标准，对符合办学条件的，给予办学许可和国家认证；对不符合办学条件的，不给予办学许可和国家认证，但允许学校自己招生和颁发学校自己的文凭。学校靠学生培养质量说话，靠学校的品牌在学生就业市场上说话，这是文凭真正的作用。事实上，类似的改革，多年以前在上海也曾经悄悄地上演过，当年的中欧工商学院，就是这样上路的。一开始没有教育部的承认，他们自己颁发文凭。随着知名度的提升，中欧工商学院在国际商学院榜上有名，最后国家也只好承认。即使不承认，它的品牌和影响也无须教育部门予以承认了。金杯银杯，不如老百姓的口碑，教育也是如此。

建设一流大学，是需要时间积淀的。其实，如果我们给大学以宽松的政策和创新的空间，以及充足的经费，在短时间里建出一流大学不是没有可能。人们熟知的香港科技大学，拿一大笔资金办学，聘请来全世界的顶尖学者，正因为起点高，一开始就可以培养硕士、博士，进行顶尖的研究，因此，只用了十年时间就发展成为世界一流大学，在很多方面的世界排名甚至超过了北大、清华这样的国内百年名校。

当然，南科大的未来之路会什么样，还在发展变化之中。但是，无疑其代表了中国高等教育的未来发展之路。

不可否认，中国的大学改革仍面临着艰难的处境。正如北大中文系主任陈平原教授所说："中国大学问题很多，北大也一样，好多制度性问题不是一下子就能解决的。你可能知道问题在哪里，但你一旦想改动，哪怕搬动一张桌子，都会涉及各种人的利益。找到一条对大家都好，没有人受损害的改革之路，几乎不可能。"

但是，若产生世界一流大学，非要阵痛不可，否则，将陷入永远的平庸。我们应该放手让一些高校去追求梦想，为中国的教育改革探路，为民族的复兴探路，为建设真正的一流大学探路。

三、大学改革的现实出路

在我们面前，已经没有更多选择，要培养出世界一流的杰出人才，高校改革是必选项，此外别无出路。

我们应该在哪些方面开始着手进行高校改革呢？

第一，应坚决对高校进行"去行政化"的改革。政府应该在高校中实行政校分开、管办分离，并逐步取消实际存在的行政级别和行政化管理模式。取消大学校长和书记及学校各级管理人员的行政级别，改变大学校长由上级政府部门任命的做法，实行大学教授委员会选举校长的制度，并实行任期制。实行"教授治校"，大学的行政管理人员，应该从教授中选拔，民主选举，校长任命，任期结束回去继续担任教授。这样既大大减少高校行政人员的数量，又提高行政人员的工作水平和服务水平。朱清时在当选南方科技大学校长之后曾说："办大学首先要去官化、去行政化。""创办一流大学所需具备的三个要素——追求卓越、学术自由、学者自律。"

第二，加强对大学进行分类管理。中国的大学分类不是很清晰，对不同类型大学的要求往往是一样的。大学应该分国立、省立、市立、民办，民办大学里面又分营利性大学和非营利性大学。公立大学就是政府的事业单位，是为老百姓提供公共产品的地方，经费应该由政府财政来提供支持，因此应是完全非产业的。民办大学里不营利的也不应该产业化，营利性的民办大学则可以走产业化道路。此外，对职业院校、专科院校要大力扶持，尽量减少综合大学的数量，加大发展社区大学的力度。大学本身也应该分类，应有研究性、教学性和技术性大学之分。像北大、清华这样的学校，毫无疑问应该是以研究为主的大学，它们的方向就应该是理论研究，在一些重点学科上进行创新，走出去和世界那些最好的学校、学科竞争。而地方性高校，主要精力应该放在为地方的经济社会发展服务上，更多的应当是偏应用。而其他技术性和职业性大学，它的目的主要是培养有技术的高级工人，那么它的方向当然应该以技术操作为主。因此，对于不同的大学应该有不同的定位。

第三，政府要给大学放权，大学要真正享有办学自主权。早在 1999 年 1 月颁布的《中华人民共和国高等教育法》里就明确规定，大学享有招生自主权、设置和调整学科和专业的自主权、教学自主权、开展科学研究、技术开发和社会服务的自主权、开展对境外科技文化交流的自主权、进行内部机构设置、评聘教师和其他专业技术人员和调整津贴和工资分配的自主权、财产管理和使用的自主权等七项办学自主权。但是至今所有的大学都没有获得以上任何自主权。国务院总理温家宝说："一所好的大学，在于有自己独特的灵魂，这就是独立的思考、自由的表达……大学必须有办学自主权。"因此，政府应该尽快落实放权给大学，同时，应该成立国家和地方的大学拨款委员会，加大对大学的教育经费投入力度。如果不放权，不多投入，大学改革将很难有实质性的进展。

第四，要提高研究生教育的质量和水平。研究生教育特别是博士研究生的教育质量，对培养优秀人才和杰出人才起着尤为重要的作用。到 2009 年，我国已拥有博士授权资格的高校超过 310 所，而美国只有 253 所。到 2009 年，全国在读博士生达 24.63 万人，而 1999 年中国在读博士生人数只有 5.4 万人，10 年间增加了 4.56 倍。超过美国成为世界上最大的博士学位授予国家。2010 年，全国招收博士生 6.38 万人。其中，官员老板考博一路绿灯，博士生的质量和科研水平广受质疑。2008 年 9 月中国科协的一项调查，更印证了人们对博士质量的担心。该项调查显示，对一直以来都令社会不齿甚至愤怒的"学术不端行为"，分别有 39% 和 23% 的博士认为是"值得同情"和"可以原谅"的。据 2010 年华中科技大学教授周光礼的《中国博士质量调查》一书披露，46% 的博导同时指导的学生超过 7 名，最多的高达 47 名。该书还称，当前大多数博士生称导师为"老板"，被导师当作廉价的高级劳动力。60% 的学生认为，他们承担了导师课题大半的任务，不少博士生成为给导师跑腿的高级劳力。博士生教育存在的问题，严重影响了中国的高级人才培养。《中国青年报》社会调查中心的一项调查也显示，76.1%的人认为博士不是越多越好，博士生教育应回归精英教育。博士生教育质量应该侧重于专业研究特别是理论研究，而不是单纯为了就业而窄化教育培养深度和广度。另外，研究生的学制不能过短，导师的招生权力缺乏、学术资源配置不平衡以及以课题经费资助学生的培养制度都存在问题。因此，研究生培养制度改革应该引起重视。

第五，加快高考改革，大学尽快实行自主招生。高考改革是教育改革的另一个关键点，它既影响着基础教育的培养模式，也影响着大学生源的素质。高考制度在一定程度上造成了应试教育的弊端，这是高考存在的最大问题。相对来说，它也是比较单一化的人才选拔方法，忽视了多元化，忽视了地区间的公平性，也忽视了一些特别人才，高考对遴选一些拔尖的特别优异的怪才、偏才缺乏有效的选拔方式，导致这些人才很难被发现，而这些人才往往是很有创造性的。因此，高考也在一定程度上影响到了我国的科技创新。《国家中长期教育改革和发展规划纲要（2010—2020 年)》对考试改革非常重视，提出了一系列指导方针，是很有针对性的：

"建立科学的教育质量评价体系，全面实施高中学业水平考试和综合素质评价。"

"改进教育教学评价。根据培养目标和人才理念，建立科学、多样的评价标准。开展由政府、学校、家长及社会各方面参与的教育质量评价活动。做好学生成长记录，完善综合素质评价。探索促进学生发展的多种评价方式，激励学生乐观向上、自主自立、努力成才。"

"推进考试招生制度改革。以考试招生制度改革为突破口，克服一考定终身的弊端，推进素质教育实施和创新人才培养……探索招生与考试相对分离的办法，政府宏观管理，专业机构组织实施，学校依法自主招生，学生多次选择，逐步形成分类考试、综合评价、多元录取的考试招生制度。"

"完善高等学校考试招生制度。深化考试内容和形式改革，着重考查综合素质和能力……探索有的科目一年多次考试的办法，探索实行社会化考试。""逐步实施高等学校分类入学考试。"

"完善高等学校招生名额分配方式和招生录取办法，建立健全有利于促进入学机会公平、有利于优秀人才选拔的多元录取机制。普通高等学校本科招生以统一入学考试为基本方式，结合学业水平考试和综合素质评价，择优录取。"

应该说，这些规定确实都是未来高考改革的方向。特别是高校自主招生，如果能够得到真正实现，一些偏才、怪才、真才就有了继续深造成为杰出人才的渠道和可能。但是，目前面临的情况是，当下的高考选拔方式对农村的、基础教育相对薄弱的偏远地区的孩子的成长非常不利。2011年的一项调查研究表明，中国重点大学农村学生比例自1990年代起不断滑落，北大的农村学生所占比例从三成落至一成，清华2010级农村生源仅占17%。过去高考的公正性大家都公认，但现在它的公平性已经受到质疑。

第六，要大力扶持民办高校。中国的公办教育过于强大，而没有给民办教育以更大的发展空间和机会。事实上，中国的民间资本还没有真正进入教育领域。我们的民办高校在发展之初就是在公办高校设立二级学院和独立学院为主导的政策下进行的，因此，民办高校发展受到制约，很难长大。我曾提过建议：（1）国家在原则上不应该再兴办公办大学，应该把新增长的部分都交给民办大学；（2）国家应出台优惠政策，鼓励民间资本进入高等教育领域，新建或者改造我们的公办大学。在国际上也有很多现成的经验，比如民间投资一个亿，则政府配套一亿元，再比如通过免税政策等吸引民间资本进来。我认为没有民办高校的真正崛起，中国的高等教育是走不远的。中国也很难办出像哈佛大学、牛津大学那样的世界一流的私立大学。对于教育经费投入不足的发展中国家，更应该吸引民间资本进入高校领域。

我提出过呼吁国家进行大学转制的建议，曾经引起媒体和学界的关注。我认为，随着时间的推移，大学转制的条件已经更加成熟。我建议，教育部拿出一所部属大学，每个省拿出一所省属大学，进行转制试点改革，吸引科技创新型企业、民间资本或者国外著名高校进入。这样一是可以使大学更有活力，二是可以促进产学研结合，三是会使大学与市场结合会更紧密。那么该如何进行转制？我认为可以采取多种形式，既可以将学校整体出售，也可以将学校的一部分转制，还可以委托给民间机构经营管理。其实，国外就有许多不同的模式，如新加坡管理大学（SMU）就是由国家举办的私立大学，这所大学的房屋由新加坡政府负责建设，与美国的一所大学联合办学，组成了大学的董事会，按照私立大学的收费标准和管理机制进行运转。我们同时也可以在二级学院的转制途径上采取两种模式：第一是"蛇吞象"模式，即二级学院通过股份制等方式吞并其"母体"（原所属高校）；第二是二级学院与"母体"彻底脱离，成为独立的民办高校。政府应该出台配套政策予以保障和支持大学的转制试点工作，时机成熟时可以立法。政府应对进入高校的企业予以优惠的免税政策，对于非营利性高校可以提供相同额度的配套资金支持，也可以继续保留全部或者部分教育拨款。经过一个时期的试点，推广成功经验，逐步放开，最终达到国家集中力量办好1—20所一流国立高校，每省办好1—2所省属高校，有条件的地市办好1所市属大学，其余的大学逐步进行各种形式的转制。国立大学要面向全国公平招生，省属和市属大学可对本地区学生实行适度优惠入学政策。其余的转制大学完全自主招生。而转制以后节约出来的教育经费，三分之一给国立大学改善办学条件，聘请世界一流的教师，缩小与世界著名大学在经费上的巨大差距，真正地办成世界第一流的大学。另外三分之二作为高等教育改革发展的专项基金，以支持高等教育的发展。教育经费的增量部分，主要用于推进基础教育的均衡发展。这可谓一举多得。

中国的大学改革势在必行，这既是中国社会经济文化发展的需要，更是中国科技发展的需要。杰出人才的出现，与大学改革密切相关。只有杰出的世界一流的大学教育，才可能有世界一流的杰出人才涌现，中国的科技创新和国家发展才有希望。

第三十章　中国教育：从规模扩张走向内涵发展

2004年至2010年，中国教育同中国的经济发展一样，也处于快速发展中。中国教育的规模不断扩大，教育投入不断增多。中国教育正从规模扩张向提高质量内涵方向转型。但是，毋庸讳言，在转型过程中，中国教育还有很多问题没有从根本上得到改变，中国教育改革仍然任重而道远。

一、中国教育发展的攻坚之旅

应该说，自 2004 年至 2010 年，中国教育在几个关键问题上获得了长足进步，困扰中国教育的几个重要问题终于尘埃落定、水落石出，让教育界和社会各界看到了希望。

第一，明确了教育投入的发展目标。

早在 1993 年，国家发布的《中国教育改革和发展纲要》就提出，到 20 世纪末国家财政性教育经费支出占 GDP（国内生产总值）比例要达到 4%。但是，到 2000 年，这一数字仅达到 2.87%。自 2001 年起，始终在 3% 左右徘徊（见表 30-1）。

表 30-1　2000—2009 年国家财政性教育经费占 GDP 比例一览表

年份	2000	2001	2002	2003	2004	2005	2006	2007	2008	2009
比例（%）	2.87	3.19	3.41	3.28	2.79	2.82	3.01	3.32	3.48	3.59

（数据来源：教育部发布的 2000—2009 年历年全国教育经费执行情况统计公告。）

其中，2004 年和 2005 年比例甚至跌破 3%，按照统计公告的说明是这两年国家统计局根据经济普查资料结果将全国国内生产总值做了调整，因而我国国家财政性教育经费统计口径不能完全反映我国政府安排教育经费的总量，到 2006 年数据正常。因此，可以说自 2001 年起的大部分时间，国家财政性教育经费占 GDP 比例都是 3% 多一些，达到 4% 的这一目标始终没能实现，虽然原因很多，但这一事实被普遍诟病。

2010 年 7 月，公布的《国家中长期教育改革和发展规划纲要（2010—2020 年）》明确提出，提高国家财政性教育经费支出占国内生产总值的比例，2012 年达到 4%。

这一承诺引起人们的普遍关注。随着中国经济总量基数不断扩大，4% 这一数字对中国教育来说仍是比较可观的。

第二，免费义务教育得到最终解决。

义务教育又被称为强迫教育和免费义务教育，其具有强制性、免费性、普及性的特点。但是，长期以来我国的义务教育一直没有实现免费。2004 年至 2008 年，在各界的努力下，免费义务教育终于一步步得以实现。

2004 年，国家启动西部地区"两基"攻坚计划，几年时间里国家投入了 100 亿元建设了 8300 多所寄宿制学校，解决了农村学生入学的问题，并实施了"两免一补"政策（对农村义务教育阶段的贫困家庭学生免杂费、免书本费、逐步补助寄宿生生活费）。2006 年 9 月 1 日，经过修订颁布的《义务教育法》明确规定，"实施义务教育，不收学费、杂费"，国家从法律的层面确立义务教育经费保障机制，保证义务教育制度实施。2007 年春，免除全国农村义务教育学杂费，这意味着中国农村教育真正实现了免费义务教育。

2008 年秋，全国城市义务教育阶段实行免除学杂费，这则意味着中国义务教育阶段彻底实现了免费。这对中国教育来说具有划时代意义。如今，全国各地又纷纷实施免除义务教育阶段学生课本费的政策。与农业领域免除农业税一样，义务教育全免费可以说是近些年中国教育向前发展的重要标志。

第三，各级各类教育规模不断扩大。

学前教育幼儿园数从 2004 年的 11.79 万所，增加到 2010 年的 15.04 万所；在园幼儿（包括学前班）从 2004 年的 2089.40 万人增加到 2010 年的 2976.67 万人；学前教育毛入园率也达到了 56.6%。

义务教育阶段，小学学龄儿童入学率从 2004 年的 98.95% 增加到 2010 年的 99.70%；初中阶段毛入学率从 2004 年的 94.1% 增加到 2010 年的 100.1%；初中毕业生升学率从 2004 年的 63.8% 增加到 2010 年的 87.5%；全国普通中小学校舍建筑面积也从 2004 年的 123284.12 万平方米增加到 2010 年的 141751.04 万平方米。

特殊教育学校数、招收残疾儿童数及在校残疾儿童数均有增加。从 2004 年全国共有特殊教育学校 1560 所、招收残疾儿童 5.08 万人、在校残疾儿童 37.18 万人，分别增加到 2010 年的 1706 所、6.49 万人、42.56 万人。

高中阶段的毛入学率从 2004 年的 48.1%，增加到 2010 年的 82.5%；专任教师学历合格率也从 2004 年的 79.59%，增加到 2010 年的 94.81%。

全国中等职业教育（包括普通中专、职业高中、技工学校和成人中专）2004 年共有学校 14454 所，招生 566.2 万人，在校生 1409.24 万人，到 2010 年，这些数字到 2010 年分别达到 13872 所、870.42 万人、2238.50 万人。令人可喜的是，到 2010 年中等职业教育总招生数已占到高中阶段教育招生总数的 50.94%，在校生数也占高中阶段教育在校生总数的 47.78%。应该说这是一个不错的数字，说明国家在职业教育方面的政策和所加大的投入取得了成效。

高等教育的规模持续加大。2004 年全国各类高等教育总规模达到 2000 多万人，而到 2010 年高等教育总规模已达到 3105 万人，高等教育毛入学率也从 19% 增长到 26.5%，高等教育的大众化比例仍然在稳步提高。2004 年普通高校本专科共招生 447.34 万人，到 2010 年这一数字已达到 661.76 万人。而 2004 年全国招收研究生 32.63 万人，其中博士生 5.33 万人，硕士生 27.30 万人；到 2010 年，全国招收研究生已达 53.82 万人，其中招收博士生 6.38 万人，招收硕士生 47.44 万人。均有较大幅度的增长。

民办教育也有较大发展。2004 年全国各级各类民办学校（教育机构）共有 7.85 万所，在校生达 1769.36 万人；到 2010 年，民办学校达到 11.90 万所，在校生 3392.96 万人。

据 2010 年全国第六次人口普查统计显示，我国人口每 10 万人中具有大学文化程度的由 3611 人上升为 8930 人，具有高中文化程度的由 11146 人上升为 14032 人，具有初中文化程度的由 33961 人上升为 38788 人，具有小学文化程度的由 35701 人下降为 26779 人。文盲率（15 岁及以上不识字的人口占总人口的比重）为 4.08%，比 2000 年人口普查的 6.72% 下降 2.64 个百分点。这反映了我国在普及义务教育、大力发展高等教育以及扫除青壮年文盲等方面的政策和措施取得了很大成效。

二、中国教育存在的主要问题

中国教育在一些关键问题上取得了很大进展，教育规模快速扩张，人们的受教育机会得到了很大满足。但是，我们仍要清醒地认识到，中国教育仍存在着很多问题，而且有些问题还有恶化的趋势。

具体来说，中国教育的问题主要表现在以下几个方面。

第一，整体教育程度和劳动力素质仍然较低。作为一个人口大国，我们人均接受教育的水平总体还不高，世界十分之一左右的文盲仍然在中国。九年制义务教育的水平还比较低，由于受劳动力素质的制约，劳动生产率、科技创新能力也都比较低。中国人力资本（技术进步）对经济增长的贡献率只占 35% 左右，远低于发达国家 75% 的水平。2003 年，我们消耗了全世界钢铁的 26%、石油的 30%、水泥的 60%，才创造了全世界 GDP 的 4%。根据国家发改委发布的数据，2010 年我国主要能源和原材料消费中，消费

32.5 亿吨标准煤，消费石油 4.49 亿吨（其中进口原油 2.39 亿吨），钢材消费量达到 7.7 亿吨，水泥消费量 18.6 亿吨，我国已成为世界上煤炭、钢铁、铁矿石、氧化铝、铜、水泥消耗最大的国家，是世界上第二大能源消耗国。中国的劳动生产率只相当于美国的 1/12、日本的 1/11。而中国生产 1 美元国内生产总值的能源消耗是日本的 11.5 倍，德国的 7.7 倍，美国的 4 倍以上。这与我们教育发展尤其是职业教育的落后是有密切关系的。

第二，教育发展不平衡，学校之间水平差距过大，教育不公平的问题仍然突出。一是中国经济发展的不平衡以及政府在教育资源配置过程中经常出现"锦上添花"的倾向，导致城市与农村、东部与西部间就只生均预算内教育事业费一项的差距就超过三倍。由于投入不足，中西部教育在教育发展水平、"两基"普及、师资力量、校舍建设以及家庭教育支出等方面都落后于东部。如 2009 年，上海小学生的生均教育经费是 14792.6 元，为贵州 2302.56 元的 6.42 倍。二是教育的城乡发展不平衡。从城乡对比来看，近年来全国预算教育经费约 60% 用于义务教育，其中投入农村义务教育的只有 35% 左右。教育存在明显的城乡"二元结构"。三是教育的群体发展不平衡。社会的不同群体在教育上拥有完全不同的教育资源，相对来说，弱势群体接受优质教育资源的机会比较少，尤其是农村的儿童、城市的外来务工子女、特殊教育系统的残疾和低智人群等，在教育上处于相当不利的地位。

从教育的内部来说，教育发展不平衡主要有以下几方面。首先，教育的内部机构不合理，发展不平衡。公立教育和民办教育、正规教育和非正规非学历教育的发展不够协调，各类教育间比例不合理。比如，学前教育的普及率不高，近些年一直在 40%—50% 左右徘徊，到 2010 年学前教育毛入学率也仅为 56.6%。在农村目前尚有 65% 的适龄儿童没有机会接受学前教育。在许多省份学前教育经费甚至只占教育总经费的 1% 左右。全国民办小学 2010 年只有 5351 所，只占全国小学总数的 2%；民办中学 6758 所，占全国中学总数的 9.8%；民办高校在校生占公办高校在校生的比例尚不足 1/5。而且，真正的民间资本并没有进入教育领域，假民办已经成为民间教育资本进入的一个重要障碍。其次，中国高等教育都力求向学术一条线上靠，研究型、研究与教学相结合型、教育型大学以及培训型学院之间也缺乏合理层次结构。同时，中国重高等教育轻基础教育、重普通教育轻职业教育、重正规学历教育轻非正规非学历教育的情况比较突出。

第三，以应试教育为中心的模式仍然左右着教育。以考试为中心的教育体系，使得素质教育难以实施。考试的选拔功能，使中国的教育不断增加难度，学习的内容越来越艰深，大多数学生感觉学习困难。许多农村学生和他们的父母认为学习内容对于今后的生活根本没有用处，许多城市的学生和他们的父母也认为自己孩子学习的东西一辈子也派不上用场。一考定终身，一俊遮百丑，为了好的分数可以不择手段地竞争，学校的高低贵贱也是在考试分数面前排队。

应试教育是一种以考试为目的、为考试而进行的教育，这以考试分数和升学率作为教育的唯一目的，赋予义务教育强烈的竞争性和淘汰性，使许多孩子失去了童年与童心，体质明显下降。如：2005 年中国 7—18 岁的男、女学生的平均肺活量分别比 2000 年下降了 206 毫升和 122 毫升。2005—2008 年连续四年我国学生体质健康调查结果显示，学生肺活量继续下降。根据教育部发表的 2006 年青少年身体素质健康检测报告，我国中小学生的身体素质过去三年呈下降趋势。其中反映机能指标的肺活量有所下降，反映身体素质指标的速度、力量（爆发力）、耐力等也有所下降。超重与肥胖学生的比例增加，学生视力不良检出率逐渐上升，在城市中小学生中，戴眼镜的占了一半以上。

第四，行政化、官本位的色彩仍然较为浓厚，教育决策科学化的水平有待进一步提高。学校行政级别的强化，大中小学缺乏真正的办学自主权，使教育决策缺乏社会的广泛参与和监督，一些重大决策如名校办民校、独立学校、高校合并、大学城建设、京剧进校园等采取"一刀切"的办法强势推进，在实践中产生了一些消极的影响。

第五，教育经费依然短缺，教育优先发展的战略地位没有完全落实。中国当代的教育经费占国内生产总值的比例，从 20 世纪 80 年代开始至今，一直在 3% 左右徘徊，远远低于世界平均水平。正是由于教育经费的短缺，加上教育经费的分配结构不尽合理，导致学前教育、农村教育相对薄弱。2010 年发布的《国家中长期教育改革和发展规划纲要（2010—2020 年）》，虽然明确了到 2012 年要实现 4% 的目标，但必须看到，这一数字仍然要比2008 年世界平均水平的 4.5%低一些。这说明我们在教育投入上还有很大的提升空间，4%并不就是最终目标。即使到 2012 年在教育经费占 GDP 基本达到 4% 以后，也应该有一个科学的分配机制，确保它能够用在最重要、最紧迫的方面。从目前的情况看，虽然国家实施了免费义务教育，解决了教师的工资、生均公用教育经费等问题，但是由于教育问题的欠账太多，教育经费短缺的问题依然存在。所以，不能认为在教育上的投入已经差不多了，而是应该继续优先发展教育，加大各级政府对教育的投入。

此外，我们的人才培养结构有待于进一步合理。高技能、创新型人才的严重不足，教学方法、内容、培养模式相对陈旧，人民群众接受优质教育的强烈需求与满足这种需求的能力之间存在很大的差距，教育研究对于鲜活的教育生命的疏离，等等。这些现象表明我们的教育仍然面临十分艰巨的任务，任重道远。

三、中国教育未来发展的建议

教育是未来的事业，赢得未来首先要赢得教育，教育的改革与发展仍然面临许多艰巨的任务。从中国教育的实际来看，当务之急应该从以下几个方面入手。

第一，优先发展教育，建设人力资源强国。教育是民族振兴的基石，是经济社会发展的基本动力。各级政府应该加大教育的投入，保障教育经费的增长。改革开放以来，中国教育的总经费增长了150倍，近年来，国家先后实施了免费义务教育、教师绩效工资，其中2008年中央财政用于教育的投入就由2007年的1076亿元增加到1562亿元。但是由于教育上的欠账太多，教育经费短缺的问题依然存在。所以，我们不能认为教育的投入已经差不多了，而是应该继续优先发展教育，加大各级政府对于教育的投入。我们希望国家提出的逐步使财政性教育经费占国内生产总值的比例达到4%的目标，到2012年一定要兑现，避免这一目标的承诺再度落空。

我也曾建议，可以考虑保证这样的一个指标，即教育支出占财政支出的20%。其实，在我国大部分地区财政支出占GDP20%的情况下，如果能保证教育支出占财政支出的20%，这样就能保证4%这个指标。这个目标比较好控制，比较简单直接，便于考核计量。相对而言，教育支出占GDP总量4%这个目标，在地方政府的实际操作上存在统计和考量的困难。

此外，建议尽快建立分类指导的义务教育国家基准，保证所有地区所有学校的水平有一个最起码的标准。为保证这个标准的实施，必须实事求是地确定财政教育经费的分级保证与转移支付的比例。

第二，重新认识与思考教育的本质，回到教育原点。任何一个社会都需要教育哲学的思考，需要教育思想的引领。这首先要解决教育的根本问题，想清楚"教育是什么"、"什么是好的教育"这样的根本性问题，教育才有正确的方向，投入才有真正的效率。我们似乎都知道，教育是一个培养人的事业，教育不仅仅是给孩子分数，而要为孩子的生命奠基。但是，在我们的中小学教育中，分数恰恰成为教育至高无上的追求，成为衡量教育品质的标准。在我们的大学中，就业成为最急迫的任务，成为判断大学最关键的指标。分数与就业，成为我们整个教育的原点，成为教育的重要追求，这是中国教育许多问题的滥觞。

教育是一个培养人的事业，是一个通过培养人，让人类不断走向崇高、生活得更加美好的事业。因此，教育最重要的任务，是塑造美好的人性，培养美好的人格，使学生拥有美好的人生。判断教育的好坏，应该从这样的原点出发；推进教育的改革，也应该从这样的原点出发。美好的人性，应该从幸福的童年开始。把童年和童心还给孩子，这是教育的基本要求，人的一生其实是围绕童年展开的。教育不仅是为未来的幸福做准备，教育生活本身就应该是幸福的。这样的幸福不是简单的感官的快乐，而应该是完整和谐的。因此，给孩子多样化的教育，发现每一个孩子的世界，帮助他们获得多样性的发展，这才是教育的重要使命。

所以，我们的教育面临着一个"再出发"的问题。我们应该追问教育的原点，应该进行教育的启蒙，应该尽最大的努力提高全社会的教育素养，应该让每一个公民重新认识教育、思考教育、理解教育的使命。

第三，进一步落实科学发展观，大力推进教育公平。科学发展观在教育中落实的关键在于各级政府应该做好教育资源的合理有效配置，在努力办好每一所学校的同时，多一些雪中送炭，少一点锦上添花。要坚持教育的公益性质，建成覆盖城乡的基本公共教育服务体系，首先要实现基本公共服务的均等化，特别要大力扶持农村贫困地区、民族地区的教育，保障经济困难家庭、进城务工人员子女平等接受义务教育，关注农村留守儿童和残疾人的教育问题。这是落实科学发展观、推动义务教育均衡发展、促进教育公平的重大举措。

第四，全面实施素质教育，培养德智体美全面发展的社会主义合格公民。公平与效率始终是教育发展不可偏废的问题。在做好教育公平的同时，我们应该努力提升教育品质，全面推进素质教育。推进素质教育的关键是改革我们的考试与评价制度。"以考为本"在很大程度上使教育丧失了满足人的发展需要、促进人的全面发展的本性，使"以人为本"的科学发展观难以真正落实到教育上来。改革考试制度的一个重要方面，是打破"一考定终身"的格局，建立高考的立交桥，破除公务员与企业录用人才的学历壁垒，让不同类型的学生在任何时候都有成长与发展的机遇。

第五，加强教师队伍建设。教师是教育的关键，教师素质尤其是农村教师的素质，是影响中国教育品质的最重要的因素。没有教育队伍素质的全面提高，永远没有好的教育。我们应该认真研究教师专业发展的规律，推动教师自觉地走专家引领、行动反思、共同体互助的道路，为教师的进修研究提供最好的服务，让他们能够真正地享受教育的幸福。

第六，把社会主义核心价值体系融入教育生活之中。我们要在全社会树立中国特色社会主义共同理想，大力弘扬以爱国主义为核心的民族精神和以改革创新为核心的时代精神，深入进行社会主义荣辱观教育；推进和谐文化建设，实施公民道德建设工程，培育文明社会风尚。一个国家，一个民族，如果没有共同的价值观，没有共同的思想基础，就谈不上凝聚力。所以，我们应该通过共读、共写、共同生活，把这些共同理想、民族精神、时代精神，融进我们的教育中。

参考文献

A.1 普通图书

［1］程方平. 新中国教育调查回顾［M］. 天津：天津教育出版社，2010.

［2］改革开放30年中国教育改革与发展课题组. 教育大国的崛起：1978—2008［M］. 北京：教育科学出版社，2008.

［3］改革开放以来的教育发展历史性成就和基本经验研究课题组. 改革开放30年中国教育重大理论成果［M］. 北京：教育科学出版社，2008.

［4］改革开放以来的教育发展历史性成就和基本经验研究课题组. 改革开放30年中国教育重大历史事件［M］. 北京：教育科学出版社，2008.

［5］国家教育发展研究中心. 中国教育绿皮书：2001—2010［M］. 北京：教育科学出版社，2001—2010.

［6］《国家与人民》编辑部. 国家智囊团［M］. 北京：光明日报出版社，2011.

［7］《国家与人民》编辑部. 人民议事厅［M］. 北京：光明日报出版社，2011.

［8］任玉岭. 国家智库（第四辑）［M］. 北京：红旗出版社，2012.

［9］胡卫，何金辉，朱利霞. 办学体制改革：多元化的教育诉求［M］. 北京：教育科学出版社，2010.

［10］胡卫，张继玺. 新观察：中国教育热点透视：2004—2005［M］. 上海：上海人民出版社，2006.

［11］霍力岩等. 影响新中国教育的外国教育家［M］. 天津：天津教育出版社，2010.

［12］教育部发展规划司. 中国教育统计年鉴：2001—2010［M］. 北京：人民教育出版社，2001—2010.

［13］教育部教育发展与政策研究中心. 发达国家教育改革的动向和趋势［M］. 北京：人民教育出版社，1986.

［14］金鑫，徐晓萍. 中国问题报告：新世纪中国面临的严峻挑战［M］. 北京：中国社会科学出版社，2004.

［15］鞠青. 中国流浪儿童研究报告［M］. 北京：人民出版社，2008.

［16］李楯. 中国社会政策［M］. 北京：知识产权出版社，2008.

［17］李振村，朱文君，陈金铭. 为什么是抚松：中国乡村教育再造［M］. 北京：教育科学出版社，2011.

［18］联合国教科文组织国际教育发展委员会. 学会生存：教育世界的今天和明天［M］. 华东师范大学比较教育研究所，译. 北京：教育科学出版社，1996.

［19］刘涛. 中国崛起策［M］. 北京：新华出版社，2007.

［20］鹿永健. 一场输不起的战争：2008 山东素质教育［M］. 北京：中国社会科学出版社，2009.

［21］马国川. 共和国部长访谈录［M］. 北京：生活·读书·新知三联书店，2009.

［22］全国人大教科文卫委员会教育室，北京教育科学研究院，香港大学华正中国教育研究中心合作研究项目组. 国内外义务教育调研报告［M］. 北京：中国民主法制出版社，2006.

［23］任玉岭. 中国政府参事论丛：任玉岭文集［M］. 北京：中国时代经济出版社，2008.

［24］《上海市中长期教育改革和发展规划纲要（2010—2020）》起草课题组. 理想 抉择 战略：《上海市中长期教育改革和发展规划纲要（2010—2020）》的诞生［M］. 上海：上海教育出版社，2012.

［25］孙云晓、孙红雁. 当代中国未成年人权益状况研究报告［M］. 天津：天津社会科学院出版社，2009.

［26］文东茅. 走向公共教育：教育民营化的超越［M］. 北京：北京大学出版社，2008.

［27］肖川，周颖. 新中国基础教育典型学校［M］. 天津：天津教育出版社，2010.

［28］许嘉璐. 为了天下太平［M］. 北京：华艺出版社，2010.

［29］杨东平. 新中国教育人物［M］. 天津：天津教育出版社，2009.

［30］杨东平. 2020：中国教育改革方略［M］. 北京：人民出版社，2010.

［31］杨东平. 中国教育发展报告：2010［M］. 北京：社会科学文献出版社，2010.

［32］杨东平. 中国教育发展报告：2012［M］. 北京：社会科学文献出版社，2012.

［33］尹伟中. 中国智慧：中国现代远程教育行业专家采访录［M］. 北京：高等教育出版社，2008.

［34］翟博. 教育均衡论：中国基础教育均衡发展实证分析［M］. 北京：人民教育出版社，2008.

［35］张荣伟. 我们需要怎样的教育：中国基础教育改革概论［M］. 北京：教育科学出版社，2012.

［36］张荣伟. 新中国教育实验改革［M］. 天津：天津教育出版社，2010.

［37］张志勇. 中国教育的拐点［M］. 北京：教育科学出版社，2010.

［38］章敬平. 国家与教堂［M］. 广州：南方日报出版社，2011.

［39］章敬平. 中国的自我探索：2002 年秋—2007 年秋［M］. 杭州：浙江人民出版社，2008.

［40］《中国教育年鉴》编辑部. 中国教育年鉴：2001—2010［M］. 北京：人民教育出版社，2001—2011.

［41］中国教育学会. 中国教育科学：2008［M］. 北京：人民教育出版社，2009.

［42］中国科学院. 2009 科学发展报告［M］. 北京：科学出版社，2009.

［43］中国科学院. 2010 高技术发展报告［M］. 北京：科学出版社，2010.

［44］中国科学院可持续发展战略研究组. 2009 中国可持续发展战略报告：探索中国特色的低碳道路［M］. 北京：科学出版社，2009.

［45］中国科学院可持续发展战略研究组. 2010 中国可持续发展战略报告：绿色发展与创新［M］. 北京：科学出版社，2010.

［46］中华人民共和国财政部. 中国财政基本情况：2011［M］. 北京：经济科学出版社，2012.

［47］中华人民共和国国家教育委员会计划建设司. 中国教育统计年鉴：1991—1992［M］. 北京：人民教育出版社，1992.

［48］中央教育科学研究所. 中华人民共和国教育大事记：1949—1982［M］. 北京：教育科学出版社，1983.

［49］周洪宇，叶平. 中国教育黄皮书：长江教育研究院 2012 年度教育报告［M］. 武汉：湖北长江出版集团，湖北教育出版社，2012.

［50］周洪宇. 教育公平是和谐社会的基石［M］. 合肥：安徽教育出版社，2007.

［51］朱永新. 困境与超越：当代中国教育述评［M］. 南宁：广西人民出版社，1990.

A.2 报纸期刊

［1］袁振国. 当代中国教育的二重变奏［J］. 上海教育科研，1988（3）.

［2］袁振国. 建国三十年教育改革的历史反思［J］. 上海教育科研，1988（3）.

主题索引

B

"靶子理论" 103 页

办学自主权 273、279、383、391 页

半工半读 047、052 页

C

成人教育 004、143、198、259、265、269 页

传统教育 072、073、074、075、076、128、143、144、161、210、257、259、260、297、300、301、302、312 页

创新教育 214、282、292、294、378 页

D

打工子弟学校 346、347、348、349、350、354 页

代课教师 181、310、351、352、353、354、355、356、357、358 页

"读书无用论" 006、034、156 页

G

高考制度 048、102、153、233、242、383 页

高校扩招 150、151、158、159、162、299、360 页

公办教育 269、270、271、272、274、276、280、345、385 页

公办幼儿园 305、306、307、308、309、310、314 页

H

"合作教育学派" 130 页

和谐育人 125 页

"黑网吧" 253、254、261、262 页

混学现象 034 页

J

基础教育 002、062、062、064、065、066、070、071、077、152、153、155、157、162、164、167、169、170、178、185、186、187、188、189、190、191、192、193、194、195、196、197、198、199、200、201、218、260、276、300、304、358、384、385、386、390 页

继续教育 032、200、212、214、265、300 页

家庭教育 112、115、119、120、121、123、124、127、255、262、298、311、317、322、325、343、390 页

教师待遇 006、012、013、015、029、

030、134、171、179、310、358 页

《教师法》 200、201、204、212、357 页

教师工资 006、015、016、017、018、029、030、032、156、160、179、184、201、202、206、208、310、347、353 页

教育腐败 158、163、343、344 页

教育改革 010、011、012、013、029、071、072、075、076、077、078、080、081、083、084、130、134、140、146、161、169、200、210、213、224、240、241、242、244、282、285、288、295、296、298、299、300、310、375、382、384、386 页

教育公平 299、306、342、346、390、393 页

教育观念 136、137、138、140、141、142、143、152、162、216、220、240、241、295、300、312、320 页

教育结构 004、137、138、162、163、299 页

教育经费 005、012、013、057、058、059、060、062、063、064、065、066、067、068、069、070、071、133、134、135、146、149、150、156、157、164、166、167、171、172、173、174、175、185、186、187、197、212、305、313、336、341、350、379、383、385、386、387、388、390、391、392 页

教育科研 003、135、136、144、145、281、282、283、284、285、286、287、288、289、290、291、292、293、294、295 页

"教育特区" 182 页

教育体制 005、040、082、138、181、234、240、255、265、269、296、318、330、345、367、375、376、381 页

教育投资 057、058、059、062、063、067、068、069、070、170、173、181、275、300 页

教育现代化 155、161、180、265、300 页

教育信息化 155、155、291、300 页

教育与生产劳动相结合 050、051、052、054、055、056、082 页

L

"老九" 013、023、027、128、200 页

利益最大化原则 194、195 页

流生 033、043、232 页

"绿色网吧" 254、261、262 页

M

"马太效应" 184 页

民办教师 008、019、172、181、201、351、352、353 页

民办教育 153、154、268、269、270、272、273、274、276、277、278、279、280、281、299、300、306、345、385、389、390 页

《民办教育促进法》 154、276 页

民办幼儿园 153、305、306、310、311、314 页

N

"脑体倒挂" 041 页

农村教育 156、157、175、357、365、388、391 页

农村税费改革 179、182、208 页

农业型的自然经济 072 页

P

泡沫学术 159 页

评分制 237、241 页

"普九" 156、157、166、167、169、170、171、173、175、176、180、182、337 页

"普六" 156、170、182 页

Q

"钱学森之问" 375 页

青少年犯罪 009、100 页

"轻师侮教" 025 页

"穷国办大教育" 164、166、271 页

"去行政化" 375、381、382 页

R

人道主义 049、111、130 页

人事制度改革 095 页

人文发展指数 215 页

人文教育 301、378 页

S

升学教育 103、112 页

师生关系 141、142、160、161、204、205、206、237、298 页

"世纪末入学高峰" 007 页

"书香校园" 221、222、223、224 页

素质教育 112、152、153、160、163、171、177、178、180、216、235、238、240、241、242、243、255、266、277、282、283、285、287、291、293、295、298、341、344、384、391、393 页

W

网恋 252、253 页

网络成瘾症 248、249、253、256、261、263 页

网络教育 256、257、258、259、260、261、263、264、265、266、267、268、300 页

网络教育产业化 266、267 页

"唯学历"现象 091 页

唯智主义 102、103 页

"伪教育科研" 284 页

X

"先就业再择业" 369 页

现代教育体系 300 页

校舍安全 335、336、337 页

"校校通工程" 154 页

校园安全问题 331、337、338 页

校园暴力 250、333、338 页

新教育实验 224 页

性别歧视 364、365 页

性教育课程 326、328、369 页

性伤害 323、325、327、331 页

"学而优则仕" 073 页

学历歧视 364 页

学前教育　011、197、269、300、304、
305、306、307、308、309、310、311、
312、313、314、388、390、391 页
学生体质　314、315、316、317、318、
319、320、321、391 页
学术不端　369、370、372、374、375、
383 页
学术腐败　159、283、369、370、372、
374、375、378 页
学制改革　081 页

Y

研究生教育　158、299、383 页
"以人为本"　177、338、394 页
义务教育　002、033、043、063、065、
071、149、150、153、156、157、163、
164、165、166、167、168、169、170、
171、172、173、174、175、176、177、
178、179、180、181、182、183、184、
197、198、199、208、212、305、308、
312、313、329、336、341、342、343、
344、345、346、349、350、353、354、
387、388、389、390、391、392、393 页
应试教育　153、160、177、209、215、
216、219、234、238、239、240、244、
255、282、285、290、298、311、317、
318、330、344、358、384、391 页
"忧道不忧贫"　202 页
幼儿教师　309、310、313 页
远程教育　154、257、258、259、261、
264、265、266、280 页

Z

"政教合一"　045、073 页
政治社会化　045 页
知识积累性人才　239 页
"知识就是力量"　022 页
"知识越多越贫穷"　008、015 页
职称大锅饭现象　090 页
职称改革　084、087、088、090、093、
095 页
职称评定　085、086、087、090、091、
093、095、274、309、372 页
"职称专业户"　092、093 页
职务等级工资制　084 页
职业教育　163、259、265、269、368、
388、389、390 页
智力型人格　074 页
智力中心主义　121、123 页
智育　050、103、112 页
中等教育　003、063、064、066、071、
163、166、167、197、269、270、299、
300 页
"中国教育热线"　264 页
《中华人民共和国高等教育法》　154、
383 页
《中华人民共和国教师法》　154 页
《中华人民共和国教育法》　154、164、
185、194、195、196、197、198 页
《中华人民共和国义务教育法》　135、
154、164、165 页
《中华人民共和国职业教育法》　154 页
终身教育　028、142、143、144、155、
258、265、295、298、300 页

后记：静悄悄的革命

前不久，我为《光明日报》写了一篇介绍中国基础教育十年改革进展的文章。从内容来看，正好可以弥补《成长与超越——当代中国教育评论》没有系统介绍近十年基础教育情况的缺憾。所以，我把这篇文章放在这里，供读者参考：

十年来，中国教育在艰难中爬坡成长，取得了可喜的进步。我见证了这十年的光荣与梦想，目睹了这十年的努力与突破。尤其是中国的基础教育，在面临着复杂的改革困境、承受着巨大的舆论压力的情况下，悄悄地酝酿着变革与发展，为下一轮的再出发，做了充分的准备。这十年，中国的基础教育无论是数量还是质量，都发生了深刻的变化。主要表现在三个重要方面。

第一，教育经费有了体制和机制的保障。长期以来，"穷国办大教育"的格局，造成教育经费严重短缺，在很大程度上制约了教育的发展，尤其是西部、农村地区教育的发展。1993 年，中共中央、国务院发布的《中国教育改革和发展纲要》提出，国家财政性教育经费支出占 GDP 比例要达到 4%。但由于我国 GDP 增长迅速、财政收入占 GDP 较低等多种原因，这一目标未能如期实现。近年来，这一比例不断上升，2010 年达到 3.66%，2012 年国家财政性教育经费支出 21984.63 亿元，占国内生产总值 4% 以上。中央预算内投资用于教育的比重达到 7% 左右。更为重要的是，大量增加的教育经费，在投入结构上也在逐步优化，教育行政部门已经明确经费使用的基本原则，即在"保运转、保工资、保安全"的基础上，重点加强薄弱环节和关键领域，努力做到四个倾斜：向农村地区、贫困地区、民族地区倾斜，向农村义务教育、职业教育和学前教育倾斜，向特殊困难学生倾斜，向建设高水平教师队伍倾斜。

第二，教育公平有了明确的方向与思路。长期以来，中国教育走了一条效率优先的道路，实验学校的确立、重点学校的评估等，锦上添花多，雪中送炭少，造成了城市与农村、东部与西部、重点校与薄弱校之间的差别越来越大。近十年来，在科学发展观的指导下，这个倾向得到了遏制。2003 年，国务院首次召开全国农村教育工作会议，决定实施加快中西部农村基本普及九年义务教育、基本扫除青壮年文盲的"两基"攻坚计划。2006 年开始，先后对西部农村全面实施学生免除学杂费、免费提供教科书等措施；采取招聘特岗教师等办法补充西部地区农村学校的师资。2010 年出台的《国家中长期教育改革与发展规划纲要》，更加明确把"促进公平"作为教育改革与发展的方针，把教育公平作为社会公平的重要基础。主张教育公平的关键是机会公平，基本要求是保障公民依法享有受教育的权利，重点是促进义务教育均衡发展和扶持困难群体，根本措施是合理配置教育资源，向农村地区、边远贫困地区和民族地区倾斜，加快缩小教育差距。同时明确提出教育公平的主要责任在政府，要求全社会要共同促进教育公平。

近年来，教育公平优先的思路渐趋明朗。2011 年，中央财政拨款 100 亿元推进全国中小学校舍安全工程、每年 160 多亿元实施农村义务教育学生营养改善计划。2012 年 9 月，教育部与四川、西藏、甘肃、青海四省区政府正式签署了义务教育均衡发展备忘录，构建起中央和地方政府协同推进的机制。

第三，课堂变革有了成功的探索与实践。20 世纪 80 年代后期开始，中国基础教育存在的片面追求升学率、择校热等问题非常严重，社会对于教育的不满也日趋严重。1999 年，中共中央、国务院颁布了《关于深化教育改革全面推进素质教育的决定》。与此同时，官方和民间的教育改革探索也应运而生。从江苏洋思的课堂变革到山东杜郎口的课改实验，从邱学华的尝试教育到李吉林的情境教育，从刘京海的成功教育到裴娣娜的主体教育，一线老师与专家纷纷走进学校与课堂，进行变革的探索。其中，以行政推动为主要特征的"新课程改革"、以专家引领为主要特征的"新基础教育"和以共同体参与为主要特征的"新教育实验"是最为突出的代表。

"新课程改革"的立意明显在"课程"，试图以"课程"为重要抓手，培育我们民族的创新精神与实践能力，2001 年 6 月正式颁布的《基础教育课程改革纲要（试行）》可谓这一轮教育变革的行动指南，《为了中华民族的复兴为了每位学生的发展：基础教育课程改革纲要（试行）解读》则进一步表达了这一轮教育变革的基本精神。"新基础教育"以"课堂"为重要载体,《教育研究》1997年第9期上叶澜教授的《让课堂焕发生命的活力》一文,可谓其明确的行动宣言。而"新教育实验"的逻辑起点则显然在"教师"。新教育实验是以教师成长为起点,以营造书香校园、师生共写随笔、聆听窗外声音、培养卓越口才、构建理想课堂、建设数码社区、推进每月一事、缔造完美教室、研发卓越课程、家校合作共建等行动为途径,通过"晨诵午读暮省"、教师专业阅读专业写作专业发展共同体的"三专"课程等,帮助新教育共同体成员过一种幸福完整的教育生活。

十年来,中国基础教育已经做好了准备,确立了教育经费上的机制保障、发展方向上的公平思路以及教育内容上的行动路径。这为下一轮的腾飞打下了坚实的基础。

第四版的修订,对全书进行了全面的审阅校对,考虑到篇幅的限制,删除了第三版第二十八章关于学术不良事件的附录。增加了参考文献和主题索引。

从教育评论的视野,这本书主要是分析和研究中国教育存在的问题与困境。所以,从20世纪80年代末到21世纪第一个10年,中国教育的问题也在不断变化。有些问题与传统、制度关系比较密切,所以几乎贯穿始终;有些问题与社会经济关系密切,会经常变化,有时突出,有时缓和。如教育经费的问题,现在量的问题已经基本解决,下一步就是如何科学分配与使用了。

在看到问题的同时,我们仍然要看到希望。的确,中国教育与中国社会一样,近30年得到飞速的发展。我们在解决了13亿人吃饭的问题的同时,也解决了13亿人教育的问题。虽然全社会对教育还有诸多不满,教育的各种乱象依然存在,但毕竟教育在实实在在地前行,而且在悄悄地发生变革。

我们,仍然对中国教育充满了期望。

2012年11月14日晨
于北京滴石斋

"朱永新教育作品"后记

10年前，我的"朱永新教育作品"16卷由中国人民大学出版社出版。

不久，这套文集就被麦格劳－希尔教育出版集团引进英文版版权，陆续出版发行。迄今为止，我的著作已经被翻译为28种语言，在不同国家有87种文本。

在版权到期之后，多家出版社希望重新出版这套文集。最后，漓江出版社的诚意感动了我。

长期以来，漓江出版社的文龙玉老师一直关注和支持新教育事业，《新教育实验年鉴》以及一批新教育人的作品都先后在漓江出版社出版，文老师也先后担任了我的《新教育》《教育如此美丽》《我的教育理想》《我的阅读观》《致教师》等书的责任编辑。这套文集在漓江出版社出版，也就成了顺理成章的事情。

这套"朱永新教育作品"沿用了中国人民大学出版社的文集名称和南怀瑾先生的题签。主要是想借重新出版之际，感谢南怀瑾先生对我的帮助和关心。在苏州担任副市长期间，我曾经多次去太湖大学堂与南怀瑾先生见面交流，请教教育、文化与社会问题。先生的大智慧经常让我茅塞顿开。

新的"朱永新教育作品"虽然沿用了原来的名称，但是内容还是有许多不同。原来的16卷，大部分都进行了不同程度的修订，其中一半是重新选编。全套作品按照内容分为四个系列。

一是教育理论系列，包括《滥觞与辉煌——中国古代教育思想的成就与贡献》《沟通与融合——中国近现代教育思想的起源与发展》《嬗变与建构——中国当代教育思想的传承与超越》《心灵的轨迹——中国本土心理学思想研究》《校园里的守望者——教育心理学论稿》五种。

二是新教育实验系列，包括《新教育实验——中国民间教育改革的样本》《做一个行动的理想主义者——新教育小语》《为中国而教——新教育演讲录》《为中国教育探路——新教育实验二十年》《享受教育——新教育随笔选》五种。

三是我的教育观系列，包括《我的教育理想——让生命幸福完整》《我的教师观——做学生生命的贵人》《我的学校观——走向学习中心》《我的家教观——好关系才有好教育》《我的阅读观——改变从阅读开始》《我的写作观——写作创造美好生活》六种。

四是教育观察与评论系列，包括《教育如此美丽——中国教育观察》《寻找教育的风景——外国教育观察》《成长与超越——当代中国教育评论》《春天的约会——给中国教育的建议》四种。

虽然都是现成的文字，但是整理文集却颇费时间。几年来的业余时间和节假日，大部分都用于这项工作。好在，我所在的中国民主促进会是一个以教育、文化、出版传媒为主界别的参政党，60% 的会员来自教育界，无论是调查研究、参政议政，教育一直是我们的主阵地，本职工作与业余的教育研究不仅没有矛盾，反而相辅相成。

感谢漓江出版社的文龙玉老师和她的团队认真细致和卓有成效的工作。

2022 年 10 月 17 日